中等职业教育数字化创新教材

供中等卫生职业教育各专业使用

语 文

主　编　孙　琳　王　斌

副主编　张玉静　谢　敏　李秋菊

编　者　（按姓氏汉语拼音排序）

符月荣（大同市卫生学校）

高　皓（安徽省淮南卫生学校）

黄　丹（吉林卫生学校）

李炯倩（唐山职业技术学院）

李秋菊（牡丹江市卫生学校）

孙　琳（黑龙江护理高等专科学校）

孙继文（安徽省淮南卫生学校）

王　斌（唐山职业技术学院）

王　玲（昆明卫生职业学院）

王树青（云南省大理卫生学校）

吴雅莉（通化市卫生学校）

谢　敏（黑龙江省黑河市卫生学校）

杨丽娟（四川护理职业学院）

杨明洲（昆明卫生职业学院）

张春青（唐山职业技术学院）

张玉静（阳泉市卫生学校）

科学出版社

北京

内　容　简　介

　　本教材以切实提升职业学校学生职业汉语能力和提高语文教学效率为目标,以培养学习者阅读理解能力和交流与表达能力为重点,以工具性和人文性统一为基本原则。从职业院校学生语文学习基本情况出发,采取能力分级、训练分步的形式,建构以"读说写结合"为基本特征的教学模式。

　　本教材以单元教学为载体,组合阅读能力训练、口语交际能力训练、书面表达能力训练等基础性内容,注重学生基本技能训练,为学生职业汉语能力和职业沟通能力的形成奠定基础。

　　本教材可供中等卫生职教育各专业使用。

图书在版编目(CIP)数据

语文 / 孙琳,王斌主编. —北京:科学出版社,2016.8

中等职业教育数字化创新教材

ISBN 978-7-03-048363-8

Ⅰ. 语… Ⅱ. ①孙… ②王… Ⅲ. 语文课–中等专业学校–教材 Ⅳ. G634. 301

中国版本图书馆 CIP 数据核字(2016)第 114834 号

责任编辑:张立丽 / 责任校对:郑金红
责任印制:赵　博 / 封面设计:张佩战

科　学　出　版　社 出版

北京东黄城根北街 16 号

邮政编码:100717

http://www.sciencep.com

三河市书文印刷有限公司 印刷

科学出版社发行　各地新华书店经销

*

2016 年 8 月第 一 版　　开本:787×1092　1/16
2016 年 8 月第一次印刷　　印张:18 1/2
字数:438 000

定价:39. 80 元

(如有印装质量问题,我社负责调换)

中等职业教育数字化课程建设项目
教材出版说明

为贯彻《国家中长期教育改革和发展规划纲要(2010—2020年)》《教育信息化十年发展规划(2011—2020年)》等文件精神,落实教育部最新《中等职业学校专业教学标准(试行)》要求;为调动广大教师参与数字化课程建设,提高其数字化内容创作和运用能力,结合最新数字化技术促进职业教育发展,科学出版社于2015年9月正式启动了中等职业教育护理、助产专业数字化课程建设项目。

科学出版社前身是1930年成立于上海的龙门联合书局,于1954年与中国科学院编译局合并组建成立,现隶属中国科学院,员工达1200余名,其中硕士研究生及以上学历者627人(截至2016年7月1日),是我国最大的综合性科技出版机构。依托中国科学院的强大技术支持,我社于2015年推出最新研发成果:"爱医课"互动教学平台(见封底)。该平台可将教学中的重点内容以视频、语音及三维模型等方式呈现,学生用手机扫描常规书页即可免费浏览书中配套3D模型、动画、视频、护考模拟试题等教学资源。

本项目分数字化教材建设与资源建设两部分,数字化课程建设项目与"爱医课"互动教学平台进行了首次有益结合,是我国中等职业层次首套数字化创新教材。2015年10月开展了建设团队的全国遴选工作,共收到全国62所院校575位老师的申请资料,于2016年1月在湖北武汉召开了项目启动会及教材编写会。

(一) 数字化教材的编写指导思想

本次编写充分体现职业教育特色,紧紧围绕"以就业为导向,以能力为本位,以发展技能为核心"的职业教育培养理念,遵循"理论联系实际"的原则,强调"必需、够用"的编写标准,以数字化课程建设为方向,创新教材呈现形式。

(二) 本套数字化教材的特点

1. 按照专业教学标准安排课程结构　本套数字化教材严格按照专业教学标准的要求设计科目、安排课程。全套教材分公共基础课、专业技能课、专业选修课及综合实训四类,共计39种,体系完整。

2. 紧扣最新护考大纲调整内容　本套系列教材参考了"国家护士执业资格考试大纲"的相关标准,围绕考试内容调整学习范围,突出考点与难点,方便学生在校日常学习与护考接轨,适应护理职业岗位需求。

3. 呈现形式新颖　"数字化"是未来教育的发展方向,本项目39种教材均将传统纸质教材与"爱医课"教学平台无缝对接,形式新颖。能充分吸引职业院校学生的学习兴趣,提高课堂教学效果。使学生用"碎片化时间"学习,寓教于乐、乐中识记、乐中理解、乐中运用,为翻转课堂提供了有效的实现手段。

(三) 本项目出版教材目录

本项目经中国科学院、科学出版社领导的大力支持,获年度重大项目立项。39种教材具体情况如下:

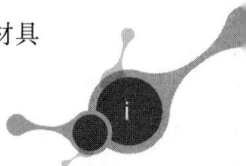

中等职业教育数字化课程配套创新教材目录

序号	教材名	主编	书号	定价(元)
1	《语文》	孙 琳 王 斌	978-7-03-048363-8	39.80
2	《数学》	赵 明	978-7-03-048206-8	29.80
3	《公共英语基础教程(上册)》(双色)	秦博文	978-7-03-048366-9	29.80
4	《公共英语基础教程(下册)》(双色)	秦博文	978-7-03-048367-6	29.80
5	《体育与健康》	张洪建	978-7-03-048361-4	35.00
6	《计算机应用基础》(全彩)	施宏伟	978-7-03-048208-2	49.80
7	《计算机应用基础实训指导》	施宏伟	978-7-03-048365-2	27.80
8	《职业生涯规划》	范永丽 汪 冰	978-7-03-048362-1	19.80
9	《职业道德与法律》	许练光	978-7-03-050751-8	29.80
10	《人际沟通》(第四版,全彩)	钟 海 莫丽平	978-7-03-049938-7	29.80
11	《医护礼仪与形体训练》(全彩)	王 颖	978-7-03-048207-5	29.80
12	《医用化学基础》(双色)	李湘苏 姚光军	978-7-03-048553-3	24.80
13	《生理学基础》(双色)	陈桃荣 宁 华	978-7-03-048552-6	29.80
14	《生物化学基础》(双色)	赵勋蘩 王 懿 莫小卫	978-7-03-050956-7	32.00
15	《医学遗传学基础》(第四版,双色)	赵 斌 王 宇	978-7-03-048364-5	28.00
16	《病原生物与免疫学基础》(第四版,全彩)	刘建红 王 玲	978-7-03-050887-4	49.80
17	《解剖学基础》(第二版,全彩)	刘东方 黄嫦斌	978-7-03-050971-0	59.80
18	《病理学基础》(第四版,全彩)	贺平泽	978-7-03-050028-1	49.80
19	《药物学基础》(第四版)	赵彩珍 郭淑芳	978-7-03-050993-2	35.00
20	《正常人体学基础》(第四版,全彩)	王之一 覃庆河	978-7-03-050908-6	79.80
21	《营养与膳食》(第三版,双色)	魏玉秋 戚 林	978-7-03-050886-7	28.00
22	《健康评估》(第四版,全彩)	罗卫群 崔 燕	978-7-03-050825-6	49.80
23	《内科护理》(第二版)	崔效忠	978-7-03-050885-0	49.80
24	《外科护理》(第二版)	闵晓松 阴 俊	978-7-03-050894-2	49.80
25	《妇产科护理》(第二版)	周 清 刘丽萍	978-7-03-048798-8	38.00
26	《儿科护理》(第二版)	段慧琴 田 洁	978-7-03-050959-8	35.00
27	《护理学基础》(第四版,全彩)	付能荣 吴姣鱼	978-7-03-050973-4	79.80
28	《护理技术综合实训》(第三版)	马树平 唐淑珍	978-7-03-050890-4	39.80
29	《社区护理》(第四版)	王永军 刘 蔚	978-7-03-050972-7	39.00
30	《老年护理》(第二版)	史俊萍	978-7-03-050892-8	34.00
31	《五官科护理》(第二版)	郭金兰	978-7-03-050893-5	39.00
32	《心理与精神护理》(双色)	张小燕	978-7-03-048720-9	36.00
33	《中医护理基础》(第四版,双色)	马秋平	978-7-03-050891-1	31.80
34	《急救护理技术》(第三版)	贾丽萍 王海平	978-7-03-048716-2	29.80
35	《中医学基础》(第四版,双色)	伍利民 郝志红	978-7-03-050884-3	29.80
36	《母婴保健》(助产,第二版)	王瑞珍	978-7-03-050783-9	32.00
37	《产科学及护理》(助产,第二版)	李 俭 颜丽青	978-7-03-050909-3	49.80
38	《妇科护理》(助产,第二版)	张庆桂	978-7-03-050895-9	39.80
39	《遗传与优生》(助产,第二版,双色)	潘凯元 张晓玲	978-7-03-050814-0	32.00

注:以上教材均配套教学PPT课件,在"爱医课"平台上提供免费试题、微视频等多种资源,欢迎扫描封底二维码下载

科学出版社
2016年7月

前　　言

　　《语文》是根据职业教育语文课程改革的需要及《国家职业汉语能力测试大纲》对从业者职业汉语水平标准的要求,结合卫生职业院校语文课程的教学实际编写的。本教材可供中等卫生职业教育各专业使用。

　　本教材的编写注重体现"以就业为导向,以能力为本位,以发展技能为核心"的职业教育培养理念,理论知识强调"必需、够用",强化技能培养,突出实用性。努力做到贴近汉语的言语使用规律、贴近学生语文学习的实际、贴近职场实际需要,从职业院校学生语文学习实际情况出发,采取能力分级、训练分步的形式,建构以"读说写结合"为基本特征的教学模式。

　　本教材以单元教学为载体,组合了阅读能力训练、口语交际能力训练、书面表达能力训练等基础性内容,注重学生基本技能训练,为学生职业汉语能力和职业沟通能力的形成奠定基础。

　　本教材的主要特色是突出语言运用能力训练和快速阅读能力训练,跟以往教材相比,增加了扩展语句、句子的主题推进、话语衔接等句群、构段、谋篇等语言运用方面的知识及五步复读、检视阅读、分析阅读、主题阅读等快速阅读方法训练的内容。附录部分设有现代汉语常用字表、医学领域难字表、姓氏异读表、护理病历书写规范及国家职业汉语能力测试说明等内容,为教师和学生提供课内外教学和学习资源。

　　由于时间仓促,能力所限,本教材难免存在不足。衷心希望使用本教材的卫生职业院校的老师和同学们提出宝贵的意见和建议。

孙　琳　王　斌
2016 年 6 月

目 录

第一单元 ··· (1)

  阅读 ··· (1)

    认读 3500 常用字(一) ·· (1)

    贱贱的爱 罗西 ·· (2)

    妈妈的味道 茱丽叶 ·· (3)

    中国最年轻的女富豪杜冰蟾 王滨 等 ······································· (5)

  口语交际 ·· (8)

    听说能力测试 ··· (8)

  书面表达 ·· (9)

    书面表达能力测试 ··· (9)

第二单元 ·· (10)

  阅读 ··· (10)

    认读 3500 常用字(二) ·· (10)

    会拉压脖子琴的老师 刘殿学 ··· (11)

    永不凋谢的玫瑰 王栋生 ·· (13)

    老师,我站着呢! 〔日本〕菊池哲哉 ···································· (15)

  口语交际 ·· (16)

    听话 ·· (16)

  书面表达 ·· (18)

    课堂笔记 ·· (18)

第三单元 ·· (22)

  阅读 ··· (22)

    认读 3500 常用字(三) ·· (22)

    让我流泪的香橡皮 纪广洋 ··· (23)

    管鲍之交 司马迁 ··· (25)

    朋友四型 余光中 ··· (26)

  口语交际 ·· (28)

    复述 ·· (28)

  书面表达 ·· (30)

    读书笔记 ·· (30)

第四单元 ·· (34)

  阅读 ··· (34)

    认读 3500 常用字(四) ·· (34)

    看,这个激动人心的地方 许知远 ··· (35)

    我生命中的三个故事 史蒂夫·乔布斯著 杜然译 ················· (38)

    临别赠言 赵丽莲著 萧兰男译 ·· (41)

  口语交际 ·· (43)

　　　　竞聘演讲 ··· (43)
　　　书面表达 ··· (46)
　　　　学业规划 ··· (46)

第五单元 ··· (50)
　　阅读 ··· (50)
　　　　效率阅读 ··· (50)
　　　　华语情结　余秋雨 ·· (53)
　　　　语言的故乡　鲍尔吉·原野 ·· (61)
　　　　中国文明的一件成功　许国璋 ··· (63)
　　　口语交际 ··· (64)
　　　　口头介绍 ··· (64)
　　　书面表达 ··· (67)
　　　　扩展语句 ··· (67)

第六单元 ··· (70)
　　阅读 ··· (70)
　　　　议论文的阅读 ··· (70)
　　　　改造我们的学习　毛泽东 ·· (71)
　　　　劝学　荀子 ·· (75)
　　　　义理、考据和辞章　施东向 ·· (77)
　　　口语交际 ··· (82)
　　　　阐述 ··· (82)
　　　书面表达 ··· (84)
　　　　句子的主题推进和主题扩展 ·· (84)

第七单元 ··· (89)
　　阅读 ··· (89)
　　　　检视阅读(一) ··· (89)
　　　　师说　韩愈 ·· (90)
　　　　个狗主义　韩少功 ·· (92)
　　　　咬文嚼字　朱光潜 ·· (94)
　　　口语交际 ··· (96)
　　　　评述 ··· (96)
　　　书面表达 ··· (99)
　　　　并列式段落 ·· (99)

第八单元 ··· (101)
　　阅读 ··· (101)
　　　　检视阅读(二) ··· (101)
　　　　医学的人文品格　周国平 ·· (102)
　　　　现代医学的人文透视　王开岭 ··· (105)
　　　　"协和"这两个字　讴歌 ·· (111)
　　　口语交际 ··· (113)
　　　　专题讨论 ··· (113)
　　　书面表达 ··· (115)
　　　　总分式段落 ·· (115)

第九单元 ··· (116)

阅读 ··· (116)
　　分析阅读(一) ··· (116)
　　海洋与生命　童裳亮 ··· (118)
　　眼睛与仿生学　王谷岩 ··· (121)
　　从甲骨文到缩微图书　崔金泰　宋广礼 ····························· (124)
口语交际 ··· (126)
　　解说 ·· (126)
书面表达 ··· (128)
　　因果式段落 ·· (128)

第十单元 ·· (130)
阅读 ·· (130)
　　分析阅读(二) ··· (130)
　　偷袭珍珠港　约翰·科斯特洛著　王伟等译 ························· (133)
　　全人类关注美国"哥伦比亚"号航天飞机坠毁事件 ····················· (137)
　　为了新闻的真实性 ··· (139)
口语交际 ··· (142)
　　概述 ·· (142)
书面表达 ··· (144)
　　递进式段落 ·· (144)

第十一单元 ·· (148)
阅读 ·· (148)
　　五步复读法 ·· (148)
　　富兰克林自传(节选)　本杰明·富兰克林 ··························· (151)
　　华佗传　范晔 ·· (158)
　　读柳永　梁衡 ·· (161)
口语交际 ··· (164)
　　叙述 ·· (164)
书面表达 ··· (167)
　　转折式段落 ·· (167)

第十二单元 ·· (169)
阅读 ·· (169)
　　传记的阅读 ·· (169)
　　第一次美洲航海日志(节选)　〔意大利〕克里斯托弗·哥伦布 ··········· (171)
　　游褒禅山记　王安石 ··· (173)
　　世间最美的坟墓——记1928年的一次俄国旅行　茨威格 ··············· (175)
口语交际 ··· (177)
　　描述 ·· (177)
书面表达 ··· (180)
　　文面知识和文章修改 ··· (180)

第十三单元 ·· (186)
阅读 ·· (186)
　　小说的阅读 ·· (186)
　　荷花淀　孙犁 ·· (187)
　　项链　〔法〕莫泊桑 ··· (191)

阿尔及利亚人的鲜花 〔法〕玛格丽特·杜拉斯……………………………（197）
　　口语交际 ……………………………………………………………………（199）
　　　致辞 ………………………………………………………………………（199）
　　书面表达 ……………………………………………………………………（202）
　　　求职简历 …………………………………………………………………（202）
第十四单元 ……………………………………………………………………………（205）
　阅读 …………………………………………………………………………………（205）
　　主题阅读 ……………………………………………………………………（205）
　　暖儿安婴儿奶瓶公司商业策划书 杰鲁姆·S.奥斯特扬 ……………………（208）
　　经典策划两则 ………………………………………………………………（211）
　　江苏世纪婚典策划案 万钧 ………………………………………………（214）
　　口语交际 ……………………………………………………………………（217）
　　　即席发言 …………………………………………………………………（217）
　　书面表达 ……………………………………………………………………（219）
　　　策划书 ……………………………………………………………………（219）
第十五单元 ……………………………………………………………………………（222）
　阅读 …………………………………………………………………………………（222）
　　调查报告的阅读 ……………………………………………………………（222）
　　阜阳夺命奶粉调查 程义峰 ………………………………………………（223）
　　低年资护士书写危重抢救护理记录现状调查分析 司维美 马立群 陈淑慧 …（229）
　　针梗脱离针栓致入胸腔一例报告 陈云萍 ………………………………（232）
　　口语交际 ……………………………………………………………………（233）
　　　口头汇报 …………………………………………………………………（233）
　　书面表达 ……………………………………………………………………（234）
　　　总结 ………………………………………………………………………（234）
第十六单元 ……………………………………………………………………………（238）
　阅读 …………………………………………………………………………………（238）
　　医护论文的阅读 ……………………………………………………………（238）
　　电脑会不会影响一代人的体质 龚怡 ……………………………………（240）
　　干细胞移植患者的护理 马建英 高春早 王晶晶 杨冉 王俊 …………（242）
　　压疮治疗及护理的研究进展 张薇 王志红 ……………………………（244）
　　口语交际 ……………………………………………………………………（248）
　　　求职与应聘 ………………………………………………………………（248）
　　书面表达 ……………………………………………………………………（251）
　　　文摘 ………………………………………………………………………（251）
参考文献 ………………………………………………………………………………（255）
附录 ……………………………………………………………………………………（256）
　附录一　现代汉语常用字表 ………………………………………………………（256）
　附录二　医学领域难字表 …………………………………………………………（260）
　附录三　姓氏异读表 ………………………………………………………………（266）
　附录四　护理病历书写规范 ………………………………………………………（272）
　附录五　国家职业汉语能力测试说明 ……………………………………………（276）
《语文》教学大纲 ……………………………………………………………………（282）

阅 读

认读3500常用字(一)

为了适应语文教学、辞书编纂及汉字机械处理和信息处理等各个方面的需要,国家语言文字工作委员会汉字处(今汉字与汉语拼音研究室)从1986年6月开始研制现代汉语常用字表。1987年7月国家语言文字工作委员会邀请教育、语言、信息处理等方面的专家对现代汉语常用字表草案进行论证;同年8月委托山西大学计算机科学系(今山西大学计算机与信息技术学院)作抽样检验。国家教育委员会的有关部门参加了草案的修订工作。国家语言文字工作委员会汉字处根据各个方面提出的意见对草案进行整理修正,于1988年1月制定出《现代汉语常用字表》。

《现代汉语常用字表》分常用字(2500字)和次常用字(1000字)两个部分。经计算机抽样检测,常用字在语料中的覆盖率达到99.48%,掌握了常用字就达到了利用汉语的基本要求。

⊕ 自 测 题

1. 为加点字注音

凹凸(   )　　臼齿(   )　　呼吁(   )　　倾轧(   )　　凫水(   )

冗长(   )　　仲裁(   )　　哨卡(   )　　苦布(   )　　贮藏(   )

挟持(   )　　拙劣(   )　　夯实(   )　　庇护(   )　　胆怯(   )

玷污(   )　　诡辩(   )　　名讳(   )　　为虎作伥(   )　　养尊处优(   )

瓮中之鳖(   )　　否极泰来(   )　　一气呵成(   )

令人发指(   )　　力能扛鼎(   )　　自怨自艾(   )

2. 为多音字注音并组词

与<　　　血<　　　呛<　　　扒<

夹<　　　朴<　　　仇<　　　叨<

扎<　　　间<　　　尽<　　　见<

折<　　　栅<　　　区<　　　汤<

3. 选字组词

至高无____(上、尚)　　一张一____(驰、弛)　　变____无常(幻、换)

仗义____言(执、直)　　再接再____(厉、励)　　____心沥血(呕、沤)

原形____露(毕、必)　　立____见影(杆、竿)　　绿草如____(荫、茵)

____碍(防、妨)　　　　梳____(装、妆)　　　　惩____(诫、戒)

____想(妄、枉)

4. 改正错别字

断章取意(　　)　　谈笑风声(　　)　　不同反响(　　)　　墨守陈规(　　)

忧柔寡断(　　)　　开诚布工(　　)　　各书己见(　　)　　引以为界(　　)

穿流不息(　　)　　忿发图强(　　)　　真知卓见(　　)　　相形见拙(　　)

均称(　　)　　　　迴避(　　)　　　　玛啡(　　)　　　　迅期(　　)

朱沙(　　)　　　　决窍(　　)

5. 自学常用字"一"至"听"、次常用字"匕"至"砚"。在班级里组织一次"听写比赛",检验学习效果。

贱 贱 的 爱①

罗　西②

　　朋友阿忠因手术住院,我常去陪他,也因此认识了他那个仍住在乡下的老母亲。也许是心情不好,阿忠的胃口一直很差。这让他母亲很焦虑,在这位没有文化的老人看来,不爱吃东西,是很可怕的,更何况还在医院里。

　　为了给儿子买份"对口"的饭菜,这位连电梯都不会坐也毫无方向感的母亲,在车水马龙的街头,不知道要克服多大的困难呀! 可是,每次母亲提来温热的饭菜时,阿忠总是有点不耐烦地皱着眉头,并大声叫她以后别"多事"了……可她每次总是慈眉善目地面对着儿子,那种心疼的神情,我看了都心疼。

　　这天,我又看见她汗流浃背地拎着汤面回来,气喘吁吁地说:"我只敢跟别人坐电梯,结果人家只到三楼……"所以,她只好从三楼走楼梯到八楼,更可气的是,她千辛万苦上了八楼,发现走过头了,儿子住在七楼……

　　不知为什么,我的眼睛有点湿。

　　这回,朋友阿忠一句话都没说,低头一口气把汤面吃个精光。我明白,这个时候这个举动,就是对母爱最好的回应。

　　表姐也曾在电话里给我讲她儿子的事:儿子说没空吃早餐,快迟到了。趁儿子弯腰穿鞋准备出门的当儿,表姐硬是把儿子平常最爱吃的巧克力甜甜圈塞进他的背包里,他发现了,臭着一张脸叫:"老妈,你烦不烦!"不过,这回他没有当场扔掉。

　　可惜几分钟后,表姐下楼开启信箱时,发现那甜甜圈完整地、残酷地夹在报纸里。如此践踏一个母亲的爱心,表姐很伤心地问我:"难道爱也是错误?"

　　台湾作家小野在一本书中写到他儿子租屋在外,他老婆雨中去送葡萄,结果三番两次被拒,小野气得吼她:"真是贱啊!"可他太太完全不否认:"是的,贱贱的爱,永不止息。"

✚ 自 测 题

1. 解释词语

(1) 践踏

(2) 车水马龙

(3) 汗流浃背

2. 阅读理解

"贱贱"本是一个贬义词,用这个词来形容伟

---

①选自《新作文》2007 年第 9 期。

②罗西,专栏作家,《创业天下》杂志执行主编,心灵导师。

大的"爱",语意相符吗？用自己的话语谈一谈。

3. 课文读后谈

"我明白，这个时候这个举动，就是对母爱最好的回应。"在你的生活中，你给予父母的回应有哪些呢？

4. 语言运用练习

对原文中画线句子进行缩写。

5. 标点符号练习

"并大声叫她以后别'多事'了……""结果人家只到三楼……""发现走过头了，儿子住在七楼……"，三处省略号的作用是否相同？列举常用的省略号的用法，写出一个例句。

6. 请你说一说

（1）介绍一下你的新同桌。

（2）说一说对你的新专业的认识。

7. 座谈

中国父母是爱孩子的冠军。你在生活中感受到"贱贱的爱"了吗？你是怎样来回馈这份"贱贱的爱"的？

8. 写作

贱贱的爱，永不止息，这就是每位父母给予孩子的。也许是一个眼神，也许是一个简单的动作，也许是一句让你烦躁的话语。请以"妈妈，我想对你说"为题，写一则短文。

妈妈的味道①

茱丽叶

常常觉得"味觉"这个词很妙，有味道、有感觉，然后融合在一起。

有了味道、有了感觉，所以就如同行过道路时所留下的足迹，只要一个碰巧，我们就会想起过往的曾经。

一如我们记得妈妈的咖喱饭、外婆的吻仔鱼苋菜汤，或者是，曾经有三年必须天天经过的中学校门拐角的那家豆花店，还有公园旁边最有名的四果冰。

属于家里的味觉是什么呢？

从厨房飘散到书房、客厅的香气和妈妈的背影，是一种无可替代的温暖。

以前每天住在家里，总怀疑所谓的家常菜到底是什么吸引人。现在离家在外，才真的会经常想起那种属于南方的、年幼的幸福。

即使是简简单单的水饺，再用清汤打个蛋，倒进半罐甜玉米。妈妈的味道永远是模仿不来的，即使是35楼的那家著名餐厅里，大厨精心捏制的蒸饺。

下了课，早黑的冬天里，一回到家就能够钻进热气蒸腾的厨房里取暖，然后端起会把眼镜熏得白白的，装着刚起锅的韭菜水饺的小碗，就这么吃起来。

一边呼着气，一边还生怕贼人会来抢似的快快咬下一口烫着嘴的饱满的饺子。喊着好烫好烫的同时，还跟着妈妈的身影从厨房转到餐厅，像个跟屁虫一样地说着今天同学怎样怎样，老师如何如何，真讨厌明天又要小考，该死下礼拜还要段考……

妈妈总是哼啊哈的，还不忘照看平底锅里正煎着的噼啪作响的鱼，隔壁的炉子上还滚着一锅浓汤。

一碗饺子还没吃完，妈妈就招呼我上餐桌，坐下来好好吃那条刚买的虱目鱼，还不忘把最美味的肚子那一块朝我摆着。

每次吃饱了，我都会告诉妈妈，现在胃里的鱼正在浓汤里游泳，好像刚刚还有一个饺子从鱼身边滑过。

高中的时候，听见教官宣布"下礼拜规定换穿裙子"的时候，我就知道夏天来了。

夏天来了，我就有凉拌豆腐和凉面可以吃了。

妈妈总是习惯自己做凉面，也自己调酱。一早起来就常常发现妈妈在厨房里忙，希望趁

着还没真的热起来的时候先把面煮好。

一回到家，直奔冰箱，挖出冰透了的极富弹性的面条，再到柜子里翻出芝麻酱、醋、香油，加上一点点的水、一点点的辣油，在碗里略略拌匀，就是一碗消暑美味的凉面。

看着妈妈切葱花、刨黄瓜丝，然后拿出豆腐装盘，有时还会加上自己腌的泡菜，淋上一点酱油、剥一个皮蛋，就是一道冰凉的小菜。

吃完了再去找找冰箱，经常会看到早早就削好的橙黄色小玉西瓜，或者是隐隐透出酸酸甜甜香气的芒果。

我知道我很幸运，可以在家里痛快地吃妈妈亲手做的菜，不需要自己到外面花钱，买商人永远调制不出的爱。

生病的时候，鸡汤就是妈妈的心疼。

前一阵子大病一场，想尽办法，东凑西挪挤出一个周末，在火车上颠簸三个小时，拖着满身的病毒和疲惫，回到妈妈的怀抱。

知道我病得不轻，电话里虽然满是责备我怎么没好好吃饭，怎么没多穿一件衣服，骂我活该，但是我和妈妈心里都明白得很，她是极其心疼我的。

只是因为，她知道自己身体不好，所以我必须要坚强，学会照顾自己，尤其是在我一个人的时候，她远在天边帮不上忙的时候。

所以，我一说要回家，她就兴奋地说，要买香菇和土鸡，再到中药店抓一点黄芪枸杞回来，为我炖一锅汤。我没想到，她还从人家送给爸爸的南北货礼盒中拿了一罐鲍鱼，切片后连罐子里的高汤，都放进锅里一起熬。

那个礼拜五傍晚，一踏进家门，我就知道厨房里有一锅山珍海味在等着我。

看着爸爸埋怨怎么他平常都没得吃的表情，有一丝丝忌妒我这个难得回家一次的女儿的样子，妈妈得意洋洋地说，怎么样，生大病回家的人才有的吃。

鲜嫩的鸡肉吸满了红枣和枸杞的甜味，汤里头还有鸡骨熬汤所渗出的胶质，有些黏黏的，切片鲍鱼虽然在起锅前才加入这队海陆大军，但是香菇的清新芬芳早已经附着其上。

这锅汤光是材料就已经价值不菲，更何况还有妈妈在炉子边撇去血水、捞去浮在表面的油脂所花去的工夫，还有灌注在这里头那份满满的怜惜。

所以，哥哥也已经知道，每次只要听妈妈说我要回家，就到了打牙祭的美食时间。

这样说或许太过偏颇，但是妈妈真的就像是堆放着各种美味食物的避风港。

在我嫌自己回家就会胖回来的时候，她总是说："那你不要吃好了。"

我总是禁不起诱惑，哀求着妈妈，就算是让我吃成一只猪或是一只恐龙，我都要吃她炒的米粉。

然后带着满肚子的营养和满足，再度回到这个贴身肉搏战的丛林里，战斗指数恢复到百分之两百。

妈妈不是大厨师，也真的不是会精心烹煮、讲究必须熬炼出食物精粹的人，但她亲手烹煮的味道，是天底下独一无二的，再好的厨师，都没办法复制。

妈妈总是说要教我怎么煮这些"家常菜"，我总是赖着不肯学。我知道，即使身为她的女儿，我也没办法完全重现这些熟悉的味道。

我只希望，能够一次一次地加深脑细胞对于它们的印象，好让我即使是在很老很老以致不能动弹的时候，也一样能够记得这些快乐。

鼻子和舌上的味蕾会知道，这就是我的妈妈。纵使是在别处看见熟悉的菜色，闻到似曾相识的味道，脑子里浮现的第一个影像，依然是属于妈妈和我的那份幸福。

谨以此文，送给快要过生日的我的妈妈。

自测题

1. 解释词语和句子

（1）偏颇

（2）精粹

（3）再度回到这个贴身肉搏战的丛林里。

2. 阅读理解

（1）文中写出了几种妈妈的味道，分别是什么？

（2）"妈妈的味道永远是模仿不来的，即使是35楼的那家著名餐厅里，大厨精心捏制的蒸饺。""妈妈不是大厨师，也真的不是会精心烹煮、讲究必须熬炼出食物精粹的人，但她亲手烹煮的味道，是天底下独一无二的，再好的厨师，都没办法复制。"为什么妈妈的味道不能被模仿和复制？

3. 课文读后谈

（1）作者想到妈妈，先想到的词语是味道，在你的生活中，一提到妈妈，你想到的词语是什么？

（2）读了这个故事，你尝到的是什么味道？

4. 语言运用练习

"喊着好烫好烫的同时，还跟着妈妈的身影从厨房转到餐厅，像个跟屁虫一样地说着今天同学怎样怎样，老师如何如何，真讨厌明天又要小考，该死下礼拜还要段考……"在这句话中，作者运用的修辞方法是哪一种，从课文中找出运用同种修辞的其他例句。

5. 标点符号练习

结合语境，说一说"属于家里的味觉是什么呢？"属于问句形式中的哪一种类型。列举问句的其他形式。

6. 请你说一说

以亲情为主题，做一次即兴发言。

7. 座谈

在小组内，说一说自己的妈妈都是什么味道的。

8. 写作

尝过了妈妈的菜品，读懂了妈妈的味道，更应该了解妈妈，那么，介绍一下你的妈妈。

中国最年轻的女富豪杜冰蟾①

王　滨　等

1990年初，中国的《文汇报》《人民日报》《光明日报》等各大报纸都在竞相报道一位年仅15岁的小姑娘；很快日本、美国、加拿大等国家的报刊、杂志也开始连篇累牍地报道她；加拿大西蒙·弗雷泽大学竟然还邀请她担任客座教授。一个15岁的小姑娘何以令全世界为之瞩目呢？原来，她就是因为发明了"汉字全息码"而震惊了世界的杜冰蟾。

杜冰蟾发明的"汉字全息码"是目前全世界所公认的最先进、最科学、最简便、最具有划时代意义和推广价值的汉字编码方法。北京大学教授、中国软件技术公司总工程师、国际信息研究所所长程庆民评论说："杜冰蟾发明的汉字全息码，正是我们信息工程界多年来寻求的理想编码……杜氏全息码的开发潜力很大……它的深远意义还在于保存了中国文字和东方文化的精华……"

15岁的杜冰蟾顷刻之间成为家喻户晓的知名人士，这是令人羡慕的，然而"全息码"的发明带给她的还有巨大的财富。据最低的估计，杜冰蟾仅"汉字全息码"软件一项在中国国内的收益就有上亿元，并且由此"全息码"编著的电脑化辞典正推向国内市场和国际市场，这些项目所带来的收益将会是更巨大、更惊人的！杜冰蟾目前已经跻身于中国为数极少的亿万富豪行列。

并且她是其中唯一最年轻的女性，无疑也是最有潜力，最有发展的一位了。

与众不同的女孩儿

1974年12月11日，杜冰蟾出生在上海，她的父亲杜晓庄是一位学者、辞书专家、自然科

---

①选自《企业研究》2001年第3期。

学家,并曾经主编了《中文大词典》,在父亲的影响和家庭环境的熏陶之下,杜冰蟾从小就迷恋上了书法、绘画,并且酷爱读书。

　　小的时候,杜冰蟾总喜欢跟在父亲身边,形影不离,但是各种编辑、著述工作繁忙的父亲哪有那么多的时间来陪她玩儿呢? 于是父亲便随手拿给她几本画册,几只笔,让她自己玩儿。令人惊讶的是,一向调皮的杜冰蟾真的安静了下来。她独自一人沉浸在色彩丰富、千姿百态的画中。从画中她看到了日月星辰、山水人物,并且当她刚刚接触到甲骨文、金文的时候惊异地发现这些文字竟然那么像一幅幅画。她不解地问父亲,父亲看到女儿好学的神情便认真地告诉她:"这些是中国最古老的文字,而这些文字确实就是一些画,人们最初就是把事物的外形画下来,记录一些事情,渐渐的才有了今天的文字……"虽然这一大堆话杜冰蟾并不能完全听懂,但中国文字的独特魅力已深深吸引住了她,一点一横、一撇一捺在她心目中都成了最奇妙、最有趣的东西。

　　小小年纪的杜冰蟾除了爱读书、画画外,还有一个与众不同之处……就是她不喜欢女孩子的游戏。她总是喜欢玩刀弄枪,喜欢玩"打仗",喜欢打球。男孩子玩的过天桥、爬铁架她也跃跃欲试。看着那时候的她,没有人会联想到今天这个文文静静、潜心数年钻研文字的杜冰蟾。

　　父亲对她的爱是宽厚的,他不想刻意去塑造一个理想的女儿,他只希望女儿能自由、愉快地成长,为此他可以满足女儿的一切要求。有一次,小杜冰蟾破天荒地向父亲提出要一只洋娃娃,还必须是会唱歌的。当时,那种娃娃非常昂贵,并且都是进口货,要在外汇商店才有。于是,父亲不惜拿出大半月的工资,兑换成外汇券,给她买来一只。但是出乎意料的是,小杜冰蟾一拿到娃娃,便撕掉了娃娃的外衣,还费了很大力气把里面也拆开了,露出了乱七八糟的线路,最终把那片能让娃娃唱歌的微型唱片找了出来,便不再理那只娃娃了。原来,她要娃娃并不是玩,而是为了弄清楚为什么娃娃会唱歌! 白白浪费了大半个月的工资,但父亲并没有因此而生气,他觉得女儿能有这样的好奇心和钻研劲儿是值得鼓励的。

视书如命的女孩儿

　　上六年级的杜冰蟾对书的爱好达到了如痴如醉的地步,每天她都是书不离手地阅读各种书籍,经常是父亲在桌前埋头工作,她在一旁专心致志地看书。就这样两个人都默默地享受着书的乐趣。偶尔父亲会抬起头看一眼女儿读书时那文静、可爱的神情;她也会偶尔向父亲请教一个书中看不懂的问题。夜在不知不觉中深了的时候,父亲仍在工作,她便抱着厚厚的书睡着了。

　　读书改变了杜冰蟾的性格,此时的她已不再醉心于男孩子的游戏,她仿佛终于找到了真正的乐趣。只有读书才能令她精神振奋。书读得多了,最直接的收益便是在学校的作文写得好。虽然教语文的老师一向要求十分严格,但每当一看到她的作文便会很满意,对她的评价也很高,甚至于至今还保存着她的两本作文呢!

　　父亲深知读书对女儿的影响是非凡的,于是便设法让她读到更多、更广泛的书。父亲相信文理皆通才是读书的最佳造诣。从中国的古典名著《三国演义》《红楼梦》《西游记》到外国的《神曲》《浮士德》《人间喜剧》,就连大人也读不懂的《周易》她都看遍了。按照父亲的要求,读书不能盲目地读,要在读后有所领悟、有所感想,能提出问题。提出问题是很重要的,这说明读的时候认真思考了。杜冰蟾在父亲的指导下,精读了许多经典的书籍,掌握了丰富的知识,这对她后来发明"全息码"有着巨大的帮助。

　　爱读书的杜冰蟾在学校里也是一名出色的学生。她就读的南洋模范中学,是名扬国内外的重点中学,这所学校曾培养出了中国科学院院士10多位,北京大学教授、北大方正电脑排版系统的发明人王选也是毕业于这里,报考这所学校的考生很多很多,竞争激烈程度可想而知。可是就在考试那天,她竟然发起高烧来。父亲劝她上医院打针,但她却不同意,一定要参加考试。连监考老师都担心她能不能坚持下来。结果,当考试成绩公布时,杜冰蟾竟然名列第一名,大大出乎父亲的意料。

创造奇迹的女孩儿

1988 年,杜冰蟾的父亲正忙于编辑出版著名物理学家、数学家王竹溪教授所著的《新部首大字典》。这部耗费了王教授 40 年心血的巨著洋洋数百万字,工作量极大。杜冰蟾眼看着父亲终日劳累,心里很着急,就想帮父亲工作。可是小小年纪的她总是有力使不出,越帮越忙。父亲只好叫她帮助查字典,在这期间她发现不同的字典都有各异的检索方法,使用起来不够方便,而且每一种检索方法都达不到简单、科学,甚至于她对于父亲正在编辑的《新部首大字典》也指出了不科学之处。父亲听了她的话觉得很有道理,于是就鼓励她说:"你就来发明一种新的方法吧!"执著的杜冰蟾听了父亲的话,便下定决心一定要发明一种最先进的方法。

整整两年的时间,杜冰蟾利用放学后的时间,每天六七个小时不断地埋头工作。4000 多个常用字、7000 多个通用字、1 万多个冷僻字、1 万多条词语都经过她一一地分析、归类,抄录下来用的稿纸就装满几个麻袋。两年中,她研究了已被广泛使用的几种检索、输入方法,发现没有一种方法能做到尽善尽美。杜冰蟾由此确定自己的目标不仅是要创造一种检索法,更重要的是要创造一种最先进、最简单的编码方法,以解决汉字输入电脑的重大难题。两年夜以继日的工作,终于有了成果,她将汉字部首归并为 200 个。但是父亲研究以后发现,200 个部首仍然太多,化为 26 个拉丁字母重码概率又会太高,不利于输入电脑。父亲向她重申了编码的宗旨:简单,越简单越好!

两年的心血看来并没有超过前人的成绩,杜冰蟾陷入了困境当中。此时,在美国居住的姑姑恰好来信劝她去美国读书,优越的条件令人向往,但倔强的她没有放弃,她谢绝了姑姑的邀请,重新投入了工作。

受到父亲的启发,她将 200 个部首缩减到 100 个,并将 100 个部首纳入 26 个拉丁字母表,以汉字书写的笔顺为规则,把 6 万个难检字和几十万条词汇按部首、笔画和拼音编成不超过 4 个拉丁字母的代码,以输入电脑。终于,她完成了艰难而庞大的编码工作,一个全新的编码方法——"汉字全息码"诞生了。

1989 年 12 月 30 日,年仅 15 岁的杜冰蟾向中国专利局递交了申请"汉字全息码"专利的申请书,获得专利申请号和世界专利申请优先日。此时,她已成为了世界上提出重大发明的年龄最小的发明家。1995 年 3 月,这项专利被正式批准。

杜冰蟾成功了,她的梦想实现了。她的成就超越了前几代人的努力,她把汉字,甚至整个东方文明引入了高速运转的电脑时代。"全息码"的应用范围极其广泛,发展前景非常远大。一个与众不同的女孩儿,一个视书如命的女孩儿,凭着自己的执著、坚韧和才智终于成为一个创造奇迹的女孩儿!

自 测 题

1. 文中的主人公出生在( )。
   A. 北京　　　　　B. 上海
   C. 广州　　　　　D. 大连

2. ( )岁的杜冰蟾成为家喻户晓的知名人士。
   A. 13　　　　　　B. 14

C. 15　　　　　　D. 16

3. 杜冰蟾向爸爸要洋娃娃,是因为( )。
   A. 弄清楚娃娃为什么唱歌
   B. 向小朋友炫耀
   C. 自己喜欢漂亮的娃娃

D. 要送给别人

4. 改变了杜冰蟾性格的是(　　)。
　　A. 爸爸　　　　　B. 游戏
　　C. 老师　　　　　D. 读书

5. 杜冰蟾的老师至今还保存着她(　　)作文。
　　A. 一本　　　　　B. 两本
　　C. 三本　　　　　D. 四本

6. 在读书的过程中,最重要的是要(　　)。
　　A. 提出问题　　　B. 发现问题
　　C. 解决问题　　　D. 研究问题

7. 南洋模范中学培养出了(　　)中国科学院院士。

A. 5 位　　　　　B. 10 多位
C. 20 多位　　　D. 30 多位

8. 汉字全息码被正式批准的时间是(　　)。
　　A. 1995 年 3 月　　B. 1989 年 12 月
　　C. 1995 年 12 月　　D. 1989 年 3 月

9. 汉字编码的宗旨是(　　)。
　　A. 实用　　　　　B. 方便
　　C. 快捷　　　　　D. 简单

10. 杜冰蟾令世界瞩目,是因为(　　)。
　　A. 汉字全息码　　B. 电脑排版系统
　　C. 部首大字典　　D. 中文大词典

口语交际

听说能力测试

　　听说能力是学生的基本能力之一,也是学生学习语文必备的能力。听说能力作为语言交际的重要基础,不再是简单意义上的听说。而应该是,如何在听别人讲话的过程中,敏捷地抓住谈话的中心,并迅速做出反应;如何迅速、有条理、简洁准确地把自己的思想感情传达给别人,以说服乃至感动对方。这些能力,并非与生俱来,而是需要科学、系统的训练。在语文教学中,尊重学生,充分利用教材,利用课堂这个大舞台进行听话训练,切实加强听说能力的训练,提高学生的说话水平和思维想象力。这对造就未来所需人才具有深远的意义,是社会发展、学生自身发展的需要。

自测题

1. 许多时候,目标与现实之间,往往具有一定的距离,我们必须学会随时去调整。无论如何,人不应该为不切实际的誓言和愿望而活着。

这句话的主旨是:(　　)
　　A. 目标与现实之间存在距离。
　　B. 人应该为自己制定切合实际的目标。
　　C. 要注意调整目标与现实之间的距离。
　　D. 不切实际的誓言和愿望会损害人们的利益。

2. 我有过这样的想法,如果让一个人在他成年的某个阶段失明上几天,聋上几天,该会有些好处。(　　)
　　A. 黑暗将使人类没有歧视,寂静将使人类没有争吵。
　　B. 黑暗中人们才懂得相互关心,寂静中人们

才懂得彼此爱护。
　　C. 黑暗将使他理解盲者的渴望,寂静将使他同情聋人的不幸。
　　D. 黑暗将使他更加珍惜光明,寂静将教会他真正领略喧哗的快乐。

3. 请对本教材第十三单元的课文《项链》做复述,要求:语句通顺,条理清晰,情节完整,中心突出。

4. 你的同桌借了一本你的参考书,说好第二天归还。可三天已经过去,他还是没有还给你,你准备向他索要,你怎样说才能达到效果。

5. 手机在我们生活中的使用已经非常普遍,它给我们的生活、学习带来很多方便的同时,也存在一些负面影响,就此问题,谈一谈你的看法。

书面表达

书面表达能力测试

书面表达能力是指写作过程中运用字、词、句、段的能力。具体指的是用词准确,语意明白,结构妥帖,语句简洁,文理贯通,语言平易、合乎规范、没有语病,能把客观概念表述得清晰、准确、连贯、得体。学生在书面表达中常见的问题有词不达意、遣词造句能力差、语言啰唆、缺乏过渡句(段)、标点符号使用不正确、错别字多等。

自 测 题

1. 仿写句子

书能教你为人宽厚,心地善良,使你生出纯真、热情的气质。

_____

_____

2. 将下列描写句和叙述句进行互换

(1)曲曲折折的荷塘上面,弥望的是田田的叶子。叶子出水很高,像亭亭的舞女的裙。

(2)托尔斯泰是一位作家。

3. 根据以下规定的情境,以"起跑线"为重点,分别扩写成一段话(每段不少于30字)

(1)情境1:田径场上。

(2)情境2:人生某阶段。

4. 围绕当下的时尚话题或网络流行语,书写一则80字以内的小短文。

_____

_____

_____

2 第二单元

阅 读

认读3500常用字(二)

⊕ 自测题

1. 为加点字注音

篱笆( )　　　　荠荠( )( )　　哺育( )　　　　商埠( )

逞强( )　　　　祠庙( )　　　　涤濯( )　　　　掂量( )

掸子( )　　　　麦秸儿( )　　　耿直( )　　　　硅石( )

惊骇( )　　　　体恤( )　　　　恍惚( )　　　　污秽( )

山涧( )　　　　桔林( )( )　　规矩( )　　　　勘测( )

租赁( )　　　　雁翎( )　　　　垄沟( )　　　　房检( )

按捺( )　　　　匿名( )　　　　果脯( )　　　　捻麻绳( )

秋风飒飒( )　　紊乱( )　　　　琴弦( )　　　　垂涎( )

功勋( )　　　　吊唁( )　　　　舀水( )

2. 为多音字注音并组词

泊<　　钉<　　革<　　劲<

俏<　　茄<　　丧<　　拾<

倔<　　没<　　泥<　　烙<

识<　　殷<　　饮<　　重<　　矫<

3. 选字组词

提(拔、拨)　　　　(彬彬、杉杉)有礼　　诸(侯、候)　　　　不(胫、径)而走

(焕、涣)然冰释　　(报、抱)负　　　　风(彩、采)　　　　(法、砝)码

(反、返)悔　　　　(付、附)会　　　　(奉、俸)承　　　　(姑、估)息

挂(钩、勾)　　　　(宏、洪)大　　　　(笼、拢)络　　　　(耸、悚)人听闻

掺(和、合)　　　　盘(踞、居)　　　　(玲、伶)俐　　　　干(练、炼)

(倾、顷)刻　　　　斗(欧、殴)　　　　闪(烁、铄)　　　　(袒、坦)护

气(馁、妥)　　　　漩(涡、窝)　　　　报(销、消)　　　　(胁、协)迫

(询、寻)问　　　　演(绎、译)　　　　(陨、殒)落　　　　操(坐、作)

落(座、坐)　　　　酒(盅、盏)　　　　(捍、悍)卫　　　　初(具、俱)规模

(冒、贸)昧

4. 改正错别字

搬发奖状(   )　　祸国秧民(   )　　晃如隔世(   )　　水泻不通(   )

甘败下风(   )　　投机捣把(   )　　愤发图强(   )　　立杆见影(   )

因地治宜(   )　　如雷灌耳(   )　　合衣而卧(   )　　轰堂大笑(   )

名列前矛(   )　　化学反映(   )　　文过是非(   )　　共商国事(   )

5. 自学常用字"朌"至"信"、次常用字"鸥"至"庵"。在班级里组织一次"听写比赛",检验学习效果。

会拉压脖子琴的老师①

刘殿学

马勺子村,小,东头扔个帽子西头接着,全村赶鸡儿赶狗,才二十来个学生。

今年秋天,老村长舍不得我们风里雪里去上乡校,跑乡跑县,给马勺子村设个初小。初小设了,上边不给老师,说没编制。

新学期开学了。

老村长急得没法,到六连知青点找了个上海女知青来当老师。

上海女知青穿着红裙子走到我们前面,脸也红红的,说:"同学们,我姓欧阳。"说着,一笔一笔在小黑板上写下"欧阳"两字。

我们没听说过中国有这姓。杜富吐尔小声笑着说:"牛羊老师,呵呵……"

老村长听到了,马上圆起眼凶杜富吐尔:"你给我站起来!"

杜富吐尔站那儿,腿直发抖。他是上汉族学校的维吾尔族学生。冬天快来了,父母转场去了南山,杜富吐尔暂住在老村长家,就怕老村长。

欧阳老师看看,笑笑说:"大伯,没事的,还没上课哩,让他坐下吧。"转身对杜富吐尔说:"坐下吧,你。"又说:"好了,今天我们第一次见面,也不慌着上课。我教大伙唱歌好吗?"

"好!"我们一齐大声应着。

欧阳老师打开一边的黑盒子,拿出一把黑红黑红的琴,用花手帕擦了擦琴身,把琴屁股放到脖子下,用尖尖的下巴压着。然后,拿起一竿长弓,在琴弦上轻轻一锯,"嗡——!"就像老黄牛叫了一声。

我们鼻孔里水不响一下,瞪起眼,看。

接着,欧阳老师又拉出高音、中音、低音,接着就拉《我爱北京天安门》。那声音,好听极了!

欧阳老师不但琴拉得好,讲课的声音,就像我们科可克尔草原上百灵鸟叫一样好听,都讲些我们从没听说过的事。比如,她说地球是圆的,自西向东日夜不停地在运转,一天转八万多里哩。欧阳老师知道的事真多,说我们新疆是个好地方,地下边到处都是石油、煤炭、黄金和宝石。

"什么是石油?"杜富吐尔大胆地问了一声。

"石油?石油就是动植物变成的液体,经过千万年亿万年的沉淀,钻到石头缝里的油呗。"

"那油能吃吗欧阳老师?"杜富吐尔又问。

"那油不是给人吃的,是给飞机和汽车吃的。"

"欧阳老师,上海有汽车吗?"有后边的同学问。

"有。大汽车小汽车,都有。"

---

①选自《生命的风景》(江西高校出版社2009年版)。

有人忽然想起来："你见过毛主席吗欧阳老师？"

"见过。"

"哎呀！欧阳老师都见毛主席哎！"

欧阳老师想想，说："六九年春天，毛主席在天安门上接见我们。"

马上就有人快乐地小声哼哼："我爱北京天安门……"我们简直快乐极了！

一个同学忽然小声问："欧阳老师，你结婚了吗？"

这一问，欧阳老师不笑了，说："下课。"

中秋节到了，家长们都挑家里最好吃的月饼、苹果、西瓜、库尔勒香梨、鸡蛋、馕什么的，让娃子带给欧阳老师。

杜富吐尔没有家。天不亮，他一个人爬上南山，摘了一大把熟透了的野柿子，放到欧阳老师讲台上。

吃过早饭，欧阳老师来上课。对讲台一看，马上就将眼泪含在眼里，说："谢谢！谢谢同学们！"

下午，同学们来到学校，看欧阳老师讲台上的礼物还那样满满地放着。再看看，杜富吐尔那把野柿子下边还压着小纸条：

同学们：

我不能当面对你们说——我要走了！

再见了！同学们！

爱你们的老师：欧阳雅倩

"啊！欧阳老师！我不让你走！"杜富吐尔大喊一声，第一个冲出教室。紧接着，我们也跟着冲了出去。

冲了好一气，才看见对面小山坡上欧阳老师红裙子一飘一飘地站在小树下，朝学校看，旁边还有一辆马车。老村长也站在那儿。

"欧阳老师——！"杜富吐尔第一个冲到欧阳老师跟前，"欧阳老师，我不让你走！"

大家一齐说："欧阳老师，我们不让你走！"

老村长擦了一下眼泪，说："娃子们，那是欧阳老师的终身大事！乡里已经给她办好了手续，同意她回上海，叫我送欧阳老师去乌鲁木齐搭火车。娃子们，回头我再给你们找老师，啊？"

"我们就要欧阳老师！欧阳老师，你不要走呀！"几十个同学一齐跪在山坡上。

欧阳老师也哭了，放下手里的压脖子琴，扶起杜富吐尔，然后对我们说："大家起来，我们回学校去！"

⊕ 自 测 题

1. 解释词语和句子

（1）沉淀

（2）终身大事

（3）马勺子村，小，东头扔个帽子西头接着。

（4）全村赶鸡儿赶狗，才二十来个学生。

2. 阅读理解

（1）压脖子琴是什么乐器？

（2）用你自己的话来描述欧阳老师是一个怎样的老师？

3. 课文读后谈

（1）欧阳老师说新疆是个好地方，请同学们上网查找相关资料，说说新疆好在哪？

（2）请同学们在网上查找现实生活中有像欧阳老师一样的乡村教师吗？

4. 语言运用练习

（1）比喻练习

比喻是最常用的修辞手法之一。比喻就是打比方，即两种不同性质的事物，彼此有相似点，使用一事物来比方另一事物。比喻句的结构分为三部分，分别是本体、喻体、比喻词。比喻句的种类有四种，分别是明喻、暗喻、借喻和博喻。请判断以下句子是不是比喻句，如果是请区分是哪种比喻句。

①他的性格很像他的母亲。

②叶子出水很高，像亭亭的舞女的裙。

③我爱北京——祖国的心脏！

④枪杆子里出政权。

（2）听话练习

①听记11段至14段的课文内容。

②如何理解"大家起来，我们回学校去"？

5. 标点符号练习

文中有三处使用破折号的地方，这三处破折号都有什么含义？你能说说破折号的用法吗？

6. 请你说一说

上网查找有关小说的资料，说一说，什么是小说？小说有什么特点？

7. 座谈

（1）说说杜富吐尔的形象，在你身边有这样的同学吗？你对这样的同学持什么态度？

（2）在你的学习生活中遇到过各式各样的老师，给你印象最深的是哪一位？你是如何处理和这位老师的关系的？

8. 写作

请描写你身边的一位老师，突出其性格特点。

永不凋谢的玫瑰①

王栋生

苏霍姆林斯基是苏联著名教育家，乌克兰巴甫雷什乡村中学的校长，早已过世了。他记下了这样一则真事。校园的花房里开出了一朵硕大的玫瑰花，全校师生都非常惊讶，每天都有许多同学来看。这天早晨，苏霍姆林斯基在校园里散步，看到幼儿园的一个4岁女孩在花房里摘下了那朵玫瑰花，抓在手中，从容地往外走。苏霍姆林斯基很想知道这个小女孩为什么摘花，他弯下了腰，亲切地说："孩子，你摘这朵花是送给谁的？能告诉我吗？"小女孩害羞地说："奶奶病得很重，我告诉她学校里有这样一朵大玫瑰花，奶奶有点不信，我现在摘下来送给她看，看过我就把花送回来。"听了孩子天真的回答，苏霍姆林斯基的心颤动了，他挽着小女孩，在花房里又摘下了两朵大玫瑰花，对孩子说："这一朵是奖给你的，你是一个懂得爱的孩子；这一朵是送给妈妈的，感谢她养育了你这样好的孩子。"

这个故事长久地激励着我。为了爱的教育，为了我们的学生能像人一样地站立在这个世界上，我幻想着生活中能有这样的美好。

5年前，我偶然想到，如果用这个故事的前半段出一道材料作文题，让学生续写，他们会想象出什么样的故事呢？

结果让我大失所望。几百个高中学生，文章的中心内容都是写教育家如何教育小女孩不能损害公物，写了教育家对儿童缺乏良好的道德教育而忧心忡忡，甚至写了教育家对小女孩做出的处罚……那些不遗余力从道德高度教训4岁小女孩的种种设计，让我从心底厌恶。

这件事曾强烈地刺激了我，使我想到，传统的道德说教如此深入人心，让学生耳熟能详，在他们的文章中，似乎只有道德规则（虽然他的内心未必会认为这有多重要），他们可以板着面孔说出一番大道理，他们缺乏对人性美与人情美的感悟，缺乏同情与怜悯之心——在他们的心中，似乎所有的花都已经凋谢了。

又是几年过去了，我认识到，与其叹息，不如把我想说地说出来。我再也不指望有梦，有美丽的

①选自《不跪着教书》（华东师范大学出版社2005年版）。

幻想,在应试教育已经坐稳了江山的时候,我不再也指望有谁能给我惊喜,我想我只是更多地讲述这样的故事,让我们的孩子能具备美好的人性,能像一个人那样活着,心中有一朵永不凋谢的玫瑰。

自测题

1. 了解相关知识并解释词语

（1）苏霍姆林斯基

（2）硕大

（3）大失所望

（4）忧心忡忡

（5）耳熟能详

（6）说教

2. 阅读理解

（1）小女孩摘了花房中的玫瑰,为什么会从容地往外走?

（2）作者为什么大失所望?

（3）"永不凋谢的玫瑰"指的是什么?

3. 课文读后谈

（1）作者认为现在的学生缺乏什么?能不能举出几个现实的例子?

（2）联系实际,说一说如何能像一个人那样活着?

4. 语言运用练习

（1）象征练习。

象征是通过特定的容易引起联想的具体事物,表现与之相似或相近的概念、思想或感情的一种艺术手法。赏析《致橡树》象征手法的运用。

致　橡　树①

舒　婷

我如果爱你

绝不像攀援的凌霄花,

借你的高枝炫耀自己;

我如果爱你

绝不学痴情的鸟儿,

为绿荫重复单调的歌曲;

也不止像泉源,

常年送来清凉的慰藉;

也不止像险峰,

增加你的高度,衬托你的威仪。

甚至日光。

甚至春雨。

不,

这些都还不够!

我必须是你近旁的一株木棉,

作为树的形象和你站在一起。

根,紧握在地下;

叶,相触在云里。

每一阵风过,

我们都互相致意,

但没有人,

听懂我们的言语。

你有你的铜枝铁干,

像刀,像剑,也像戟;

我有我红硕的花朵,

像沉重的叹息,

又像英勇的火炬。

我们分担寒潮、风雷、霹雳;

我们共享雾霭、流岚、虹霓。

仿佛永远分离,

却又终身相依。

这才是伟大的爱情,

坚贞就在这里:

爱

不仅爱你伟岸的身躯,

也爱你坚持的位置,

足下的土地。

（2）请按照课堂笔记的写作要求,记录并整理该课的课堂笔记。

5. 标点符号练习

冒号除了文中跟在"说"后面表示提示下文的作用以外,还有哪些作用?请尝试说明。

6. 请你说一说

如果你是苏霍姆林斯基,你的心会为小女孩颤动吗?为什么?

7. 座谈

谈谈中国教育的优缺点。

8. 写作

写请假条。

_____

①选自《双桅船》(上海文艺出版社 1982 年版)。

老师，我站着呢！①

〔日本〕菊池哲哉

这是一所能看到大海的地势较高的中学，上课时从教室就能看到变化无穷的大海。

那年约有80名新生入学，其中大多数是那些与大海搏击的渔民们的子弟。

那是我给新生上第一堂课的事情。

"起立。"

大家都站起来了。因为是新生，所以都很认真，教室出现瞬间的寂静。

但是，有一名学生耍滑头，未起立。

"站起来，刚入学就是这种态度可不行！"我的语气顿时严厉起来。

这时，传来一个声音："老师，我站着呢！"

是的，他，A君站着，但是由于他个子太矮，我看着像是坐着。

糟糕！我做了对不起A君的事。

我为自己的粗心感到不安，一时竟不知说什么。如果在此时道歉，反而会伤了A君的自尊心。于是，我当时只说了声"对不起"。周围的学生都笑起来。A君的心情一定很难受，我意识到A君以后也许会因为这件事受他人的欺侮。

下课后，我本想向A君道歉，但忙乱之中竟把此事忘了。晚上，我犹豫着是否给A君打电话。但打电话道歉太不礼貌，于是只好作罢。

第二天，天空晴朗无云，春天的大海碧波荡漾。我给A君的班上第二堂课。

"起立。"

又是瞬间的寂静。这时，忽然传来一个洪亮的声音："老师，我站着呢！"

是A君，他站在椅子上，微笑着。

从A君的微笑中，我看出他这样做并不是讽刺，也不是抵抗情绪的表露。我感到了"老师，我不在意，不要为我担心"这样一种体谅，我的心口感到一阵疼痛。

晚上，我怀着复杂的心情给A君拨了电话。

"老师，别在意，别在意！"对面传来A君爽朗又充满稚气的声音。

我祈盼明天的天空还是晴朗无云，大海还是碧波荡漾。

自测题

1. 本文的标题是（　　）
   A. 老师；我站着呢！　B. 老师、我站着呢！
   C. 老师，我站着呢。　D. 老师，我站着呢！

2. 本文的作者是（　　）
   A. 大江健三郎　　　B. 川端康成
   C. 菊池哲哉　陈晓光 D. 汤川秀树

3. 教室出现第一次瞬间寂静是因为什么？（　　）
   A. 新老师
   B. A君
   C. 新生，所以都很认真

   D. 与大海搏击的渔民们的子弟

4. 周围的学生因为什么都笑起来？（　　）
   A. A君站着，但是由于他个子太矮，我看着像是坐着。
   B. 教室出现瞬间的寂静
   C. 我的语气顿时严厉起来
   D. 糟糕！我做了对不起A君的事

5. 当我发现真相时，内心发生了怎样的变化？（　　）
   A. 自尊心受到了伤害

B. 心情很难受

C. 一时竟不知说什么

D. 我为自己的粗心感到不安

6. 这件事可能会给 A 君带来怎样的后果?(　　)

　　A. A 君的心情一定很难受

　　B. A 君以后也许会因为这件事受他人的欺侮

　　C. 伤了 A 君的自尊心

　　D. 我当时只说了声"对不起"

7. "我"为什么没有打电话向 A 君道歉?(　　)

　　A. 打电话道歉太不礼貌

　　B. 不好意思道歉

　　C. 我没有做错

　　D. 没有必要道歉

8. 是谁打破了第二次瞬间的寂静?(　　)

　　A. 其他学生　　　　B. A 君

　　C. 我　　　　　　　D. 全班同学

9. A 君为了让老师知道自己是站着的,他是怎么做的?(　　)

　　A. A 君站在椅子上

　　B. A 君告诉老师他站着呢

　　C. A 君站在椅子上,并且告诉老师他站着呢

D. A 君什么也没做

10. 对于这种做法"我"是怎样理解的?(　　)

　　A. 讽刺　　　　　B. 抵抗情绪的表露

　　C. 一种体谅　　　D. 无所谓

11. 最后我给 A 君打电话得到谅解了吗?(　　)

　　A. 得到了

　　B. 既没有原谅,也没有不原谅

　　C. 没有

　　D. 被 A 君讨厌了

12. "我"是一个怎样的教师?(多选)(　　)

　　A. 严格、负责的教师

　　B. 尊重学生人格的教师

　　C. 保护孩子自尊心

　　D. 不好意思承认错误的教师

13. A 君是具有怎样性格的学生?(多选)(　　)

　　A. 心胸开阔　　　　B. 坚强、坚忍

　　C. 坦荡　　　　　　D. 个子矮,性格爽朗

14. 文中最后一段在结构上起什么作用?(　　)

　　A. 收束全文　　　B. 承上启下

　　C. 首尾呼应　　　D. 开门见山

 口语交际

听　话

　　语言是人类最重要的交际工具和思维工具。人类运用语言传递信息、交流思想感情的基本形式有听、说、读、写四种。研究表明:人类生活,除了睡眠外,70% 的时间用于交际。综观人们一天的全部言语交际活动,9% 用于书写,16% 用于阅读,35% 用于说话,而听话要占去 40% 。由此可见,"听话"非常重要。

　　构成听话能力的因素很多,综合起来,主要有以下四个方面:听辨力、听记力、听解力、听评力。听辨力即语音辨识能力,要求学生能听音变调和捕捉词语。听记力即语言记忆力,要求学生能够记忆说话人所说的内容。听解力即听懂别人说话的能力,能够完整记住说话内容,抓住要点,能整理和概括话语内容。听评力即话语的评价力,要求学生能够听懂说话人的意图和言外之意。这四种能力都与注意、观察、记忆、联想、想象、分析、综合等智力活动密切相关,贯穿听话过程的始终。这四种能力不是自发形成的,是要通过训练和在社会交际中获得的。

　　在听话中,要养成良好的听话习惯和听话态度。良好的听话习惯和听话态度是听话活动进行下去的基础。听话人要养成耐心、专注地听话习惯和态度。听别人说话时,不可东张西望、心不在焉。如果有疑问,不可随意插话或打断别人讲话,先记下来,适当时候再问;如果不赞成对方的观点,要等到对方把话说完再阐述自己的观点。可以通过肢体语言营造氛围,传递真诚和友善,如微笑、点头。听话时,听话者要与说话者经常保持目光交流,及时给予反馈。

　　俗话说:"听话听声,锣鼓听音。"听话中,与对方进行有效交流的同时,还应该掌握必要的技巧。

抓要点的技巧

1. 根据话语层次抓要点

说话人常常把真实意图隐含在一段话里。在表达时,有开门见山的,有把要点放在中间的,有在最后得出结论的。所以,我们要纵观全局,根据说话层次捕捉说话要点。

2. 根据语气抓要点

在言语表达中,说话人常用故意放慢语速、突然停顿、提高声调或故意降低声调对某些重点语句加以提示。所以听话时我们要善于发现说话人的语气变化,并以此捕捉说话要点。

例:他不是故意的。

这句话如果用正常语气说,只表示字面意思。如果将"不是"提高声调加以强调,意思则大相径庭,表示他是故意的。

3. 根据体态语抓要点

有时,人们说话真假难辨,但体态语却无法掩饰说话者内心真实的想法,会成为大脑活动的外露和显示。所以听话时我们要善于观察对方的体态语,抓住对方的说话要点。

例:1941 年,日本特使与美国国务卿赫尔举行最后一次会谈,会谈结束后,日本特使面带笑容告辞离去。美方看到日本特使的笑容,便认为未来的美日关系是令人乐观的。不料,没多久,就发生了举世震惊的日本偷袭珍珠港事件。

后来,一些研究体态语的学者认为,如果美国官员对日本式的"微笑"多一点了解,"事件"的发生就不会使他们感到突然了。

原来"微笑"在日本有时具有"友好"之意,有时则表示"尴尬"或"哀戚",甚至,有时用来掩饰愤怒和厌恶。

诱导的技巧

说话是听话人和说话人双方共同完成的事,听话人也要参与其中。听话人有责任帮助说话人坦诚、清楚地表达自己的意思。因此,听话人要学会用应答、三言两语的评论或必要的提示来诱导说话人。

语言性诱导:就是用语言引导说话人将话题步步深入。

非语言性诱导:借助一定的体态语对说话人做出反应,传递"我在听"的信息,如点头眼神注视、面部表情等。

推断的技巧

推断就是听话人在听话时通过筛选、提炼和归纳,积极探索说话人的目的、意图和要点;联想、预测说话人继续要说的内容。推断技巧包括以下三个方面的内容。

一是推断价值。即边听边筛选有价值的材料,摒弃关联不大的内容,以减轻听话记忆的负担。可从一些表面上微不足道的谈话细节、语气、手势中发现对方的立场、目的、主观意图等有价值的信息。

二是推断真意。即透过话语表面的含义,了解其内在的含义。可从对方谈话中常重复的词语、爱使用的词语、爱谈论的话题中推断其所思所想。

三是推断延伸。即通过对谈话内容筛选和分析,对说话人所说内容进行联想、预测说话人未说或想说的内容。

评价的技巧

在听话过程中,根据话语的内容,可以进行下面几个方面的评价。

一是说话人说的是真诚的话还是违心的话。

二是说话人有无明确的见解,这些见解有没有根据。

三是说话人的思路明确吗？立论是不是有始有终？是否以偏概全或自相矛盾？

四是听众是否以听众关心的问题做阐述中心？是否有以己之见强加于人的地方？

五是听众是否拥护讲话人？从效果看,讲话人的优点、缺点分别是什么？

自测题

1. 听同学朗读本单元课文,复述内容。

2. 听力接力比赛

学生分为四组,排成四行。把要传递的内容(四个不同的内容)写在四张纸条上,给四组队尾的同学看,看完后交给老师。接下来,依次小声向前传话,传话时不能让第三人听见。最后听到的人将自己听到的话写在黑板上。看看哪组同学转述得最准确。

3. 听同学复述课文《会拉压脖子琴的老师》,说一说欧阳老师和她的学生们回到学校后可能发生的故事。

书面表达

课堂笔记

课堂笔记是学生在教师引导下发现问题、分析问题和解决问题的思维过程,是学生课堂思维结果的重要呈现物。学生需要把自己听到的教师言语、看到的视觉文字,以及自己头脑中涌现的思维信息合成加工形成书面记录。课堂笔记是一个由学生主体参与的自主思维的过程。从心理学的角度来解释,课堂笔记则是一个由感知转化为联想、分析、综合,再转化为文字表达的一个较为复杂的思维过程,是一个经耳朵听、眼睛看、大脑理解、记忆、加工,由手再次输出的一个完整的过程。

教材不能包含所学知识的全部内容,那么课堂笔记便是进行补充完善的一种重要方式。学生学习知识离不开记忆和理解,而课堂笔记刚好具有加强记忆和促进理解的双重作用,所以课堂笔记是接受课堂知识的一个重要环节。经调查研究表明,一个人是无法长时间保持精神专注的,所以现代教学的一堂课安排为 40 或 45 分钟。一个学生在全神贯注听讲的情况下只能记住老师授课内容的 75%,如果48 小时后再进行测试则只能记住 10%。所以单靠记忆去听讲无异于往漏斗中加水,是无法长时间、有效地储存知识的。课堂笔记是连接教与学的一条重要纽带,弥补了人类头脑记忆储存知识的局限性,提高了学生在课堂上的学习效率,促进学生在课堂上时刻集中注意力。课堂笔记是一种永久性的、系统性的记录,对于复习已学过的知识非常重要,记课堂笔记的过程就是对信息进行筛选、浓缩的过程,有利于锻炼学生思维、提高学生捕捉重要信息的能力,提高学生大脑对信息的加工能力。记好课堂笔记,能帮助学生理清课堂思路,抓住听课重点,方便学生温习。很多人并不擅长记课堂笔记,这里就介绍一些记录课堂笔记的技巧和注意事项。

准备工作

每一门课准备单独的笔记本,分门别类地记录笔记,如果随意地记录在一个本子上,这样查找、使用起来非常不方便,影响学习效率。理想的课堂笔记应该排列疏朗,在记录的同时,还方便随时补充一些遗漏的细节和批注。课堂上,教师有时授课速度快、信息量大,课前检查好用笔,最好再准备一支备用的笔,以免慌忙而错过记录重点。

笔记内容

1. 教师板书

它们是课堂的框架结构,教师通常会把知识要点、知识体系以板书的形式写在黑板上。这些内容在课后复习时也便于学生快速查找到他们想要的知识要点、课文提纲、课文大意、课文中心。

2. 重点

教师讲课必有重点。凡是重要的内容或关键的问题,教师都会反复讲解或强调,有时直接写在黑板上,还会进行例证,有时会通过语气语调的变化提示,有时会用话语提示。例如,"接下来我要讲的很重要""这部分考试可能会出题……"这些内容是学生必须掌握的,应该着重记录,以便课后复习巩固。

3. 难点

凡是在教师讲课时,感觉听得很吃力的地方或者不理解的地方,就是自己的难点,不应轻易放过。这就需要把老师讲解时的整个思维过程简明扼要地记下来,以便课后进一步理解和消化。

4. 疑点

课堂上学生常常会碰到一些一时听不明白或有疑问的地方。这时千万不要就此中断听课去思考疑点。这样会错过接下来的授课内容,结果当你把疑点刚想明白或者还没等你想明白,教师已经把其他内容讲完,课后还要自行补习,造成学习上的被动局面。而是应该赶紧把疑点记下来,继续听课。很多时候,有些疑点在听完课后自然就会明白,如果听完课后仍然不明白,课后再向老师或其他同学请教也不迟。

5. 实际案例

有经验的老师会在讲一些难懂的问题时,结合一些实际案例去讲解,使学生能够更好地去理解,往往多数学生会把这部分内容当成故事来听,作为课堂上休息的时机,但是如果课后让你再去理解这些问题时,却很难再想起与之相关的实际案例。所以有心的学生会把这些实际的案例做简要的记录,课后不但可以轻松地理解难题,还可以借此查阅相关资料来扩展自己的知识面,开阔视野。

6. 课后小结

课后小结是有效教学的一个重要环节,学生千万不可忽视。教师在讲课快要结束时,往往会对自己讲授的内容进行梳理,点明学习的要点。教师所作的小结,是对教材主要内容的高度概括和浓缩,是对教学重点的说明,必须高度重视。准确而有条理地记下老师归纳的知识要点,有助于掌握知识之间的内在关联,减轻记忆的负担,提高学习的效率。教师在归纳总结时,常常会放慢语速,加重语气,反复强调,并配以板书,辅以手势动作,学生应该抓住这个时机,记好自己的笔记。

7. 心得体会

课堂学习是知识生成和建构的过程,学生在听讲和思考的过程中,可能会有一些感悟,可能会瞬间产生一些新的想法、新的认识、新的体会、新的论证角度、新的佐证材料和新的解题方法等,每逢遇到这种情况,千万不要让这些感悟自生自灭,应及时捕捉这些稍纵即逝的"思想火花",将它们记录在自己的笔记上,待课后求证或与同伴深入探讨交流。

笔记时间

有人可能会问,课堂上主要是听讲,根本没时间去记笔记,其实记笔记的时机有很多,只要是在不影响听课效果的情况下,任何时间都可以记。例如,老师在黑板上写板书时,学生在这个时候要紧跟老师的笔迹,抓紧时间记;老师强调重点,语速放慢或者反复重复强调时,要迅速地记下来。作为老师,也应该在这个时候,及时提醒学生拿起手中的笔,抓紧记录。还有些笔记是在课堂上简要记录,课后去回忆补充完善的。

记笔记的一些技巧

1. 防止两个极端

一种是一点也不记,即使刚上完课能记住不少内容,但是经过一段时间后,就只能记住只言片语,没有了课后复习的依据;另一种是盲目地一字不漏地全部记录,如果书写很快且不耽误分析、思考倒还无所谓,否则只顾记笔记,却忽略了教师精辟的分析,影响了听课效果,则得不偿失。

2. 简约记录

板书可以抄录在笔记本上,老师的话也许不可能原原本本地记下来。所以学生在记笔记时可以简约地记,记关键词,记要点,因为笔记只给自己用,所以只要自己看得懂就行,下课后再把笔记补充完整。

3. 善用符号记录

常用的、重复的字词可以用符号表示,这样可以节省不少时间。可以用曲线、三角、圆圈、五角星等在笔记本上做记号,标明重点,提醒自己注意。做符号笔记,符号种类不宜太多,一定要做到清晰、准确,让自己复习时阅读起来一目了然。

4. 方便修改

字要记得松一点,这样方便改正。记笔记应分正副页,通常为 7∶3 的比例,这样可以方便修改。

5. 颜色对比

使用不同颜色的笔记录,记录一般的内容用蓝笔或黑笔,记录公式等重点时用红笔,对比鲜明。

6. 图表法

图表法是指利用一些简单的图形和表格将课程的主要内容绘成关系图或列表的笔记方法。图表比单纯的文字看起来更加形象和概括,有助于学生记忆和日后的复习,也有助于锻炼学生逻辑思维。

7. 转换法

转换法即学生在理解、掌握老师讲授内容的基础上,用自己的话将其要点记录下来的笔记方法。转换法的核心是理解和转换,只有在充分理解了老师所表达的内涵,才能顺利地将其转换成自己的话语,经常使用转换法记笔记有助于锻炼学生敏捷的思维。

记课堂笔记对同学们有以下几点好处。

1) 养成坚韧不拔的性格和良好的学习生活习惯

养成坚韧不拔的性格和良好的学习生活习惯,能及时记录下自己在日常学习中的疑惑、难点、重点及核心重要的东西。

2) 提高理解能力

记笔记的过程也是一个积极思考的过程,可调动眼、耳、脑、手一齐活动,促进对讲授内容的理解。做笔记时,心随手动,活跃思维,从而保障了高度紧张的大脑神经系统进行高效快速的思维活动,同时也有效地摒弃了注意力不集中、打盹犯困、做小动作、浮想联翩等一系列听课时的坏毛病。

3) 加强记忆

记笔记更有助于积累资料、拓展新知,达到全面透彻学习的目的。只有紧跟老师的思路认真听讲,及时记录下重点、难点和疑点,才能把做笔记的效率提到更高的同时让记忆更加深刻。

但在学习中,各人又有各自不同的习惯,哪种记笔记的方式更适合自己,需要学生在学习中慢慢体会,以选取有效的学习方法,提高学习效率。

自测题

1. 提炼《课堂笔记》的提纲,补充有关《课堂笔记》的资料。

2. 写关于自主学习《课堂笔记》后的心得体会,并与你的同学交流。

3. 认真做好课堂笔记,在班级里组织一次交流展示会。

3 第三单元

阅 读

认读 3500 常用字（三）

自 测 题

1. 为加点字注音

揣度（ ）	游说（ ）	累赘（ ）	星宿（ ）	弹劾（ ）
概率（ ）	请假（ ）	圈养（ ）	钥匙（ ）	蛤蜊（ ）
勒紧（ ）	教课（ ）	绽放（ ）	揣着（ ）	瓦棱（ ）
烘焙（ ）	险隘（ ）	沉溺（ ）	晌午（ ）	拜谒（ ）
洽谈（ ）	盛器（ ）	责难（ ）	电荷（ ）	剥落（ ）
心宽体胖（ ）	毛遂自荐（ ）	虚与委蛇（ ）	无声无臭（ ）	棘皮动物（ ）

2. 为多音字注音并组词

脉＜　　盛＜　　差＜　　累＜

埋＜　　都＜　　恶＜　　校＜

炮＜　　觉＜　　说＜　　给＜

着＜　　称＜　　畜＜　　涨＜

3. 选字组词

力有不＿＿（待、逮）	金声玉＿＿（赈、振）	千＿＿之国（胜、乘）
满目＿＿痍（创、疮）	如法＿＿制（炮、泡）	无＿＿于事（济、剂）
＿＿古不变（亘、恒）	＿＿绎不绝（洛、络）	火中取＿＿（栗、粟）
卑＿＿屈膝（恭、躬）	＿＿不掩瑜（遐、瑕）	养精＿＿锐（畜、蓄）
＿＿心如意（称、乘）	正襟危＿＿（坐、座）	物＿＿天择（竞、竟）

4. 改正错别字

诚皇诚恐（ ）	荒寥绝伦（ ）	追根朔源（ ）	一愁莫展（ ）
男婚女骋（ ）	风姿卓约（ ）	混肴是非（ ）	负遇顽抗（ ）
恍言相劝（ ）	模凌两可（ ）	按步就班（ ）	罪魅祸首（ ）
厚德栽物（ ）	一如继往（ ）	竭泽而鱼（ ）	飞扬拔扈（ ）
刹费苦心（ ）	喜上眉捎（ ）	竞竞业业（ ）	通霄达旦（ ）
以逸代劳（ ）	免强答应（ ）	手屈一指（ ）	分廷抗礼（ ）

宣宾夺主(　　)　　　渲泄(　　)　　　幅射(　　)峻工　(　　)弦律(　　)

内函(　　)　　　暑名(　　)

5. 自学常用字"皇"至"颈",次常用字"痊"至"踊"。在班级里组织一次"听写比赛",检验学习效果。

让我流泪的香橡皮①

纪广洋②

初二开学那天,按高矮个重新分座,和我同村的纪翠兰成了我同桌。她是个漂亮且优秀的女生,但令人遗憾的是,学习成绩名列前茅的翠兰,家庭状况却最糟糕。在她刚出生不到一个月时,母亲忙于麦收被暴雨淋湿从此落下了病,常年药不离口;在她考上初中入学的第三天,父亲去集上给她买自行车,回来的路上,刚买的自行车车闸失灵,父亲跌入深壕摔断了大胯和腿骨,一年后还离不开双拐。这样一折腾,她家的情况就可想而知了。看吧,在我们校园里,没有哪个女孩子比翠兰更清秀,也没有哪个女孩子比她穿戴得更寒酸。在学习中她也最节省、最俭朴,买个练习本总先用铅笔在正反面写,再用钢笔覆盖一遍,她甚至捡一些瓶塞、管头等橡胶制品代替橡皮来用。

那天,我买了两块包装精美的香橡皮,准备送给翠兰一块。午休,我乐呵呵地跑进教室,正好只有她一人在。我把那块橡皮放在她面前的书上,"送给你的。"她抬头看了看我,犹犹豫豫地拿起橡皮:"你干吗买这么贵的橡皮? 我才不要呢。"我怕伤了她的自尊心,就说:"既然买了,你就收下吧。我去买橡皮,一看挺好的,就给你捎了一块。""这样说我就收下,"她下意识地摊平了手,"多少钱一块?""我就不能送给你一块小小的橡皮吗?"我一听她问价格,心里猛然涌起一种说不上来的滋味? 提高了嗓门说,"咱俩同村、同姓、同族、同辈分,按生月我还得叫你姐姐哩,又没有别的意思,又不怕别人说闲话……""你不怕,我还怕呢!"她也提高了嗓门说,"我知道我家穷,可我凭什么要你的东西! 我用不着别人可怜我……"

就在这时,几个同学说笑着走进教室,我不便再和她理论,就顺手拿起她的那本书盖在橡皮上面。她神情复杂地凝视我一阵,便趴在桌上不动了。

班主任宣布下午全体同学到操场上清除杂草。翠兰离开座位前,用书把那块橡皮推过了我与她的"三八线"。我装作没看见,与同学一起走出了教室。就在操场上的杂草清除得差不多时,有同学发现翠兰的手上有血(她揪一种三棱草时划伤的),班主任就让她去清洗一下,提前回教室。10分钟后,我先同学一步回教室,看到她的手已止血,就没再说什么。这时,翠兰忽然问我:"记得那块橡皮吗? 你没收起来,怎么不见了?"我以为她改变了先前的主意,又乐意收下那块橡皮了,才和我这样幽默一下,就以一种无所谓的口吻说:"不见就不见吧。不见就对了。""你这是啥意思?"翠兰表情忽然严肃起来,一副焦灼万分的模样,"那块橡皮真的不见了!"看她那认真相,我才意识到橡皮真的不见了。可我一时又找不出原因,就暂且找缘由安慰她说:"或许哪个同学拿去看了……""哪个同学能拿去? 所有的人都去了操场。况且是咱俩最后出去的,而我又是最先回来的……"翠兰说着说着竟有了哭腔,"今天是怎么啦?! 真是见了鬼了不成……"

这时,已有同学陆续走进教室。我说:"明天再说吧。也许当时都忙着出去,忘了具体细节了。"翠兰不说话了,眼里却凝聚着浓重的疑云。

---

①选自《课外阅读》2002年第10期。

②纪广洋,1968年生于山东嘉祥,1983年开始发表诗歌,迄今已出版中文和译文版图书10部,作品入编上海教育出版社出版的《语文》、牛津大学出版社出版的《中国语文》等教科书。现致力于国学方面的研究和写作。

放学后,在回家的路上,我一遍遍寻思:这件奇怪的事还没有结果,明天翠兰还会提起。她的心够苦了,不能再让她遭受这不白之冤。思来想去,我急中生智……跑到商店再买一块同样的橡皮,就说我昨天顺手放到兜里了……

第二天,我在去学校的路上追上翠兰,没等她发话,我就哈哈笑着从口袋里掏出两块一模一样的橡皮,装成自怨自艾的样子:"哎呀,我真糊涂。回家一摸口袋,两块都在里面……"

"你胡说!"翠兰停下自行车,一边掏书包一边幽幽地说,"那块橡皮在我包里呢。是我不留神把它夹在书里面的,回家一掏,就掉在地上……你说实话,是不是跑到商店里又买了一块?"

我只好不打自招:"昨天,我也弄不清橡皮是怎么不见的,怕你惦记,就……""别说了,"翠兰半嗔半怨地笑起来,"其实这事儿全怪我,我太执拗、太不近人情了,才惹出这样的误会。让你受委屈了,请你原谅。"

我嘿嘿地笑了,笑着笑着眼睛就开始发涩、发热……而让我真正不能自已地流下眼泪来,是在两天之后的物理课上。

那天上物理课,赵老师手里拿着一块精美的橡皮。径直朝我走来,嘴里还不停嘟囔着,"前天你们在操场上劳动时,我从教室窗外经过。偶尔看到放在你课桌上的这块四四方方的新橡皮,就联想到我正为初一准备的浮力课,打算用它做个试验,看把它放在水中能浮出几分之几……没耽误你用吧?"

赵老师回到讲台上,目瞪口呆的我,也重重地坐下了。我想,我肯定是流泪了,不然,翠兰怎么一边夺我手里的橡皮一边这样说——"两块橡皮我都要、四块橡皮我都要……别哭了,好吗?"说着说着,她竟也泪流满面。

➕ 自 测 题

1. 解释词语

(1)深壕

(2)焦灼

(3)执拗

(4)拗口

(5)嘟囔

(6)不白之冤

(7)自怨自艾

(8)半嗔半怨

2. 阅读理解

(1)文章开头交代了翠兰的贫困家境,可以说她是个急需资助的、苦命的孩子。可是当"我"只是送给它一块并不昂贵的香橡皮时,她却拒不接受,请你分析其中缘由?

(2)在文章的结尾处,作者写到翠兰落泪了。最终接受了"我"的馈赠和帮助,并且也泪流满面。请你用自己的话说明一下这泪水中饱含的深情。

3. 课文读后谈

(1)透过这块"让我流泪的香橡皮",我们看到了一个怎样的翠兰?

(2)请你结合文章内容,从"误会悬念法"的

角度体会一下作者写作此文手法的巧妙。

4. 语言运用练习

列出复述提纲,简要复述本文内容。

5. 标点符号练习

课文中多处使用省略号,例如:

(1)我一听她问价格,心里猛然涌起一种说不上来的滋味? 提高了嗓门说,"咱俩同村、同姓、同族、同辈分,按生月我还得叫你姐姐哩,又没有别的意思,又不怕别人说闲话……""你不怕,我还怕呢!"

(2)翠兰停下自行车,一边掏书包一边幽幽地说,"那块橡皮在我包里呢。是我不留神把它夹在书里面的,回家一掏,就掉在地上……你说实话,是不是跑到商店里又买了一块?"

(3)思来想去,我急中生智……跑到商店再买一块同样的橡皮,就说我昨天顺手放到兜里了……

说说这几处省略号的用法。

6. 请你说一说

(1)说说自己儿时最难忘的事。

(2)同桌间互相介绍下自己的性格特点。

7. 座谈

（1）联系社会实际和个人经历，谈谈你对"善意的谎言"的看法。

（2）品读全文，请你从情感触动或人生哲理的角度谈谈它带给你的影响。

8. 写作

根据课文内容，写一篇读后感。

管鲍之交①

司马迁

管仲夷吾者，颍上人也②。少时常与鲍叔牙游，鲍叔知其贤③。管仲贫困，常欺鲍叔，鲍叔终善遇之，不以为言④。已而鲍叔事齐公子小白，管仲事公子纠⑤。及小白立为桓公，公子纠死，管仲囚焉⑥。鲍叔遂进管仲⑦。管仲既用，任政于齐，齐桓公以霸，九合诸侯，一匡天下，管仲之谋也。

管仲曰："吾始困时，尝与鲍叔贾，分财利多自与，鲍叔不以我为贪，知我贫也⑧；吾尝为鲍叔谋事而更穷困，鲍叔不以我为愚，知时有利不利也⑨；吾尝三仕三见逐于君，鲍叔不以我为不肖，知我不遭时也⑩；吾尝三战三走，鲍叔不以我为怯，知我有老母也⑪；公子纠败，召忽死之，吾幽囚受辱，鲍叔不以我为无耻，知我不羞小节而耻功名不显于天下也⑫。生我者父母，知我者鲍子也。"

鲍叔既进管仲，以身下之⑬。子孙世禄于齐，有封邑者十余世，常为名大夫。天下不多管仲之贤而多鲍叔能知人也⑭。

自测题

1. 了解相关知识并解释加点词语

（1）已而鲍叔事齐公子小白

（2）少时常与鲍叔牙游

（3）生我者父母，知我者鲍子也。

（4）管仲贫困，常欺鲍叔

（5）齐桓公以霸

（6）鲍叔不以我为贪

（7）公子纠败，召忽死之

（8）以身下之

2. 阅读理解

---

①选自《史记·管晏列传》。司马迁（公元前145年—前90年），字子长，夏阳（今陕西韩城）人，西汉著名的史学家、文学家、思想家。《管晏列传》中的管晏，指春秋时期齐国的两位贤相管仲和晏婴。二人齐名，写成合传，故题名"管晏列传"。课文节选的即是该传中写管仲的主要内容中的一个小故事"管鲍之交"。管仲和鲍叔牙之间深厚的友情，已成为中国世代流传的佳话。

②管仲（公元前723年—前645年），名夷吾，字仲，谥敬，也叫管敬仲。颍（yǐng）上，今安徽颍上县南。颍是水名，颍上是地名。

③鲍叔牙，也叫鲍叔，齐国大夫。贤，有杰出才能。

④不以为言，不以此为话柄，不因为这个而说坏话。

⑤公子小白，即后来的齐桓公，姓姜，名小白，齐襄公之弟。公子纠，齐襄公之弟。

⑥襄公无道，鲍叔奉小白奔莒，管仲、召忽二人奉纠奔鲁。襄公死后，小白抢先回齐，取得政权，称齐桓公，并使鲁国杀死企图争位的公子纠，把管、召二人押送回齐。召忽自杀，管仲请坐囚车回到齐国。焉，兼词，代齐，又表句末语气。

⑦进，推荐，保举。

⑧贾（gǔ），坐地经商。

⑨谋事，谋划事情。穷困，窘迫，困窘。

⑩仕，做官。见逐于君，被国君免职逐退。不肖，没有才干。遭时，遇到好时机。

⑪走，逃跑。怯，胆小。

⑫死之，为之死。之，代公子纠。无耻，没有羞耻之心。羞小节，以小节为羞。小节，小的操守。耻，意动用法，认为……可耻。

⑬以身下之，把自己的职位放在他的下面。

⑭多，称赞，颂扬。

（1）这篇文章将笔墨着重写管鲍之间的交谊，写鲍叔牙知贤、荐贤、让贤的高尚品德和行为，下面请同学们根据课文内容，概括一下鲍叔牙在与管仲的交往中，为管仲做了哪些事情？

（2）齐桓公没有戴有色眼镜看管仲，没有因为管仲过去的失败而觉得这是一个庸才，而是充分相信鲍叔牙的推荐，重用管仲。齐桓公的用人有什么过人之处？

3. 课文读后谈

（1）文章中管仲曾动情地说"生我者父母，知我者鲍子"，管仲为何这样说？

（2）天下为什么"不多管仲之贤而多鲍叔能知人"？请结合韩愈"世有伯乐，然后有千里马"这句话，并联系本单元有关内容回答。

4. 语言运用练习

请用白话文，从第一人称的角度来复述课文内容。

5. 标点符号练习

请将下列文句断句，并加上正确的标点符号。

晏平仲婴者莱之夷维人也事齐灵公庄公景公以节俭力行重于齐既相齐食不重肉姜不衣帛其在朝君语及之即危言语不及之即危行国有道即顺命无道即衡命以此三世显名于诸侯

6. 请你说一说

（1）如果管仲是你的好朋友，你觉得他会推荐你吗？谈谈理由。

（2）介绍生活中你最了解的一位朋友。

7. 座谈

（1）搜集古今中外关于友谊的名人名言，并与同学交流阅读、谈体会。

（2）从管鲍之交谈一谈，你认为在物欲横流的社会现实中，该交什么样的朋友，该如何呵护自己的友情？

8. 写作

如果班里推选班干部，请你写一段材料推荐你的好朋友。

朋友四型①

余光中②

一个人命里不见得有太太或丈夫，但绝对不可没有朋友。即使是荒岛上的鲁滨逊③，也不免需要一个"礼拜五"。一个人不能选择父母，但是除了鲁滨逊之外，每个人都可以选择自己的朋友。照理说选来的东西，应该符合自己的理想才对，但是事实又不尽然。你选别人，别人也选你。被选，是一种荣誉，但不一定是一件乐事。来按你门铃的人很多，岂能人人都令你"喜出望外"呢？大致说来，按铃的人可以分为下列四型：

第一型，高级而有趣。这种朋友理想是理想，只是可遇不可求。世界上高级的人很多，有趣的人也很多，又高级又有趣的人却少之又少。高级的人使人尊敬，有趣的人使人喜欢，又高级又有趣的人，使人敬而不畏，亲而不押，交接愈久，芬芳愈醇。譬如新鲜的水果，不但甘美可口，而且富于营养，可谓一举两得。朋友是自己的镜子。一个人有了这样的朋友，自己的境界也低不到哪里去。东坡先生杖履所至，几曾出现过低级而无趣的俗物呢？

第二型，高级而无趣。这种人大概就是古人所谓的诤友，甚至畏友了。这种朋友，有的知识丰富，有的人格高超，有的呢，"品学兼优"像个模范生，可惜美中不足，都缺乏一点幽默感，活泼不起来。你总觉得，他身上有一个窍没有打通，因此无法豁然恍然，具备充分的现实感。跟他交谈，既不像打球那样，你来我往，此呼彼应；也不像滚雪球那样，把一个有趣的话题越滚越大。精力过人的一类，只管自己发球，不管你接不接得住。消极的一类则以逸待劳，难得接

---

①选自《思维与智慧》2001年第5期。

②余光中（1928—），中国当代作家、诗人，现居台湾。祖籍福建永春，生于江苏南京，1947年入金陵大学外语系（后转入厦门大学），1949年随父母迁香港，次年赴台湾，就读于台湾大学外文系。1953年，与覃子豪、钟鼎文等共创"蓝星"诗社。代表作有《白玉苦瓜》（诗集）、《记忆像铁轨一样长》（散文集）及《分水岭上：余光中评论文集》（评论集）等。

③也有人译为"鲁滨孙"。

你一球两球。无论对手消极积极,总之该你捡球,你不捡球,这场球是别想打下去的。这种畏友的遗憾,在于趣味太窄,所以跟你的"接触面"广不起来。天下之大,他从城南跑到城北来找你的目的,只在讨论"死亡在法国现代小说的特殊意义"。为这种畏友捡一晚上的球,疲劳是可以想见的。这样的友谊有点像吃药,太苦了一点。

第三型,低级而有趣。这种朋友极富娱乐价值,说笑话,他最黄;说故事,他最像;消息,他最灵通;关系,他最广阔;好去处,他都去过;坏主意,他都打过。世界上任何话题他都接得下去,至于怎么接法,就不用你操心了。他的全部学问,就在于不让外行人听出他没有学问。至于内行人,世界上有多少内行人呢?所以他的马脚在许多客厅和餐厅里跑来跑去,并不怎么露眼。这种人最会说话,餐桌上有了他,一定宾主尽欢,大家喝进去的美酒还不如听进去的美言那么"沁人心脾"。会议上有了他,再空洞的会议也会显得主题正确,内容充沛,没有白开。如果说,第二型的朋友拥有世界上全部的学问,独缺常识,这一型的朋友则恰恰相反,拥有世界上全部的常识,独缺知识。照说低级的人而有趣味,岂非低级趣味?你竟能与他同乐,岂非也有低级趣味之嫌?不过人性是广阔的,谁能保证自己毫无此种不良的成分呢?如果要你做鲁滨逊,你会选第三型的朋友还是第二型的朋友做"礼拜五"呢?

第四型,低级而无趣。这种朋友,跟第一型的朋友一样少,或然率相当之低。这种人当然自有一套价值标准,非但不会承认自己低级而无趣,恐怕还自以为又高级又有趣呢?然则,余不欲与之同乐矣。

自测题

1. 本文的作者是(　　)
   A. 席慕蓉　　　　　B. 白先勇
   C. 余光中　　　　　D. 龙应台

2. 文中提到的"礼拜五"是哪部小说中的人物?作者是谁?(　　)
   A.《哈克贝利·费恩历险记》　海明威
   B.《鲁滨孙漂流记》　　马克·吐温
   C.《汤姆·索亚历险记》　欧·亨利
   D.《鲁滨孙漂流记》　　笛福

3. 课文中"可遇不可求"的朋友指的是(　　)
   A. 高级而有趣的朋友
   B. 高级而无趣的朋友
   C. 低级而有趣的朋友
   D. 低级而无趣的朋友

4. 高级而有趣,"高级"指的不是(　　)
   A. 知识丰富　　　B. 人格高超
   C. 品学兼优　　　D. 诚实守信

5. 高级而有趣,"有趣"主要指的是(　　)
   A. 有幽默感　　　B. 消息灵通
   C. 爱好广泛　　　D. 任何话题都接得下去

6. 第二型的朋友拥有世界上全部的学问,独缺(　　)

   A. 常识　　　　　B. 幽默
   C. 情趣　　　　　D. 关系

7. 第三型的朋友拥有世界上全部的常识,独缺(　　)
   A. 情趣　　　　　B. 知识
   C. 学问　　　　　D. 幽默

8. 低级而无趣。这种朋友,跟(　　)的朋友一样少。
   A. 第一型　　　　B. 第二型
   C. 第三型　　　　D. 第四型

9. "这样的友谊有点像吃药,太苦了一点。"通过这句话,和(　　)相处可能会有这样的感觉?
   A. 高级而有趣的朋友
   B. 高级而无趣的朋友
   C. 低级而有趣的朋友
   D. 低级而无趣的朋友

10. 低级而有趣。他的全部学问,就在于(　　)
    A. 不让外行人听出他没有学问
    B. 消息,他最灵通;关系,他最广阔
    C. 自有一套价值标准
    D. 把一个有趣的话题越滚越大

口语交际

复　述

复述的含义

　　复述是一种"说"的训练,是把文章的内容用自己的话说出来,它要求学生根据要求取舍内容,组织语言,进行一系列的加工、整理,使之用词恰当,结构严密,前后连贯,把文章内容完整表述出来。

复述的类型

复述一般分为详细复述、简要复述和创造性复述三类。

1. 详细复述

详细复述是按照文章的片断或全文的顺序作出清楚、明白、连贯的复述。内容要基本接近原文,人称、顺序不能作什么改变。要用自己的话叙述原文中的精彩片段、传神的对话,最好能不走样地述说出来。详细复述的常用方法有以下两种。

　　(1) 列提纲复述。这种复述方法较多用于篇幅较长,内容较复杂的课文。在进行复述时,指导学生把复述的课文或片断的内容写成提纲,然后根据提纲架构进行有序的详细复述。

　　(2) 对照重要词语复述。这是指抓住课文中的一些能够反映课文内容的重要关键词,抄记在本子上,并将其有顺序地排列出来作为复述的支持点和连接点。然后根据这些词语记忆扩充,把要复述的课文或片断的内容串联起来,进行详细复述。

2. 简要复述

简要复述是概括原文的复述,要求抓住课文的中心思想和重点内容进行复述,不改变原来的体裁和逻辑顺序,也不能加入个人的感想和评论,只能对课文内容进行筛选和概括,再用自己的语言表述出来。对于要复述的材料,应掌握写作的顺序、主要内容和中心思想;概括每段的主要内容,找出每段的要点;列复述提纲;按提纲试着复述。叙事性文章要抓住:时间、地点、人物、起因、经过、结果;说明性文章要抓住:事物的特征、构成要素、构成方式;议论性文章要抓住:中心论点,分论点、论据与论证方法。简要复述要对内容进行筛选,选取主要的,删去次要的、解释性和描述性的部分,对话部分一般改为转述,还需要在语言上进行概括。

3. 创造性复述

创造性复述是复述人对文章内容吸收、存储、内化整理和表达的过程,只要中心不变,可以根据自己的理解变换角色,改变原文的逻辑顺序,加进适当的解说、评价;也可以变换不同的人称、不同的描述角度,用自己的语言进一步充实内容,准确表达出原文的内容。创造性复述要求较高,它要求同学们根据文章的主要情节,展开合理想象,将原文加以扩充、发挥,使原文更加形象、生动、具体。经常进行创造性复述,不仅能加深对内容的整体理解,提升阅读理解能力,而且有利于培养想象能力、思维的敏捷性和口头表达能力,调动学习的积极性。创造性复述一般有以下三种训练模式。

　　(1) 提示式。在理解文章内容的基础上通过一定的提示进行复述,可以不照搬原文,只选取其中一些精彩的语段进行填空;可以抽取与文章的线索或特色等要素有密切关系的重点词语、重组信息进行缀连;可以根据对文章的理解,理清思路,列出提纲进行复述;也可以根据部分紧扣课文材料的插图进行复述。

(2)活动式。对一些文章篇幅较长或者是趣味性较强的材料,可以在组织活动中通过回忆的途径进行复述。通常有两种活动形式——做游戏和课本剧。

(3)转换式。转换式是指转换原文的构思,用自己的语言从不同角度、不同层面改变文章的表现形式而进行的复述,可以改变体裁、人称、结构进行复述,比如变人称,可把第一人称改成第三人称,也可把第三人称改为第一人称;也可以改变叙述顺序,把倒叙改为顺叙,把顺叙改为倒叙等;可以补充情节进行复述,续编故事等;可以刻画或评论人物,借景或借事抒情进行复述。

复述能力的构成

复述能力由理解能力、概括能力、记忆能力、构思能力、想象能力、口头表达能力等几种能力有机构成,它们既相互独立,又相互联系,共同支持着复述活动的顺利进行。反之,如果这个能力结构残缺不全或不能协调发展,那么复述就会出现这样那样的障碍而不能有效地完成。

1. 理解能力

理解是复述的基础,无论哪一种形式的复述,都离不开对课文的深入理解。理解课文主要是理解课文的中心思想,理清课文的结构、线索和作者的思路,把握重点,抓住关键性词句,以及理解写作方法的运用。理解能力强的学生较能把握课文的中心,抓住课文的重点和关键性词句,显然这对复述是很有必要的。

2. 概括能力

概括是在理解的基础上,把主要内容用简洁的语言有层次地叙述出来。概括能力表现在对文章框架和思路的把握,以及对结构段的意义和段与段之间关系的理解。概括能力在简要复述中的作用明显,但并不是说在详细复述和创造性复述中就不重要。具有较强的概括能力,既能从整体上把握课文的中心和脉络,又能突出重点,而这对任何一种形式的复述都是必要的。练习划分段落、归纳段意、提炼中心等,对培养概括能力是很有用处的,同时也是为复述作准备。

3. 记忆能力

记忆是思维的基础,没有记忆,也就没有思维。复述依赖于对课文内容或要点的记忆,记忆能力在复述能力结构中的重要地位不言而喻。而三种复述形式对记忆的要求不尽相同。在详细复述中,记忆能力的强弱几乎是复述成败的决定性因素;简要复述重在对课文条理和重点的把握,但对关键词句的记忆则要求准确、牢固;创造性复述对记忆的要求不那么单一,而是要在记忆的基础上加以发挥和创造。

复述从量来说,有不同的要求,有的只要求复述一部分,有的则要求复述全文。对量比较大的复述,用循序渐进的策略,可以从少到多、积少成多地记忆,先复述一部分,再渐次增加。理清回忆的线索,也是帮助复述的有效策略。这种线索,可以是课文提纲,可以是板书,也可以是有组织排列的关键性词语。

4. 构思能力

构思在这里是指复述的计划,主要考虑如何去复述,或者说是以哪一种形式,用哪一种方法,从哪一个角度,以哪一个角色来进行复述。这种事先的设计和盘算对复述的效果影响很大。比如,在创造性复述时,有些同学不能灵活地拓展思路,显得很机械,这往往是由于缺乏复述前的构思所致。在创造性复述的构思中,变换和补充是两个基本类型。变换型的复述,可以变换人称,如将原文的第三人称改为第一人称;可以变换主人公,同样是第一人称,原文中是这个角色,复述时可以换成另一个角色;可以变换叙述的顺序,如变原文中的顺叙为复述时的倒叙;还可以变换体裁,如把诗歌变为散文等。补充型的复述也可以有多种思路和设想,如补充开头,补充结尾,补充中间情节;还可以补充描写性的内容,如场面描写,人物的外貌、动作、语言、心理描写等。根据课文内容的特点,复述也可以设计成多人复述,如分角色复述等。

5. 想象能力

在创造性复述中,想象能力极为重要。构思只是提供一个设想、一个思路,而具体内容的展开,却主要依赖想象能力。创造性复述的"创造性",构思是一个方面,而更主要的、更具体的,还是表现在展开丰富而合理的想象方面。因此,创造性复述又称想象性复述。

在创造性复述的想象中,既有再造想象的内容,也有创造想象的内容。但是复述中的想象,依据的是课文,不能天马行空,胡思乱想。而合理的想象,实际就是符合课文内容的想象,换句话说,就是能在课文中找到依据的想象,学生可以根据词语的提示,在头脑中再现课文中生动活泼的场面和栩栩如生的人物;可以根据情节的发展、人物命运的预示,进行适当的补充或大胆的推测;也可以根据对角色的理解,设身处地地进行灵活的应对。

6. 口头表达能力

复述以口头表达为其表现形式。口头表达能力成为复述的最显著的特征,成为评判复述成败的主要依据。当复述最后以口头表达形式呈现时,它实际已融入了其他能力。在前面几项能力中,任何一项能力有缺陷或不足,都会在口头表达中反映出来,使复述遇到种种相应的障碍。

口头表达既为表达,就有和书面表达要求一致的部分,如对中心的把握、叙述内容的条理化及遣词造句的要求等。但口头表达还有作为其"口头"的特征,因此,复述要求说普通话,声音要清楚响亮,态度要自然大方,要能突出中心,不遗漏主要内容,语句要通顺、有条理,要尽量使用自己的语言,恰当地运用原文中的语言。

复述时要将书面语转化成口语,要注意句式和词语的变化,复杂的长句应改为短句,倒装句应改成顺序句式,语法结构复杂的句子要简化,一些生僻的书面词语可以用通俗易懂的同义词替换,或者用释义、插说的方法来表达。要发挥口语表达直观的优势,使叙述生动形象,注意声音、语调、表情、动作等。不论采用哪种复述方式,都要注意语气,注意自己的语言,不能将复述与背诵混同起来。

自 测 题

1. 选一篇微型小说,先认真听读两遍,然后编写复述提纲,找两名同学按提纲进行详细复述,其他同学进行评议。

2. 选取自己观看过的一部电影,简要复述电影的故事梗概。

3. 对课文《让我流泪的香橡皮》进行创造性复述。要求:由原文的第一人称改为第三人称,复述时不要变更故事发生、发展和结局的顺序。

书面表达

读 书 笔 记

读书笔记,是指人们在阅读书籍或文章时,遇到值得记录的东西和自己的心得、体会,随时随地把它写下来的一种文体。古人有条著名的读书治学经验,叫做读书要做到:眼到、口到、心到、手到。"手到"就是读书笔记。在读书时,写读书笔记是训练阅读的好方法。

（一）做读书笔记的好处

1. 做读书笔记可以加强记忆。成功的学习，绝非一蹴而就，必须要经过坚持不懈的努力，必须要经过长期的知识积累和思想积累。为实现这种积累和准备，光靠记忆是不够的。人的记忆力总是有限的，过目成诵者虽有，但时间久了他也会遗忘。俗话说："好记性不如烂笔头。"读书笔记可以弥补脑力的不足，是记忆的储存器。

2. 做读书笔记能促进大脑的思维。如果大脑是信息处理器，笔记本就相当于信息储存器。在记笔记时，大脑和笔记相联系，这就像处理器与储存器的接通。它们相互作用，有时会使思维活跃起来，产生特殊的效果。在记笔记的过程中，可以使头脑里原来模糊的思想清晰化、条理化。有时，还能迸发出新的思想的火花，有利于创造性思维的发展。

3. 做读书笔记有利于积累资料，日积月累，笔记本就能成为包罗万象的脑外资源仓库，用时打开它，丰富的词汇、名言警句、疑难题解等都会涌现出来，使人思路开阔，得心应手，左右逢源。

4. 做读书笔记可以节省查找资料的时间。在知识不断更新的现代社会，别人的成功经验、科技信息，在阅读时花上点时间记上几笔，存储起来，用时会很快查找到，避免把很多时间浪费在不必要的搜寻之中。

（二）读书笔记的分类

1. 从内容上分

读书笔记从内容上可分为摘录笔记、提纲笔记、评注笔记、心得笔记四种。

1）摘录笔记

摘录笔记就是把所读文章的好句子、好材料摘录下来的笔记。摘录笔记做多了，经常读一读，对于提高我们的语言表达能力很有帮助，在作文时可以参考、模仿，有的甚至可以直接引用。读书看报时所做的文字摘录、名言警句、精彩的描写或议论语段，寓含一定道理的或有趣的故事等，都属于摘录笔记。这类笔记是比较容易的，但关键在于坚持。

2）提纲笔记

提纲笔记就是把所读文章的要点归纳记录下来的笔记。它对于我们进行阅读分析很有帮助，也有助于我们提高作文的构思能力。它是看完一本书或一篇文章，对文中的某一观点、事件、情节、道理等，进行分析、归纳，用自己的话把其内容要点写出来，这不仅可备忘、备查，而且可训练学生的综合能力、概括能力。

3）评注笔记

评注笔记，如果所读的书是自己的书，可以在书的空白处写下自己的看法、疑问、评论等，也可以做一些记号，这就是评注笔记。它会加强我们对文章的理解、记忆，作文时如果要参考、模仿读过的文章，有没有做过评注的，效果大不一样。

4）心得笔记

心得笔记简单地说就是扼要地写一写读书的心得，可以不过多考虑格式，把心得记下来即可。它是记下读者对某一个问题思考的心得。心得也可以是札记、体会。札记多为旁征博引，辩证考订；体会多为引申阐发，借题发挥。体会是写笔记的一种高级形式，要求有更多的个人创见，难度比较大，但它却是我们以后进行创造时的半成品或完善的精致短篇，一旦需要时，只要将这些文字组织起来，就可使之成为有价值的作品。写这类笔记，要特别注意捕捉思想的火花。

2. 从形式上分

读书笔记从形式上又分为笔记本、活页本、卡片、剪报、全文复印、记忆、书签式等。

（1）笔记本。成册笔记本可用来抄原文、写提纲、记心得、写综述。长处是便于保存，缺点是不便分类，但可按类单独成册。

（2）活页本。可用来记各种各样的笔记。便于分类，节约纸张也便于日后查阅。

（3）卡片。便于分类，可按目排列，便于灵活调动又节省纸张，但篇幅小，内容不宜长。

（4）剪报。把报纸上有用的资料剪下来，长文章可贴在笔记本或活页本上，短小材料可贴在卡片上。剪报材料可加评注，也可分类张贴，要注明出处，以便使用。

（5）全文复印。重要读书材料，为保持完整性，可全文复印编目分类留用。

（6）记忆。如果能用大脑记下来的话就能更好地在生活中运用笔记中的知识，何乐而不为呢？

（7）书签式。平时读书时遇到需要背诵的内容，可记在书签上，夹在书里、放在口袋里或插在专放书签的袋子里，一有空就读一读背一背，至记牢为止，再把它存放起来，可以帮助记忆。

（三）怎样做好读书笔记

（1）反复思考后再记。要记下一个问题，必须在透彻理解原文的基础上，经过自己反复的思考，让所学到的东西，在自己头脑里成为"会发酵"的知识，然后再记下来才有价值。不动脑筋，不经消化，一味抄书，抄得再多也是徒劳。

（2）眼看、手动、重点记。这就是说，对自己的书籍，要一边读书一边做记号、画线条、写评语、做批注等。可在最重要的关键字句上做记号，也可归纳出最重要的短句，把它写在所阅读书籍的上下左右或有关空隙中。这样在再次重读复习时，不用细读原文，只要看到这几个字或短句，就可以想到全页写的是什么。

（3）用小本子记。实践证明，用大本子做读书笔记不方便整理和携带。因此，建议做读书笔记要用小本子，一文写一张，最好是用活页的卡片，做笔记效果更佳，不仅便于携带和整理，而且方便存放。

（4）记得少而精。笔记内容要经过反复推敲、琢磨，要记得精当，不要什么都记，每条笔记的字数不要太多，但笔记的条数可记得多一些，孤立的一小条，看不出学问，许多条汇集起来，就可以成为一个专题，成为一篇论文。

（5）加快笔记速度。笔记书写的速度，在读者的思考活动中占了极重要的地位。尽管你头脑里的思考活动快速灵活，但如果写字速度太慢，那么很多想法就往往无法整理出来；如果笔记速度快了，读书的效率自然也就提高了。

【示例】

读《童年》有感

这个暑假，我读了高尔基的自传体小说《童年》，它给我的感触颇深。阿廖沙（高尔基的乳名）出生在一个贫穷的木工家庭中。在残暴的沙皇统治时期，阿廖沙吃尽了苦头：幼年丧父，却又受尽外祖父的虐待。他周围的人都是那么的自私、贪婪、充满了仇恨……

阿廖沙的童年是那么的悲惨，和他比起来，我可是幸福多了。我出生在一个依山傍水的美好的地方，父母无微不至的呵护，亲人亲切无比的疼爱，伙伴们天真无邪的友爱，使欢乐的音符时时洒落在我的身边。在竹林里嬉戏，去山上采蘑菇，入溪水抓螃蟹，追蝴蝶，闻花香，追蚱蜢，我的童年就是这样无忧无虑开始的。拎着个大篮子跌跌撞撞地跟在表姐身后捡麦子，大篮子却总是撞到我的脚后跟。两条小辫儿上下欢快地跳动着，白蝴蝶在身边快乐地翩翩飞舞，湛蓝湛蓝的天空，万里无云，微风挑逗着衣襟，篮中的麦穗已有大半。童年的美好时光也就是在欢欣愉悦的劳动中度过的。走进了书香四溢的校园，也成了一个莘莘学子。充实的一天就在这琅琅的读书声中开始了。老师热心地传授我们知识，同学们互相探讨，我们像一棵棵小树苗，在接受春风雨露的滋润——吸取更多、更好的知识，茁壮成长。在这知识的海洋中，我结束了快乐的童年，开始走向成熟。我生活在一个充满人道主义的社会主义国家中，这里没有抽人的鞭子，没有殴打的拳脚，没有仇恨，没有贪婪，没有乖戾，更没有层出不穷的暴行和丑事。这里的人是善良、纯洁、乐观的,因而我的童年是充满了幸福和快乐的。

《假如给我三天光明》读书笔记

小时候的海伦·凯勒(就是作者)是一个聪明又活泼的女孩,6个月就可以说一些简单的话语,刚满周岁就会走路了。总之,她比一般的孩子要乖得多,也好学得多。然而好景不长,幸福的时光总是结束得太早,在一个充满知更鸟和百灵鸟的悦耳歌声,而且繁花盛开的春天,在一场高烧之后,海伦失去了听力与视力,随之而来地又不能说话了。这三样东西,是人生中必要且不能缺少的。如果失去了这三样,对一个常人来说,等于失去了生命的乐趣。如果你是海伦,给你三天时间,你会去干什么呢?如果我是她,一定活不下去了。再大的动力与再大的鼓力,也照不亮我心中那颗又阴又暗,又冷又湿的心。心里只有一个念头:这样活着,生不如死,还是早一点儿结束算了。

然而,海伦的做法与我的想法恰恰相反。她一生度过了88个春秋,却熬过了87年无光、无声的孤独岁月。而且,正是这位又盲、又聋的女子,竟然毕业于美国哈佛大学,这是一个多么惊人的成就啊。但是,毕竟,这惊人的成就是离不开她自身的努力的。与她相比之下,天壤之别啊,我真是自愧不如啊!

海伦可以创造这些常人无法想象的奇迹,全靠她有着一颗不屈不挠、坚持到底的心。她毫不犹豫地接受了生命的挑战,用自己那颗炽热的心,用自己那伟大的爱,去拥抱美好、充满生机的世界,以惊人的毅力与困难作战,终于,她战胜了生命的挑战,张开了心灵的眼睛,有了信心与希望,走出了寂静与黑暗。最后,她又把那双慈爱的手——伸向了全世界!海伦从又瞎又聋的女孩成了举世闻名的作家,经历多少坎坷啊,可她从没有退缩,而是勇往直前,毫不畏惧地面对困难,去战胜它,跨过它。一个又瞎又聋的人能做到,更何况我们是没有生理缺陷的人,没有理由做不到啊!一些同学很自卑,说自己笨,人人都是平等的,没有天才,也没有笨蛋。天才和笨蛋是取决于这个人有没有决心学习,有没有毅力坚持下去,这才是最重要的。人生的路途坎坷、崎岖,就看你有没有信心和毅力去把它踩在脚下,一步一步登上成功之路。我们每一个人时刻都在有意识或者无意识地描绘着自己的人生画卷,只有奋斗,只有自强不息,我们的生活才会充满鲜亮光耀的色彩,我们的生活画卷才会闪闪发光。

➕ 自 测 题

1. 选读一本书,做好读书笔记。在班级里组织交流展示会。

2. 想象对书中某一个人物进行采访,你可以问他书中有关的内容,也可以问他其他问题。用你自己的语气提问,然后用该人物的语气进行回答。

3. 描述一下你读完某本书时的感受(愉快、悲伤、解脱、愤怒或充满希望等),并解释你为什么会有这样的感觉?

4

第四单元

阅 读

认读 3500 常用字(四)

自测题

1. 为下列字注音

裕　屡　隙　葬　葛　葱　辜

葵　椒　鳍　癫　戳　蘸　瓢

2. 给下列多音字注音并组词

骑<　　强<　　模<

攒<　　榜<　　落<

朝<　　解<　　塞<

数<　　鲜<　　堡<

提<　　载<　　缝<

3. 根据拼音选字组词

dài	(口＿＿)	(＿＿表)	(＿＿头)
cái	(＿＿能)	(木＿＿)	(＿＿产)
mài	(年＿＿)	(买＿＿)	(＿＿苗)
zhàn	(车＿＿)	(＿＿领)	(＿＿士)
mào	(＿＿盛)	(＿＿险)	(礼＿＿)
zhù	(＿＿福)	(帮＿＿)	(站＿＿)
bǎo	(＿＿证)	(城＿＿)	(＿＿贝)
shēn	(＿＿吟)	(＿＿体)	(＿＿士)
qì	(生＿＿)	(哭＿＿)	(＿＿车)
jué	(＿＿定)	(杜＿＿)	(＿＿得)
zú	(＿＿够)	(＿＿球)	(民＿＿)
gōu	(＿＿画)	(铁＿＿)	(水＿＿)
jiāng	(＿＿来)	(边＿＿)	(＿＿河)
dào	(＿＿达)	(＿＿路)	(＿＿水)
huáng	(＿＿帝)	(辉＿＿)	(＿＿色)
hóng	(彩＿＿)	(＿＿旗)	(＿＿水)

4. 改正下列词语中的错别字

转弯摸角（   ）　　　大廷广众（   ）

锐不可挡（   ）　　　消声匿迹（   ）

名付其实（   ）　　　喏喏连声（   ）

铸剑为梨（   ）　　　穷困撩倒（   ）

丰功伟迹（   ）　　　束手无测（   ）

眼花潦乱（   ）　　　一愁莫展（   ）

5. 自学常用字"绩"至"樱"、次常用字"蝉"至"蠹"。在班级里组织一次"听写比赛"，检验学习效果。

看，这个激动人心的地方

许知远①

大学不是诗人的生地，但一所大学如果不能激起年轻人的一些诗心的回荡，一些对人类问题的思索，那么，这所大学之缺少感染力是无可置疑的。

——纽曼②

一

13 世纪，当一群年轻的僧侣集中在中世纪的修道院中研究"一根针尖上是否可以站立着七位天使时"，他们不知道他们的行为会给整个人类文明带来怎样深远的影响。这种把聪明的年轻人聚集在一起，传授学习神学知识的方式却造就了大学的最初形态，它是黑暗漫长的中世纪里最伟大的遗产。美国的《生活》杂志把"大学"视为这一千年中最伟大的事件之一，因为"它创造了一个延续整个世界文明的场所，也培养了大量全面了解这个世界的智者"。

在这 9 个世纪里，尽管大学的模式不断变迁：从最初的意大利的博罗纳大学创立，12 世纪的巴黎大学的兴起，到 14 世纪的牛津、剑桥的古典主义模式，或洪堡③ 19 世纪在柏林大学的改革，再或 20 世纪，美国哈佛、耶鲁大学的如日中天……但是在贯穿历史的主动脉里，大学始终是人类主要精神资源的传递者与创造者。在 18 世纪英国红衣主教纽曼的《大学的理想》中，大学是我们重温苏格拉底④的智慧与但丁⑤的风采的地方，是一个培养性格知识完美的绅士的地方；在 19 世纪早期德国人洪堡的实践中，大学是发现创造现代科学、探索人类未知领域的地方；在 19 世纪后期英国人亨利·约翰那里，大学是一个聚集了热情的年轻人，对世界进行讨论的地方；在 20 世纪初美国人佛莱斯纳的《大学》中，大学是一个有机体，是社会的表征，是批判的把持一些永久性的观念的地方……简而言之，大学是一个提供理想主义精神的场所，它可以表现在：①对于伟大的文明的传统的继承；②对于未知领域的探索研究；③对于个人品质的完善。这种理想使得大学成为激动人心的，让年轻的灵魂在伟大的领域游荡的场所。正如纽曼所说："大学不是诗人的生地，但一所大学如果不能激起年轻人的一些诗心的回荡，一些对人类问题的思索，那么，这所大学之缺少感染力是无可置疑的。"也由于这种理想的支持，从中世纪起，大学就具备了一种孤

①许知远，1976 年出生，2000 年毕业于北京大学计算机系微电子专业，现任职于《生活》杂志。

②纽曼（1801—1890），19 世纪英国著名的神学家、教育家。

③亚历山大·洪堡（1769—1859），德国著名博物学家、自然地理学家，19 世纪科学界中最杰出的人物之一。

④苏格拉底（公元前 469—前 399 年），古希腊著名的思想家、哲学家、教育家、公民陪审员。

⑤阿利盖利·但丁（1265—1321），13 世纪末，意大利最伟大的诗人，现代意大利语的奠基者，欧洲文艺复兴时代的开拓人物之一，以长诗《神曲》留名后世。

芳自赏式的独立风格,它试图用精神气质来引导社会。

二

灰尘下的历史是如此的光芒四射,这让活在今天的我们感受到一种无法抑制的悲哀。当大学理念已经引导了西方数百年的发展之后,我们的大学却依旧没有成型。中国的大学除了在研究教学实力上落后之外,更重要的是,大学并非是一个让我们感到激动人心的场所。因为,我们的大学普遍缺乏这种理想主义精神。那么,我们在这里得到的是什么?

经过高考试题,你侥幸得到了那张视为生命目标的录取通知书。一张半价的火车票把你带进了大学校园;四年之后,你离开了这里,在这段最为青春的岁月里,你得到了什么?150个学分,摩擦臀部的板凳,陈旧的教材,一个还算漂亮的女朋友,没完没了的自习,刚好可以去美国的 GRE 分数,计算机或者律师证书,当然还有一张证明你在这里生活过四年的学位证书,它帮助你找到一份工作……

这一切让人沮丧,但确实是一个事实。在 20 世纪 90 年代的中国,大学是一个愚蠢自在地消磨时光的地方,或是一个背烂英语单词或者学会其他实用技能的地方,它无法激发起青年的热情。你可以试着去和一个所谓的大学生交谈,在经过最初的自我介绍之后,你很可能会陷入某种僵局。你不知道该和他谈些什么,社会,思想或者文化,这些主题似乎都离他们很远。除了一些他们天天打交道的专业课程上的术语与实用技能上,他们所知甚少。大学像一个巨大的专门知识工厂,在一条巨大的流水线上,年轻的心被整齐地打造好,让他们适应这个社会中的某一项工作。即使当整个教育界在高呼,素质教育,或者培养综合人才,大学依旧是没有前途的。因为,目前的一切形式都忽略了一个基本前提:大学教育是塑造灵魂的教育,大学必须鼓励年轻人的灵魂可以自由探索、游荡。他们必须在这里毫无拘束地观察世界,并赋予他们一种内在的崇高精神,让他们可以完整地独立在这个世界上。因此,大学自身必须具备独立精神,特别的魅力。

美国心理学家威廉·詹姆斯在《培养大学生的社会价值》中有极好的论述:“大学虽然不能给你这个或那个实用技能,但它会为你的全部智能提供比技能更重要的因素。它们教诲你,使你变得知书达理;它们成为你精神上的良师益友……”

这句话用来解释上大学的目的再合适不过了。“大学是一个让你成为一个更完善的人。”西方人文主义的这种教育观点在中国有了极其有趣的阐释:中学是“死哭”(school),而大学则是“由你玩世界”(university)。这种插科打诨①或许正暗示了大学的目的:更广阔地观察这个世界,像一个完整的人那样思考。这一点正如英国思想家怀特海早在一个世纪前就激动人心写道的:“在中学阶段,学生伏案学习;在大学里,他应该站起来,四面瞭望。”

三

1916 年,当蔡元培在北京大学提出“大学是用来追求高深学问的所在,而非为了做官”,并提出兼容并包的原则时,北京大学被注入一个全新的灵魂。在接下来几年中,这种灵魂使北京大学成为整个新风的开创者,使北京大学在动荡之中,却始终是常为新的,常与黑暗的势力做斗争,甚至还可以骄傲地宣称脱离当时腐败的政府……而当清华校长梅贻琦上任时,清华还是一所二流大学,正是梅校长所提出的理论:①培养健全人才,而非专门人才;②教授治校;③学术自由,使清华大学迅速成为中国最著名的高校之一。清华大学一时成为新学风的中心。而北京大学、清华大学在这段时间内的学术成果与人才培养更是惊人,大学的教授与学生成为社会光明的象征。在回忆当时北京大学清华大学的文章中,学生更是普遍把大学视作他们生命的重生,因为这里的思想让他们激动,这里成为他们永恒的精神故乡。

学者杨东平认为,20 世纪 20 年代的北京大学与 30 年代的清华大学最接近现代的大学模

①插科打诨:科指古代戏曲用语;插科指剧中人的表情和动作;诨指戏谑,开玩笑;打诨指用诙谐的语言相戏谑。

式。因为他们灌输的是理想与精神气质,理解世界的方式,而非一种职业技能。因此,大学应独立于政治,更不能屈服于社会,因为这两者,都会毫不留情地剥掉学院理想主义,把大学变为培养工具人才的场所。很可惜,我们的大学都未能幸免于难。由于缺乏独立的精神,中国大学在这几十年间的学术成就与人才培养都显现出惊人的可怜。北京大学南墙地推倒,清华大学开办驾驶学校,这两所曾经最具特色的大学在这种情况下,怎么可能传输给它的学生以伟大的传统,或者开创精神,因为喧嚣的校园已经不再孕育这种理想主义气质了。

四

1915 年 2 月 20 日,留学美国的胡适①在因为看到美国著名大学对于社会的影响,而在日记中写道:"吾他日能见中国有一国家大学可比此邦之哈佛,英国之牛津、剑桥,德之柏林,法之巴黎,吾死瞑目矣……"第二天,他在日记里继续写道:"国无海军,不足耻也;国无陆军,不足耻也;国无大学,无公共藏书楼……乃可耻尔……"

谁能说胡适的感慨已经过时,而在这个人类的精神愈见混乱迷惘的时代,大学更是应该成为社会精神资源的中心。但是,大学绝不是一间工厂,也不可能仅仅依靠简单的计划或者什么指标使中国大学取得真正进步。因此,我们必须回到一个基本的常识:大学是什么? 我们如何遵照它的客观需要? 或许首先,我们必须帮助它重新获得独立的精神风貌,使理想重新成为大学的核心,只有这样,大学才可能再次成为一个激动人心的场所,激发年轻人动感的灵魂。

自 测 题

1. 解释词语和句子
(1) 无可置疑
(2) 孤芳自赏
(3) 如日中天
(4) 幸免于难
(5) 迷惘
(6) 沮丧
(7) 在大学里,他应该站起来,四面瞭望。

2. 阅读理解
(1) 大学的雏形是什么? 读大学的目的是什么? 大学的核心是什么?
(2) "大学是一个提供理想主义精神的场所,它可以表现在:①对于伟大的文明的传统的继承;②对于未知领域的探索研究;③对于个人品质的完善。这种理想使得大学成为激动人心的,让年轻的灵魂在伟大的领域游荡的场所。"作者为这样的观点提供了哪些依据?

3. 课文读后感
"经过摧残人性的高考试题,你侥幸得到了那张视为生命目标的录取通知书。一张半价的火车票把你带进了大学校园;四年之后,你离开了这里,在这段最为青春的岁月里,你得到了什么?150 个学分,摩擦臀部的板凳,陈旧的教材,一个还算漂亮的女朋友,没完没了的自习,刚好可以去美国的 GRE 分数,计算机或者律师证书,当然还有一张证明你在这里生活过四年的学位证书,它帮助你找到一份工作……" 你认为上大学有什么意义?

4. 修辞手法练习
"大学像一个巨大的专门知识工厂,在一条巨大的流水线上,年轻的心被整齐地打造好,让他们适应这个社会中的某一项工作。" 这句话采用什么修辞手法? 表达了什么意思?

5. 请给下面一段文字加标点
在日记中写道吾他日能见中国有一国家大学可比此邦之哈佛英国之牛津剑桥德之柏林法之巴黎吾死瞑目矣

6. 请你说一说
现在大部分的中学生选择了高考上大学,结果是大批的大学毕业生找不到工作,就业难。请和同学们探讨一下原因。你认为原因有哪些?

7. 写作
你打算如何度过你的学生时代呢? 在小组内与同学交流,写一篇学业规划。

①胡适(1891—1962),现代著名学者、诗人、历史学家、文学家、哲学家、新文化运动的领袖之一。

我生命中的三个故事①

史蒂夫·乔布斯②著　　杜　然译

（斯坦福）是世界上最好的大学之一，今天能参加各位的毕业典礼，我倍感荣幸。（尖叫声）我从来没有从大学毕业，说句实话，此时算是我离大学毕业最近的一刻。（笑声）今天，我想告诉你们我生命中的三个故事，并非什么了不得的大事件，只是三个小故事而已。

第一个故事，是关于串起生命中的点点滴滴

我在里德大学待了6个月就退学了，但之后仍作为旁听生混了18个月后才最终离开。我为什么要退学呢？

故事要从我出生之前开始说起。我的生母是一名年轻的未婚妈妈，当时她还是一所大学的在读研究生，于是决定把我送给其他人收养。她坚持我应该被一对念过大学的夫妇收养，所以在我出生的时候，她已经为我被一个律师和他的太太收养做好了所有的准备。但在最后一刻，这对夫妇改了主意，决定收养一个女孩。候选名单上的另外一对夫妇，也就是我的养父母，在一天午夜接到了一通电话："有一个不请自来的男婴，你们想收养吗？"他们回答："当然想。"事后，我的生母才发现我的养母根本就没有从大学毕业，而我的养父甚至连高中都没有毕业，所以她拒绝签署最后的收养文件，直到几个月后，我的养父母保证会把我送到大学，她的态度才有所转变。

17年之后，我真上了大学。但因为年幼无知，我选择了一所和斯坦福大学一样昂贵的大学，（笑声）我的父母都是工人阶级，他们倾其所有资助我的学业。在6个月之后，我发现自己完全不知道这样念下去究竟有什么用。当时，我的人生漫无目标，也不知道大学对我能起到什么帮助，为了念书，还花光了父母毕生的积蓄，所以我决定退学。我相信车到山前必有路。当时作这个决定的时候非常害怕，但现在回头去看，这是我这一生所作出的最正确的决定之一。（笑声）从我退学那一刻起，我就再也不用去上那些我毫无兴趣的必修课了，我开始旁听那些看来比较有意思的科目。

这件事情做起来一点都不浪漫。因为没有自己的宿舍，我只能睡在朋友房间的地板上；可乐瓶的押金是5分钱，我把瓶子还回去好用押金买吃的；在每个周日的晚上，我都会步行7英里穿越市区，到Hare Krishna教堂吃一顿大餐，我喜欢那儿的食物。我跟随好奇心和直觉所做的事情，事后证明大多数都是极其珍贵的经验。

我举一个例子：那个时候，里德大学提供了全美国最好的书法教育。整个校园的每一张海报，每一个抽屉上的标签，都是漂亮的手写体。由于已经退学，不用再去上那些常规的课程，于是我选择了一个书法班，想学学怎么写出一手漂亮字。在这个班上，我学习了各种衬线和无衬线③字体，如何改变不同字体组合之间的字间距，以及如何做出漂亮的版式。那是一种科学永远无法捕捉的充满美感、历史感和艺术感的微妙，我发现这太有意思了。

当时，我压根儿没想到这些知识会在我的生命中有什么实际运用价值；但是10年之后，当我们设计第一款Macintosh电脑的时候，这些东西全派上了用场。我把它们全部设计进了Mac，这是第一台可以排出好看版式的电脑。如果当时我大学里没有旁听这门课程的话，Mac就不会提供各种字体和等间距字体。自从视窗系统抄袭了Mac以后，（鼓掌大笑）所有的个

---

①该文选自百度文库（http://wenku.baidu.com/view/2b56ac1d10a6f524ccbf85c7.html）。

②史蒂夫·乔布斯（1955—2011），生于美国加利福尼亚州旧金山，美国发明家、企业家，曾担任苹果公司董事长兼首席运行官。

③衬线、无衬线，西方国家字母体系分为两类：serif及sans serif。serif是有衬线字体，sans serif是无衬线字体。

人电脑都有了这些东西。如果我没有退学,我就不会去书法班旁听,而今天的个人电脑大概也就不会有出色的版式功能。当然我在念大学的那会儿,不可能有先见之明,把那些生命中的点点滴滴都串起来;但10年之后再回头看,生命的轨迹变得非常清楚。

再强调一次,你不可能充满预见地将生命的点滴串联起来;只有在你回头看的时候,你才会发现这些点点滴滴之间的联系。所以,你要坚信,你现在所经历的将在你未来的生命中串联起来。你不得不相信某些东西,你的直觉、命运、生活、因缘际会……正是这种信仰让我不会失去希望,它让我的人生变得与众不同。

我的第二个故事是关于爱与失去

我是幸运的,在年轻的时候就知道了自己爱做什么。在我20岁的时候,就和沃兹在我父母的车库里开创了苹果电脑公司。我们勤奋工作,只用了10年的时间,苹果电脑就从车库里的两个小伙子扩展成拥有4000名员工,价值达到20亿美元的企业。而在此之前的一年,我们刚推出了我们最好的产品Macintosh电脑,当时我刚过而立之年。然后,我就被炒了鱿鱼。一个人怎么可以被他所创立的公司解雇呢?(笑声)这么说吧,随着苹果的成长,我们请了一个原本以为很能干的家伙和我一起管理这家公司,在头一年左右,他干得还不错,但后来,我们对公司未来的前景出现了分歧,于是我们之间出现了矛盾。由于公司的董事会站在他那一边,所以在我30岁的时候,就被踢出了局。我失去了一直贯穿在我整个成年生活的重心,打击是毁灭性的。

在头几个月,我真不知道要做些什么。我觉得我让企业界的前辈们失望了,我失去了传到我手上的指挥棒。我遇到了戴维·帕卡德(惠普的创办人之一——译注)和鲍勃·诺伊斯(英特尔的创办人之一——译注),我向他们道歉,因为我把事情搞砸了。我成了人人皆知的失败者,我甚至想过逃离硅谷。但曙光渐渐出现,我还是喜欢我做过的事情。在苹果电脑发生的一切丝毫没有改变我,一个比特(bit)都没有。虽然被抛弃了,但我的热忱不减。我决定重新开始。

我当时没有看出来,但事实证明,我被苹果开掉是我这一生所经历过的最棒的事情。成功的沉重被凤凰涅槃的轻盈所代替,每件事情都不再那么确定,我以自由之躯进入了我整个生命当中最有创意的时期。

在接下来的5年里,我开创了一家叫做NeXT的公司,接着是一家名叫Pixar的公司,并且结识了后来成为我妻子的曼妙女郎。Pixar制作了世界上第一部全电脑动画电影《玩具总动员》,现在这家公司是世界上最成功的动画制作公司之一。(掌声)后来经历一系列的事件,苹果买下了NeXT,于是我又回到了苹果,我们在NeXT研发出的技术在推动苹果复兴的核心动力。我和劳伦斯也拥有了美满的家庭。

我非常肯定,如果没有被苹果炒掉,这一切都不可能在我身上发生。对于病人来说,良药总是苦口。生活有时候就像一块板砖拍向你的脑袋,但不要丧失信心。热爱我所从事的工作,是一直支持我不断前进的唯一理由。你得找出你的最爱,对工作如此,对爱人亦是如此。工作将占据你生命中相当大的一部分,从事你认为具有非凡意义的工作,方能给你带来真正的满足感。而从事一份伟大工作的唯一方法,就是去热爱这份工作。如果你到现在还没有找到这样一份工作,那么就继续找。不要安于现状,当万事了于心的时候,你就会知道何时能找到。如同任何伟大的浪漫关系一样,伟大的工作只会在岁月的酝酿中越陈越香。所以,在你终有所获之前,不要停下你寻觅的脚步。不要停下。

我的第三个故事是关于死亡

在17岁的时候,我读过一句格言,好像是:"如果你把每一天都当成你生命里的最后一天,你将在某一天发现原来一切皆在掌握之中。"(笑声)这句话从我读到之日起,就对我产生了深远的影响。在过去的 33 年里，我每天早晨都对着镜子问自己："如果今天是我生命中的末日，我还愿意做我今天本来应该做的事情吗？"当一连好多天答案都否定的时候，我就知道做出改变的时候到了。

提醒自己行将入土是我在面临人生中的重大抉择时，最为重要的工具。

因为所有的事情——外界的期望、所有的尊荣、对尴尬和失败的惧怕——在面对死亡的时候，都将烟消云散，只留下真正重要的东西。在我所知道的各种方法中，提醒自己即将死去是避免掉入畏惧失去这个陷阱的最好办法。人赤条条地来，赤条条地走，没有理由不听从你内心的呼唤。

大约一年前，我被诊断出癌症。在早晨 7:30 我做了一个检查，扫描结果清楚地显示我的胰脏出现了一个肿瘤。我当时甚至不知道胰脏究竟是什么。医生告诉我，几乎可以确定这是一种不治之症，顶多还能活 3~6 个月。大夫建议我回家，把诸事安排妥当，这是医生对临终病人的标准用语。这意味着你得把你今后 10 年要对你的子女说的话用几个月的时间说完；这意味着你得把一切都安排妥当，尽可能减少你的家人在你身后的负担；这意味着向众人告别的时间到了。

我整天都想着诊断结果。那天晚上做了一个切片检查，医生把一个内镜从我的喉管伸进去，穿过我的胃进入肠道，将探针伸进胰脏，从肿瘤上取出了几个细胞。我打了镇静剂，但我的太太当时在场，她后来告诉我说，当大夫们从显微镜下观察了细胞组织之后，都哭了起来，因为那是非常罕见的可以通过手术治疗的胰脏癌。我接受了手术，现在已经康复了。

这是我最接近死亡的一次，我希望在随后的几十年里，都不要有比这一次更接近死亡的经历。在经历了这次与死神擦肩而过的经验之后，死亡对我来说只是一项有效的判断工具，并且只是一个纯粹的理性概念时，我能够更肯定地告诉你们以下事实：没人想死；即使想去天堂的人，也是希望能活着进去。（笑声）死亡是我们每个人的人生终点站，没人能够成为例外。生命就是如此，因为死亡很可能是生命最好的造物，它是生命更迭的媒介，送走耄耋①老者，给新生代让路。现在你们还是新生代，但不久的将来你们也将逐渐老去，被送出人生的舞台。很抱歉说得这么富有戏剧性，但生命就是如此。

你们的时间有限，所以不要把时间浪费在别人的生活里。不要被条条框框束缚，否则你就生活在他人思考的结果里。不要让他人的观点所发出的噪声淹没你内心的声音。最为重要的是，要有遵从你的内心和直觉的勇气，它们可能已知道你其实想成为一个什么样的人。其他事物都是次要的。

在我年轻的时候，有一本非常棒的杂志叫《全球目录》(The Whole Earth Catalog)，它被我们那一代人奉为圭臬②。这本杂志的创办人是一个叫斯图尔特·布兰德的家伙，他住在Menlo Park，距离这儿不远。他把这本杂志办得充满诗意。那是在 20 世纪 60 年代末期，个人电脑、桌面发排系统还没有出现，所以出版工具只有打字机、剪刀和宝丽来相机。这本杂志有点像印在纸上的 Google，但那是在 Google 出现的 35 年前；它充满了理想色彩，内容都是些非常好用的工具和了不起的见解。

斯图尔特和他的团队做了几期《全球目录》，快无疾而终的时候，他们出版了最后一期。那是在 20 世纪 70 年代中期，我当时处在你们现在的年龄。在最后一期的封底有一张清晨乡间公路的照片，如果你喜欢搭车冒险旅行的话，经常会碰到的那种小路。在照片下面有一排字：物有所不足，智有所不明(Stay Hungry. Stay Foolish.)这是他们停刊的告别留言。物有所不足，智有所

---

①耄耋(mào dié)，"耄""耋"均是年老的意思，耄年龄界于 70~90 岁，耋年龄界于 70~80 岁。
②圭臬(guī niè)，比喻标准、准则和法度。

不明。我总是以此自诩①。现在,在你们毕业开始新生活的时候,我把这句话送给你们。

——物有所不足,智有所不明(Stay Hungry. Stay Foolish.)。

自 测 题

1. 解释词语和句子
(1) 先见之明
(2) 因缘际会
(3) 而立之年
(4) 凤凰涅槃
(5) 更迭
(6) 无疾而终
(7) 物有所不足,智有所不明

2. 阅读理解
(1) 作者17岁时读到的格言是什么? 这句格言对他产生了怎样的影响?
(2) 作者上大学后为什么退学? 退学后他的学习和生活有什么变化?

3. 课文读后感
(1) 读了这篇演讲后,你认为乔布斯取得成功的因素有哪些?
(2) 乔布斯是如何面对人生道路上的挫折(被炒鱿鱼、疾病),你从中受到什么启发?

4. 语言运用练习
请你仔细阅读下面一段演讲,谈谈下面这段演讲的语言特点。

我非常肯定,如果没有被苹果炒掉,这一切都不可能在我身上发生。对于病人来说,良药总是苦口。生活有时候就像一块板砖拍向你的脑袋,但不要丧失信心。热爱我所从事的工作,是一直支持我不断前进的唯一理由。你得找出你的最爱,对工作如此,对爱人亦是如此。工作将占据你生命中相当大的一部分,从事你认为具有非凡意义的工作,方能给你带来真正的满足感。而从事一份伟大工作的唯一方法,就是去热爱这份工作。如果你到现在还没有找到这样一份工作,那么就继续找。不要安于现状,当万事了于心的时候,你就会知道何时能找到。如同任何伟大的浪漫关系一样,伟大的工作只会在岁月的酝酿中越陈越香。所以,在你终有所获之前,不要停下你寻觅的脚步。不要停下。

5. 阅读下面一段话,指出这段话的标点符号中哪些是点号,哪些是标号

在头几个月,我真不知道要做些什么。我觉得我让企业界的前辈们失望了,我失去了传到我手上的指挥棒。我遇到了戴维·帕卡德(惠普的创办人之一——译注)和鲍勃·诺伊斯(英特尔的创办人之一——译注),我向他们道歉,因为我把事情搞砸了。

6. 请你说一说
和你的同学讲一讲。在你的成长历程中遇到过哪些困难和挫折,在困难和挫折面前你是怎样做的。

7. 写作
写读后感。读了《我生命中的三个故事》后你有什么感想,请把你的感想写出来。

临 别 赠 言②

赵丽莲著 萧兰男译

今天上"西洋文学名著"课,赵丽莲教授给了我们一份毕业礼物——她的临别赠言。当她告诉我们,她决定今年暑假告别她坚守了近45年的教职岗位时,我的情绪激动得厉害,男孩子的自尊心使我强忍住了行将夺眶而出的泪珠。我以最谨慎的、虔敬的态度,用意译的方式兢兢业业地把她在讲台上的这最后一次讲演译了出来——以此来表达她最后一班学生所能给予她的最大的敬意。

---

① 自诩(xǔ),自夸。
② 选自《赏识你的学生》(孟繁华主编,海南出版社2006年1月版)。

孩子们：

我想把要在明天"谢师宴"赠给你们的一段话，提前在今天给予你们，因为我要说的这些东西中，提醒你们的话远比祝福你们的话要多。

今年我决定告别教坛了。一方面，我真的已经老得该退休了；另一方面，这将近45年的教书生涯，也委实使我的身心很倦乏了；所以你们将是我教的最后一班学生。我对你们每个人的期望都很高，我真的不希望你们再让我失望了。在以往数十年的教书生涯里，我对大部分我教过的那些孩子都很失望，他们出了校门没几年，就把我平日教诲他们的道理抛得远远的。你们要知道是什么毁了他们吗？对"金钱"与"权势"的追求，控制了他们整个的身心。

金钱是重要的，但是它决不值得我们以整个生命去寻求；回望历史，我们可以得知，"钱财"似乎很少不会破坏一切美的事物与美的德性，原因很简单，每当你得到了一笔巨额的钱财，你会希求得到比这更多的钱财，这样没有终止地追寻下去，直到生命终结，你仍旧不会满足的。我总以为"钱财"所带给我们的罪恶，要远比它能带给我们的幸福要多。就以我本身来做个例证吧，我生长在一个很富有的家庭，长大以后，我嫁到一个更富裕的人家，可是正因为这"钱财"，分散了我自己的家，拉开了我与亲朋间的距离，剥夺了我幸福的一生；除此之外，似乎它什么也没有给我带来过。所以，孩子们，我永远不会希望你们中间能出现几个著名的大富翁，因为它能很轻易地夺去你们一生的幸福。

其次是"权势"，这也是对青年人诱惑力很大的东西，你们现在还太年轻，也许不会懂"权势"是多么的可怕，我曾亲眼见过多少有为的青年，因为追求权势而反为权势所毁。为什么不让我们每个人只希望好好地尽到自己岗位上的职责呢？在国家多难之秋，我们每个人应该努力的目标，该是力求把分内的工作做得尽善尽美。西谚说得好："长江大河是由无数滴小的水珠汇聚而成的。"孩子们，还有一个多月，你们都要单独起飞了，我不希望你们飞得太高，我只希望你们都能飞得很平稳就好了。在往后的岁月里，如果你们只知一味地追求"权势"，到末了你会发现，你在这世界上一无所有；正因为我不希望你们老年再为此而遗憾，所以，我诚挚地希望你们牢牢地记住这一点。

最后，我要告诉你们的是：不要依赖任何人。不要因为有父母，有知心的好友，有权势的亲戚可靠，自己就松懈了下来。在这一切都在变动的世界上，一切都会很快过去的，如果到那么一天，你们再去依赖谁呢？孩子们，对自己一定要有坚强的信念，因为在这世界上没有人可以陪伴你一生，即使你有了太太、丈夫或孩子，你终究有孤独的一天；在可能的范围内，尽可能多地充实自己，并且也要尽可能地养成自己的独立性；你们知道吗？友谊是一种牺牲，正如同爱也是一种牺牲一样；千万不能养成依靠别人的心理，上帝不也只帮助那些自己肯帮助自己的人吗？孩子们，记住你们的命运是由你们自己来掌握和主宰，相信命运，只不过是弱者的托辞罢了！

人生的视野对于我是越来越模糊了，而你们却刚要跨入人生这个大舞台的中央。孩子们，我并不伤感，因为生命必然是有些在成长，在茁壮；有些在衰退，在慢慢地凋谢。我的这一点点人生经验，是我唯一能给予你们每一位的毕业礼物。将来不论你们漂泊到何方，也不论你们做哪一类的工作，我希望你们的一举一动，做得像一个堂堂正正的中国人，并且你们更应该以能做一个中国人为荣。我一点不为我个人得到的一点点知识而自豪，我唯一觉得骄傲的是，我能有机会把我所知道的这么一点点，完完全全地给予你们这年轻的一代，你们还有一段不算短促的岁月，我也希望你们都能有机会把你们自己的一点点知识，完完全全地贡献给多难的国家。我不敢确信我们是否还能再见面，孩子们，不过只要你们能以我的话作为你们待人处事的准则，我们不就等于天天见面一样了吗？

自测题

1. 作者告别讲台时工作了近(　　)
   A. 35 年　　　　　　　B. 40 年
   C. 45 年　　　　　　　D. 30 年
2. 赵丽莲教授希望同学们毕业后(　　)
   A. 追求金钱
   B. 力求把分内的工作做好
   C. 飞得很高
   D. 追求权力
3. 人生成功最重要的是(　　)
   A. 依靠父母
   B. 依靠自己
   C. 依靠知心朋友
   D. 依靠有权势的亲戚
4. 赵丽莲教授希望她的学生成为(　　)
   A. 一个好学生
   B. 一个人

   C. 一个中国人
   D. 一个堂堂正正的中国人
5. 临别赠言是讲给(　　)的。
   A. 中学生　　　　　　B. 中专生
   C. 小学生　　　　　　D. 大学生
6. 赵丽莲教授对"金钱"的态度是(　　)
   A. 很重要　　　　　　B. 能带来幸福
   C. 不值得追求　　　　D. 分散了家族
7. 赵教授对"权势"的观点是(　　)
   A. 要有权势
   B. 能带来成功
   C. 做好分内工作
   D. 是每个人应该努力的目标
8. 赵丽莲教授告诫年轻人(　　)
   A. 父母是可靠的　　　B. 相信命运
   C. 相信友谊与爱　　　D. 不依赖别人

口语交际

竞 聘 演 讲

演讲是指在公众场所,以有声语言为主要手段,以体态语言为辅助手段,针对某个具体问题,鲜明、完整地发表自己的见解和主张,阐明事理或抒发感情,进行宣传、鼓动的一种语言交际活动。演讲具有鲜明的目的性,感人的艺术性,较强的综合性。

竞聘演讲属于演讲的一种。竞聘演讲是为了得到某一职位而进行的演讲。它具有演讲的一般特点,还有竞聘演讲的个性特点。

竞聘演讲的特点

1. 目标的明确性

目标的明确性,是竞聘演讲区别于其他演讲的主要特征。一方面,演讲者一上台就要鲜明地亮出自己所要竞聘的目标;另一方面,所选用的一切材料和运用的一切方法也都是为了一个目标——使自己竞聘成功。

2. 内容的竞争性

竞聘演讲的全过程都是听众在候选人之间进行比较、"筛选"的过程,竞聘者如果"谦虚""不好意思"说自己的长处,表示自己"一般般",就不能战胜对手。因此,演讲者必须"八仙过海,各显其能"。竞争性,就是演讲者无论是讲自身所具备的条件,还是讲自己的"施政"构想,都要尽最大可能显出"人无我有""人有我强""人强我新"的胜他人一筹的"优势"。

3. 主题的集中性

所谓主题的集中，是指所表达的意思单一、不枝不蔓、重点突出。这就是说，在表达意思时，必须突出一个重点，围绕一个中心，而不是多重点、多中心，不能企图在一篇演讲中解决和说明很多问题。

4. 材料的实用性

实用性，是指所选材料既是符合实际的，又是对自己竞争"有利"的，也就是无论讲自己所具备的条件还是谈任职后的"构想"，都要从"自我"出发、从实际情况出发。

5. 措施的条理性

演讲者在讲措施时一定要注意条理清楚，主次分明。为了把措施讲得有条理，可用列条的方法，如用"第一点""第二点"或"其一""其二"等表示。除此，在每一"步"之间要用"过渡语"来承上启下。例如，当自我介绍之后，可以说"我之所以敢于来竞聘，是因为我具备以下条件"来引起下文；说完条件后，可以再搭一个"桥"——"以上我说了应聘的条件，那么，假如我真当了护士长，我会采取什么措施呢？下面就谈谈我的初步设想。"这样不仅条理清楚，而且使演讲上下贯通，浑然一体。

6. 语言的准确性

准确，一般是指要恰如其分地表情达意。但竞聘演讲中的准确除此以外还有另外两层意思：一是所谈事实和所用材料、数字都要"求真求实"，准确无误；二是要注意分寸，因为竞聘演讲的角度基本上是以"我"为核心，如果掌握不好分寸，夸大其词，就会让人产生逆反心理，从而使自己的演讲失败。

竞聘演讲稿的内容

竞聘演讲不像一般演讲那么"自由"，它除了题目和称呼外，一般分为以下五步：

第一步，说明自己所竞聘的职务和竞聘的缘由；

第二步，简洁地介绍自己的情况：年龄、政治面貌、学历、现任职务等一些基本情况；

第三步，摆出自己优于他人的竞聘条件，如政治素质、业务水平、工作能力等；

第四步，提出假设自己任职后的施政措施；

第五步，用最简洁的话语表明自己的决心和请求；

实践中演讲者还可以根据实际需要稍有变化，根据竞聘演讲的需要确定演讲内容。

竞聘演讲的技巧

竞聘演讲，是一项具有一定艺术性的社会实践活动，在以讲为主、以演为辅的演讲中，要做到吸引听众、打动评委，一般需要以下艺术技巧。

首先，要求演讲者具备较强的语言表达能力。演讲的语言要具有准确性、通俗性、鼓动性，演讲的目的通过准确、通俗的语言使人"懂"，使人"信"，更重要的是通过鼓动性的语言使人"激"，使人"动"，激发听众的情，打动评委的心。

其次是演讲的体态语言，演讲者通过表情和姿态动作表达的语言信息。演讲者的身躯要直立，收腹挺胸，摆平双肩，拉直双腿，这样可以给人一种端庄、大方、朝气蓬勃的感觉。演讲者的视线应当统摄全场、兼顾全场，同时用各种眼神配合语言来传递一定的信息。恰当地运用手势，可以增强语言的感染力和说服力。

最后，演讲者还要具有良好的心理素质和自控能力。应当充分考虑竞争对手、听众的心态、临场状况等多种因素，用据理力争的方式，巧妙地说明"他不行，我行"或"他行，我更行"。其中应遵循的原则是"唯真唯实，具体可信"。

【示例】

护士长竞聘演讲

尊敬的各位领导、评委、同事们：

大家下午好！

此刻，我站在这里，以平常、诚恳的心态接受大家的选择，希望带给大家的是一个更加真诚、理性、执著，更加坚毅、稳重和成熟的我。知人者智，自知者明。说句心里话，能有幸与这么多位优秀的同事一同走上今天这个竞聘的讲台，才疏学浅、资历平平的我，的确有点诚惶诚恐，忐忑不安。但人总是要有点精神的，有道是：物竞天择、适者生存。作为一名年轻人，我乐于展示，渴望竞争。

我叫×××，今年××岁，大专学历、护师，在本院工作已十个年头。曾先后到精神科男区、精神科女区、综合科、老年科从事护理工作，本人工作认真、踏实肯干，不断钻研业务，曾先后获得市卫生系统优秀团员、院优秀护士、护理知识竞赛护理能手、医院先进工作者等称号。

参与这次竞聘，我愿在求真务实中认识自己，在积极进取中不断追求，在拼搏、奉献中实现价值，在市场竞争中完善自己。我深知护士长工作十分重要，这主要体现在以下三个方面：一是为院领导当好参谋，二是为护理姐妹们当好主管，三是为一线员工当好后盾。具体说就是摆正位置、当好配角、胸怀全局，当好参谋、服从领导、当好助手。

我之所以参与竞聘护士长这个职位，因为我有如下几点优势。

(1) 我具有正直的人品、完善的工作作风。

在为人上，我胸怀坦荡、公道正派、与人为善、不搞小动作；在工作中，我能吃苦耐劳、认真负责，别人不愿做的事我做，要求别人做到的事我首先做到，从不揽工、从不与人争利。

(2) 熟悉各科的具体业务，具有一定的理论专业知识，各部门业务和人员都比较熟悉，可以轻松地应对自如。

(3) 我具有较全面的组织协调工作的素质和能力，做工作、办事情，能够做到思路清晰、行止有度、头绪分明、恰到好处。

(4) 我年轻力壮，无家庭负担，可以全身心地投入工作。

经过近10年的护理工作，我对护理事业产生了深厚的感情，也积累了一些护理工作的经验，获得了一些护理管理的方法，如果能得到领导和同志们的信任，走上护士长的工作岗位，我相信，我有信心有能力做一名称职的护士长，为医院的发展、为护理事业做出更多的贡献。

如果我竞聘成功，我将从如下几个方面去做好这份工作。

(1) 加强护理人员"三基"①培训，带出一支高素质的护理队伍。

(2) 严格遵守规章制度及操作规程，把护理安全放在首位，积极开展安全忧患意识教育，减少护理差错。重视质量监控，强化量化管理，保证护理工作处于良性运作状态。

(3) 以人为本，调动科内护理人员的积极性，保证人力资源的合理分配，从全局出发，综合考虑能力岗位因素及工作量，合理派班。

(4) 根据我院护理部工作计划的总目标，制定科室的具体目标，做到科室年有目标，月有计划，定期组织业务学习和经验交流。

各位领导、评委、同事们，假如我能够竞选为护士长，我一定与医院领导和科主任同心同德，不断学习，与时俱进，开拓进取，我将尽最大努力履行好我的职责，创造性地开展各项工

---

① "三基"指基础医学理论、基础护理知识、基本护理技能，是临床护士必须具备的基本条件。

作,营造一个温馨、融洽、安全、快乐的工作环境,创造良好的经济效益和社会效益。

如果我不能竞聘成功,我也将一如既往地做好临床护理工作,为患者提供优质的护理服务,积极配合护士长开展工作,为护理质量的持续提高、为医院更加美好的明天贡献我的全部力量。

我的演讲完了,谢谢大家!

➕ 自 测 题

1. 搜集一篇名人演讲稿,分析其写作特点。

2. 如果你要竞聘学生会主席的岗位,你需要做什么准备?请思考。

3. 举行一次竞选班级干部的演讲。每个同学先写出演讲稿,然后分组演讲。小组演讲完毕,每组推选优胜者在全班演讲。

书面表达

学 业 规 划

什么是学业规划

学业规划就是指规划主体根据自身的天赋、兴趣及未来社会的需要,确定自己的学业及职业发展生涯,根本目的在于最大限度地提高规划者的人生事业发展效率。

学业规划与职业规划的区别

学业规划与职业规划都属于个人发展规划。按照发展阶段来分,个人发展规划可以分为以下两类。

(1) 学业规划。学业规划指规划主体为了高效地获得职业或事业平台而对学业所进行的筹划和安排;强调所学与所擅长、所热爱的统一,以最大限度地提高自身的职业竞争能力,为顺利就业奠定基础。

(2) 职业规划。职业规划指对自己职业或事业发展路线的筹划与安排。职业规划的目的是为了最大限度地实现自身的人才价值。

在这两类不同的个人发展规划中,学业规划是职业规划的基础,职业规划是学业规划的升华。

学业规划的意义

通过学业规划,明确学习目标,从而初步奠定今后职业发展的努力方向。学业规划的意义如下所示:

(1) 有利于指导中专生、大学生圆满完成中专、大学学业;

(2) 有利于提高中专生、大学生的综合素质;

(3) 有利于为未来的职业规划奠定基础;

(4) 有利于中专生、大学生进行自我定位。

通过学业规划,中专生、大学生能够认清自我,认识到自己的兴趣、爱好和潜力,中专生、大学生能够根据自己的特点,结合社会实际需要规划好自己努力的方向。

如何做学业规划

(一) 制定的原则

(1) 可行性原则。学业规划是针对学生的实际作出的,所谓可行性,就是指制定出来的学业规划切实可行,具有现实性、可能性和可操作性,每个阶段的目标及达到目标的方法应力求科学、合理,是经过努力能够实现的。

(2) 可调节原则。学业规划具有发展性的特点,不是孤立、静止的,应该能够根据社会需求的发展变化与学生个体主观条件的变化随时修正,比如在阶段性目标上,可以根据进展的程度,酌情提高目标或降低目标。

(3) 最优化原则。应力求做到身心和谐,使学生个人的性格、兴趣、知识和能力等与目标和谐统一,实现优化组合。

(4) 共性与个性相结合原则。学业规划既要反映学生发展的共性问题,又要满足学生的个性需求,有效地培养和发展学生的兴趣、爱好、特长,使学生的先天禀赋和个性潜能得到充分发展。

(二) 依据专业设计规划

弄清楚自己是否喜欢现在的专业,喜欢就要考虑如何在本专业继续深造或者毕业后参加工作,合理安排时间,是以学习为重还是多抽时间争取获得有用的社会经验。如果不喜欢自己的专业,就要注意认真选择你喜欢的职业,然后及时调整目标,向确定的方向努力。

(三) 根据个人兴趣、能力、特长设计规划

根据个人情况确定学业目标。按年度—学期—月—周—日进行分解,制订学习计划。将学业规划落实到学习生活的每一天。同时要对执行情况做出评估与调整,找出改进的方法与措施。

(四) 把握社会动向,拓宽知识面

应当掌握或了解与本专业相关、相近的其他专业知识和技术,积极参与社会活动开阔视野拓宽知识面。

基 本 格 式

(一) 前言

前言主要是介绍自己,对过去进行总结,提出自己对中专、大学的认识,对学业规划重要作用及意义的认识。

(二) 目标定位分析

(1) 主观自我分析主要包括性格、爱好、特长、能力、弱点。

(2) 客观环境分析主要包括家庭环境分析、学校环境分析、专业环境分析、社会环境分析。

(三) 执行计划

学业总目标制定后,要能自上而下的分解,即制订学习计划。将学业规划落实到学习生活的每一天,确保学业的严格执行。同时,要对执行情况做出评估与调整,以便使自己及时反省和修正学业目标,变更实施措施与计划。

同时应做到定期评估与反馈,分析原因与障碍,找出改进的方法与措施。要制定出完成阶段目标后对自己的奖励和惩罚措施:完成了如何奖励自己,完不成如何惩罚自己。

(四) 结束语

结合自己具体的学业规划做一个总结,强调自己在今后的实践中应付出的努力并展望在学业规划的指导下未来的美好前程。

【示例】

为成功插上翅膀
——学业规划

一、前言

在今天这个人才竞争的时代,学业生涯规划开始成为每一个学生走向社会的重要利器。对每个人而言,如果不进行实事求是、切实可行、行之有效的规划,就会没有前进的方向、行动的目标,势必会造成生命和时间的浪费。作为当代中专生,若是带着一脸茫然,踏入这个拥挤的社会,怎能满足社会的需要,使自己占有一席之地? 因此,我试着为自己拟定一份学业规划,将自己的未来好好地设计一下。有了目标,才会有动力。

二、自我认知

我性格外向、开朗、活泼,平时与人友好相处。业余时间爱好交友、听音乐、外出散步等。喜欢看小说、散文,尤其爱看杂志类的书籍。心中偶像是比尔·盖茨,他动手能力较强,做事认真。当然本人自身也存在一些缺点,这对于我今后的学习、就业会产生不利影响。比如,学习缺乏恒心,努力程度不够,平常较少参加社会实践,社会实践经验少等。

三、解决自我认知中的劣势和缺点

针对自己的不足和缺点,我准备从以下几个方面弥补我的缺点:

(1) 阅读一些励志性的书籍,增强自己学习的毅力;

(2) 向学习努力的同学取经,借鉴其学习方法;

(3) 参加一些实践活动多的社团,既能结交志同道合的朋友,又能参加社会实践。

四、未来人生学业规划

根据自己的兴趣和所学专业,我在未来应该会向电子和计算机两个方面发展。围绕这两个方面,我特作以下初步规划。

1. 学业有成期

充分利用校园环境及条件优势,认真学好专业知识,培养自己的学习、工作、生活能力,全面提高个人综合素质,为就业作准备。

2. 熟悉适应期

利用三年左右的时间,经过不断的尝试努力,初步找到合适自身发展的工作环境、岗位。

熟悉适应期我需要完成的主要内容如下所示。

(1) 学术、知识结构:提升自身操作能力,熟练掌握专业技术。电子技能争取拿优秀且拿到计算机等级证书,开始接触社会、寻求工作方向、熟悉工作环境。

(2) 个人发展、人际关系:在这一期间,主要做好学业生涯的基础工作,加强沟通,虚心求教。

(3) 生活习惯、兴趣爱好:适当地交际,尽量形成比较有规律的良好个人习惯,并参加健身运动,如散步、跳健美操、打羽毛球等。

3. 在自己走上工作岗位后,踏踏实实地贡献自己的力量

五、结束语

计划固然好,但更重要的,在于计划的具体实践及取得的成效。任何目标,只说不做到头来都会是一场空。然而,现实是未知多变的,定出的目标计划随时都可能遭遇问题,要有清醒的头脑,坚强的意志,一诺千金的勇气。其实,每个人心中都有一座山峰,雕刻着理想、信念、追求、抱负;每个人心中都有一片森林,承载着收获、芬芳、失意、磨砺。一个人,若要获得成功,必须拿出勇气,付出努力、拼搏、奋斗。成功,不相信眼泪;成功,不相信颓废;成功不相信幻影,未来,要靠自己去打拼!

🚑 自 测 题

1. 请思考,你打算如何度过你的学生时代?

2. 你的学习优势是什么?你的同桌呢?开一个讨论会,大家交流一下。

3. 根据自己现阶段的学业情况,制定一份切实可行的学业规划。

5

第五单元

阅 读

效 率 阅 读

生活在资讯时代，阅读是必备的技能。尽管音像技术越来越发达，然而需要用书面语言记录下来、流传下去的各种文献知识也是成倍地增长。每个人每天需要阅读的东西太多了，一个人的阅读效率直接决定他的学习成就，愈是会读书，学到的东西就愈多，也就愈有成就。在阅读、写作和计算这三项学生的基本技能中，阅读排在首位。成绩优秀的学生，大约有 70% 的时间花在阅读上，而且受教育程度越高，学习的内容就越复杂，要求学习者的阅读能力也要越强。

你是哪一类读者

虽然我们从小学甚至学龄前就开始学习阅读，但有相当一部分人的阅读仍在无效或低效状态徘徊。大多数人在小学阶段阅读能力提高很快，识字量和词汇量增加迅速，对简单句的理解也比较到位。可是中学时期阅读能力提高得比较缓慢，相当数量的中学毕业生不能适应社会生活和工作对他们提出的阅读需求。一大批大学新生不善于学习和研究，其阅读和写作能力远没有达到大学生的能力水平。

有些同学很喜欢阅读，小说、散文、娱乐新闻，经常甚至天天在读，如果让他讲讲读的内容，经常是丢掉主要的内容，抓不到关键情节和信息。对于学校学习的科目，他们只愿意听老师讲，不习惯主动阅读教科书，即使读了，放下教科书，脑袋里也是一片空白。有的人阅读只凭兴趣，有的人阅读不区分阅读目的，有的人阅读什么都想记住，有的人无论读什么，都要求自己全部理解，有的人的阅读速度很慢……

英国诗人柯勒律治曾把阅读者分成四类：

第一类，好比计时用的沙漏，注进去，漏出来，到头来一点痕迹也没有留下；

第二类，好像海绵，什么都吸收，挤一挤，流出来的东西原封不动，甚至还脏了些；

第三类，就像滤豆浆的布袋，豆浆都流了，留下的只有豆渣；

第四类，像是挖宝石的矿工，把矿渣甩到一旁，只要纯净的宝石。

你目前是哪一类阅读者，未来想成为哪一类阅读者呢？不管你属于哪一种情形，不管你的阅读能力是强还是弱，只要你想改变，随着本阶段语文学习的深入，你会惊奇地发现，这门课是你提升阅读能力的良师益友。

何为效率阅读

许多人认为读书就是从第一页翻起，一直读到末尾。这种方法对于理解大作家的作品是必需的,并不是所有的书都值得这么读。除非你确定读书的目的,否则你会发现,自己虽然把整本书都翻遍了,脑子里也许记得各章标题和感兴趣的细节,书中的大部分内容可能就是一片模糊了。这样的阅读就是低效或是无效的阅读。

所谓效率阅读,又称为有效阅读,应该是速度快、理解准、记忆牢的阅读。速度,是阅读能力高下的标志之一。美国阅读研究专家施道弗博士在他主编的《快速学习》教程中,提出一个测定阅读效率的公式:

$E = R \times C$

E——阅读效率。

R——阅读速度,即每分钟所读字数。

C——理解率,即受试问题数与答对问题数之比。

编者指出,如果理解率低于70%,则表示读得太快;如果理解率高于90%,则表示读得太慢;理解率在70%~80%,则表示读速适中。

爱德华·弗赖博士在他的《速读教学》中,则把阅读速度分成慢速、快速、常速三类。慢速,适用于学习和研究难度大的材料及较高理解率,优秀的读者每分钟读200~300字,理解率在80%~90%;较差的读者每分钟读90~125字,理解率在80%~90%。常速,适用于阅读日常报纸、杂志和较易教科书,优秀的读者每分钟读250~500字,理解率在70%;较差的读者每分钟读150~180字,理解率在70%。快速,适用于广泛浏览,不求甚解,优秀的读者每分钟读800字以上,理解率在50%;较差的读者不会浏览。

美国社会为什么如此重视速读研究和速读训练呢?爱德华·弗赖博士在他的《快速阅读教学手册》一书的第一章中就指出:"阅读是读者获得情报信息的最便捷的方法之一。""当代社会的发展在很大程度上取决于经由阅读进行交际的能力。"因为当今世界的读者面临着三个挑战:一是无限的阅读资料与有限的阅读时间的挑战;二是呈几何级数膨胀的信息对人们原有接受能力的挑战;三是大量新知识对人们理解能力的挑战。所以,速读就成为现代社会和学校教育所共同关注的课题了。

怎样提高阅读的效率

传统的阅读方法和阅读习惯阻碍了阅读速度和理解率的提高。其主要表现有指读、摆头、出声读、心读、复视、注意力分散等,如果读者摆脱了发音动作、内部语言等不良习惯,阅读理解速度可以达到口头念诵速度的五倍。

(一) 效率阅读要完成的主要任务

效率阅读要完成的主要任务是速读整章(整本书);找到主旨;搜集事实;增进资讯记忆;做读书笔记。

1. 找到主题思想

从对文章最初的浏览中,你或许已对较为笼统的主题思想(或许是第一级至第三级)有了一些线索。也就是在阅读文章之前,已有几方面的特征可以给你一些提示,比如封面上的简介、作者序言或者介绍、总括、目录等(尤其是目录,如果作者合理地使用它们,对于了解作者的各级主要思想是很有用的)。所有这些应当引起你的注意,可以任意找一本书,做做练习。

2. 捕捉重要细节

重要的细节经常在那些阐明,或者证实,或者以实例说明,或者表现主题思想的部分。它可能是一个实例、一段证据、一番解释、应用过程或者使用结果。它们采用的形式可能是话语,也可能是数字、图表等。一般来说,每一个主题思想都附有至少一个重要的细节。有时你不得不判定一个具体的细节是否重要,这时,你就要问自己:

这是对主题思想最好的实证(或者证明等)吗?

我能考虑一个更好的(或者更值得注意的)细节吗?

为了理解和复述主题思想,我真的必须复述这一细节吗?

如果你断定这一细节不是很重要的话,就可以决定不记这个细节。

捕捉重要细节的方法之一是对作者给你的所有暗示保持警觉。请留心下列陈述:"首先……""现在我们来看似乎是令我们吃惊的方面……""现在让我们来检查一下……""在这一点上论证变得相当复杂了……""然而当我们看到……这就不再适用了……"。

我们还能继续罗列下去,毫无疑问,你也能想许多这样的例子。问题在于作者利用这样的短语意在告诉你,他即将列出一些重要细节了,或者告诉你,他们的言外之意,阐明思想或者给你提供一个实例等。这些短语所起的作用就如一个论点和另一个论点之间的链环,它们能帮助你找出主题思想和重要细节。

许多人错过主题思想和重要细节,往往是因为他们忽视了作者的图示、表格、曲线图等等。一些人似乎认为图标仅仅是搁在那里的装饰,而另一些人可能觉得这些图标不易看懂。

其实作者所展示的图表与正文一样重要,应当细心阅读。极少数作者使用图示只是为活跃正文的气氛,只是在用文字不能清楚地表达某一事理时,才会使用图表。

3. 评判阅读物

我们对阅读物理解的质量在很大程度上取决于能找出主题思想和重要细节的准确性和速度,也取决于对阅读物的评判能力。

下列是可能提出的一些问题的范例。你认为,其中哪些是阅读时值得提出的问题?

我对作者的了解程度?

作者提出了一些什么论据?

论据充足吗?

论据的时效性强吗?

论据有说服力、有根据吗?

作者能划清事实和主张的界限吗?

这些观点明显带有作者的偏见吗?

他们所做结论的准确度如何?

他们的结论与他们所讲的相吻合吗?

其他的结论也同样适用吗?

他们的结论都有论据为依据吗?

他们的结论与我的(指导教师的、其他作者的、其他学生的等)相比有什么不同?

这些材料值得与其他人讨论吗? (和谁? 为什么?)

我学到了一些可能对我有用的东西吗?

我在作者的这一作品中能挑出什么缺点吗?

在作者的这一作品中我能发现其优点所在吗?

请你自己决定什么样的情况最值得提哪些问题。这里只想补充一句,你也许会发现,就如对待课文材料那样,其中的很多问题也值得在听课中提出来。

评判阅读物的实质在于根据阅读者自己的认识和经验对作者所讲述的内容进行测试。即使感到一切都非常令人信服,也不要忘了提一些与自己需求相联系的综合性问题,如本文中有什么内容是自己所需求的? 如有可能,最好把你的评判与其他人的评判相比较。有效阅读的三个要素就是集中精力、尽量多记、把所读到的内容同自己已有的知识和经验联系起来。

有人说,大学一毕业,自己所学的40%的知识就已经过时,一年不读书,自己所学的80%

的知识过时,三年不读书,自己99%的知识过时。这就要求我们不间断阅读,每年每月每星期每天都要阅读,只有坚持阅读,才能不被淘汰;也只有长期进行有效的阅读,才能保持对职场的新鲜感和创新力。

(二) 阅读的层次

一般来说,阅读有四个层次。第一层次的阅读,我们称之为基础阅读或初步阅读。在一定识字量、词汇量和语法规则的基础上,获得初步的阅读技巧,这个阅读层次的学习通常是在小学和初中低年级完成的。

第二个层次的阅读我们称之为检视阅读。特点在强调时间。在这个阅读层次,学生必须在规定的时间内完成对一篇文章或一本书主要内容的把握。

第三种层次的阅读,我们称之为分析阅读。比起前面所说的两种阅读,这要更复杂,更系统化。阅读时需要叙述一篇文章或一本书的大意,判断其主旨,评价优劣。一个分析型的阅读者一定会对自己所读的东西提出许多有系统性的问题。

第四种层次的阅读,也是最高层次的阅读,我们称之为主题阅读。这是所有阅读中最复杂也最系统化的阅读,如比较阅读。在做主题阅读时,阅读者会读很多篇文章或很多本书,并列举出相关之处,提出一个所有的文章或书都谈到的主题。主题阅读涉及的远不止此。借助所阅读的书籍,主题阅读者要能够架构出一个可能在哪一本书里都没提过的主题分析。因此,很显然的,主题阅读是最主动也是最花力气的一种阅读。

阅读的层次是渐进的,高的层次包含了较低层次的特性,也就是说,第一层次的阅读并没有在第二层次的阅读中消失,第二层又包含在第三层中,第三层又在第四层中,第四层是最高的阅读层次,包括了所有的阅读层次,也超过了所有的层次。

华 语 情 结①

余秋雨

语言有一个底座。说一种语言的人属于一个(或几个)种族,属于身体上某些特征与别人不同的一个群。语言不脱离文化而存在,不脱离那种代代相传地决定着我们生活面貌的风俗信仰总体。

语言是我们所知道的最庞大、最广博的艺术,是世世代代无意识地创造出来的无名氏的作品,像山岳一样伟大。

——Edward Sapir《语言论》

其 一

说得真好,语言像山岳一样伟大。不管哪一种,堆垒到20世纪,都成了山。华语无疑是最高大幽深的巨岳之一了,延绵的历史那么长,用着它的人数那么多,特别有资格接受 Edward Sapir 给予的"庞大""广博"这类字眼。一度与它一起称雄于世的其他古代语言大多已经风化、干缩,唯有它,竟历久不衰,陪伴着这颗星球上最拥挤的人种,跌跌撞撞地存活到今天。就是这种声音,就是这种语汇,就是这种腔调,从原始巫觋口中唱出来,从孔子、庄子那里说下来,从李白、杜甫、苏东坡嘴里哼出来,响起在塞北沙场,响起在江湖草泽,几千年改朝换代未曾改掉它,《二十五史》中的全部呼喝、呻吟、密谋、死誓、乞求都用着它,偌大一个版图间星星

①选自《文化苦旅》(东方出版中心1992年版)。余秋雨(1946—),浙江余姚县人。著名文学家、美学家,曾任上海戏剧学院院长。

点点的茅舍棚寮里全是它，这么一座语言山，还不大么？

但是，山一大又容易让人迷失在里边。苏东坡早就写好一首哲理诗放着呢："横看成岭侧成峰，远近高低各不同。不识庐山真面目，只缘身在此山中。"终身沉埋在华语圈域中的人很难辨识华语真面目，要真正看清它，须走到它的边沿，进出一下山门。

我揣想最早进出山门的比较语言学家是丝绸之路上的客商。听到迎面而来的驼铃，首先要做的是语言上的判断。那时唐朝强盛，华语走红，种种交往中主要是异邦人学华语。这就像两种溶液相遇，低浓度的溶液只能乖乖地接受高浓度溶液的渗透。尽管当时作为国际都市的长安城大约有百分之五的人口是各国侨民、外籍居民及其后裔，华语反而因他们的存在而显得更其骄傲。请读这一阕词：

"云带雨，浪迎风，钓翁回掉碧湾中。春酒香熟妒鱼美。谁同醉？缆却扁舟蓬底睡。"

这竟然出自一个沿着"丝绸之路"而来的波斯商人后代的手笔！他叫李珣，在唐代诗歌领域已占有一席之地。就从这几句便足可看出，华语，连带着它背后的整个华夏文化人格，曾经被一个异邦人收纳到何等熨帖的程度。语言优势与心理优势互为表里，使得唐代的中国人变得非常大度。潇潇洒洒地请一位波斯大酋长代表中国出使东罗马，请一位日本人担任唐朝国家图书馆馆长(秘书监)，科举考试也允许外国留学生参加，考上了称作"宾贡进士"，也能在朝廷担任官职。这些外国人当然都讲华语，都在一种无形强磁波的统摄下，不必深加防范的。在这种情况下，华语对于别种语言，不太平等。

抱着极平等的心态深入往返于两种语言文化间的，或许应首推玄奘。他如此艰辛地走啊走，为的是走出实在太辽阔也太强大的华语文化圈。但是，无论是他的出去还是回来，他对华语文化和梵文文化完全不存一丁点儿厚此薄彼的倾向，在他的脚下和笔下，两种语言文化只有互补性的发现，还不构成争胜式的对峙。于是，一些极为温煦的场景出现了：并不太信仰佛教的唐太宗愉快地召见了这位远游归来已经多年没说华语的大师，还亲赐一篇《圣教序》来装点玄奘带回来的一大堆梵文经典。这位很有文化见识的皇帝特地请人用晋代书法家王羲之的字拼集出这篇《圣教序》，让华语文化更增添一层形式美去与域外文化联姻。从此，玄奘安静地主持弘福寺和慈恩寺译场，天天推敲着两种语言间的宗教性转换。在他身后，九州大地佛号声、诵经声此起彼伏，无数目不识丁的中国老太太的瘪嘴中，倾吐出一种镶嵌着不少梵文词汇的华语方式，并且代代相传，他无意中实现了对华语文化吞吐能力的一次测试和开拓。

到得明清时期，华语文化与西方文化的交往就再也不会出现玄奘那样的安详气韵了。不管是欧洲传教士的纷至沓来还是中国文人的厕身洋务，心情都有点怪异，敏感、窥测、自尊、叹息，拌和成一团驱之不散的烟雾，飘浮在两种语言的交接间。这全然不是个人的事，欧洲文明的崛起使曾经极为脆响的华语稍稍变得有点喑哑。另一种不太平等的态势出现了，而且越到近代越甚，在国内国外有些地方，华语简直有点"虎落平阳"的景况了。

一个苍老而疲惫的母亲常常更让儿女们眷恋，于是，就从华语在国际交往中逐渐不大景气的时候开始，在中国的文化漂流者心中，一种"恋母情结"产生了。当然并不能与 Oedinus Corn plex(俄狄浦斯情结)完全等同，但那种隐潜，那种焦虑，那种捧之弃之，远之近之的矛盾心理，那种有时自惭形秽、有时又恨不得与人厮杀一场的极端性摇摆，还是颇得"情结"三昧的。

这些年在华语圈边沿上晃荡进出的人数之多，可能已达到历史之最。青年知识分子中很少有完全不理会外语的，这实在是中国走向世界、走向现代、走向未来的吉兆，一点也不应该抱怨。从趋向看，进出华语圈的人还会多起来。几乎所有大城市里的父母亲，都在关注着子女们的外语成绩。至于华语的好不好，反而已不是关心的重点。前不久听一位中年学者演讲，他讲到自己曾默默与一个外国同行作过对比，觉得除了英语，其他都可超过。"我英语不如他,但他华语不如我呀,扯平了!"学者说到这里引得全场哄笑。大伙不能不笑,他们似乎已经不习惯把华语放在与英语平等的地位上。据说产生笑的机制之一是把两个完全没有可比性的东西比到了一起。酿发出一种出人意料的不协调感。难道,华语在世界语言丛林中真已变成了这样的角色?笑容只能在脸上凝冻,心底卷来绵长的感叹。

其   二

黄皮肤,黑眼睛,整个神貌是地道的华人,一位同样是华人的记者在采访他,两人说的是英语,这在南洋①各国都不奇怪。

采访结束了,记者说:"您知道我们是华文报,因此要请教您的华文名字,以便刊登。"

"我没有华文名字。"他回答得很干脆。

记者有点犯难:把一个写明是华人的采访对象称作杰克逊或麦克斯韦尔之类,毕竟有点下不了手。采访对象看出了记者的顾虑,宽慰地说:"那你就随便给我写一个吧!"

这种经常发生的对话是如此平静,但实在足以震得近在咫尺的土地神庙、宗乡会馆柱倾梁塌。时间并不遥远,那些从福建、广东等地漂流来的中国人登陆了,在家乡,隔一道山就变一种口音,到了南洋,与马来人、印度人、欧洲人一厮杂,某种自卫意识和凝聚意识渐渐上升,这种自卫的凝聚是一种多层构建,最大一个圈圈出了全体华人,然后是省份、县邑、宗族、姓氏,一层层分解,每一层都与语言口音有关。不知经过多少次灾祸、争斗,各种地域性、宗教性的会馆竞相设立,而最稳定、最牢靠的"会馆",却屹立在人们的口舌之间。一开口就知道你是哪儿人,除了很少的例外,多数难于逃遁。

怎么也没有想到会涡卷起一种莫名的魔力,在短短数十年间把那一圈圈、一层层的自卫、凝聚构建一股脑儿软化了,把那一些由故乡的山梁承载的、由破旧的木船装来的华语,留给已经不大出门的爷爷奶奶,留给宗乡会馆的看门老汉,而他们的后代已经拗口,用英语才顺溜。尽管这种英语带着明显的南洋腔调,却也能抹去与故乡有关的种种分野,抹去家族的颠沛、时间的辛酸,就像从一条浑浊的历史河道上潜泳过来,终于爬上了一块白沙滩,耸身一抖,抖去了浑身浑浊的水滴,松松爽爽地走向了现代。不知抖到第几次,才抖掉了华语,然后再一用力,抖掉了姓氏,只好让宗乡会馆门庭冷落了,白沙滩上走着的正是黄皮肤黑眼珠的杰克逊和麦克斯韦尔。

在这一个过程中,我所关注的理论问题是,一个群体从学习外语到不讲母语需要经历多大的心理转换,大概需要多长的时间,再进一步,从不讲母语到遗落家族姓氏又需要经历多大的心理转换,还需要多长的时间。当然,更迫切的问题还在于,这一切是不是必然的,能在多大程度上避免。不管怎么说,我已看到了大量不争的事实:语言的转换很快就造就了一批斩断根脉的"抽象人"。

新加坡实践话剧团演过一个有趣的话剧《寻找小猫的妈妈》,引起很大的社会轰动。这个话剧,确实是以"话"作为出发点的。一个三代同处的家庭,第一代讲的是福建方言,第二代讲的是规范华语,第三代只懂英语,因此,每两代之间的沟通都需要翻译,而每一次翻译都是一次语义和情感上的重大剥落。如果是科学论文、官样文章,可能还比较经得起一次次的翻译转换,越是关乎世俗人情、家庭伦理的日常口语,越是无奈。结果,观众们看到的是,就在一个屋顶之下,就在一个血统之内,语言,仅仅是因为语言,人与人的隔阂是那样难于逾越。小小的家庭变得山高水远,观众在捧腹大笑中擦起了眼泪。

无数家庭都在经历着的这类文化悲剧,人们并不是轻而易举就能避开的。恨恨地骂几句"数典忘祖";完全不能解决现实问题。就拿新加坡来说,一代政治家急切地要把这个以华人为主的年轻国家快速推入现代国际市场,就必然要强悍地改换一套思维方式和节奏方式,那

---

①南洋是明清时期对东南亚一带的称呼。

么，没有比改换一种语言氛围更能透彻有效地达到这个目的的了，因为语言连带着一个整体性的文化——心理基座，把基座"移植"过来，其他一切也就可以顺水推舟了。当然也可以不这样做，但这样做的效果却显而易见。整个国家是这样，每个家庭也是这样。年幼的孩子如果学好英语，中学毕业后可以直接投考欧美各国的名牌大学，即使不读大学也能比较顺利地进入这个国际商市的大多数公司企业。至少在目前，华语水平确实不是新加坡青年谋职的必需条件，而要学好华语耗费的时间和精力却远超英语。在中国大陆通过很自然的方式已经学好了华语的中国青年也许不会痛切地感到学习华语之难，而在新加坡，竟有华人小孩因华语课太难而准备自杀，使得父母不得不搬家到澳洲①或别的用不着学华语的地方。是的，华语牵连着远祖的精魂，牵连着五千年的文明，他们都知道；但门外的人生竞争是那么激烈，哪一位家长都不太愿意让孩子花费几十年去死啃一种极其艰难又不太有用的语言。尽管年迈的祖父还在一旁不满地嘀咕，尽管客厅的墙上还挂着中国书法，父母代孩子填下了学英语的志愿，把华语的课目轻轻划去。血缘原则、情感原则、文化原则暂时让位给了开放原则、实用原则、经济原则。谁也无法简单地判断怎么是对，怎么是错，这里赫然横亘着一个无可奈何。

我认识一位流浪过大半个中国的华侨著名发型师，他对华人黑发造型有精湛的研究。求他做头发造型的华族小姐络绎不绝，但不少小姐总是把母亲也带到美发厅里来，原因只在于，这位发型师有一个怪脾气，为华人黑发造型时他只说华语，小姐们的母亲是来充当翻译的。年老的发型师力图营造一个发色和语言协调的小天地，保存一点种族性的和谐，但他实际上并没有成功。中国人的头发几万几千年一直黑下来，黑过光荣，黑过耻辱，将来还会一直黑下去，但语言却并不是这样固执。或许最终还是固执的，但现在却已不易构成与中国人的生理特征一样稳定的审美造型。对此，发型师是痛苦的，小姐们是痛苦的，母亲们也是痛苦的，这是一种不愿反悔、更不愿谴责的痛苦，一种心甘情愿的痛苦，而这种痛苦正是最深切的痛苦。

这种痛苦早就有过，而且都已老化为沉默。我想"牛车水"这个地名就是这样的沉默物。三个字本身就是一种倔强的语言硬块，浑身土俗地屹立在现代闹市间。据说新加坡开发之初很缺淡水，就有一批华人打了深井，用牛拉盘车从井里打水，然后又驱赶着牛车到各地卖水。每天清晨，这座四面环海却又十分干渴的城市醒来了，来自各国的漂泊者们都竖起耳朵期待着一种声音。木轮牛车缓缓地碾在街石上，终于传来一个极其珍贵的字眼：

水……

当然是华语，那么婉转，那么回荡，那么自豪和骄傲！一声声喊去，一天天喊去，一年年喊去，新加坡一片滋润。

如今，牛车水一带街道的旧屋门口，有时还能看到一些闲坐着的古稀老人。也许他们呵出过太多的水汽，干瘪了，只剩下满脸沟壑般的皱纹。眼前，是他们呵出的一个现代化的城市，但在这座城市间，他们已成了陌生人。

看着他们木然的神情，我总会去思考有关漂泊的最悲论的含义，出发的时候，完全不知道航程会把自己和自己的子孙带到哪里。

直到今天，不管哪一位新一代的华人漂泊者启程远航，欢快的祝愿和告别中仍然裹卷着这种悲怆的意绪。

其　　三

英语里的billionaire翻译成华语成了"亿万富翁"，但她是女性。市民小报中有"富婆"的字眼，我当然不会用在她头上，人家是高品位的文化人。华语还没有来得及为各种巨富调理好足够的词汇，我们不正在评说华语吗，这是华语的缺憾。

---

①"澳洲"又叫大洋洲。

她在一家豪华饭店的"李白厅"里请我吃饭。在李白的名字下请中国文人显然是合适的，但为什么要请我呢？我想主要是因为我从上海来。

在新加坡要找一个上海人，远比纽约、旧金山、东京困难。好像华侨也有个分工，南洋显然是被福建、广东包了，上海人乃至江浙人挤在这里显得无趣，跑到别处去了。结果，一个上海人要在这里听几句道地的上海话成了一种奢侈的愿望。我在这里遇到过几次没有前因后果的聚会，参加者就是几个偶尔相识的上海人。名字还没有一一搞清呢，却来邀请吃饭了，主菜是"腌笃鲜"、炝蟹什么的，当然要去。有次我请当地一位演员驾车载我赴约，为了不使这位演员受冷落，预先在电话里讲明"不全讲上海话"。结果是，一进门大伙就忘情，弄得演员在饭桌一隅呵欠连连、昏昏欲睡。

我进李白厅时，她已坐在那里，整个大厅就她一个顾客，一群女招待显然都认识她，极其恭敬地站在一边看着她，注意她有什么最细小的要求，例如要移一下茶杯、挪一挪椅子之类，陪她等。我风风火火闯进去，她的上海话就劈头盖脸地过来了，讲得十分流利和纯正。华语的庞大家族中有许多分支是很难学道地的，上海话就是其中的一种。一开口就听出来，半点马虎不过去，说了两三句，已可充分表明你和上海的早期缘分。

话题一展开，她的上海话渐渐有点不够用了，她离开上海已经整整半个世纪，而现今的谈话，多数词汇都是这半个世纪来新冒出来的，她不知道用上海话该怎么说。她开始动用上海腔很重的"普通话"，还是不解决问题，最后只好在一切名词概念上统统用她最纯熟的语言——英语来表达了。

突然，奇迹一般地，她嘴里又冒出来一大堆湖南话。原来她原籍并非上海，而是湖南，父亲是长沙郊区一个菜农的儿子，靠刻苦读书考上了官费留学，学成回国成了上海一个著名的工程师，但还是满口湖南腔。她在上海出生、长大，读中学时，在鲁迅小说中了解了中国农民，因此有意去模仿父亲的湖南话，希图从中找到一点祖父的面影。结果是，8年前她第一次到长沙，满口长沙话把湘江宾馆的服务员小姐吓了一跳。

语言实在是一种奇怪的东西，有时简直成了一种符咒，只要轻轻吐出，就能托起一个湮没的天地，开启一道生命的闸门。我知道，这位多少年来一直沉溺于英语世界中的女士真正说湖南话和上海话的机会是极少极少的，但那些音符，那些节奏，却像隐潜在血管中的密码，始终未曾消失。她曾经走遍了世界各地，人生的弓弦绷得很紧，但是，不管在什么地方，当她在繁忙的空隙中一人静处，唤回自我的时候，湖南话和上海话的潜流就会悄悄泛起，然后又悄悄消退。如果不是这样，就无法解释为什么几乎半个世纪没有真正说过的湖南话和上海话依然如此纯正。"年纪大了就喜欢回首往事，哪怕在梦中。"她说："做梦是一截一截的，每一截都讲着不同的方言语音。"

她年轻时在上海的居住地是斜桥。斜桥地区我很熟悉，根据她的依稀描述，我一条街一条街地在脑子里爬梳过去，想找到一幢带花园的影影绰绰的楼，找不到。她不记得路名，不记得门牌，记得也没有用，50年间，什么没变？她找不回去了，只剩下那一口上海话，留在嘴边。

她说，她明天去泰国，那儿他们家正在筹建一座餐厅。"李白厅"的名字已被这儿用掉了，她打算把泰国的那一家叫做"杜甫厅"。可是，这个名称用湖南话一说就成了"豆腐厅"。"豆腐虽然我也爱吃，却不能这么去糟蹋中华民族的一个伟大诗人。"因此直到今天，她还在为餐厅的名字苦恼着。

她从泰国回来，又邀我到她家去了一次，一起被邀请的还有参加当时正巧召开着的世界华文教育会议的好几位其他国家的教授。邸宅的舒适华贵可以想象，印度门卫，马来西亚仆人，菲律宾女佣，忙忙碌碌地围着几个客人转。客人与主人一样，是华人，讲华语。今天晚上在这个院子里，华语就像在唐代一样神气。

客厅里挤挤地摆设着世界各地的工艺品，而兜门正墙上却悬挂着一幅垂地长轴，上面以楷书抄录着孟郊的《游子吟》：

慈母手中线，游子身上衣。

临行密密缝，意恐迟迟归。

谁言寸草心，报得三春晖。

这些毛笔字写得生硬、稚拙，但又显得极其认真。这是女主人的女儿写给妈妈的，女儿从小受英语教育，是一位造诣和名声都很高的英语作家，曾荣获过联合国主办的英语小说大奖。这么一位女才子，不知怎么一来，竟捏着一支毛笔练起中国字来，一定是练了好久才写得下这一幅字的；至于孟郊那首诗，要由这样一位立足英语背景的作家来找到、读通，以至感同身受，更是要花费好些时日的。但她毕竟写出来了，亮堂堂地挂在这儿，就像一个浪迹天涯的游子揣摩了好久家乡口音只为了深情地叫一声"娘！"这当然是对着她的母亲，但不期然地，也同时表现出了对母语的恭敬。她把这两者混在一起了，即便对精通英语的母亲，她也必须用华语来表示感情。我们不妨顺着她的混同再往前走出一步：如果把华语也一并看做是"慈母"，那么，从她手中拉牵出来的线真是好长好远，细密地绾接着无数海外游子的身心。事实上，这条线已成了种族繁衍的缆索，历史葡萄的纤维。

其　　四

我听很有特点的马来西亚华语，是在一个不到20岁的小伙子口中。他叫K.L.，华裔，马来西亚怡保市人，刚从中学毕业。瘦瘦的，静静的，眼睛清澈透明，整天埋头干活，一抬头，见有人在看他，立即脸红。这是华人传统观念中最老实本分的"乖孩子"，可是无论在大陆，在台湾，在香港，乃至在新加坡，都不很容易找到了，冷不丁从马来西亚走出来一个，我十分惊奇。

K.L.曾与我在同一幢楼里相邻而居。当时他正在为实践话剧团的一次演出帮忙，每天搞得很晚回来。半夜，这个高级住宅区阒寂无声，突然每个院子门口的狗都叫了起来，我知道，那是他回来了。他进门要开好几道门：花园的铁门，楼房的栅栏门，屋子的木门，以及他的房门，但他竟然可以不发出任何一点声音，为的是怕惊动我。有几次我简直怀疑起刚才狗叫的准确性，推开房门探头一看，他的房门底沿下已露出一线灯光。第二天，等我起床漱洗，他却早已出门，证据是：大门口报箱里的两大叠中、英文早报，已经取来整整齐齐放在会客室的茶几上。

我奇怪了，晚回来是因为演出，但那么早出门又是为了什么呢？

终于有一天，他没出门，对我说，明天就要回马来西亚，今天整理行李。他的行李全是书，层层叠叠堆在桌上、椅上、床上，绝大部分是华文艺术书籍。我知道，要在新加坡收集这么多华文艺术书籍是极不容易的，原来他每天一早出门是在忙这个。

他告诉我，他在马来西亚读中学时爱上了中国的文学艺术，但靠着这种爱是无法在今日南洋立足谋生的，因此父母亲要他到日本去读大学。父母亲是城市平民，经济不宽裕，他只得先到新加坡打工，筹措留学经费。但一到新加坡，就像鬼使神差一般，他不能不欺骗父母和自己了。他什么赚钱的工作也不找，专奔新加坡唯一的专业华语剧团来，十分投入地参与他们的各种艺术活动，得到一点报酬就买华文书。有中国大陆或台湾来的华语演出和电影，再贵也咬咬牙买票看。现在他的居留期已满，不能不回去了，明天，父母亲一定会问他去日本的经费的，他会如何回答呢？他本来想，没赚下钱，至少买一身像样的衣服回去让父母眼睛一亮，但一犹豫，衣服又变成了两本华文书，他随身的衣物放进一个小小的塑料食品袋里就可带走。鞋破了，趿着拖鞋回去。

临别，他细细地关照我，菜场在哪里，该坐什么车，哪家的狗最凶，最近的邮箱在何处。我只是一味地问他回去后如何向父母亲交代，他沉默了一会儿，然后用使我惊异的老成语调向我引述一位行将退休的新加坡政治家的话。这位政治家的意思是，100年后，朝鲜还将是朝鲜，日本还将是日本，越南还将是越南，但新加坡会怎么样，却很难想象，因为我们最注重的是英语，但我们的英语讲得再好，英国人、美国人也不会承认和接纳我们。要维系住一个国家的本体面貌，不能不重新唤醒溶解在我们血脉中的母语文化。

是的，我记起来了，几天前我在电视屏幕前听过这位政治家用缓慢的华语发表提倡华语的讲话。娴熟地讲了一辈子英语的他，在晚年已不止一次地提倡过华语，银发苍然，目光诚恳，让人感动。

但是，K. L. 不一会儿又忧郁起来，他深知他的父母能理解这位政治家的话，但为了儿子的现实生计，还是会要求他去日本读大学的。何况，他们家不在新加坡，是在马来西亚。

背着一大堆华文书，背着一个不知来自何处的春恋，他回国了。他肯定会去日本或其他国家的，但华文书太重，他走得很慢。他还不习惯出远门，不会打行李包，稀稀拉拉地几乎是抱着华文书走的。他回过头来向我招手，但不愿大声地说什么，因为他对我说过，他的华语有很重的马来腔，怕别人笑话。然而他不怕别人笑他抱着行李、趿着拖鞋回国。啪哒、啪哒，他的拖鞋已踩过了国境线。

其　　五

那天，许多年老的新加坡华人都挤到了一个剧场中，观看一台从台湾来的相声剧，相声剧的编导是35岁的赖声川博士，获得美国加州柏克莱大学戏剧研究所有史以来最高成绩的毕业生，目前在台湾文化界极孚声望。他还没有到过大陆，但他的多数作品却引导观众反复品尝中华民族离异的苦涩，从而来验证一种历史的归属感。这次带来的相声剧也是如此。

这样的戏，不管给海峡两岸的哪一边看，都会引起强烈回响，尽管是相声剧，观众也会以噙泪的笑声来品味"中国人"这一艰辛的课题。但是，今天这出戏是在新加坡演出，剧场里的反应会是怎样的呢？相声作为一种语言艺术，最能充分表达一个社会中某些微妙的共鸣，那么，今天中国人埋藏在插科打诨背后的离合悲欢，还能不能被其他国家的华人理解？如果不能，那么，我们深深沉浸其间的一切，岂不成了矫揉造作、顾影自怜？赖声川代表着中国人来接受一次自我拷问，他胆子很大，但在开演前却对我说，他准备启幕后好久听不到掌声和笑声。如果真是这样，他就会沮丧地坐下来，重新苦苦思考华语在当今世界的表达功能和沟通功能。

毫无疑问，与赖声川先生抱有同样担忧的只能是我。新加坡剧场的朋友也会担心，但那完全是另一回事。幕拉开了，在场的海峡两岸中国人的心也就悬起来了。也许我们还太年轻、太敏感，生怕数千年历史的拥有者在异国街市间丢脸，生怕自己的哭声让人发笑，自己的笑声让人掉泪。我这个人由于职业关系，曾安然地目睹过无数次剧场波澜，可今天，竟战战兢兢、如饥似渴地期待着新加坡观众的每一丝反应。我无法预计，如果台湾相声中的俏皮话今晚引不出应有的笑声，我会多么难堪。

好了，终于放心了，此地观众的反应非常热烈。华语，我们的华语，还有控制各种海外华人的笑声的能力。谢谢新加坡！——这种感谢自然有点自作多情，就像那天看到一批欧洲观众对一台从中国搬来的传统舞蹈热烈鼓掌，我几乎想站起来向他们鞠躬一样荒诞。

赖声川先生是我的老熟人。初次见到是在香港召开的国际比较文学会议上，后来很巧，同在两年前被新加坡戏剧界邀来演讲，这次相遇是第三次。记得两年前我们同住一家宾馆，天天神聊到深夜，肚子饿了就到附近一处小贩中心吃夜宵。我们互相"盘剥"着海峡两岸的种种社会规范、生活细节、心理习惯、世俗趣闻，出于自尊，彼此还为自己一方辩护，说到许多相似或相左的用语常常乐不可支、笑作一团。西哲有言，剧场里一句微妙的台词引起一片笑声，那是素不相识的观众在道示着一种集体的一致性。莫非我们一代真的已到了可以用语言和笑声来认同的时分？对此我与赖先生还没有太大的信心，但是赖先生并不甘心于此，他把两年前的笑语扩充成一个艺术作品，仍然带回到新加坡，兑换成满场欢腾。正巧我又在，这还不值得庆祝一下？演出结束后我们又去了两年前天天去的那个小贩中心，尽管明知那里的小贩喜欢欺侮外国人。

理直气壮地用华语叫菜，今天晚上，这座城市的笑声属于中国人。坐在我身边的演员李立群先生是今夜无可置疑的明星，我对他说："你在台上学遍了大陆各地的方言，惟妙惟肖，唯独几句上海话学得不地道。"大陆的相声演员学各地方言早已司空见惯，说实话，我对这一招已经厌烦，但现在听台湾相声演员学来却产生了另一种感觉，谐谑的调侃猛地变成了凄楚的回忆、神圣的呼唤。学一种方言就像在作一种探寻，一种腔调刚出口，整个儿心就已在那块土地间沉浸。因此，我不能让他们学不像上海话，这会对不起他们，也对不起上海。于是就在小贩中心的餐桌旁，我依据那几句台词一句句地教了。赖声川先生的母亲在上海住过，因而他对我的发音并不生疏，频频点着头。李立群先生从我的发音想起了他以前一位江浙师傅，边模仿边首肯："是这样，师傅当年也这样说的。"一句又一句，一遍又一遍，轻一声，重一声，已经认真到了虔诚。这显然已不完全是为了演出，相声演出中的学语用不着那么标准。

学会了那几句上海话，一阵轻松，开始胡乱漫谈。大家竟当着情同手足的新加坡东道主郭宝昆先生的面，极不厚道地嘲讽起新加坡人的华语水准。我想郭宝昆先生一定会原谅的：这些远隔两岸的中国人好久没有这么亲热了，一亲热就忘乎所以，拿宽厚的朋友们嘲讽一遍，好像共同获得了一种优越感，背靠着艰深的华夏文化，驱走了阔别的忧伤、海潮的寒冷。特别是那位李立群先生，专找那些只有中国人才能听懂的话与我对仗，跳跳跃跃，十分过瘾。讲禅宗，讲怪力乱神，讲文天祥会不会气功，讲天人合一的化境。这种谈话，即使翻译了，也几乎没有多少西方人能真正听懂。今晚大家像是在发狠，故意在异国土地上翻抖中华语文中的深致部位，越是瞎凑合就越贴心。

上茶了，少不了又讲陆羽，讲《茶经》的版本，讲采茶的山势、时机，煮茶的陶壶、炉炭，当然讲得最神往、也最伤心的是水。喝了几千年茶的中国人，还能找到多少真正清冽的水来润喉咙呢？如果不多了，那么今后讲出来的华语会不会变得浑浊一点呢？

我告诉李立群，古代文人为喝几口好茶，常常要到某座山上，"买泉两眼"……

李立群来劲了："好个买泉两眼！潇洒至极！不是我吹嘘，我台湾老家山上确有好泉，想法去买它一眼，你什么时候来，我领你去喝茶！"

我赶紧叮嘱李立群先生，赶快回去买下那眼泉，好生看管着，别让它枯了。我们还不算老，也许真能喝得上一口。但是，仔细一想又觉得悲哀，这样的泉眼无论如何不会太多了，那种足以把华语晤谈的环境推到极致的阵阵茶香，已不会那么纯净。华语自然还会讲下去的，但它的最精雅蕴藉的那部分，看来总要渐渐湮没了。还会出现新的精雅部位吗？但愿。

➕ 自测题

1. 阅读课文后，解释词语和句子

（1）巫觋

（2）嗫嚅

（3）羼杂

（4）虎落平阳

（5）逃遁

（6）拗口

（7）数典忘祖

（8）逞示

（9）阒寂无声

（10）语言的转换很快就造就了一批斩断根脉的"抽象人"。

2. 阅读理解

（1）本文开篇说"语言像山岳一样伟大""华语无疑是最高大幽深的巨岳之一"，文章接下来，为这样的判断提供了哪些依据？

（2）用你自己的话来描述余秋雨的"华语情结"。

3. 课文读后谈

（1）"华语"的意思可否理解为"华夏民族的共同语"？查资料解释一下"华语"和"汉语"。

（2）文中说和唐朝不同，"到得明清时期，华语文化与西方文化的交往就再也不会出现玄奘那样的安详气韵了"，那么，现在呢？华语和别种语言，比如英语，是平等的吗？上网查查"汉语热""孔子学院"，也许对你课堂发言有帮助。

4. 语言运用练习

（1）反问句练习

反问句是表示强调的一种方式，对于一个明显的道理或事实用反问的语气加以肯定或否定。

把下列反问句改为陈述句，并体会反问句所表达的丰富的句意。

就是这种声音，就是这种语汇，就是这种腔调，从原始巫觋口中唱出来，从孔子庄子那里说下来，从李白杜甫苏东坡嘴里哼出来，响起在塞北沙场，响起在江湖草泽，几千年改朝换代未曾改掉它，《二十五史》中的全部吆喝、呻吟、密谋、死誓、乞求都用着它，借大一个版图间星星点点的茅舍棚寮里全是它，这么一座语言山，还不大么？

她不记得路名，不记得门牌，记得也没有用，50 年间，什么没变？

喝了几千年茶的中国人，还能找到多少真正清洌的水来润喉咙？如果不多了，那么今后讲出来的华语会不会变得浑浊一点呢？

（2）扩展语句练习

根据课文填空并指出扩展方法：

①那时唐朝强盛，华语走红，种种交往中主要是异邦人学华语。这就像（　　）。

②这全然不是个人的事，欧洲文明的崛起使（　　）华语稍稍变得有点唔嗫。

③她把这两者混在一起了，即便对精通英语的母亲，她也必须用华语来表示感情。我们不妨顺着她的混同再往前走出一步：（　　）。

（3）标点符号练习

文中"他进门要开好几道门：花园的铁门，楼房的栅栏门，屋子的木门，以及他的房门，但他竟然可以不发出任何一点声音，为的是怕惊动我。"这句话中的"花园的铁门""楼房的栅栏门"后面为什么不用顿号呢？你能说说顿号的用法吗？

5. 请你说一说

（1）向你的同桌介绍自己的家乡话。

（2）向外国来华留学生介绍汉语。

（3）介绍你所就读学校或学校所在的城市。

6. 座谈

（1）余秋雨对目前大学生的母语学习状况可能有什么看法？你生活中的什么具体事情可能会让他特别担忧？

（2）在平时的学习中，对于英语和汉语，你更重视哪一种语言的学习？说说理由。

7. 写作

请以班级名义，就汉语学习问题写一份倡议书。

语言的故乡①

鲍尔吉·原野②

当人们把语言当做工具使用的时候，它只是庞杂无序的什物，纷乱无际。而你离开它，你会思念它。不知从哪一天开始，语言像血肉一样和人的心灵结为一体。或者说，这成了一枚钥匙。唯有通过它，可以走进童年、爱情和故乡。

画家黄永玉70 多岁时回故乡江渚建一小楼。旧址塌朽，曾作乡民猪圈。黄的新楼的窗极多，共107 窗，为的是多入村语，饱览乡情。大画家住在这里十分舒服，说"鸡鸣狗叫，都是温暖，吵架骂娘融成乡音"。

所谓温暖，是语言的泉水催生了心地的青草。而所有不属于湘西的议论、尺度或哲学，无

①语言的故乡，意即故乡的语言。
②鲍尔吉·原野（1958—），蒙古族，内蒙古呼和浩特人，作家。著有《掌心化雪》《百变人生》《酒到唇边》《善良是一颗矮树》《银说话》等散文集。

论多么庄严,一律被乡音摒弃在外。70 多岁的老人在"鸡鸣狗叫""吵架骂娘"之中坐享童年的欢乐。

西班牙诗人西梅内斯移居美国之后,曾陷入精神危机。他发现自己最渴望的是母语。他需要周围的人们用活生生的西班牙语交谈、祈祷、歌唱。因此,他前往阿根廷主持讲座。回到美国后,西梅内斯重发忧郁症。他妻子赛诺薇娅带他迁到讲西班牙语的美丽的岛屿波多黎各。西班牙语,对这位获得诺贝尔奖的大师来说,是空气、阳光与粮食。在他的作品里,抬头可见"蒙特马约山上的教堂上面,升起一轮明月";故居对面,是"利维拉街卖水的阿雷布拉的小茅舍";晚祷十分,"利比亚尼肥胖的身体紧紧裹在从前是鲍利亚所有的那件棕色格子的瘦小衣服里,蹒跚地走着,他的花白的大胡子挂上了笑容"。

安达卢西亚所有的良辰美景,都藏在西班牙语里,在西梅内斯心深处的某个地方密封。没有它,诗人甚至会神经错乱。西梅内斯的杰作《小银和我》,被选入西班牙语所有国家的中小学课本。这本书从 1941 年到现在,年年都在这些国度里印行。

一位海外的中国诗人说,每当他看到"碧海、沧桑、江湖"这些汉语独有的词汇时,都会莫名地激动,甚至落泪。

语言里面是美丽的故乡。

自 测 题

1. 了解相关知识并解释词语
(1) 画家黄永玉
(2) 西班牙诗人西梅内斯
(3) 波多黎各
(4) 安达卢西亚
(5) 江渚

2. 阅读理解
(1) 画家黄永玉回故乡建的新楼有 107 个窗户,为什么要有这么多窗户?
(2) 对于西班牙诗人西梅内斯来说,母语是什么?

3. 课文读后谈
(1) 课文的最后一句话是"语言里面是美丽的故乡",这句话有点题之效。课文的标题是"语言的故乡",其实讲的是"故乡的语言",也就是学于本乡本土的"母语"。请你举出几个家乡的方言或土语,并借助这些语言,讲讲家乡的情形。
(2) 乡音为什么如此重要? 每当听到哪些词汇时,你会莫名地感到激动。

4. 语言运用练习
(1) 文章第二自然段和第三自然段衔接自然,是用哪一个词衔接的?
(2) 仿造下列句式造句
①所谓温暖,是语言的泉水催生了心地的青草。

②安达卢西亚所有的良辰美景,都藏在西班牙语里,在西梅内斯心深处的某个地方密封。

5. 标点符号练习
课文中多处使用引号,例如:
①大画家住在这里十分舒服,说"鸡鸣狗叫,都是温暖,吵架骂娘融成乡音"。
②七十多岁的老人在"鸡鸣狗叫、吵架骂娘"之中坐享童年的欢乐。
③在他的作品里,抬头可见"蒙特马约山上的教堂上面,升起一轮明月";故居对面,是"利维拉街卖水的阿雷布拉的小茅舍";晚祷十分,"利比亚尼肥胖的身体紧紧裹在从前是鲍利亚所有的那件棕色格子的瘦小衣服里,蹒跚地走着,他的花白的大胡子挂上了笑容"。

说说这几处引号的用法。

6. 请你说一说
(1) 学习汉语有意思吗? 请举例说说。
(2) 汉语相对于其他民族的语言,比如英语,有哪些长处?

7. 座谈
(1) 怎样才能学好汉语?
(2) 我是怎样学汉语的?

8. 写作
请你写一段话,向外国来华留学生介绍介绍汉语。

中国文明的一件成功①

许国璋②

中国文明有一件成功之事,它起始于史前,传到现代,为国计民生服务。它就是中国的汉语和文字。

自史前期开始到现在三千多年期间,汉字体现了巨大的适应性。古代的文字难写,在公元前3世纪末执政者推行了大规模的简化运动,字体趋于省易。其后的两千年间,汉字字体稳定,字体变化不大,所以先秦两汉的书,我们今天受过普通教育的人还能部分看懂。如果古书是用拼音文字写的,古代的文献现代人就根本无法读懂。世界上没有一种文字能像汉语一样把两千年前的信息直接传输到现代。这是中国文化的骄傲。

超越时间的限制,还不是汉字最叫我们心感的德行,汉字也同样具有超越空间的长处。中国方言各异,有的不能互通,但全民族在汉字文化影响下,几经异族入侵,始终凝聚在一起。印度是多民族的国家,他们之中相邻的民族,有的语词是可通的,但由于文字不同,不能融合。但是,汉字造福于炎黄后裔的,还不止于历时可识、共时可通这两点。汉字是方块字,没有形变,它用词的手段表示性、数、格、时,一旦表示清楚,即免去一切冗余符形。"两个人"的"两"已经表示了数,"人"就不需表示。"她很美","她"表示性,"美"不需表示。"我爱她","她"当然是宾格,不需更多的形态。"今天早晨我五点起身","今天"表示了时,"起身"就不再表示。汉语合理的词法和句法本身是一种凝聚剂。这是一切有良心的语言学者的共识。少数短见浅视以摧毁为革命的人主张取消汉字,他们的理论(说来奇怪)不经批判,已成陈迹。汉语汉字精神所在,权势不能摧,廷杖不能辱,国子不能弃。如果没有汉字的凝聚剂,中华民族将是一个什么样子? 如果没有汉字,中华民族将自绝于两千年文化遗产,民族心理将起多大风波? 爱护这珍贵的凝聚,抵制一切毁损,是每一个关心民族前途的人的责任。

在中华民族漫长的历程中,汉语汉字不断发展。殷墟出土的甲骨片上大约有1000个字,经过1200年,到公元1世纪许慎编《说文解字》的9300多字,增加了10倍;到17世纪的《康熙文典》的50 000多字,又增加了5倍。到了近代,产生了以词为单位的汉语词典,收的词条多达50万以上。从3000年起,汉语从多方吸收以丰富自己;从西域南海(琥珀、槟榔),从古印度(佛教词语如菩萨、比丘、法宝、世界),从文艺复兴时期西欧(几何、界说、推论、比例),从20世纪的西方(超人、下意识、时代精神)和近邻日本(原理、积极、绝对、肯定)。到了20世纪中叶,在强大政治思想冲击下,许多哲学术语竟然溶化到日常词汇中去。哲学术语(如矛盾、看法、结论)而能成为日常用语,不能不说是由于汉语和汉字的开放性。世界上还没有一种语言,持续如此之长,如此善于适应,又如此善于吸收。在20世纪中叶,随着开放作为一种国策的执行,成千成万的世界性科学术语和技术词语进入汉语语汇,用汉字构成的新词新语成千成万,中国科学家不以为难,中国使用者不以为苦,这是奇事也是值得骄傲之事。汉字结构在世界诸语言中是如此独特,人家需要借助古希腊语根词缀以造新字的,汉语可以靠自己的资源创之造之。汉语能够自给,但汉语没有任何内在的排他性,它适用于现代世界上一个渴望现代化的国家的现代化进程。

---

①中国文明的一件成功,指中国的汉语和文字在中国文明的文明史上是一件成功之事。
②许国璋(1915—1994),我国著名的英语教育家。

⊕ 自测题

1. 本文的标题是(　　)
   A. 汉语是中国文明的成果
   B. 汉语是人类文明的一件成功
   C. 中国文明的一件成功
   D. 中国文明的标志

2. 本文的作者是(　　)
   A. 余秋雨　　　B. 鲍尔吉·原野
   C. 许国璋　　　D. 陈宇

3. 课文中"中国文明有一件成功之事"指的是
   (　　)
   A. 汉语　　　　B. 汉字
   C. 华夏文明　　D. 汉语和汉字

4. 课文指出:自史前期开始到现在三千多年期间,
   汉字体现了巨大的(　　)
   A. 稳定性　　　B. 连续性
   C. 适应性　　　D. 排他性

5. 课文指出:在公元前(　　)末执政者推行了大
   规模的简化运动。
   A. 3 世纪　　　B. 1 世纪
   C. 2 世纪　　　D. 4 世纪

6. 如果古书是用(　　)写的,古代的文献现代人
   就根本无法读懂。
   A. 象形文字　　B. 拼音文字
   C. 会意字　　　D. 形声字

7. 汉字造福于炎黄后裔的,有以下几点(　　)
   A. 历时可识
   B. 共时可通
   C. 合理的词法和句法
   D. 凝聚剂

8. 殷墟出土的甲骨片上大约有 1000 个字,到 17
   世纪的《康熙字典》有多少字(　　)
   A. 9300　　　　B. 5000
   C. 53 000　　　D. 50 000

9. 到了近代,产生了以词为单位的汉语词典,收的
   词条多达多少万以上(　　)
   A. 30　　　　　B. 50
   C. 53　　　　　D. 90

10. 汉字结构在世界诸语言中的独特性在于(　　)
   A. 汉字是方块文字
   B. 汉字可以靠自己的资源造新字
   C. 汉字不是拼音文字
   D. 汉字需要借助语根词缀造新字

❀ 口语交际

口头介绍

　　现代社会是一个信息的社会,人们在广泛的交流中能遇到各种各样的介绍场合。例如,交友中的介绍自己或介绍他人,到新的学校学习或新的单位工作的自我介绍,求职中的自我介绍,购物时听到的商品介绍,旅游时的景点介绍等。

　　介绍是指口头上对有关的人、事、物所做的推荐、说明,以使人熟悉和了解。介绍包括人物和事物介绍两类。介绍一般是交谈的第一步,如何作介绍是语言交际中非常重要的问题。

　　学习介绍的基本知识,练习和掌握介绍的基本技巧,对于日后的交流和沟通很有好处。本单元重点介绍人物介绍的基本知识。

人物介绍

(一) 介绍自己

　　现代社会中人际交往日益频繁,在各种工作会议、社交聚会、联谊庆典、喜庆宴会等场合

经常需要介绍自己和介绍他人。

把"我自己"介绍给对方就是自我介绍。对方可能是一个人,也可能是一个群体。自我介绍是一个人的"亮相",人们对你的认识和印象就从此时开始,因此,要认真构思介绍内容与层次,谨慎选择介绍用语,给人留下最佳的"第一印象"。

自我介绍的内容,通常包括个人姓名、年龄、籍贯、学历、简历、兴趣、爱好、特长等。至于是否要"和盘托出",要根据交际的目的、场合、时限、对方的需要等作出恰当的判断。介绍的语言一般要求重点突出,简洁明确,得体有礼。

如果自我介绍的对象是一个人,应有分寸地用好表示歉意的语言。例如,"恕我冒昧""打扰您了""对不起,麻烦您一下",适当表示渴望结识对方的愿望和原因。当对方同意后,要用应答语表示高兴或感谢之意。例如,"认识您很高兴""谢谢您的热情"。

如果自我介绍的对象是一个群体,要注意大家期望了解你的程度,而且要尽可能地抓住展现自我的机会,介绍用语要富有个性色彩,突出自己的特点,不讲泛泛而谈的空话。

【示例】

我叫×××,来自××县××中学。

听妈妈说,我是在凌晨4点左右出生的。当时,外面静悄悄的,也许这就注定了我的性格,比较安静。平时,我用于思考的时间远远多于说话的时间,我能用两句话说完,我绝不用三句话说。在热闹的环境中,我喜欢安静地看着别人。

我的优点是心细,能注意到别人经常忽视的细节,所以,写作文,老师经常表扬我细节描写好。我也能发现别人的难处,经常去搭把手,帮助别人。

我有一个很大的缺点,就是对自己要求不严。比如,经常制订学习计划,几乎没有一次按计划完成,爱拖拉,得过且过。

我希望,在未来的日子里,改掉缺点,努力学习,成为更加优秀的人。

(二) 介绍他人

介绍他人也可称为居间介绍,是指介绍者站在第三者的立场上,使被介绍双方相互认识并建立关系的一种交际活动。

作为双方中介的介绍人,介绍时,说话必须清楚、明确,不要含糊其辞。例如,向人介绍"胡先生",最好补上一句"古月胡",这样,可以使人听来更明确,以免误会。向尊长介绍时,要注意目光注视尊长,面带微笑,选择好自谦用语。例如,"王校长,很荣幸地向您介绍,这位是××学会的会长——××学校××校长",有职位的,最好连同单位、职位一起介绍。如果有些人不喜欢介绍职位,事先已经关照或非正式场合,可以不介绍职位。

居间介绍一定要注意介绍顺序。介绍顺序原则上是这样的:

(1) 先把男子介绍给女子;

(2) 先把晚辈介绍给长辈;

(3) 先把年轻人介绍给年长者;

(4) 先把未婚者介绍给已婚者;

(5) 先把职位低的人介绍给职位高的人。

把一个人介绍给一群人时,一般先介绍这个人的姓名、职业、特点等。

另外,自我介绍和居间介绍还要注意以下三点:

(1) 介绍时应大方、自信;

(2) 音量适中,吐字清晰,语速不可太快;

(3) 不要做怪相来掩饰慌乱。

事物介绍

　　事物介绍,事物类介绍和事理类介绍。事物类介绍主要应抓住事物的形状、方位、性质、成因、发生发展过程、制作方法及效能功用特征。例如,食物介绍、药物介绍、景物介绍等。事理类介绍着重抓住事物的概念、种类、本质属性、内部规律及科学原理等特征,如地震、海啸、泥石流等。

　　事物介绍最关键的是抓住事物的特征。所谓特征,就是这一事物区别于那一事物的征象、标志。怎样才能抓住事物的特征呢?

　　首先,必须了解事物的特征是从哪些方面,又是怎样表现出来的? 一般来说,主要是从空间(大小)、时间(久暂)、状态(长短、方圆)、性质(冷热)、变化(动静、快慢)、成因(简单、复杂)、公用(广狭、正反)、标志(各种符号)等方面。

　　要把握事物的特征,必须从两个方面着手。一是观察,要仔细观察、反复观察、综合观察,即用眼、耳、口、鼻、体肤等感觉器官,对要介绍的事物本身进行看、听、嗅、尝、触摸;必要时还要动手做试验,亲自参加实践,获得第一手感性资料。二是思索,认真思考,多方比较,深入辨析。

　　其次,查阅资料。对事物的认识理解全靠直接经验是远远不够的,需要借助他人的经验,即所谓的第二手资料。可以上网查阅、研究有关书籍,也可以向别人请教。

　　最后,语言既要科学、平实,又要生动形象,要特别重视修饰、限制成分。例如,“《史记》是通史”,“《史记》是我国第一部通史”,第二句话加了修饰限制成分,就说清楚了《史记》是我国最早的通史这个特征。再如,《中国石拱桥》将石拱桥比作“虹”,是为了突出石拱桥优美的特征。

　　【示例1】烤地瓜,南方人叫它“烘山芋”。它的形状一般是不规则的椭圆形,外皮有暗红色、棕褐色、焦黄色等。摸上去热乎乎的、软绵绵的;闻起来有一股烤制后特有的香味。烤熟后的地瓜,表皮上常有烤裂的口子,口子上时常有像黏胶似的黏汁。掰开会冒出热气,露出黄澄澄或白沙沙的瓤。咬一口,又香又面又甜,堪比熟透了的香蕉。

　　【示例2】我们所在的位置是著名的“仙人洞”。洞高、深各约10米,幽深处有清泉下滴,人称“一滴泉”。大家看洞壁有“洞天玉液”等石刻题词,洞中央“纯阳殿”雕刻有吕洞宾石像,传说八仙中的剑仙在此修道成仙,每当云雾缭绕时,骤添几分仙气。到清朝,佛手岩成道家的洞天福地,改称“仙人洞”。

介绍的要求

　　1. 抓住特征

　　介绍自我和介绍他人都要抓住人物的特征,包括姓名、出生年月、工作或学习单位、个性特点、兴趣爱好、专业特长、成就贡献等。

　　2. 理清顺序

　　根据介绍对象的侧重点不同,可以选用时间顺序、空间顺序、逻辑顺序。例如,介绍自己现在就读的学校,介绍学校历史沿革就可以采取时间顺序,介绍学校发展现状可以用由主到次的逻辑顺序,介绍校园可以用空间顺序。

　　3. 准确易懂

　　介绍,可以根据不同的对象(被介绍者)选用不同的话语风格,如平实性介绍或形象性介绍。但不论选用哪种话语风格,介绍的语言都必须准确易懂。唯有语言准确,才能真实、客观地反映事物。唯有语言通俗易懂,才容易使对方接受,达到介绍的目的。

自 测 题

1. 向全班同学做自我介绍。

2. 向你的父母介绍你现在的班主任老师。

3. 向你的中学同学介绍你现在就读的学校。

书面表达

扩 展 语 句

语文是最重要的交际工具。积累和运用语文基础知识,培养规范、得体、熟练地运用汉语言文字的能力,是本阶段语文学习的主要目标之一。

语言表达的基本要求是规范、简明、连贯、得体。规范主要是指语言运用要符合语法规则、符合逻辑、符合语言习惯。简明主要是指语言表达要简洁。语意清晰,没有歧义。连贯主要是指说话行文中话题集中,语序合理,衔接自然,前后照应,文气畅达。得体主要是指使用语言要体现语境、语体和表达目的的要求。

在实际言语交际中,话语总是按一定规律,借助一定衔接手段组合的。话语是语义上有联系、有完整话题,结构上相衔接的一连串语句。它可以是对白,也可以是独白;可以是口头的,也可以是书面的。

句子可以表达相对完整的意思,是交际中的表述单位。但是通常情况下语言的交际作用不是单个孤立的句子所能完成,而是由与特定言语环境相联系的话语整体来完成。这种话语整体是连贯话语,包括句群、语段和语篇。

句群是段落的构成材料,是话语(篇章)的重要单位,是从句法过渡到章法的桥梁。句群是由若干句子相衔接表示共同小主题的话语单位,语段是若干句群和单独句子相衔接表示共同次主题的话语单位,语篇是若干语段、句群、单独句子相衔接表示总主题的话语单位,即篇章。

言语活动依赖于特定的言语环境,选择语言成分,组成话语,进行交际。要想表达思想,必须选择语言成分,这就要求懂得语言本身的规律。例如,了解词语的意义和色彩;知道词的变化规则和词与词的结合规则;知道组词成句的规则,句子的结构组成和类型等。如果不知道语言本身的这些规则,就谈不上使用语言来表达思想。这些内容,大家在小学和初中的语文课学习中,通过组词、造句(单句、复句)等学习活动,基本上已经掌握了。接下来重点学习句群、语段和语篇的知识,初步掌握运用话语衔接规律进行构段、谋篇的基本方法。

扩展语句是通过扩展语意或语境使简单的、抽象的、概括的句子尽量丰富、形象、具体起来。扩展语句的形式很多,我们可以把它归纳三种基本形式:一是句意的丰富,二是情景的再现,三是话题的拓展。下面我们通过举例,具体体会一下。

(一) 丰富句意

扩展方法:通过添加修饰限制成分,或通过加修辞手法、表现手法使之具体生动起来,句子表达的内容变得具体丰富可感,或者笼统的说法变得明确、严密。

【示例】把"她笑了"这个句子,用以上三种方法扩展句子,使句意丰富起来。

【扩展1】加修饰成分:"她含着泪笑了。"

【扩展2】加修辞手法:"她含着泪笑了,像一朵带露的玫瑰,像钻出云雾的月牙。"

【扩展3】加表现手法:"她含着泪笑了,像一朵带露的玫瑰,像钻出云雾的月牙。花儿因她的笑变得更加灿烂,月儿因她的笑而变得更加娇媚。"

"扩展1"增加了状语修饰成分;"扩展2"通过运用比喻的修辞手法更加突出了含着泪笑动人之处;"扩展3"通过花和月烘托了她笑得灿烂和娇媚,让她的笑给人留下的印象更加深刻。这样,由简单到丰富,随着思维的深入,再借助一定的表达技巧,语言自然就变得有表现力了。

(二) 再现情景

扩展方法:确定扩展目的,找准扩展点,运用修辞方法,在原句后续写一段话。

【示例】以"黄昏　我　海风"中的"海风"为扩展点,运用一种修辞手法,进行情景描写,扩展语句。

【扩展1】黄昏时,我走在沙滩上,轻柔的海风萦绕在我的耳边,向我诉说着关于海的一个个动人的故事。

【扩展2】黄昏时,我漫步海边,海风像一个顽皮的小孩,撩拨我的头发,撩起我的衣角,也缭乱了我的思绪。

【示例】以"黄昏　我　海风"中的"我"为扩展点,展开想象,扩展语句。

【扩展】黄昏时,我伫立在海边的一个巨大的礁石上,海风迎面吹来,我感觉自己像一个放飞的风筝。我飞上高空,我看到了海鸥追逐着怒涛的英姿,我听到了它那欲征服大海的嘶鸣。这给我的体内灌注了无穷的力量。

【示例】以"黄昏　我　海风"中的"黄昏"为扩展点,运用想象写一段话。

【扩展】在海风的陪伴下,我独自领略海的黄昏:落日熔金,她带着她的炽热还有一天的疲惫缓缓向西沉去,而海——她最宠爱又任性的孩子——正在撕裂,正在捶打,正在吼叫,想把心中的不满都发泄在礁石和沙滩上,但落日静穆地看着这一切,不为所动,继续带着她宽容而慈祥的微笑缓缓地离去,她知道,搏击就是他的性格,就是他的生命。

(三) 拓展思维

扩展方法:对一个特定的内容由概括推想具体,化单一成丰富,或举例类比,或设喻显理,或由正及反,或推因求果。这种形式是根据一个中心句或首句或结句的内容加以扩展。

【示例】以"失败是成功之母"为结句,运用反面论证法加以拓展。

【扩展】没有失败,就不会有成功的经验;没有失败就不会有战胜怯懦的勇气;没有失败,也就不会品尝到胜利后的甘甜,所以说失败是成功之母。

【示例】以"失败是成功之母"为结句,运用假设推理法进行拓展。

【扩展】如果没有爱迪生999次试制灯丝的失败,就不会有他第1000次试制的成功;如果没有司马迁在仕途上的失败,就不会有他在史学上的辉煌的成就……所以说,失败是成功之母。

【示例】以"失败是成功之母"为首句,运用因果式结构加以拓展。

【扩展】失败是成功之母,因为任何一次成功都是在总结失败的教训之后获得的,失败带给我们的不仅是伤痛,更多的是宝贵的经验,不敢面对失败的人或经历一次失败就退缩的人,那是永远看不到成功的彩虹的人。害怕失败则是人生最大的失败。

自测题

1. 阅读下面的句子,在不同的位置上增加四个修饰成分,使句意更丰富。

傍晚,我离开人群,坐在山顶上,看着云霞,思索着人生奥秘。

2. 以下面的句子为中心作扩展写一段话,要求使用短句,语句连贯,不少于60个字。

(1) 种花好,种菜更好。

(2) 这个冬季,天气异常寒冷。

3. 根据下面两种情景,以"歌声"为重点,分别扩展成一段话,每段不少于30个字。

情景1:毕业典礼上 同学们 歌声

情景2:"中国好声音"现场 歌声

6

第六单元

阅 读

议论文的阅读

以议论为主要表达方式的文章叫议论文。它是以说理为主,针对客观事物阐明自己的观点、主张。议论文的特征是以理服人,即通过阐述观点使读者受到教育。论点、论据和论证是议论文的三要素。从论证方式看,议论文一般分为立论和驳论。

阅读分析议论文注意以下几点。

找准论点

论点是作者对议论的问题所持的见解和主张,是议论文的灵魂。议论文一般只有一个中心论点,有的议论文还围绕中心论点提出几个分论点。有些文章,标题就是中心论点,如《改造我们的学习》;有的文章开头就提出论点,如《劝学》一开头就提出了"学不可以已";有些文章的中心论点出现在篇末;有些文章则是在论述过程中提出中心论点;也有些文章对论点的表述不是很集中,这就需要读者从诸多的信息中筛选提取,归纳概括。

分析论据

论据是被论点统率,为论点服务的。常用的论据有两种类型——事实论据和道理论据。事实论据包括具有代表性的确凿的事例或史实。

道理论据指经过人们的实践检验的、为社会所公认的正确理论,包括社会科学理论,如哲学理论,也包括自然科学的原理、定律、公式及广为流传的谚语、名言、警句等。

明确论证方法

论证方法多种多样,常见的有四种:

(1) 举例论证:列举确凿、充分、有代表性的事例证明论点;

(2) 道理论证:用马列主义经典著作中的精辟见解、古今中外名人的名言警句及人们公认的定理公式等来证明论点;

(3) 对比论证:拿正反两方面的论点或论据做对比,在对比中证明论点;

(4) 比喻论证:用人们熟知的事物作比喻来证明论点。多数议论文综合运用几种方法。

分析文章的结构

议论文的结构一般是提出问题—分析问题—解决问题(即引论—本论—结论)。要理清文章的思路:看开头提出了什么问题,是从几个方面分析论证的,其中着重论述的是哪个方面,再进一步研究作者这么安排的道理。

议论文的结构可以分为两大类。

(1)"横式"。在论证中,文章的几个层次、段落之间的关系是并列展开的,就是"横式"结构。"横式"结构有三种基本类型:①"总论—分论—总论"式,先提出论点,而后从几个方面阐述,最后总结归纳。②"并列式":在论证中,文章的层次、段落之间是平行、并重的。论据和论据之间也往往构成并列关系。③"对照式":论述中的层或段之间,把两种事物作对照,或用一种事物来衬托另一种事物。

(2)"纵式"。在论述中,文章的各层次之间是层层深入,步步推进的关系,各层次的前后顺序有严格要求,不能随意改动,这就是"纵式"结构。"纵式"结构有两种类型:①"层层深入"式,先提出论点,而后步步深入,逐层阐发,如《改造我们的学习》;②"起承转合"式,开头破题,引出论述的问题,接着承接开头,阐述所论述的问题;"转"是从各个角度证明论点;最后归纳,就是"合",如《义理、考据和辞章》。

分析议论文的语言

要注意理解富有概括力的关键性词语。议论文的语言往往概括性强,利用比较抽象的词语表现丰富的内容。阅读时,理解富有概括力的关键性词语是阅读的关键。要联系作品背景和全文内容,才能有较深理解。

改造我们的学习

毛泽东

我主张将我们全党的学习方法和学习制度改造一下。其理由如次:

一

中国共产党的二十年,就是马克思列宁主义的普遍真理和中国革命的具体实践日益结合的二十年。如果我们回想一下,我党在幼年时期,我们对于马克思列宁主义的认识和对于中国革命的认识是何等肤浅,何等贫乏,则现在我们对于这些的认识是深刻得多,丰富得多了。灾难深重的中华民族,一百年来,其优秀人物奋斗牺牲,前仆后继,摸索救国救民的真理,是可歌可泣的。但是直到第一次世界大战和俄国十月革命之后,才找到马克思列宁主义这个最好的真理,作为解放我们民族的最好的武器,而中国共产党则是拿起这个武器的倡导者、宣传者和组织者。马克思列宁主义的普遍真理一经和中国革命的具体实践相结合,就使中国革命的面目为之一新。抗日战争以来,我党根据马克思列宁主义的普遍真理研究抗日战争的具体实践,研究今天的中国和世界,是进一步了,研究中国历史也有某些开始。所有这些,都是很好的现象。

二

但是我们还是有缺点的,而且还有很大的缺点。据我看来,如果不纠正这类缺点,就无法使我们的工作更进一步,就无法使我们在将马克思列宁主义的普遍真理和中国革命的具体实践互相结合的伟大事业中更进一步。

首先来说研究现状。像我党这样一个大政党,虽则对于国内和国际的现状的研究有了某些成绩,但是对于国内和国际的各方面,对于国内和国际的政治、军事、经济、文化的任何一方面,我们所收集的材料还是零碎的,我们的研究工作还是没有系统的。二十年来,一般地说,我们并没有对于上述各方面作过系统的周密的收集材料加以研究的工作,缺乏调查研究客观实际状况的浓厚空气。"闭塞眼睛捉麻雀","瞎子摸鱼",粗枝大叶,夸夸其谈,满足于一知半解,这种极坏的作风,这种完全违反马克思列宁主义基本精神的作风,还在我党许多同志中继续存在着。马克思、恩格斯、列宁、斯大林教导我们认真地研究情况,从客观的真实的情况出发，而不是从主观的愿望出发；我们的许多同志却直接违反这一真理。

其次来说研究历史。虽则有少数党员和少数党的同情者曾经进行了这一工作，但是不曾有组织地进行过。不论是近百年的和古代的中国史，在许多党员的心目中还是漆黑一团。许多马克思列宁主义的学者也是言必称希腊，对于自己的祖宗，则对不住，忘记了。认真地研究现状的空气是不浓厚的，认真地研究历史的空气也是不浓厚的。

其次说到学习国际的革命经验，学习马克思列宁主义的普遍真理。许多同志的学习马克思列宁主义似乎并不是为了革命实践的需要，而是为了单纯的学习。所以虽然读了，但是消化不了。只会片面地引用马克思、恩格斯、列宁、斯大林的个别词句，而不会运用他们的立场、观点和方法，来具体地研究中国的现状和中国的历史，具体地分析中国革命问题和解决中国革命问题。这种对待马克思列宁主义的态度是非常有害的，特别是对于中级以上的干部，害处更大。

上面我说了三方面的情形：不注重研究现状，不注重研究历史，不注重马克思列宁主义的应用。这些都是极坏的作风。这种作风传播出去，害了我们的许多同志。

确实，现在我们队伍中确有许多同志被这种作风带坏了。对于国内外、省内外、县内外、区内外的具体情况，不愿作系统的周密的调查和研究，仅仅根据一知半解，根据"想当然"，就在那里发号施令，这种主观主义的作风，不是还在许多同志中间存在着吗？

对于自己的历史一点不懂，或懂得甚少，不以为耻，反以为荣。特别重要的中国共产党的历史和鸦片战争以来的中国近百年史，真正懂得的很少。近百年的经济史，近百年的政治史，近百年的军事史，近百年的文化史，简直还没有人认真动手去研究。有些人对于自己的东西既无知识，于是剩下了希腊和外国故事，也是可怜得很，从外国故纸堆中零星地捡来的。

几十年来，很多留学生都犯过这种毛病。他们从欧美日本回来，只知生吞活剥地谈外国。他们起了留声机的作用，忘记了自己认识新鲜事物和创造新鲜事物的责任。这种毛病，也传染给了共产党。

我们学的是马克思主义，但是我们中的许多人，他们学马克思主义的方法是直接违反马克思主义的。这就是说，他们违背了马克思、恩格斯、列宁、斯大林所谆谆告诫人们的一条基本原则：理论和实际统一。他们既然违背了这条原则，于是就自己造出了一条相反的原则：理论和实际分离。在学校的教育中，在在职干部的教育中，教哲学的不引导学生研究中国革命的逻辑，教经济学的不引导学生研究中国经济的特点，教政治学的不引导学生研究中国革命的策略，教军事学的不引导学生研究适合中国特点的战略和战术，诸如此类。其结果，谬种流传，误人不浅。在延安学了，到富县①就不能应用。经济学教授不能解释边币和法币②，当然学生也不能解释。这样一来，就在许多学生中造成了一种反常的心理，对中国问题反而无兴趣，对党的指示反而不重视，他们一心向往的，就是从先生那里学来的据说是万古不变的教条。

当然，上面我所说的是我们党里的极坏的典型，不是说普遍如此。但是确实存在着这种典型，而且为数相当地多，为害相当地大，不可等闲视之的。

三

为了反复地说明这个意思，我想将两种互相对立的态度对照地讲一下。

_____

①富县在延安南面约 80 千米。

②边币是 1941 年陕甘宁边区银行所发行的纸币。法币是 1935 年以后国民党官僚资本四大银行（中央银行、中国银行、交通银行、中国农民银行）依靠英美帝国主义支持所发行的纸币。毛泽东在本文中所说的，是指当时边币和法币之间所发生的兑换比价变化问题。

第一种：主观主义的态度。

在这种态度下，就是对周围环境不作系统的周密的研究，单凭主观热情去工作，对于中国今天的面目若明若暗。在这种态度下，就是割断历史，只懂得希腊，不懂得中国，对于中国昨天和前天的面目漆黑一团。在这种态度下，就是抽象地无目的地去研究马克思列宁主义的理论。不是为了要解决中国革命的理论问题、策略问题而到马克思、恩格斯、列宁、斯大林那里找立场，找观点，找方法，而是为了单纯地学理论而去学理论。不是有的放矢，而是无的放矢。马克思、恩格斯、列宁、斯大林教导我们说：应当从客观存在着的实际事物出发，从其中引出规律，作为我们行动的向导。为此目的，就要像马克思所说的详细地占有材料，加以科学的分析和综合的研究①。我们的许多人却是相反，不去这样做。其中许多人是做研究工作的，但是他们对于研究今天的中国和昨天的中国一概无兴趣，只把兴趣放在脱离实际的空洞的"理论"研究上。许多人是做实际工作的，他们也不注意客观情况的研究，往往单凭热情，把感想当政策。这两种人都凭主观，忽视客观实际事物的存在。或作讲演，则甲乙丙丁、一二三四的一大串；或作文章，则夸夸其谈的一大篇。无实事求是之意，有哗众取宠之心。华而不实，脆而不坚。自以为是，老子天下第一，"钦差大臣"满天飞。这就是我们队伍中若干同志的作风。这种作风，拿了律己，则害了自己；拿了教人，则害了别人；拿了指导革命，则害了革命。总之，这种反科学的反马克思列宁主义的主观主义的方法，是共产党的大敌，是工人阶级的大敌，是人民的大敌，是民族的大敌，是党性不纯的一种表现。大敌当前，我们有打倒它的必要。只有打倒了主观主义，马克思列宁主义的真理才会抬头，党性才会巩固，革命才会胜利。我们应当说，没有科学的态度，即没有马克思列宁主义的理论和实践统一的态度，就叫做没有党性，或叫做党性不完全。

有一副对子，是替这种人画像的。那对子说：

墙上芦苇，头重脚轻根底浅；

山间竹笋，嘴尖皮厚腹中空。

对于没有科学态度的人，对于只知背诵马克思、恩格斯、列宁、斯大林著作中的若干词句的人，对于徒有虚名并无实学的人，你们看，像不像？如果有人真正想诊治自己的毛病的话，我劝他把这副对子记下来；或者再勇敢一点，把它贴在自己房子里的墙壁上。马克思列宁主义是科学，科学是老老实实的学问，任何一点调皮都是不行的。我们还是老实一点吧！

第二种：马克思列宁主义的态度。

在这种态度下，就是应用马克思列宁主义的理论和方法，对周围环境作系统的周密的调查和研究。不是单凭热情去工作，而是如同斯大林所说的那样：把革命气概和实际精神结合起来②。在这种态度下，就是不要割断历史。不单是懂得希腊就行了，还要懂得中国；不但要懂得外国革命史，还要懂得中国革命史；不但要懂得中国的今天，还要懂得中国的昨天和前天。在这种态度下，就是要有目的地去研究马克思列宁主义的理论，要使马克思列宁主义的理论和中国革命的实际运动结合起来，是为着解决中国革命的理论问题和策略问题而去从它找立场，找观点，找方法的。这种态度，就是有的放矢的态度。"的"就是中国革命，"矢"就是马克思列宁主义。我们中国共产党人所以要找这根"矢"，就是为了要射中国革命和东方革命这个"的"的。这种态度，就是实事求是的态度。"实事"就是客观存在

---

① 参见马克思《资本论》第一卷第二版跋。马克思在这篇跋中说："研究必须充分地占有材料，分析它的各种发展形势，探寻这些形式的内在联系。只有这项工作完成以后，现实的运动才能适当地叙述出来。"马克思，恩格斯．1972.马克思恩格斯全集．第23卷．北京：人民出版社：23.

② 参见斯大林《论列宁主义基础》第九部分"工作作风"。选自斯大林．1979.斯大林选集(上卷)．北京：人民出版社：272-275.

着的一切事物,"是"就是客观事物的内部联系,即规律性,"求"就是我们去研究。我们要从国内外、省内外、县内外、区内外的实际情况出发,从其中引出其固有的而不是臆造的规律性,即找出周围事变的内部联系,作为我们行动的向导。而要这样做,就须不凭主观想象,不凭一时的热情,不凭死的书本,而凭客观存在的事实,详细地占有材料,在马克思列宁主义一般原理的指导下,从这些材料中引出正确的结论。这种结论,不是甲乙丙丁的现象罗列,也不是夸夸其谈的滥调文章,而是科学的结论。这种态度,有实事求是之意,无哗众取宠之心。这种态度,就是党性的表现,就是理论和实际统一的马克思列宁主义的作风。这是一个共产党员起码应该具备的态度。如果有了这种态度,那就既不是"头重脚轻根底浅",也不是"嘴尖皮厚腹中空"了。

四

依据上述意见,我有下列提议:

(一)向全党提出系统地周密地研究周围环境的任务。依据马克思列宁主义的理论和方法,对敌友我三方的经济、财政、政治、军事、文化、党务各方面的动态进行详细的调查和研究的工作,然后引出应有的和必要的结论。为此目的,就要引导同志们的眼光向着这种实际事物的调查和研究。就要使同志们懂得,共产党领导机关的基本任务,就在于了解情况和掌握政策两件大事,前一件事就是所谓认识世界,后一件事就是所谓改造世界。就要使同志们懂得,没有调查就没有发言权,夸夸其谈地乱说一顿和一二三四的现象罗列,都是无用的。例如关于宣传工作,如果不了解敌友我三方的宣传状况,我们就无法正确地决定我们的宣传政策。任何一个部门的工作,都必须先有情况的了解,然后才会有好的处理。在全党推行调查研究的计划,是转变党的作风的基础一环。

(二)对于近百年的中国史,应聚集人才,分工合作地去做,克服无组织的状态。应先作经济史、政治史、军事史、文化史几个部门的分析的研究,然后才有可能作综合的研究。

(三)对于在职干部的教育和干部学校的教育,应确立以研究中国革命实际问题为中心,以马克思列宁主义基本原则为指导的方针,废除静止地孤立地研究马克思列宁主义的方法。研究马克思列宁主义,又应以《苏联共产党(布)历史简要读本》为中心的材料。《苏联共产党(布)历史简要读本》是一百年来全世界共产主义运动的最高的综合和总结,是理论和实际结合的典型,在全世界还只有这一个完全的典型。我们看列宁、斯大林他们是如何把马克思主义的普遍真理和苏联革命的具体实践互相结合又从而发展马克思主义的,就可以知道我们在中国是应该如何地工作了。

我们走过了许多弯路。但是错误常常是正确的先导。在如此生动丰富的中国革命环境和世界革命环境中,我们在学习问题上的这一改造,我相信一定会有好的结果。

自 测 题

1. 解释以下词语

(1) 前赴后继

(2) 为之一新

(3) 有的放矢

(4) 哗众取宠

(5) 故纸堆

(6) 华而不实

(7) 夸夸其谈

(8) 谬种流传

(9) 滥调文章

(10) 徒有虚名

(11) 生吞活剥

(12) 等闲视之

(13) 若明若暗

(14) 粗枝大叶

(15) 可歌可泣

（16）一知半解

（17）钦差大臣

2. 阅读理解

（1）课文标题是什么结构类型的短语？这一标题起什么作用？

（2）从标题看本文的论述范围是什么？"改造我们的学习"能否改成"改变我们的学习"？

（3）那么究竟是出现了什么问题必须要改造呢？请大家结合文章的第二部分、第三部分和自己所学的历史知识思考一下。

3. 课文读后谈

结合预习通读课文思考以下问题。

（1）明确本文的中心论点和议论结构模式。

（2）筛选出第一部分至第四部分表明行文脉络的语句。

（3）具体分析四个部分的内容,各用一简洁的短语作为各部分的标题。

4. 语言运用练习

与"等闲视之"中的"等闲"一词的用法相同的一项是（　　）

A. 莫等闲白了少年头,空悲切。

B. 红军不怕远征难,万水千山只等闲。

C. 等闲识得东风面,万紫千红总是春。

D. 长恨人心不如水,等闲平地起波澜。

5. 请你说一说

（1）文章的第一部分似乎和"理由"没有什么直接联系,为什么作者要把它单独列为一个理由进行简述呢？

（2）作者在第二部分指出我们现在还存在着缺点,这些缺点表现在哪些方面？

6. 座谈

（1）由文中作者提到的我们普遍存在缺点展开联想,作为21世纪的学生,我们的学习、生活、工作等还存在哪些缺点和不足？

（2）针对自身的缺点和不足应该采取哪些改正和弥补的措施？

7. 写作

请联系自己的学习、生活、工作、理想等从思想、心灵深处去找出自己的缺点和不足之处,并针对这些缺点和不足为自己写一份详细、具体、可操作的整改计划书。

劝　　学①

荀　子②

君子③曰:学不可以已④。

青,取之于蓝⑤,而青于蓝⑥;冰,水为之,而寒于水。木直中绳⑦,輮⑧以为轮,其曲中规⑨。

---

①选自《荀子》。

②荀子(公元前313年—前238年),名况,字卿。因"荀"与"孙"二字古音相通,故又称孙卿。周朝战国末期赵国猗氏(今山西安泽)人。著名思想家,教育家,儒家代表人物之一,对儒家思想有所发展,提倡"性恶论"。其所提倡的"性恶论"常被与孟子的"性善论"进行比较。

③君子:指有学问有修养的人。

④学不可以已(yǐ):学习不能停止。

⑤青取之于蓝:靛青,从蓝草中取得。青,靛青,一种染料。蓝,蓼蓝。蓼(liǎo)蓝:一年生草本植物,茎红紫色,叶子长椭圆形,干时暗蓝色。花淡红色,穗状花序,结瘦果,黑褐色。叶子含蓝汁,可以做蓝色染料。于,从。

⑥青于蓝:比蓼蓝(更)深。于,比。

⑦中(zhòng)绳:(木材)合乎拉直的墨线。木工用拉直的墨线来取直。

⑧輮(róu)以为轮/輮使之然:輮通"煣",用火烤使木条弯曲(的一种工艺)。以,把。为,当做。然,这样。

⑨规:圆规,测圆的工具。

虽有槁暴①，不复挺②者，輮使之然也。故木受绳③则直，金④就砺⑤则利，君子博学而日参省乎己⑥，则知明而行无过矣。

故不登高山，不知天之高也；不临深溪，不知地之厚也；不闻先王之遗言⑦，不知学问之大也。干、越、夷、貉之子，生而同声，长而异俗，教使之然也。诗曰："嗟尔君子，无恒安息。靖共尔位，好是正直。神之听之，介尔景福。"神莫大于化道，福莫长于无祸。

吾尝终日而思矣⑧，不如须臾之所学⑨也；吾尝跂⑩而望矣，不如登高之博见⑪也。登高而招⑫，臂非加长也，而见者远⑬；顺风而呼，声非加疾⑭也，而闻者彰⑮。假舆马者⑯，非利足也⑰，而致⑱千里；假舟楫⑲者，非能水⑳也，而绝㉑江河。君子生㉒非异也，善假于物也㉓。

⊕ 自 测 题

1. 背诵课文
2. 阅读理解
（1）解释下列句中加点词语的含义。
①水为之，而寒于水
②輮以为轮
③不如须臾之所学也
④不如登高之博见也
⑤假舆马者，非利足也
⑥积善成德，而神明自得，圣心备焉
⑦骐骥一跃，不能十步
⑧锲而不舍，金石可镂

⑨蚓无爪牙之利，筋骨之强
⑩用心一也
（2）找出文中的通假字，写出本字并加以解释。
3. 课文读后谈
（1）本文的中心论点是什么？怎么理解？
（2）本文分了哪几个论点论述？
（3）本文采用了什么论述方法，找出相关句子。
4. 在古代汉语中，有些词语从形式上说，同现代汉语的某个词语相同，但含义却大不一样，对于

---

①虽有（yòu）槁暴（pù）：即使又晒干了。有通"又"。槁，枯。暴同"曝"，晒干。槁暴，枯干。
②挺：直。
③受绳：用墨线量过。
④金：指金属制的刀剑等。
⑤就砺：拿到磨刀石上去磨。砺，磨刀石。就，动词，接近，靠近。
⑥参（cān）省（xǐng）乎己：每天对照反省自己。参，一译检验，检查；二译同"叁"，多次。省，省察。乎，介词，于。博学，广泛地学习。日，每天。知（zhì）通"智"，智慧。明，明达。行无过，行为没有过错。
⑦遗言：犹古训。
⑧吾尝终日而思矣：每天，时时刻刻地思考。
⑨须臾之所学也：在极短的时间内所学到的东西。须臾（yú），片刻，一会儿。
⑩跂（qǐ）：抬起脚后跟站着。
⑪博见：看见的范围广，见得广。
⑫招：招手。
⑬而见者远：意思是远处的人也能看见。而，表转折。
⑭疾：快，速。这里引申为"洪亮"。
⑮彰：明显，清楚。这里指听得更清楚。
⑯假：凭借，利用。舆：车厢，这里指车。
⑰利足：脚走得快。
⑱致：达到。
⑲楫：桨。
⑳能水：指会游泳。
㉑绝：横渡。
㉒生（xìng）非异：本性（同一般人）没有差别。生，通"性"，天赋，资质。
㉓善假于物也：于，向。物，外物，指各种客观条件。

这种词法现象,我们称为"古今异义",请解释下列各句中加点词语的古义和今义。

(1) 輮以为轮

(2) 君子博学而日参省乎己

(3) 蚓无爪牙之利

(4) 非蛇鳝之穴无可寄托者

5. 将下列句子翻译成现代汉语

(1) 虽有槁暴,不复挺者,輮使之然也。

(2) 君子博学而日参省乎己,则知明而行无过矣。

(3) 登高而招,臂非加长也,而见者远;顺风而呼,声非加疾也,而闻者彰。

(4) 锲而舍之,朽木不折;锲而不舍,金石可镂。

(5) 蚓无爪牙之利,筋骨之强,上食埃土,下饮黄泉,用心一也。

6. 请你说一说

本文题目"劝学"的含义是什么?请结合对文章的理解,谈谈你的看法。

7. 座谈

阅读本文后,你受到了哪些启发?请就其中一点谈谈认识或体会。

8. 写作

请你写一段话,谈谈《劝学》一文中的学习方法和学习态度中的哪一点对你最受用?你今后的学习、工作、生活中将怎样去实践?

义理、考据和辞章[①]

施东向

从前有人说,做学问,写文章要从三个方面下工夫,那就是义理、考据和辞章[②]。我们现在可以借用这种说法来谈谈写文章的问题。

义理和考据,是属于文章内容方面的问题。在我们说来,讲究义理就是要求观点正确,论据充分;讲究考据就是要求材料准确。辞章是属于文章形式方面的问题。讲究辞章,在我们说来,就是要求适合于内容的完美的形式。

义理、考据和辞章虽然是在三个不同方面的要求,但是这三个方面是密切地相互关联着的。

观点和材料的统一

在义理、考据和辞章这三者中,义理应当是灵魂、是统帅。因为形式是为内容服务的,而材料是要由观点来统率的。

如果一篇文章,有的只是华丽的辞藻,有的只是庞杂的材料,却并不打算说明什么问题,解决什么问题,人们读过以后,根本不知道作者是在赞成什么,反对什么;那样的文章,人们通常就称之为"没有观点"的文章,也就是没有灵魂的文章。

真正的好文章,一定要鲜明而有力地拥护那应当拥护的东西,同时也一定要鲜明而有力地反对那应当反对的东西。这才会是生气勃勃的好文章。

正确的观点是从哪里来的呢?是从客观实际中来的。我们在研究任何一个问题的时候,都要从客观存在着的事物出发,详细地占有材料,在马克思主义的基本原理的指导下,给以科学的分析,然后才能在这问题上形成正确的观点。因此,我们要把正确的观点传达出来的时候,也是离不开材料的。

在这点上,我们讲究义理,显然是和前人的说法在原则上不同的。从前写文章的人说到义理时,往往只是指"古圣先贤"已经说过的道理。在我们看来,马克思主义的普遍真理虽然是人类的实践经验的科学的总结,是我们研究一切问题的指南针,然而也不能把它当成教条。

[①] 该文选自《红旗》1959 年第 14 期。

[②] 清朝学者戴东原曾提出了把"义理、考据、文章"三者结合起来的说法(见《戴东原全集》中《与方希原书》和段玉裁所选戴东原的年谱)。章实斋有"义理存乎识,辞章存乎才,征实存乎学"之说(见《文史通义》《说林》)。桐城派文人如姚姬传也常以义理、考据和文章三者为标榜。但他们所说的意思和我们所说的并不完全相同。

正确的观点,不是简单的教条,不是空洞的观点,而是和具体材料结合者的正确的结论。

教条主义者以为他们既已从书本上接受了放之四海而皆准的普遍真理,他们就可以用简单的推理来获得关于任何问题的正确观点。教条主义的文章表面上看起来也是在拥护什么,反对什么,但是因为它缺乏对具体材料的具体分析,往往只好装腔作势,大声喊叫,以此代替科学的论证;其实,越是这样,越是反映出这种文章的思想贫弱。

也有这样的文章,一方面提出了若干观点,另一方面也举出了若干材料,然而并不能通过这些材料使人信服地承认这些观点。原来这样的观点并不是从这些材料的科学研究中必然达到的结论,这些材料不过是为了适应这些观点而任意拼凑起来的装饰品。结果当然会弄成材料是材料、观点是观点,正如水是水,油是油一样,不能合成一家。

马克思主义思想的鲜明和有力量,就在于它是从实际出发,按照客观事物的逻辑,使人看到,什么是我们必须拥护,也不能不拥护的;什么是我们必须反对,也不能不反对的。所以,观点和材料的统一是马克思主义对写文章的一个根本要求;我们所要求的义理,不是搬弄一些空洞的观念,而是观点和材料的统一。

材料的准确性

在研究问题时,需要掌握大量的材料,但是在写成文章时,当然不可能,也不需要把所接触到的材料全部搬到文章中去。如何选择最恰当的、完全可靠的材料,对于一篇文章的成败,常常有很重要的关系。

对文章中使用的材料有什么要求呢?

第一,要求所使用的材料对于所说明的论点是足够的和必要的,并且是作了具体分析的。堆积一大堆不能说明问题的材料,是没有意义的。

第二,要求所使用的材料是完全准确可靠的。不论是引用事实的材料或者文献的材料,或者是在批驳错误观点的时候引用错误论点的材料,准确可靠都应当是一个起码的要求。

对于材料的准确性进行必要的审核,这可以算是考据工作。前人讲考据,多是指对古文献的字句文义的考订。我们所说的考据,范围要广得多。当然,我们并不赞成无目的地在文献的考证中转圈子,但是我们必须在使用必要的材料来论证自己的论点的时候,要求材料的完全准确,一直到材料中的每一个细节。

有人也许认为,只要不妨害所要表达的义理,材料的细节有点出入是无所谓的。这种想法是不对的。即使细节的出入对于全部论证不发生直接影响,也会使人对于材料的全部可靠性发生怀疑,以至伤害了论证的说服力量。有时看来是无关大体的细节上的马虎,却会造成关键问题上的错误,那当然更是要警惕的。把细节弄清楚或者作适当的交代,是可能的。对于可以做到的事不做,这是一种懒散的作风,和马克思主义所要求的严肃认真的作风是不相容的。

不久前,《光明日报》的《文学遗产》副刊的编者为了提醒撰稿人注意引文的确实,特别写了一篇文章说,最近在该刊发表的一些文章中,引文完全确实的难得有一篇、两篇;有一篇题目叫《柳宗元的诗》的文章,全文才两千字上下,引文不确实却有十一处之多(见《光明日报》1959 年 6 月 7 日第 6 版)。引文要核实无误,这当然不是什么难以做到的事情,但是有写作经验的人都知道,如果不在文章写成之后,仔细核对,这类错误是很容易发生的。

对于在全部论证中带有关键性的材料,当然更是应当花气力去考究一番。一个认真的作者总是要反复地考虑:他所引用的事实材料是否确实可靠? 他所引用的文献材料是不是恰如原意? 不论是正面的还是反面的材料,只要是他引用的,他就对它的确实性负责。为此他就要尽量搜集和引用第一手材料,决不贪图方便,随便录用第二手、第三手材料。一个材料,经过几个转手以后,可能与本来面目大相径庭。对比较复杂的事实材料,他总要花一番气力加以审查,或者把这一材料和另一些材料相核对,或者亲自作调查,解剖一个麻雀,来验证一般材料的可靠程度。

在这方面,马克思、恩格斯、列宁的作风是我们的模范。在拉法格的回忆录中写道:"马克思……引证的任何一件事实或任何一个数字,都是得到最有威信的权威人士的实证的。他从不满足于间接得来的材料,总要找原著寻根究底,不管这样做有多麻烦。即令是为了证实一个不重要的事实,他也要特意到大英博物馆去一趟。"(《回忆马克思恩格斯》第77页)恩格斯为了写作《英国工人阶级状况》一书,不只阅读了大量文献,而且亲自访问了很多工人。恩格斯在他的书的标题下,还特地加了一句话:"根据亲身观察和可靠材料。"①

列宁的作风也是如此。克鲁普斯卡娅曾指出:"列宁并不靠自己的记忆,虽然他的记忆是很好的。他从不凭记忆,'大致不差地'来叙述事实,他叙述事实是极确切的。"他对地方自治局统计材料的研究及整理作过很多的工作。在他笔记簿里仔细地写了很多的统计表。当涉及有巨大意义和巨大比重的数字时,他连已公布的数字表的总计也加以检查。仔细地检查每一事实,每一数字,是他始终用的方法。他的结论都是根据事实来作的。"②

要有好的形式

如果一篇文章所讲的道理错误,引用的材料虚假,即使在形式(辞章)上如何漂亮,也绝不会被我们认为是好文章。

但是,好的内容要求有好的形式,拙劣的辞章必然使内容受到损害。以为形式不需要讲究,形式好不好无关紧要,是不对的。

我们所说的辞章设计语言、章法和风格等方面。一个作者力求掌握丰富的词汇和多样的句法和章法,目的是为了运用自如,能够把内容传达得准确而生动。把内容准确地表达出来,这是对文章形式的基本的要求。用词不妥帖,造句不合文法,行文缺乏条理、拖沓冗长,就会把意思弄得含混晦涩,令人费解甚至误解。在准确之外,还要求文章写得生动。在辞章拙劣的文章中间,人们所读到的永远只是干瘪的词汇,刻板的句法、章法,即使这种文章把意思大体表达出来了,也会因为它语言无味,面目可憎,而拒人于千里之外,使人不愿意亲近。所以古人说:"言之无文,行而不远。"

真正严肃地对待文章的内容的人,一定也在文章的形式方面提出严格的要求。李卜克内西回忆说:"马克思在语言和风格问题上十分考究,有时到了咬文嚼字的程度","他对语言的简洁和正确是一丝不苟的","马克思是个严格的修辞家;他常常花很多时间力求找到需要的字句。"

也许有人要担心,用心追求文章形式的完美,会不会犯形式主义的错误。这种担心是不必要的。形式主义是用形式方面的追求来掩盖内容的空虚和谬误。形式主义者并不是为了准确地、生动地表达所要表达的内容而讲究形式的人。

我们提倡写文章注意修辞,当然是从切合内容的需要出发。如果作者本没有什么新颖独创之见,却勉强去雕砌一些警句、格言之类来等着读者喝彩,那就是舍本逐末的做法,同形式服从内容的要求相违背,是我们所不取的。

事实上,辞章问题虽然是个形式问题,却不只是单纯的技巧,而是同作者的思想作风有密切关系的。语言的丰富多彩,往往就是思想的丰富多彩的反映。一个思想僵化、粗枝大叶的人,很难写得出生动活泼、严密周到的文章来。因此,不从训练自己的思想着手来加强辞章修养,将很难有大的效果。反过来说,如果我们在写文章的时候

①拉法格.1973.回忆马克思恩格斯.北京:人民出版社.
②克鲁普斯卡娅.1949.向列宁学习工作方法.刘舒译.北京:新华书店.

总是严格地要求自己,尽最大的努力使文章形式作到准确而优美,那也会有助于我们的头脑日趋精密和活泼。

有人认为,文章以朴素为贵,只要能把一个意思讲得清楚明白就行了,不必费气力去打扮。对这种意见要分析一下。如果是说文章的修辞应当先求准确,应当恰如其分,不要矫揉造作,以辞害意,这当然是对的。但是如果以为随随便便写下去就叫做朴素,实际上使朴素变成了简陋和寒伧,那是我们所反对的①。真正的朴素的风格并不是不费气力就能达到的。

当一个人长期运用文字工具到十分纯熟的程度之后,他在用词造句布局等方面就有自己一套特殊的习惯,这种表现方式上的独特性,是形成文章风格的一个重要方面。有的好文章朴素,有的好文章色彩绚烂;有的文章以含蓄取胜,有的文章淋漓尽致。同是向反动派作斗争的文章,鲁迅的风格和闻一多的风格就很不一样。在我们的文坛上,应当使不同的风格百花齐放。

要把文字工具掌握得熟练,是很不容易的。这需要经过长期的艰苦的学习。毛泽东同志说过,要用很大的气力去学语言,要下苦功学,要学人民的语言,学外国的语言,学古人的语言,从这些语言中吸取一切好的有用的东西。为了能把文章写好,就应当这样地努力。

⊕ 自 测 题

1. 选出书写、拼音全对的一组,将序号填入后面的括号里(　　)
   A. 寒伧(chen)　辞(cí)章　绌(zhuō)劣
   B. 干瘪(biě)　琐(suǒ)碎　拼凑(còu)
   C. 词藻(zhǎo)　搜(sōu)集　核(hé)实
   D. 冗(rǒng)长　撰(zhuàn)稿　碉(diāo)砌

2. 对下列语句理解正确的有哪几项(　　)
   A. "题材"指经过作者集中提炼而写进文章中的材料。
   B. 议论文中,题材则是写入文章中的事实或理论论据的统称。
   C. 第(9)句类比说明要写革命文先做革命人的道理。
   D. "露水"比喻小的题材;"大海"比喻大的题材;"阳光"指作者的世界观。

3. 选出没有错别字的一项(　　)
   ①闻一多拍案而起,横眉怒对国民党的手枪,宁可倒下去,不愿屈服。
   ②老子说过:"民不畏死,奈何以死惧之。"
   ③在义理、考剧和辞章这三者中,义理应当是灵魂、是统帅。
   ④有人也许认为,只要不妨害所要表达的义

   理,材料的细节有点出入是无所畏的。
   ⑤他从不满足于间接得来的材料,总要找原著寻根纠底,不管这样做有多麻烦。
   ⑥如果作者本没有什么新颖独创之见,却勉强去凋凘一些警句、格言之类来等着读者喝彩,乃就是舍本逐末的作法,同形式服从内容的要求相违背,是我们所不取的。
   ⑦要求所使用的材料对于所说明的论点是足够的和必要的,并且是作了具体分析的。
   A.①③⑤⑦　　　　　B.②④⑥
   C.④⑤⑥　　　　　　D.①②⑦

4. 指出下列各段文字的论证方法
   A. 例证法　　　　　B. 引证法
   C. 喻证法　　　　　D. 对比法
   E. 类比法　　　　　F. 引申(归谬)法
   G. 因果论证法
   (1) 我们有些同志喜欢写长文章,但是没有什么内容,真是"懒婆娘的裹脚,又长又臭"。(　　)
   (2) 优秀的文学作品是具有积极的社会意义的,《红楼梦》是优秀的文学作品,所以,《红楼梦》具有积极的社会意义。(　　)

5. 阅读下面一段文字,回答问题

---

①茅盾先生的《夜读偶记》中谈到这个问题,他说:"很大一部分青年作者的作品朴素到了简陋或者寒伧的地步了。"

①我们所说的辞章涉及语言、章法和风格等方面。②在辞章拙劣的文章中间,人们所读到的永远只是干瘪的词汇,刻板的句法、章法,即使这种文章把意思大体表达出来了,也会因为它语言无味,面目可憎,而拒人于千里之外,使人不愿意亲近。③一个作者力求掌握丰富的词汇和多样的句法和章法,目的是为了运用自如,能够把内容传达得准确而生动。④在准确之外,还要求文章写得生动。⑤所以古人说:"言之无文,行而不远。"⑥用词不妥帖,造句不合文法,行文缺乏条理、拖沓冗长,就会把意思弄得含混晦涩,令人费解甚至误解。⑦把内容准确地表达出来,这是对文章形式的基本的要求。

这段话的中心意思是(　　)

A. 准确生动的文章才是好文章。

B. 不准确欠生动的文章不是好文章。

C. 讲求辞章的文章是好文章。

D. 不讲求辞章的文章不是好文章。

6. 阅读下面文字,然后回答问题。

①我们所说的辞章涉及语言、章法和风格等方面。②一个作者力求掌握丰富的词汇和多样的句法和章法,目的是为了运用自如,能够把内容传达得准确而生动。③把内容准确地表达出来,这是对文章形式的基本的要求。④用词不妥帖,造句不合文法,行文缺乏条理、拖沓冗长,就会把意思弄得含混晦涩,令人费解甚至误解。⑤在准确之外,还要求文章写得生动。⑥在辞章拙劣的文章中间,人们所读到的永远只是干瘪的词汇,刻板的句法、章法,即使这种文章把意思大体表达出来了,也会因为它语言无味,面目可憎,而拒人于千里之外,使人不愿意亲近。⑦所以古人说:"言之无文,行而不远。"

(1) 这段文字阐述的观点是(　　)

A. 文章要有好的形式

B. 内容的表达要准确而生动

C. 辞章涉及语言、章法和风格

D. 准确地表达文章形式的基本要求

(2) 这段文字所运用的论证方法是(　　)

A. 假言论证、例证 B. 因果论证、例证

C. 例证、对比论证 D. 对比论证、引证

7. 依次填入下面句子横线处正确的一项是(　　)

正确的观点是从哪里来的呢?是从客观实际中来的。我们在研究任何一个问题的时候,都从_____出发_____,在马克思主义的基本原理的指导下,给以_____,然后才能在这问题上形成_____。

A. 客观存在的事物　　科学的分析
详细地占有材料　　正确的观点

B. 正确的观点　　详细地占有材料
科学的分析　　客观存在的事物

C. 正确的观点　　科学的分析
详细地占有材料　　客观存在的事物

D. 客观存在的事物　　详细地占有材料
科学的分析　　正确的观点

8. 依次填入句中方框的字,正确的一组是(　　)
①大街小巷里的《招聘启□》贴得满世界,也该有个规矩。
②灾区人民受到党和政府无微不□的关怀。
③她的设计每每独出□裁,与众不同。
④成绩只能说明过去,我们要再接再□,更进一步。

A. 事　至　心　厉　　B. 示　至　新　厉

C. 事　致　新　励　　D. 示　致　心　励

9. 选出字形完全正确的一组(　　)

A. 赤心耿耿　　拢络人心　　娓娓动听

B. 截然相反　　淋漓尽至　　门庭若市

C. 咬文嚼字　　饶有情趣　　骄柔造作

D. 大相径庭　　一丝不苟　　形影相吊

10. 写作

作文题目:浪费粮食等于杀戮人类

要求:

(1) 由于题目本身就是观点,因此文章要通过细致的分析,切实、有力地论证这一观点,使之具有说服力。否则,就会形成"扣大帽子"。

(2) 此题的针对性十分鲜明,论证中应当紧密联系实际,使其针对性更强些。

(3) 一般人认为浪费粮食是微不足道的小事,因此,要想以理服人,则需要善于以小见大,通过小事,讲出更深的大道理。

口语交际

阐　述

阐述的含义

"阐述"（chǎn shù）一词分开解释。阐（chǎn），说明，表明；述（shù），讲话，陈说，叙述。阐述是指论述或阐明陈述，指说话、写文章、作报告或演讲时详尽、深入地说明和陈述自己的立场观点和主张。平常生活、工作、学习中用得最多的是"阐明陈述"这一含义，"论述"这一含义大多数用于文章写作之中，论述是动词形态，表明自己的见解。

阐述的出处

阐述指详尽地说明和陈述。这一含义出自巴金、沙汀、秦牧等文作之中。例如，巴金在《探索集·再谈探索》中有："不把自己的幸福建立在别人的痛苦之上；爱祖国、爱人民、爱真理、爱正义；为多数人牺牲自己；人不是靠吃米活着；人活着也不是为了个人的享受。我在作品中阐述的就是这样的思想。"还有沙汀在《闯关》中有："那个皖北人把各方面的情况都讲完了，于是他又开始阐述队部刚才作出的最后决定。"还有秦牧在《艺海拾贝·核心》中"恩格斯有一段话精辟地阐述了文学作品的思想性"。

阐述与描述、表述、陈述、简述的区别

阐述、描述、表述、陈述、简述这几个词既相关联又有区别，关联是指这几个词都要表明自己的观点、立场和主张。但也有很大的区别，在不同的语言环境中又各有侧重。描述指描写、叙述，要求内容翔实、具体，可加入主观意识，也可不加入主观意识，大多时候用于描写人的外貌、性格等，以及运用各种修辞手法对事物进行形象化的阐述；表述、叙述这两个词可以互用，常用来泛指，也可以加入主观意识，也可以不加入主观意识；陈述一般是不带主观意识的，客观表述，对表述的内容也没有深度要求；简述是用简要的话陈述或总结，即概括地说；而论述、阐述都是更深层次的、详尽、具体的、带有说话人强烈主观观点的说明方式，把比较困难的问题和深奥的道理说清楚，论述还强调论点和论据方面的内容，阐述强调的是内容的一种深度，像挖一口深井。描述多用于对人、事、物、景的描绘，简述多用于一件事、一段话的概括，阐述多用于对深奥理论或问题解决方面的说明。

阐述的方法——问题解决

（一）问题解决类文章的写法

问题解决类文章大多要求首先明确提出存在的问题，指出这一问题的危害或解决问题的重要性，然后对问题展开分析，提出解决问题的方案或应对措施，最后表明自己对这一问题的态度、建议或观点。

1. 方法一：文章结构

第一段：提出问题，指出问题的意义及重要性；

第二段：分析问题；

第三段：解决问题的方法。

2. 方法二:行文思路

第一段:提出问题,概括提出问题或要实现的目标——具体描述问题、目标或其重要性——强调解决问题或实现目标或紧迫性;

第二段:说明方法,可以具体写方法,也可以写解决问题或实现目标的决定因素;

第三段:阐述个人观点,可以写自己会采用的方法,如果未作要求也可以发表评论和看法,强调解决问题的重要性及注意事项或提出建议和希望。

(二) 议论文阐述事理的方法

议论文中提出问题后,作者就会围绕提出的问题进行阐述、分析。论证的过程其实就是分析阐述问题的过程。议论文整个论证过程中有这五种分析法:对比论证法、因果分析法、假设分析法、比喻论证法、归纳点题法。

例子:从前有一位化学家,得了一种病,这种病在当时几乎是不治之症。一天他路过一个村子,村里人听说他有这种病,就告诉他:"我们村里有口井,喝了井里的水就能治你的病。"化学家喝了那口井里的水后,果真治好了病。回去以后,化学家想:为什么这种水能救我呢? 带着这个问题,化学家进行了深入的研究,最后发现井里的水含有芒硝,因此他发现了芒硝的药用价值。

提示:本文中心——要善于"质疑"。请思考,接下来应该怎样进行议论阐述呢?

1. 对比论证

当我们举出一个正面事例后,在现实生活中寻找与此完全相反的事例,进行对比,找出二者之间的不同点进行分析对比,就能凸显正面事例,从而证明文章的观点。

"文中叙述的村民世代都喝此井里的水,也知道井水能治病,但却从来没有发现芒硝;而化学家只是偶然尝试,却发现了井水里有芒硝,还能治病。这是为什么呢?"

2. 因果分析法

因果分析法就是沿着"为什么"这条思路,探究其根源,由果索因,从而揭示问题的本质。

"是因为村里人从未思考水能治病的原因,而化学家却能在村民习以为常的现象中找到了质疑点,所以才能够进行研究,并获得新发现。"

3. 假设分析法

这种方法,就是假设材料中叙述事实不是这样的话,将会出现什么样的结果。假设的结果与事实要形成对照,就能揭示论据和论点之间的内在联系。

"如果化学家也像那些村民一样,治好了病后就把这件事置之脑后,那么芒硝的药用价值也许就永远不能被发现,这种怪病恐怕至今还在威胁着人类的健康。"

4. 比喻论证法

理性的说理固然能够增强文章的说服力,生动、恰当的比喻论证更能够为文章添加亮丽的色彩。要想使作文富有文采、具有吸引力,运用"比喻论证"是上佳选择。

"如果说,社会是一辆高速运行的列车,那么质疑就是这列车的内燃机;如果说,生活是一个蓄满知识的宝库,那么质疑就是打开这个宝库的金钥匙。"

5. 归纳点题法

要讲明一个道理,必须从个别上升到普遍,即必须把具体的事例中体现出来的道理,归纳、升华为一个社会生活普遍使用的道理。

"善于质疑才是发现问题的根源和关键,人们首先要善于质疑,才会去思考,才会去探索研究,才有可能解决问题,最终推社会的进步。"

➕ 自 测 题

【示例】2005年春节联欢晚会上"千手观音"的领舞者邰丽华是一个聋哑人,她在没有听到任何音乐和节拍的情况下,演绎出了动人的神韵。舞蹈与她而言,是精神的寄托,更是定位人生的砝码。她将自己舞成一只旋转的陀螺,一天24小时,除了吃饭睡觉,其他时间几乎都在跳舞。邰丽华很累,但是她为了心中的理想执著追求,最终用汗水征服了全世界的所有观众。

请运用多种议论手法,对这段事例进行分析阐述。

_____

_____

_____

_____

_____

书面表达

句子的主题推进和主题扩展

语文反映一个民族认识世界的方式,语文也是人类社会最重要的交际工具。语文教育本身的不断继承和发展,也沉积着一个民族深刻的文化积淀。语言是民族的语言,文字是民族的文字,语言是人们交流思想的媒介,它必然会对政治、经济和社会、科技乃至文化本身产生影响。

语言表达的基本要求是规范、简明、连贯、得体,更要有主题。规范主要是指语言运用要符合语法规则、符合逻辑、符合语言习惯。简明主要是指语言表达要简洁。语意清晰,没有歧义。连贯主要是指说话行文话题集中,语序合理,衔接自然,前后照应,文气畅达。得体主要是指使用语言要体现语境、语体和表达目的的要求。主题就是一句话、一段话、一篇文章中心、主旨要明确,中心要有主题句和扩展句来陈述和表明,主题句在语段中比较常见。

主题是一个在句子层次上的与句法结构相关的语用范畴,主题是一个指称性成分,一般是定指的,表示旧信息。从认知心理角度而言,主题反映说话人的视点及其移动;从信息传递的角度来看,主题的功能是定位和定向,即明确陈述的对象,并引导听话人进入某个话题。

主题句是一个完整的句子,用以概括、叙述和说明该段的主题,主题句一般位于段首、段尾或段中。写文章均需要一个中心思想(the central idea),而每个段落只能有一个主题,用一个句子加以表达,就是主题句。几个主题句的精彩写作不仅会让文章条理分明,更能够很好地诠释文章主题思想,可谓是文章的架构灵魂,所以,写好主题句对一篇文章的好坏有着至关重要的作用。

在语言交流活动中,阅读和写作是非常重要的输入和输出技能,是衡量学生汉语综合能力较为客观全面的尺度。因此,在职业汉语能力测试中都是不可缺少的测试内容,尽管学生从小就在学习语文,整天都在和语言文字打交道,但就阅读和写作而言仍是让学生头痛的一件事,得分率也很低。究其原因,除了基础知识薄弱、语文基本素养差、语言感悟能力不强外,更主要的是学生缺乏篇章结构和内容安排等基本知识,其中语篇中的主题句推进和主题句扩展就是分析和研究的内容之一。掌握和学会运用主题句的推进和扩展,对阅读和写作大有裨益,在阅读中,若能快速地找到主题句,则有助于抓住中心,理解全文,这样可以大大提高阅读速度,写作时若能正确地运用主题句,可使段落的展开条理清晰,结构严谨,行文流畅自然,防止偏题。同时也能提升语言的掌握和应用能力。

段落主题句

篇章是由段落构成的。段落是围绕一个中心思想的一个或几个有逻辑关系的句子组成的,就结构和内容而言,段落是相对完整的,篇章是通过各个段落的中心思想来表现其主题的。反映整个段落中心思想的句子叫主题句。主题句是全段的核心,统率全段,并且决定着全段的发展方向。它只提示在本段中要阐述的观点,而不是整篇文章中要说明的主题。

在语言结构上,主题句往往包括一个中心主题和一个需要在段落中加以发展的核心部分。中心主题指出本段讲的是什么或什么事物,核心部分则指出本段侧重该人物或该物的某个或某些方面。例如,这世界越来越喧嚣。这句话的中心主题是喧嚣,其段落就该围绕着"世界喧嚣"这个主题思想去发展,若离开了这个主题,就意味着离题。

主题句的位置

段首主题句。在多数情况下,主题句位于段首,开门见山,点名主题,其他各句都紧紧围绕着主题句逐步展开。

【示例】这世界越来越喧嚣。有些人笑得前仰后合,有些人哭得泪雨滂沱,有些人发得金玉满堂,有些人栽得焦头烂额?那么多离奇的剧目日复一日地在身边上演,尘土飞扬的嘈杂时常遮掩了我们的视听。

段中主题句。主题句位于段中这种情况比较少见。

【示例】挺直的花茎翠绿通透,厚厚的花瓣洁白无瑕,像白玉雕刻而成。这娇柔又端庄的鸽子兰不仅美丽,而且奇异。碗状的花瓣中间,似乎躺着一只可爱的小鸽子,鹅黄的嘴巴,淡紫色的小翅膀,好像随时要飞起来的样子。

段尾主题句。主题句位于段尾其目的是总结、概括前面展开阐述的问题以加深印象,烘托效果。

【示例】章鱼受惊时会变成白色,愤怒时又会变成红色。此外,它还能变成绿色、棕色、红棕色,或是周身出现有掩护作用的斑点。看来,章鱼真是一种善变的海洋生物。

段首段尾主题句。主题句段首段尾同时出现其目的是强调这一主题,以引起读者的注意,加深印象。

【示例】太阳虽然离我们很远很远,但是它和我们的关系非常密切。有了太阳,地球上的庄稼和树木才能发芽,长叶,开花,结果;鸟、兽、虫、鱼才能生存,繁殖。如果没有太阳,地球上就不会有植物,也不会有动物。我们吃的粮食、蔬菜、水果、肉类,穿的棉、麻、毛、丝,烧的柴火,这一切都和太阳有密切的关系。

有时整个段落没有表达中心意思的主题句,主题包含在句子的字里行间之中,这就需要读者归纳和总结。

【示例】①门外,细雨烟似的被秋风扭着卷着,不分方向地乱飞。②店里冷得像地窖一样,冷气从裤管里向上钻。③忽然,我看见架上横排着一列中文的《毁灭》。④《毁灭》?⑤我记得一本什么杂志上介绍过,说是一本好书。⑥看一下那书脊,赫然印着鲁迅译三个字,我便像得到了保证似的,立刻从书架上抽下一本。

本语段无明显的主题句,①、②句是景物描写,③~⑥句是叙述,是全段的重点,但需要读者仔细阅读后归纳、总结。其主题是:本段叙述了"我"发现《毁灭》的经过。

写好主题句的方法

(1) 主题句要概括一定的内容,包含主导思想,不要空泛,否则扩展句将难以说明和支撑它。例如:

空泛:语文是非常重要的。

概括:语文在我们的日常生活中是非常重要的。

(2) 尽量使用简单句或简洁的句子。例如:

简洁:本段叙述了孔乙己被丁举人打折腿的经过。

复杂:本段详细介绍了可怜的孔乙己是如何被丁举人残忍地打折了腿的全部过程。

(3) 主题句应该做到句子完整和表达的主题思想完整。例如:

不完整:人类利用有些疾病会使患者产生特殊的体味的特点。

完整:人类利用有些疾病会使患者产生特殊的体味的特点,对患者进行诊断和治疗后取得了新成果。

(4) 关键词是直接表达主题的词汇,它决定段落的内容和展开的方法,引导整个段落的发展。提取关键词,说到底就是要善于提取"核心信息",摘取恰当的词语来表达中心内容。

【示例】从甲骨文到草书、行书的各种书法艺术,间接地反映了现实某些方面的属性,将具体的形式集中概括为抽象的意象,通过视觉来启发人们的想象力,调动人们的情感,使人们从意象中体味到其间所蕴含的美。这也就是一些讲书法的文章里常说的"舍貌取神"——舍弃客观事物的具体现象特征,而摄取其神髓。

本段最后一个句子就是本段的中心句,而"舍貌取神"又是这个句子的核心。只要我们抓住这个句子,找出"貌""取""神"三字的各自所指,就能轻易套牢其中的三个关键词——"意象""体味""神髓",再用话题法,找出本语段的话题对象——"书法",另一关键词也便找出来了。

主题句的扩展

所谓主题句的扩展,就是在主题句的中心主题范围内,围绕着核心部分描写细节,充实内容,发展内容,发展主题,揭示或论证主题,不得偏离主题句。

主题句扩展需注意两点

(1) 意义的相关性、段落的整体性,所有的扩展句都必须是主题句的延伸或者证明对主题句能起到支撑的作用。无论如何都不能超出主题句限定的范围,要有充足的论证细节来说明主题思想。

(2) 逻辑的一致性、段落的连贯性。根据各句子之间的关系及与主题句之间的关系来安排其逻辑顺序。用一定的过渡句来体现这种安排。

根据下面的主题句,思考需要哪些内容来支撑它?

【示例】大象的鼻子非常灵巧,除了闻味道用处可多了!(   )

A. 大象的鼻子向上翘,可以摘果实。

B. 大象的鼻子向下垂,可以卷起地上的青草。

C. 甚至还能够捡起一枚绣花针呢。

D. 如果有机会,你一定要去见识见识。

主题句扩展的方法

（1）当主题句指出一个地点、场景等时，可以按作者所在位置中心或从某物开始进行描写，一般按远近、大小、前后、左右或上下等空间的顺序扩展。这样会给人一种线条清晰、图像逼真、栩栩如生、身临其境之感。

【示例】霞山观海长廊全长 2.5 千米，总面积 19 公顷，分南、中、北三区。南区窄长，有月亮岛、紫荆广场；中区宽广，分东西两面，东面冠名"观海台"，有园道通绕，西面是中心广场；北区有海螺广场，种植不同棕榈植物。

（2）当主题句指出某个人物、因素、步骤时，一般用分项法逐一展开。常用"第一、第二……首先、其次……"等类次链接，其特点是叙述全面、重点突出、条理清楚。

【示例】科学家在喀斯特地貌的研究中，发现了一个复杂的碳链式反应。当水流从空气中"大口吮吸"二氧化碳并侵蚀石灰岩时，持续不断的吸碳过程就开始了。接着，在岩石表面自由流淌的酸性水流携带着大量碳酸氢根，随着自然界的水循环辗转奔向江河湖海。此时，浮游植物体内的"食物加工厂"在急切地"找米下锅"，它们惊喜地发现，只要分泌一种叫做"碳酸酐酶"的催化剂，对水中的碳酸氢根"略施魔法"，等待加工的"米"——二氧化碳，就唾手可得。最终，光合作用将大量随波逐流的无机碳转化成有机碳，封存于水生植物体内。

（3）当主题句指出一个事件、故事等叙事性陈述时，一般按时间的先后顺序扩展。这是记叙文的基本结构。这种方式首尾分明，引人入胜，能突出事物发展变化的进程，反映事物的内在联系。

【示例】西湖的景色，一年四季都很美丽。春天，垂柳含翠，红桃吐艳。夏日，莲叶碧绿，荷花映日。秋天，丹桂飘香，菊花竞放。冬天，寒梅斗雪，松树春翠。

（4）当主题句指出一个论点、定义、抽象概念或需要解释的问题，一般按举例法扩展。举例就是用具体、形象、简单、典型的事例去说明或解释抽象的道理，复杂的概念或深奥的知识。这种方法的特点是具体、明晰、典型、易描，能增强说服力和感染力。

【示例】在我们的一生中，通过学习，我们懂得了许多事实。例如，北京是中国的首都，联合国总部在美国等。我们还储存了许许多多关于过去经历或事件的记忆。例如，早餐我喝了牛奶，昨天我听了一个令人兴奋的讲座等。这种对事实、事件及它们间相互关系的记忆被称为陈述性记忆。

（5）当主题句指出二者或数者之间的差异、区别时，一般要按对比法扩展。对比法就是用比较的方法来说明事物的特征，发现一事物较之另一事物的优越性，或揭示两个事物之间的相同点或不同点，使主题深化。

【示例】经过长期的实践，中国建筑在运用色彩方面积累了丰富的经验，并形成了南北不同的地域色彩风格。北方的建筑很善于运用色彩的对比与调和，往往具有鲜明活泼的特点。房屋的主体部分，即可以经常照到阳光的部分，一般用暖色，特别是用朱红色；房檐下的阴影部分，则用蓝绿相配的冷色。这样就更强调了阳光的温暖和阴影的阴凉，形成一种悦目的对比。同样，在山明水秀、四季常青的南方，建筑的色彩一方面为封建社会的建筑等级制度所局限，另一方面也是因为南方终年青绿、四季花开，为了使建筑的色彩与南方的自然环境相调和，它使用的色彩就比较淡雅，多用白墙、灰瓦和栗、墨绿等色的梁柱，形成秀丽淡雅的格调。这种色调在比较炎热的南方的夏天里使人产生一种清凉感，不像强烈的颜色容易令人烦躁。

主题句扩展的类型

1. 句义丰富型

问题一：按要求把"这个冬季，天气异常寒冷"这个主题句扩成一段话。

要求:(1)正面描写与侧面描写相结合。

(2)至少运用两种不同的修辞方法。

(3)不少于80字。

【示例】这个冬季的夜空比起前几年的时候要显得异常的清晰,能看见玻璃一样透晰的纹理。天气也异常寒冷,双手几乎要失去知觉,连交握着摩搓都是一种困难。牙齿不受控制地上下打出节奏的声音。去年的现在,还是可以穿得很薄在街上行走的,而现在,连迈一步都可能没有力气,哪怕是偶尔吹起的风,都像要刮去脸上一层早被冻僵的皮,刺得人硬生生的疼。

该段话就是在主题句的基础上采用添枝加叶法增加了定语、状语、补语等,从数量、范围、程度、状态、性质等方面对句子主干进行形容、修饰、限制、补充,也可以增加时间、地点、人物等,使事情完整化。

2. 意向组合型

问题二:以"斜风细雨"为重点,并辅以"小桥""小草""树木"等景物,至少运用一种修辞方法,按要求写一段话,不少于80个字。要求表现"忧郁"的心情。

【示例】恼人的小雨又在微风的吹拂下飘起来了,扑得行人的衣衫湿漉漉的,路边的小桥在斜风细雨中有些模糊,桥边的树好像笼上了一层细纱。独自在长满小草的路上踯躅,任细雨打湿了衣裳,我的脸上流淌下来的仅仅是雨水吗?

该段主题采用了想象联想法,想象联想出某种情景中的人、物的情状,从视觉、听觉、触觉、嗅觉等多个角度加以描绘,使内容丰富,表达生动,给人以身临其境之感受。

3. 话题拓展型

问题三:请以"和谐"为主题写三句话。要求每句话都使用比喻句,三句话构成排比。

【示例】和谐是乐于演奏的动人旋律;和谐是画家创作的美丽画卷;和谐是设计师描绘的宏伟蓝图。

该段就围绕"和谐"这一主题采用了比喻辐射联想法,从各个角度加以联想设喻,呈辐式展开,以突出这一主题。

4. 情景再现型

问题四:陆游《临安春雨初霁》中有一句:"小楼一夜听春雨,深巷明朝卖杏花。"请你想象"深巷明朝卖杏花"的镜头,将其扩展成一段话,50字左右。

【示例】在细雨霏霏的早上,江南水乡的小巷中,一个手提花篮的小女孩沿着青石板路叫卖着,那杏花瓣上几颗晶莹的水珠显得特别耀眼。

诗词语言以含蓄隽永见长,如何把它们的深层内涵完美地传达出来,是训练扩写能力的一个切入点。该段采用的细节刻画法。在扩展时对细节和环境氛围进行重点刻画,抓住时间、地点、人物、情态等进行合理想象。

✛ 自 测 题

1. 请以"骄傲"为主题内容写三句话。要求每句话都使用比喻句,三句话构成排比。

2. 按要求把"青春,就是任性"这个主题句扩成不少于200字的一段话。

3. 王维《山居秋暝》中有一句:"明月松间照,清泉石上流。"请你想象这个场景,将其扩展成一段话。

7

第七单元

阅读

检视阅读(一)

检视阅读是在有限的时间内,充分了解一本书的主旨内容的一种读书方法,是一种搜索性阅读活动,又称"寻读""猎读""略读"或"预读"。它以检索寻找一项或几项特定的内容为阅读目的,有的是为了寻找有关书刊并从中选择最佳的必读材料;有的是为了解决学习和研究中的疑难问题。

美国的莫提默·J.艾德勒和查尔斯·范多伦在《如何阅读一本书》中把阅读分为四种层次。第一层次是基础阅读,第二层次是检视阅读,第三层次是分析阅读,第四层次是主题阅读。其中,检视阅读又分为系统的略读和粗浅的阅读。

在这一单元中,我们将了解一下什么是系统的略读或预读——准备了解一本书的架构。

当你不知道自己想不想读这本书,也不知道这本书是否值得进入下个阅读层次——分析阅读的时候。当你认为,只要用心挖掘,书中的信息及观点对你而言会有帮助。或者你希望在有限的时间里,要发掘书中有价值的东西的时候。你首先要用系统的略读或预读的方法读整本书。这是检视阅读的第一个层次。阅读的目标是要发现这本书值不值得多花时间仔细阅读,以及书中大致有哪些有价值的信息。

所以,这种系统的略读的检视阅读可以判断是否具有继续下去的价值;知晓这本书作者的主要主张;判断这本书的归类属性,以备将来做参考。

具体操作流程如下所示。

(1)先看书名页,再看序言。快速,注意副标题,相关主旨,作者的特殊切入角度。目标是对该书的主题要有概念,将该书归类为某个特定类型。

(2)研究目录页,对该书的基本架构做概括性的理解。

(3)有的书目录之后会有简短的索引。如果有索引,要检阅一下。

(4)可以阅读下出版者的介绍。

(5)现在可以开始真正的略读了。从概括的目录或模糊的印象开始,先选择几个跟主题息息相关的篇章来看。如果篇章有摘要说明,要仔细阅读。

(6)随便打开书,翻一翻,读一两段,可以连续读几页,但不要过多。

就这样将整本书翻过一遍,随时寻找主要论点的信息,关注作者阐述主题的基本思路。也不要忽略书的最后部分,作者往往会将自己认为重要的观点重新整理一遍。

师　说

韩　愈①

　　古之学者②必有师。师者,所以传道③受④业⑤解惑也。人非生而知之者⑥,孰能无惑?惑而不从师,其为惑也⑦,终不解矣。生乎吾前⑧,其闻道⑨也固先乎吾,吾从而师⑩之;生乎吾后,其闻道也亦先乎吾,吾从而师之。吾⑪道也,夫庸⑫知⑬其年之先后生于吾乎⑭?是故无⑮贵无贱,无长无少,道之所存,师之所存⑯也。

　　嗟乎!师道⑰之不传也久矣!欲人之无惑也难矣!古之圣人,其出人⑱也远矣,犹且从师而问焉;今之众人⑲,其下圣人也亦远矣,而耻学于师⑳。是故圣益圣,愚益愚㉑。圣人之所以为圣,愚人之所以为愚,其皆出于此乎㉒?爱其子,择师而教之;于其身也,则耻师焉,惑矣㉓。彼童子之师㉔,授之书而习其句读(dòu)㉕者,非吾所谓传其道解其惑者也。句读之不知,惑之

---

①韩愈(768—824),字退之,唐代文学家、哲学家、思想家,河阳(今河南省焦作孟州市)人,汉族。祖籍河北昌黎,世称韩昌黎。晚年任吏部侍郎,又称韩吏部。谥号“文”,又称韩文公。他与柳宗元同为唐代古文运动的倡导者,主张学习先秦两汉的散文语言,破骈为散,扩大文言文的表达功能。宋代苏轼称他“文起八代之衰”,明代人推他为唐宋八大家之首,与柳宗元并称“韩柳”,有“文章巨公”和“百代文宗”之名,作品都收在《昌黎先生集》里。韩愈在思想上是中国“道统”观念的确立者,是尊儒反佛的里程碑式人物。

②学者:求学的人。

③道:指儒家孔子、孟子的哲学、政治等原理、原则。

④受:通“授”。传授。

⑤业:泛指古代经、史、诸子之学及古文写作。

⑥人非生而知之者:人不是生下来就懂得道理。之,指知识和道理。语本《论语·述而》:“子曰:‘我非生而知之者,好古敏以求之者也。’”《论语·季氏》:“孔子曰:‘生而知之者,上也;学而知之者,次也。’”孔子承认有生而知之的人,但认为自己并非这样。韩愈则进一步明确没有生而知之的人。

⑦其为惑也:那些成为疑难问题的。

⑧生乎吾前:省去“者”。

⑨闻道:语本《论语·里仁》:“子曰:‘朝闻道,夕死可矣。’”闻,听见,引申为懂得。道:这里作动词用,学习、从师的意思。

⑩从而师之:跟从(他),拜他为老师。师之,即以之为师。

⑪师(吾师道也):名词活用,学习。

⑫夫庸:哪里。夫,句首语气助词,庸,岂,难道。

⑬知:管,过问。

⑭夫庸知其年之先后生于吾乎:哪管他的生年是比我早还是比我晚呢。庸,岂,哪。知,了解,知道。

⑮无:无论。

⑯道之所存,师之所存:知识、道理存在的地方,就是老师存在的地方。

⑰师道:从师学习的风尚。

⑱出人:超出(一般)人。

⑲众人:普通人。

⑳耻学于师:以向老师学习为耻。

㉑是故圣益圣,愚益愚:因此圣人更加圣明,愚人更加愚昧。益,更加、越发。

㉒其皆出于此乎?其:表推测语气,大概……

㉓惑矣:(真)糊涂啊!

㉔彼童子之师:那些教小孩子的(启蒙)老师。

㉕读(逗,dòu):也叫句逗。古代称文辞意尽处为句,语意未尽而须停顿处为读(逗),句号为圈,逗号为点。古代书籍上没有标点,老师教、学童读书时要进行句逗的教学。读,通“逗”。

不解,或师焉,或不(fǒu)焉①,小学而大遗②,吾未见其明也。巫医③乐师百工④之人,不耻相师。士大夫之族,曰师曰弟子云者,则群聚而笑之。问之,则曰:"彼与彼年相若⑤也,道相似也。位卑则足羞⑥,官盛则近谀⑦。"呜呼!师道之不复⑧可知矣。巫医乐师百工之人,君子⑨不齿⑩,今其智乃反不能及,其可怪也欤⑪!

圣人无常⑫师⑬。孔子师郯子⑭、苌弘⑮、师襄、老聃⑯。郯子之徒⑰,其贤不及孔子。孔子曰:三人行,则必有我师⑱。是故弟子不必⑲不如师,师不必贤于弟子,闻道有先后,术业有专攻⑳,如是而已。

李氏子蟠㉑,年十七,好古文,六艺经传㉒皆通㉓习之,不拘于时㉔,学于余。余嘉其能行古道㉕,作《师说》以贻㉖之。

自测题

1. 解释词语和句子　　　　　　　　　　(1)郯子

---

①或师焉,或不(fǒu)焉:有的(指"句读之不知"这样的小事)请教老师,有的(指"惑之不解"这样的大事)却不问老师。"不"同"否"。此句翻译时应注意交错翻译,详见下文翻译。

②小学而大遗:小的方面(句读之不知)倒要学习,大的方面(惑之不解)却放弃了。

③巫医:古代用祝祷、占卜等迷信方法或兼用药物医治疾病为业的人,连称为巫医。《逸周书·大聚》有关于"巫医"的记载。《论语·季氏》:"人而无恒,不可以作巫医。"将巫医视为一种低下的职业。

④百工:泛指手工业者。

⑤相若:相像,差不多的意思。

⑥位卑则足羞:(以)地位低(的人为师),就感到耻辱。

⑦谀(yú):阿谀、奉承。

⑧复:恢复。

⑨君子:古代"君子"有两层意思,一是指地位高的人,另一是指品德高的人。这里用前一种意思,相当于士大夫。不齿:不屑与之同列,表示鄙视。齿,原指年龄,也引申为排列。幼马每年生一齿,故以齿计马岁数,以指人的年龄。古人常依年龄长少相互排列次序。本句反映封建阶级的传统偏见。

⑩不齿:不屑与之同列,即看不起。或作"鄙之"。

⑪其可怪也欤:难道值得奇怪吗? 其,语气词,起加强反问语气作用。欤,语气助词,表感叹。

⑫常(圣人无常师):固定的。

⑬圣人无常师:《论语·子张》:"子贡曰'……夫子焉不学,而亦何常师之有?'"夫子,老师,指孔子。子贡说他何处不学,又为什么要有一定的老师呢!

⑭郯(tán)子:春秋时郯国(今山东郯城一带)的国君,孔子曾向他请教过少皞(浩,hào)氏,(传说中古代帝王)时代的官职名称。

⑮苌(cháng)弘:东周敬王时候的大夫,孔子曾向他请教古乐。师襄:春秋时鲁国的乐官,名襄,孔子曾向他学习弹琴。师,乐师。

⑯老聃(丹,dān):即老子,春秋时楚国人,思想家,道家学派创始人。孔子曾向他请教礼仪。

⑰之徒:这些人。

⑱三人行,则必有我师:语本《论语·述而》:"子曰:'三人行,必有我师焉。择其善者而从之,其不善者而改之。'"

⑲不必:不一定。

⑳术业有专攻:学问和技艺上(各)自有(各的)专门研究。攻:学习、研究。

㉑李氏子蟠:李蟠(盘,pán),唐德宗贞元十九年(803年)进士。

㉒六艺经传(zhuàn):六艺的经文和传文。六艺:指六经,即《诗》《书》《礼》《乐》《易》《春秋》六部儒家经典。经:两汉及其以前的散文。传:注解经典的著作。

㉓通(习之):普遍。

㉔不拘于时:不被时俗所限制。时,时俗,指当时士大夫中耻于从师的不良风气。于,被。

㉕余嘉其能行古道。嘉:赞许。

㉖贻:赠送

（2）苌弘

（3）老聃

（4）李蟠

（5）六艺经传

（6）师者,所以传道授业解惑也

2. 阅读理解

（1）作者对老师的职责与为什么要从师的道理,作了精辟论述,写出了千古名句。

作者界定的老师的职责是：_____。

人必须从师的理由是：_____。

（2）作者指出了"从师"的对象。这个对象是：_____。

（3）在选择从师对象时,为什么不考虑年龄因素,作者揭示的理由是：_____

_____。

（4）文章经过论证,形成了结论。这个结论是：_____

_____。

3. 课文读后谈

（1）课文第二段文字的批判说理主要运用了对比论证法,共运用了三重对比,试加以简要说明。

（2）作者在文中说："嗟乎！师道之不传也久矣！欲人之无惑也难矣！古之圣人,其出人也远矣,犹且从师而问焉；今之众人,其下圣人也亦远矣,而耻学于师。"你身边有没有不爱学习的同学呢？说一说,你该如何勉励他勤奋读书。

4. 语言运用练习

将下列句子译成现代汉语。

（1）古之学者（求学的人）必有师。

_____

（2）句读之不知,惑之不解,或师焉,或否焉,

小学而大遗,吾未见其明也。

_____

（3）位卑则足羞,官盛则近谀。

_____

（4）吾师道也,夫庸知其年之先后生于吾乎。

_____

5. 标点符号练习

（1）"古之圣人,其出人也远矣,犹且从师而问焉；今之众人,其下圣人也亦远矣,而耻学于师。"该句中使用了分号。为什么？查一查相关资料,谈一谈分号的用法。

（2）古文是没有像现在的标点符号的,因此需要"明句读"。如果不懂句读,往往会造成误读、误解原意。句读在古人指文辞休止和停顿处,文辞语意已尽处为句,未尽而须停顿处为读。书面上用圈"。"、点"、"来标志。请用古人句读的方法,标示原文。

6. 请你说一说

查阅韩愈写作《师说》一文的背景资料,写一篇评述文章,谈一谈你对"尊师重教"的看法。

7. 座谈

韩愈不仅是唐代古文运动的领袖,而且也是杰出的散文作家。著有许多为人们所传诵的优秀散文,如《原道》《论佛骨表》《师说》《进学解》。他的散文,题材广泛,内容深刻,形式多样,语言质朴,风格刚健,气势雄壮,因此苏轼称他"文起八代之衰",后世尊他为唐宋八大家之首。课外选读他的文章,谈谈韩愈行文的风格特点。

8. 写作

以"你是……,你是……,你是……,你是……"为每句起始,写一段或一篇歌颂老师的文字。

个 狗 主 义①

韩少功②

有一种说法,称国门打开,个人主义这类东西从西方国家传进来,正污染着我们的社会风气。这种说法其实有点可疑。我们大唐人的老祖宗在国门紧缩的朝代,是不是各个都不贪污、不盗窃、不走后门？那叫什么主义？

欧美国家确实以个人主义为主潮,让一些博爱而忧世的君子扼腕叹息,大呼精神危机。不过,这一般情形来说,大多数欧美人自利,同时辅以自尊；行个人主义,还是把自己看作人。

---

①个狗主义,又称"犬儒主义",是从欧洲哲学中翻译过来的一个概念。"犬儒"是音译,"犬儒主义"一词不能分开使用,单单拿出"犬儒"两个字,没有任何意义。

②韩少功(1953—),当代作家,本文是作者的思想随笔代表作,紧扣社会现实问题和思想问题。

比方说签合同守信用,不作伪证,不随地吐痰,有时候还跟着"票一票"绿色环保运动、抗议核弹或热爱海鲸。欧美式个人主义我们尽可以看不起,但可惜的是,在我们周围,我们看到更多的是签合同不守信用,是毫不犹豫地作伪证,是有痰偏往地毯上吐,是不吃国家珍稀动物就觉得宴席不够档次。更为严重的,是一个村子一个村子在干部的率领下制造假药——你说这叫什么主义?恐怕连个人主义也算不上,充其量只能叫"个狗主义"——不把别人当人,也不把自己当人。

有些人一辈子想有钱,却没想怎么当一个有钱"人"。

人和狗有什么区别呢?如果说人活着不过就是饮食男女,那么狗也能够"食色,性也",并无差别。细想人与狗的不同,无非是人还多一点理智、道德、审美、社会理想等等。一句话,人多一点精神。西方的现代化绝不是一场狗们的纯物质运动,从文艺复兴开始,到启蒙运动,到宗教改革,他们以几个世纪文化的精神准备来铺垫现代化,推动和塑造现代化。有些西方人即使沦为乞丐,也不失绅士派头的尊严或牛仔风度的侠义,这就足见他们的骨血中人文传统的深厚和强大。与此相反,我们的现代化则是在十年文化大破坏的废墟上开始的,在很多人那里,不仅毛泽东思想不那么香了,连仁义道德、因果报应也所剩无多,精神重建的任务更为艰巨。我们不常看到乞丐,但不时可以看到一些腰缠万贯者,专干制造假药之类的禽兽勾当。

没有一种精神的规范和秩序——哪怕是一种个人主义的规范和秩序——势必侵蚀和瓦解法制,造成经济政治方面的动乱或乱动,就像打球没有规则,这场球最终是打不好的,打不下去的。以"社会"为主义的国家,欲昭公道和正义于世,理应比西方国家更具精神优势,能为经济建设提供更优质的精神能源——起码应少一些狗眼看人、狗胆包天、狗尾摇摇以邀宠之类的狗态。我想应该是这样的。

自测题

1. 解释词语和句子

(1) 个人主义

(2) 个狗主义

(3) 绿色环保运动

2. 阅读理解

作者通过欧美的"个人主义"与国人的伪"个人主义"(定名为"个狗主义")横向比较,提出了文化建设的命题。请问,作者的观点到底是什么?

3. 课文读后谈

看到本文的标题时你想到了什么?看完全文后,你对标题又是怎样理解的?

4. 标点符号练习

分析下列句子中引号的用法:

(1) 人和狗有什么区别呢?如果说人活着不过就是饮食男女,那么狗也能够"食色,性也",并无差别。

(2) 以"社会"为主义的国家,欲昭公道和正义于世,理应比西方国家更具精神优势,能为经济建设提供更优质的精神能源——起码应少一些狗眼看人、狗胆包天、狗尾摇摇以邀宠之类的狗态。

5. 请你说一说

(1) 作者在第二自然段谈了个人主义问题。对于个人主义,你是怎样理解的?作者阐述了怎样的观点?

(2) 说说作者是怎样运用类比法阐明观点的。

6. 座谈

你觉得中国当代人的精神生活缺乏什么?

7. 写作

写一篇议论文,尝试使用并列式论证结构。

【示例】

开头:表达中心主题或引出话题;

主体:并列标志句1+事例分析(或情节片段);

　　　并列标志句2+事例分析(或情节片段);

　　　并列标志句3+事例分析(或情节片段);

结尾:总结。

咬文嚼字

朱光潜①

　　郭沫若先生的剧本里婵娟骂宋玉说："你是没有骨气的文人！"上演时他自己在台下听，嫌这话不够味，想在"没有骨气的"下面加"无耻的"三个字。一位演员提醒他把"是"改为"这"，"你这没有骨气的文人！"就够了。他觉得这字改得很恰当。他研究这两种语法的强弱不同，"你是什么"只是单纯的叙述语，没有更多的意义，有时或许竟会"不是"；"你这什么"便是坚决的判断，而且还必须有附带语省略去了。根据这种见解，他把另一文里"你有革命家的风度"一句话改为"你这革命家的风度"（见《文学创作》第四期郭沫若的《读诗札记四则》）。

　　这是炼字的好例，我们不妨借此把炼字的道理研究一番。那位演员把"是"改为"这"，确实改得好，不过郭先生如果记得《水浒》，就会明白一般民众骂人，都用"你这什么"式的语法。石秀骂梁中书说："你这与奴才做奴才的奴才！"杨雄醉骂潘巧云说："你这×人！你这淫妇！你这你这大虫口里流涎！你这你这——"一口气就骂了六个"你这"。看看这些实例，"你这什么"倒不仅是"坚决的判断"，而是带有极端憎恶的惊叹语，表现着强烈的情感。"你是什么"便只是不带情感的判断。纵有情感也不能在文字本身上见出来。不过它也不一定就是"单纯的叙述语，没有更多的含义"。《红楼梦》里茗烟骂金荣说："你是个好小子出来动一动你茗大爷！"这里"你是"含有假定语气，也带"你不是"一点讥刺的意味。如果改成"你这好小子！"神情就完全不对了。从此可知"你这"式语法并非在任何情形之下都比"你是"式语法都来得更有力。其次，郭先生援例把"你有革命家的风度"改为"你这革命家的风度"，似乎改得并不很妥。一、"你这"式语法大半表示深恶痛绝，在赞美时便不适宜。二、"是"在逻辑上是连接词（COPULA），相当于等号。"有"的性质完全不同，在"你有革命家的风度"一句中，风度是动词的宾词。在"你这革命家的风度"中，风度便变成主词和"你（的）"平行。根本不成一句话。

　　这番话不免啰唆，但是我们原在咬文嚼字，非这样锱铢必较不可。咬文嚼字有时是一个坏习惯，所以这个成语的含义通常不很好。但是在文学，无论阅读还是写作，我们必须有一字不肯放松的谨严。文学借文字表现思想情感，文字上面有含糊，就显得思想还没有透彻，情感还没有凝练。咬文嚼字，在表面上象只是斟酌文字的分量，在实际上就是调整思想和情感。从来没有一句话换一个说法而意味仍完全不变。例如《史记》李广射虎一段："李广见草中石以为虎而射之，中石没镞，视之，石也。更复射，终不能入石矣。"这本是一段好文章，王若虚在《史记辨惑》里说它"凡多三石字"，当改为"以为虎而射之，没镞，既知其为石，因更复射，终不能入"。或改为"尝见草中有虎，射之，没镞，视之，石也"。在表面上似乎改得简洁些，却实在远不如原文，见"草中石，以为虎"并非"见草中有虎"原文"视之，石也"，有发现错误而惊讶的意味，改为"既知其为石"便失去这意味。原文"终不能复入石矣"有失望而放弃得很斩截的意味，改为"终不能入"便觉索然无味。这种分别，稍有文字敏感的人细心玩索一番，自会明白。

　　一般人根本不了解文字和情感的密切关系，以为更改一两个字不过是要文字顺畅些或是漂亮些。其实更动了文字就同时更动了思想情感，内容和形式是相随而变的。姑举一个人人皆知的实例，韩愈在月夜里听见贾岛吟诗，有"鸟宿池边树，僧推月下门"两句，劝他把"推"字

---

①朱光潜（1897—1986），字孟实，安徽桐城人。现当代著名美学家、文艺理论家、教育家、翻译家。

改为"敲"字。这段文字因缘古今传为美谈,于今人要把咬文嚼字的意思说得好听一点,都说"推敲"。古今人也都赞赏"敲"字比"推"字下得好,其实这不仅是文字上的分别同时也是意境上的分别。"推"固然显得鲁莽一点,但是它表示孤僧步月归寺门原来是他自己掩的,于今他推。他须自掩自推,足见寺里只有他孤零零的一个和尚。在这冷寂的场合,他有兴致出来步月,兴尽而返,独往独来,自在无碍。他也自有一副胸襟气度。"敲"就显得他拘礼些,也就显得寺里有人应门。

他仿佛是乘月夜访友,他自己不甘寂寞,那寺里假如不是热闹场合,至少也有一些温暖的人情。比较起来,"敲"的空气没有"推"的那么冷寂。就上句"鸟宿池边树"看来,"推"似乎比"敲"要调和些。"推"可以无声,"敲"就不免剥啄有声。惊起了宿鸟,打破了岑寂,也似乎平添了搅扰。所以我很怀疑韩愈的修改是否真如古今所称赏的那么妥当。究竟哪一种意境是贾岛当时在心里玩索而要表现的,只有他自己知道。如果他想到"推"而下"敲"字,或是想到"敲"而下"推"字,我认为那是不可能的事。所以问题不在"推"字和"敲"字哪一个比较恰当,而在哪一种境界是他当时所要说的而且与全诗调和的。在文字上"推敲",骨子里实在是在思想情感上"推敲"。

无论是阅读或是写作,字的难处在意义的确定与控制。字有直指的意义,有联想的意义。比如说"烟",它的直指的意义见过燃烧体冒烟的人都会明白。只是它的联想的意义远离不易捉摸,它可以联想到燃烧弹,鸦片烟榻,庙里焚香,"一川烟水""杨柳万条烟""烟光凝而暮山紫""蓝田日暖玉生烟"——种种境界。直指的意义载在字典,有如月轮,明显而确实联想的意义是文字在历史过程上所累积的种种关系。有如轮外月晕,晕外霞光。其浓淡大小随人随时随地而个个不同,变化莫测。科学的文字越限于直指的意义就越精确,文学的文字有时却必须顾到联想的意义,尤其是在诗方面。直指的意义易用,联想的意义却难用,因为前者是固定的后者是游离的,前者偏于类型后者偏于个性。既是游离的个别的他就不易控制。而且它可以使意蕴丰富,也可以使意义含糊甚至支离。比如说苏东坡的"惠山烹小龙团"诗里三四两句"独携天上小团月,来试人间第二泉""天上小团月"是由"小龙团"茶联想起来的,如果你不知道这个关联,原文就简直不通。如果你不了解明月照着泉水和清茶泡在泉水里那一点共同的清沁肺腑的意味,也就失去原文的妙处。这两句诗的妙处就在不即不离若隐若约之中。它比用"惠山泉水泡小龙团茶"一句话来得较丰富,也来得较含混有蕴藉。难处就在于含混中显得丰富,由"独携小龙团,来试惠山泉"变成"独携天上小团月,来试人间第二泉"。这是点铁成金,文学之所以为文学就在这一点生发上面。

这是一个善用联想意义的例子,联想意义也是最易误用而生流弊。联想起于习惯,习惯老是喜欢走熟路,熟路抵抗力最低引诱性最大,一人走过人人就都跟着走,越走就越平滑俗滥。没有一点新奇的意味。字被人用得太滥也是如此。从前作诗文的人都依×"文料触机""幼学琼林""事类统编"之类书籍。要找辞藻典故,都到那里去乞灵。美人都是"柳腰桃面""王嫱西施",才子都是"学富五车才高八斗",谈风景必是"春花秋月",叙离别不外"柳岸灞桥,做买卖都有"端木遗风",到现在用铅字排印书籍还是"付梓""杀青"。像这样例子举不胜举。他们是从前人所谓"套语",我们所谓"滥调"。一件事物发生时立即使你联想到一些套语滥调,而你也就安于套语滥调,毫不斟酌地使用它们,并且自鸣得意。这就是近代文艺心理学家所说的"套版反应"(stock response)。一个人的心理习惯如果老是倾向于套版反应,他就根本与文艺无缘。因为就作者说,"套版反应"和创造的动机是仇敌;就读者说,它引不起新鲜而真切的情趣。一个作者在用字用词上离不掉"套版反应",在运思布局上面,甚至在整个人生态度方面也就难免如此。不过习惯力量的深度常非我们的意料所及。沿着习惯去做总比新创更省力,人生来有惰性。常使我们不知不觉的一滑就滑到"套版反应"里去。你如果随便在报章杂志或是尺牍宣言里面挑一段文章来分析,你就会发现那里面的思想情感和语言大半都由"套版反应"起来的。韩愈谈他自己做古文"惟陈言之务去"。这是一句最紧要的教训。语言跟着思维情感走,你不肯用俗滥的语言自然也就不肯用俗滥的思想情感;你遇事就会朝深一层去想,你的文章也就是真正是"作"出来的,不致落入下乘。

以上只是随便举实例说明咬文嚼字的道理,例子举不尽道理也说不完。我希望读者从这粗枝大叶的讨论中,可以领略运用文字所应有的谨严精神。本着这个精神,他随处留心玩索,无论是阅读或写作,就会逐渐养成创作和欣赏都必需的好习惯。它不能懒,不能粗心,不能受一时兴会所生的幻觉迷惑而轻易自满。文学是艰苦的事,只有刻苦自励推陈翻新,时时求思想情感和语文的精炼与吻合,他才会逐渐达到艺术的完美。

⊕ 自　测　题

1. 按文中所说,台词"你这没有骨气的文人!"是（　　）的主张。
   A. 郭沫若　　　　B. 婵娟
   C. 宋玉　　　　　D. 某演员

2. "你这与奴才做奴才的奴才!"出自（　　）
   A. 石秀骂梁中书(《水浒》)
   B. 茗烟骂金荣(《红楼梦》)
   C. 杨雄醉骂潘巧云(《水浒》)
   D. 婵娟骂宋玉(《屈原》)

3. 按作者的看法,"你这"式语法表达了（　　）语气。
   A. 假定　　　　　B. 讽刺
   C. 深恶痛绝　　　D. 赞美

4. 咬文嚼字,实际上是在（　　）
   A. 锱铢必较　　　B. 斟酌文字
   C. 调整思想感情　D. 不肯放松

5. 在本文作者朱光潜看来,"鸟宿池边树,僧敲月下门"一句中"推敲"二字,（　　）更恰切。
   A. 推　　　　　　B. 敲
   C. 各有千秋　　　D. 不知道

6. 苏东坡的诗句"独携天上小团月,来试人间第二泉",描绘的是（　　）

   A. 游玩　　　　　B. 赏月
   C. 烹茶　　　　　D. 作诗

7. "套版反应"是指（　　）
   A. 盗版　　　　　B. 刻板
   C. 守旧　　　　　D. 创新

8. "惟陈言之务去"是谁的主张（　　）
   A. 朱光潜　　　　B. 贾岛
   C. 韩愈　　　　　D. 司马迁

9. 朱光潜认为文学是艰苦的事,主张"咬文嚼字",是为了（　　）
   A. 领略运用文字所应有的谨严精神。
   B. 养成创作和欣赏都必须留心的好习惯。
   C. 不受一时兴会所生的幻觉迷惑而轻易自满。
   D. 刻苦自励,推陈翻新。

10. 以推敲扬名的贾岛是最著名的苦吟诗人,重视咬文嚼字,锤字炼句。下面（　　）不能描摹其严谨创作的生活。
    A. 二句三年得,一吟双泪流。
    B. 吟安一个字,捻断数茎须。
    C. 为人性僻耽佳句,语不惊人死不休。
    D. 鸟宿池边树,僧敲月下门。

 ## 口语交际

评　述

　　评述是指评论和叙述,是对某种事物的评价、判断。评述一般要指明对象的优劣,比较事物的异同,或者要从具体的事物中总结出一定的经验教训,概括出一般的法则规律。从写作学角度来说,评述也就是述评,是对论述对象的概述和评论,属于议论文范畴。其写法主要是通过对对象(所要评述的人或事)的叙述和评论,来阐述自己的观点或见解。主要是有述有

评,述后评或边述边评。不管其述有多长,评论仍是其核心所在。

评述思想行为

一种思想行为,你认为值得肯定、表扬、提倡,或者认为必须加以否定、批评、排斥,就可以加以评述。要求是实事求是,以理服人。述评前要对所述所评的问题做深入的了解,具体的分析,要把握好问题的性质、程度,区别不同情况。常用因果推论的方法,把评述对象放到事物发展的因果链条中去考察。评述思想行为常用树立标准的方法,以一个公认的正确的标准来衡量评述对象。这标准可以是马克思主义理论原则,也可以是一般社会公德的要求,还可以是优秀人物的典范行为。

评述文艺作品

对文学艺术作品进行评述,是为了指出作品的优劣得失,总结文艺创作的经验和规律,读者、观众可由此提高鉴赏能力,创作者可由此提高创作水平。对文艺作品的评述,可以从思想内容入手,也可以从作品形式、艺术特色方面入手,还可以对某一个人的创作进行专门的、全面的研究。一般可以采用直接剖析的方法,把作品的优劣之处一一指出来。这时通常要夹叙夹议,"叙"就是介绍作品的内容,"议"就是分析评价。叙议结合,容易说明白,也容易看明白。亦可以采用连类比较的方法,有比较才有鉴别。相形之下,优劣自现。

评述学术论文

应从以下几个方面综合评述学术论文。

1. 学术论文的选题

学术论文的选题,是所决定研究的第一步,是研究的开始,直接影响所研究课题的价值,论文的优劣。因此,应该看"关于分拆提高公司价值"这一题目是否具有时代感。另外,题目大小等都会直接影响论文的优劣。

2. 学术论文的研究水平

学术论文的研究水平可以从以下五个方面来说明。

(1)学术论文研究水平的独创性。每一篇学术论文都是在前人研究成果基础上,论文作者创造性智力劳动的成果。论文应该或者在观点上,或者在方法上有所突破,有所创造。研究应该具有同类研究中的独创性。

(2)学术论文研究水平论证的严密性。任何学术观点都是建立在严格的论证基础上的,任何学术论文的研究是一种理论与实践相结合的研究过程,无论是理论研究还是实践经验的总结,都是建立在理性基础上的。所以,学术论文研究论证是否严谨也直接影响到学术论文的优劣。

(3)学术论文研究水平语言的规范性。学术论文的语言特征应该是句式严格,行文规范,术语准确,详略得当。特别是术语和详略问题。作为一篇优秀的学术论文,其研究方法的基本概念从内涵到外延都有严格的界定,反映在术语上应有其十分严格的意义界定。

(4)学术论文的研究方向和定位是否明确。每一篇学术论文都有其严格的学术方向。

(5)新颖性和创新性是科技论文学术水平不可或缺的要素,有些文章洋洋洒洒地介绍其"成果",但对该研究领域他人已有成果、水平、本研究在哪些方面有所改进和独到之处丝毫不提,造成"无对照"的致命缺憾。这种新颖性和创新性可以表达在"前言""结果与分析"与"参考文献"部分,而且尽可能表达为翔实的数量化指标。

3. 学术论文的研究方法

研究方法可以是审核评价研究成果大小的标准之一,他可以便于检验研究同等性质的问题。如果说研究方法模糊不清,说明很含糊,就可能引起他人对你提出材料的质疑,最终影响对于论文的评价。学术论文的研究方法要考虑以下几个问题。

(1) 研究方法要采用哪种或哪几种方法来研究目标对象。

(2) 通过采用的方法带来的信息、资料进行汇总、经验总结、分析,进行理论学习。

(3) 如何安排具体研究的程序。

4. 学术论文的统计方法

统计方法对学术研究成果以及判断其学术演进动向和趋势,带有很大重要性。统计方法可以反映学术论文结论准确性,更加准确、全面反映了本篇学术论文的研究目的、研究对象的实际状况。

5. 学术论文的参考文献、基金支持项目的标注及属于获奖研究项目的标注

学术论文的参考文献、基金支持项目的标注及属于获奖研究项目的标注对学术论文的优劣也有极其重要的影响。

(1) 学术论文的参考文献。科学研究是"站在巨人肩膀上"的事业,每一项研究都要参照大量前人的成果,因此,将文中引用的重要前人成果以参考文献的形式标注清楚,既是一个人科学素质的表现,也可避免不必要的知识产权纠纷。如果引文中有该刊以往发表过的文章,则更不应遗漏,因为评价一个刊物的重要指标:"影响因子",就是指该刊物在统计当年的前面两年发表的论文在当年被学术期刊引用的次数与该刊前两年发表文章总数之比。这里说的"学术期刊"既包含其他刊物也包含该刊物,目前,有人建议将本刊引用的数量扣减出去,或单列一个"自引率",但权威科技刊物统计分析机构迄今并未执行。常见有的作者对参考文献草率处理,甚至标以"参考文献略",这在任何刊物处理时,都会使文章大失其分。

(2) 基金支持项目的标注。属于科研基金支持项目研究的文章,可以显示该研究方向的"含金量"和加大评价该文章的"砝码",因为国际统计源检索机构和国内科技期刊统计分析机构均将这一类做单独的统计,并以"基金支持研究论文比率"指标,一并列入刊物评比大表。因此不应遗漏,当然,这里指的是省级、部级以上立项的科研项目,同时应给出项目登记编号。这是参评进入优秀学术论文的重要指标。

【示例】

青少年应不应该"追星"

追星已经是青少年课余生活,追星族也是生活中时髦的一个团体,那么青少年应不应该追星,却也成为家长与老师头疼的问题,成了一个社会问题。

老师家长们担心追星是会耽误学业,浪费时间,会不务正业,其实这些担心是无用的。

依我信人观点看,青少年应该有组织、有时间地去追星,作为课余生活的调剂品,也是一个精神上的寄托,青年时代处于半成熟阶段,我们称这个年龄段为"涩世纪",在我们的"涩世纪"中,有一个精神寄托,可以让一个人在叛逆期中不会酿下大祸,不会在自己多彩的人生中画下灰色的一笔。

其实,在追星族中大多数都是学生,谈明星,谈自己追星的经历已经是课间、茶余饭后的话题,但他们绝对不是职业追星族,有些家长、老师严厉禁止学生们,不许靠近这些东西,可这样会引起学生的反感。其实师长们根本不用担心,学生中没有一个是真正的追星族,他们只是个半追星族,他们没有被明星们华丽的外表蒙蔽,有的同学喜欢林志颖,是因为崇拜他17岁就出来闯荡人生;有人喜欢刘德华,不是因为他帅,而是佩服他二十年如一日的打拼,取得

如今傲人的成绩……所以，学生们也会努力，努力赶上自己偶像的成绩，让自己也成为一个光彩照人的人，为自己的人生铺上一座绚丽的彩桥，就因为这样，没有几个学生会因为追星的问题而荒废学业，他们有时甚至会为了偶像而认真努力的学习，踏踏实实地走着自己的路。

我本身也是个半追星族，我不会疯狂地收集他的一切，不会为他的一举一动而浪费时间、荒废学业，我会在课下为同学讲一些关于自己偶像的趣事，就像做宣传一样，会在睡觉前想一想他们帅气又美丽的脸，然后做一个美丽的梦。幸运的是，我的父母从不阻止我喜欢他们，父母任由我美滋滋地将他们的海报贴上墙壁，乐呵呵地听他们的歌，有时还会和我一起讨论一下他们，因为我是个半追星族。所以，让我和父母之间没有产生代沟，这么大的益处，为什么不追星呢？

老师和家长担心学生们因为追星而浪费时间，其实不会的，学生装自有本分。每个人在每一天无论多忙，时间多紧迫，也会有一点休息的时间。因为休息后再做事往往会事半功倍，在休息的时间，看一下明星的照片、海报，在休息时聊一下关于明星的话题，会让人心情愉快，振奋人心。

老师们，请你们不要无谓地担心，其实你们也可以追星，让自己的心年轻一下，让自己更放松一下，融入年轻的世界，让自己也重返年轻时代，这样会使你们与学生的心更接近一些，让自己与青少年的互动多一些，做一个中年版的半追星族，是个不错的选择。

同学们，家长们，老师们，也来当一个半追星族，作为你们生活的调剂品，你们会受益匪浅，会让两个年代的隔膜消除，会让两代人相处更融洽，更会让你们的生活多姿多彩。

青年朋友们，在我们的"涩世纪"中，轻松做个半追星族吧！

自测题

1. 手机渐入校园和课堂，广泛影响了学生的学习和生活，已经引起社会和学校的高度重视。如何对同学们使用手机的行为进行正确引导呢？谈谈你的看法。

2. 读几篇与自己所学专业相关的论文。

组织一个研讨会，谈谈你自己通过阅读这些论文，学到了什么。

3. 周末，与同学相约，去看场电影，回来写一篇影评。

 **书面表达**

并列式段落

段落是文章中最基本的单位。内容上它具有一个相对完整的意思；在文章中，段具有换行的标志。段是由句子或句群组成的，在文章中用于体现作者的思路发展或全篇文章的层次。有的段落只有一个句子，称为独句段，独句段一般是文章的开头段、结尾段、过渡段强调段等特殊的段落。多数段落包括不止一个句子或句群，叫多句段。中文段落开头前一般空两个格。

并列式段落指围绕中心主题，在段落的主体部分分别写作几个（一般三个）并列的语句层次，各层次平行排列，分别从不同角度、不同侧面来表述诠释或验证中心主题，使语言表达呈现出一种多管齐下、齐头并进的格局。

【示例】商人夹了大包的货物,匆匆走下小艇,沿河做生意。青年妇女在小艇里高声谈笑。许多孩子由保姆伴着,坐着小艇到郊外去呼吸新鲜空气。庄严的老人带了全家,夹着圣经,坐着小艇到教堂去做祷告。(《威尼斯小艇》)

【简析】段落中的四个句子分别写了坐小艇的四种人匆匆赶路的商人、高声谈笑的青年妇女、郊游的孩子、去祷告的老人,这四个句子是并列的关系。

自 测 题

1.《师说》中"古之圣人,其出人也远矣,犹且从师而问焉;今之众人,其下圣人也亦远矣,而耻学于师"两句,是并列式段落吗? 为什么?

2. 从学过的文章中,找出"并列式段落"的实例。在小组内,与同学们交流。

3. 运用所学的"并列式段落"的知识以"春天来了"为题,写一段文字,表达你的喜悦的心情。

阅　读

检视阅读(二)

在这一单元中,我们将了解一下什么是粗浅的阅读。

检视阅读中的粗浅阅读主要是指我们在头一次面对一本难读的书的时候,从头到尾先读完一遍,碰到不懂的地方不要停下来查询或思索。继续读下去,略过那些不懂的部分,很快你会读到你看得懂的地方,集中精神在这个部分。继续这样读下去,将全书读完,不要被一个看不懂的章节、注解、评论或参考资料阻挠而泄气。

你从头到尾读了一遍之后,就算只有了解50%或更少,都能帮助你在后来重读第一次略过的部分时增进理解。就算你不重读,对一本难度很高的书了解了一半,也比什么都不了解来得要好些。如果你在一碰到困难的地方就停住,最后就可能对这本书真的一无所知了。

略读或粗读一本书是个好主意。尤其当你并不清楚手边的一本书是否值得细心阅读时(经常发生这种情况),必须先略读一下。一般来说,就算你想要仔细阅读的书也要先略读一下,从基本架构上先找到一些想法。

在第一次阅读一本难读的书时,不要企图了解每一个字句。这是最重要的一个规则。这也是检视阅读的基本概念。不要害怕、担忧自己似乎读得很肤浅。就算是最难读的书也快快地读一遍。当你再读第二次时,你就已经准备好要读这本书了。

检视阅读的技能

进行检视性阅读必须具备下述条件:一是熟悉并掌握工具书的种类和使用方法;二是善于利用图书馆,能使用图书馆的各种目录、索引和文摘等。此外,还必须具备四项技能:一是文献摘录、摘要和撰写读书笔记的能力,以加深印象、巩固所得、启迪思考;二是文本跳读、文本猜读的能力,即能带着自己的问题迅速浏览文本,并跳越过不需要或次要性的内容,从白纸黑字中迅速锁定和捕获自己所需要的信息和知识;三是文本比较、文本选择的能力,即善于从众多文献中,快速挑选出适合自己检视目标的精读、通读、略读文本;四是内容概括和文字组织的能力。这是因为检视阅读是以读者获取有效信息和知识为基本目的的一种阅读活动,所以,在"快而准"地选取到所需目标材料后,还要有概括和组织所读材料内容的能力,能提纲挈领地复述、引用和进一步阐释阐发材料背后或者相关的"意义"。因为阅读行为的最高境界是"读书是在别人思想的帮助下,建立起自己的思想"(普希金,1799—1837)。

检视阅读的特点

检视阅读的特点在于强调时间,在规定时间内完成阅读,譬如 15 分钟读完一本书,或是同样时间内读完两倍厚的书。

用检视阅读读完一本书之后,无论用了多短时间,都该得出这样的问题:"这是哪一类书——小说、历史还是科学论文?"即要获得超越基础阅读层次的"是什么"以上的真正的阅读理解力。

阅读的速度并非只有单一的一种,重点在如何读出不同的速度感,知道在阅读某种读物时该用什么样的速度。超快的速读法是引人怀疑的一种成就,那只是表明你在阅读一种根本不值得读的读物。更好的方法是:在阅读一本书的时候,慢不会慢到不值得,快不会快到有损于满足与理解。不论怎么说,阅读的速度,不论是快还是慢,只不过是阅读问题一个微小的部分而已。

检视阅读的速度

检视阅读是一种训练有素的快速阅读,但这不只是因为你读的速度快,而是因为在检视阅读时,你只是读书中的一小部分,而且是用不同的方式来读,以不一样的目标来读。分析阅读通常比检视阅读来得慢一些,但就算你拿到一本书要做分析阅读,也不该用同样的速度读完全书。每一本书,不论是多么难读的书,在无关紧要的间隙部分就可以读快一点。而一本好书,总会包含一些理解起来比较困难、需要慢慢阅读的内容。

医学的人文品格

周国平①

现代人是越来越离不开医院了。从前,人在土地上生息,得了病也只是听天由命,顺其自然。现在,生老病死,每一环节几乎都与医院难解难分。我们在医院里诞生,从此常常出入其中,年老时去得更勤,最后还往往是在医院里告别人世。在我们的生活中,医院、医生、医学占据了太重要的位置。

然而,医院带给我们的美好回忆却是如此稀少。女人分娩,病人求医,老人临终,都是生命中最脆弱的时刻,最需要人性的温暖。可是,在医院里,我们很少感觉到这种温暖。尤其在今日中国的许多医院里,我们感觉到的更多是世态炎凉,人心冷漠。可以毫不夸张地说,医院如今是最令人望而生畏的地方之一。

一个问题使我困惑良久:以拯救生命为使命的医学,为什么如此缺少抚慰生命的善意?没有抚慰的善意,能有拯救的诚意吗?

正是在这困惑中,甚至困惑已经变成了愤慨、愤慨已经变成了无奈和淡漠的时候,我读到了刘易斯·托马斯所著《最年轻的科学——观察科学的札记》一书,真有荒漠遇甘泉之感。托马斯是美国著名的医学家和医生,已于 1993 年病故。在他写的这本自传性著作中,我见识了一个真正杰出的医生,他不但有学术上和医术上的造诣,而且有深刻的睿智、广阔的人文视野和丰富的同情心。诺贝尔物理学奖得主费因曼尝言,科学这把钥匙既可开启天堂大门,也可开启地狱大门,究竟打开哪扇门,则有赖于人文指导。我相信,医学要能真正造福人类,也必须具备人文品格。当然,医学的人文品格是由那些研究和运用它的人赋予它的,也就是说,前

---

①该文选自《周国平自选集》(海南出版社 2004 年版)。周国平(1945—),中国当代著名学者、作家、哲学研究者,是中国研究哲学家尼采的著名学者之一。他的作品以文采和哲思赢得了读者的青睐。

提是要拥有许多像托马斯这样的具备人文素养的医学家和医生。托马斯倡导和率先实施了医学和哲学博士双学位教育计划，正显示了他在这方面的眼光。

在这本书里，托马斯依据亲身经历回顾了医学发展的历史。他不在乎什么职业秘密，非常诚实地告诉我们，直到他青年时代学医时为止，医学在治疗方面是完全无知的，唯一的本领是给病人吃治不好也治不坏的安慰剂，其效力相当于宗教仪式中的符咒。最高明的医生也不过是善于判断病的名称和解释病的后果罢了。一种病无论后果好坏，医生都无法改变它的行程，只能让它自己走完它的行程。医学之真正能够医治疾病，变得名副其实起来，是 1937 年发明了磺胺药以后的事情。在此意义上，托马斯称医学为"最年轻的科学"。

从那以来，人类拥有了越来越多的从前无法想象的治疗技术。作为一个科学家，托马斯对技术的进步持充分肯定的态度。但是，同时他认为，代价是巨大的，这代价便是医疗方式的"非人化"，医生和病人之间的亲密关系一去不返了。譬如说，触摸和谈话曾是医生的两件法宝，虽无真正的医疗作用，但病人却借之得到了安慰和信心。现在，医生不再需要把自己的手放到病人的身体上，也不再有兴趣和工夫与病人谈话了。取而代之的是各种复杂的机器，它们横在医生和病人之间，把两者的距离越拉越大。住院病人仿佛不再是人，而只成了一个号码。在医院这个迷宫里，他们随时有迷失的危险，不知什么时候会被放在担架上推到一个不该去的地方。托马斯懂得，技术再发达，病人仍然需要医生那种给人以希望的温柔的触摸，那种无所不包的从容的长谈，但他知道要保留这些是一件难事，在今天唯有"最好的医生"才能做到。"最好的医生"——他正是这么说的。我敢断定，倘若他不是一个公认的医学权威，他的同行一定会对他的标准哗然了。这没有什么可奇怪的，因为制定这标准的那种神圣感情在今天已经成了人们最陌生的东西。

托马斯还有别的怪论也会令他的同行蹙额。譬如说，他好像对医生自己不患重病感到遗憾。从前，患重病是很普遍的事情，医生也不能幸免。现在，由于医学的进步，这种机会大为减少了。问题在于，没有亲身经历，医生很难知道做病人的感觉。他不知道病人受疾病袭击时的痛苦，面临生命危险时的悲伤，对于爱抚和同情的渴望。他很容易不把病人当做一个真实的人，而只当作一个抽象的疾病标本，一个应用他从教科书上学来的知识的对象。生病是一种特别的个人经历，有助于加深一个人对生命、苦难、死亡的体验。一个自己有过患重病经历的医生，往往是更富有人性的。所以，托马斯半开玩笑地建议，既然现在最有机会使人体会生病滋味的只有感冒了，在清除人类其他疾病的进程中，就把感冒保留下来吧，把它塞进医学生的课程表里，让他们每年两次处在患流感并且受不到照顾的境地，这对他们今后做人和做医生都有好处。

很显然，在托马斯看来，人生体悟和人道精神应是医生的必备品质，其重要性至少不在医术之下。其实道理很简单，医生自己必须是一个人性丰满的人，他才可能把病人看作一个人而不只是疾病的一个载体。

托马斯毕生从医，但他谈论起医学之外的事情来也充满智慧。我只举两个例子。

其一是关于电脑。他说，人脑与电脑的区别有二，一是容易遗忘，二是容易出错。这看起来是缺点，其实是优点。遗忘是自动发生的，这使我们可以不费力气就把多余的信息清除出去，给不期而至的好思想腾出空间。倘若没有这样的空间，好思想就会因为找不到栖息地而又飞向黑暗之中。让关系出错更是人脑的一个美妙天赋，靠了它我们往往会有意外的发现，在没有关联之处邂逅崭新的思想。这两个区别说明了同一件事，便是电脑的本领仅到信息为止，人脑的本领却是要让信息导致思想。电脑的本领常常使人惊奇，这很可能使一般人得出电脑胜于人脑的结论，但托马斯却从自己的惊奇中看到了人的优越，因为电脑没有惊奇的能力。

　　第二个例子是他对女性的评价。他非常感谢女性在幼儿教育方面的贡献，认为这是她们给予文明的厚礼，证明了她们才是记录和传递文化基础的功臣。由于女性对儿童的天然喜爱和理解，她们是更善于开启年幼的头脑的。他还看到，女性虽然容易为生活中的小事和事物的外表烦恼，但是面对极其重大的事情却十分沉着。形象地说，女性的头脑只是外部多变，其中枢却相当稳定。相比之下，男性的那个深处中枢始终是不成熟的，需要不断地重新定向。因此，托马斯相信，在涉及人类命运的大事上，女性是更值得信任的。

　　这两个例子都表明，托马斯对于人性有多么亲切的理解。人脑优于电脑、女性优于男性的地方，不都是在于人性么？我们不妨说，与女性相比，男性的抽象头脑更像是一种电脑。写到这里，我忍不住还要提一下托马斯的另一个感想，它也许能帮助我们猜测他的智慧的源头。作为一个医生，他有许多机会通过仪器看见自己的体内。然而，他说，他并不因此感到与自己更靠近了，相反觉得距离更远，更有了两重性。那个真正的"我"并不在这些松软的构件中，其间并没有一个可以安顿"我"的中心，它们自己管理着自己，而"我"是一个局外人。托马斯所谈到的这个与肉体判然有别的"我"，除了称之为灵魂，我们就无以名之。不难想见，一个有这样强烈的灵魂感觉的人，当然会对人性的高贵和神秘怀着敬意，不可能陷入技术的狂热之中。

　　我们不可能要求每一个医生都具备托马斯这样的人文素养，这是不现实的，甚至也是不必要的。但是，中国当今的医疗腐败已经到了令绝大多数人忍无可忍的地步，凡是不享有特权的普通人，在这方面都一定有惨痛或沮丧的经验。人们之恐惧在医院里受到非人道的待遇，已甚于对疾病本身的恐惧。这就使得医学的人文品格之话题有了极大的迫切性。

　　毫无疑问，医疗腐败仅是社会腐败的一个组成部分，因而其整治有赖于整个社会状况的改善。但是，由于它直接关系到每一个人的生死安危，医疗权利实质上就是生存权利，所以有理由得到特别的关注。问题的解决无非是从两方面入手，一是他律，包括医生资格的从严审定，有关医生责任和病人权利的立法，医疗事故的公正鉴定和制裁等，另一是自律，即医生的人文素养和道德水准的提高。

　　在我与医院打交道的经历中，有一个现象令我非常吃惊，便是一些很年轻的从医学院毕业不久的医生，显得比年长的医生更加冷漠、无所谓和不负责任。有一回，我的怀孕的妻子发热到40摄氏度，住进我家附近的一所医院。因为青霉素皮试过敏，那个值班的年轻女医生便一筹莫展，入院数小时未采取任何治疗措施。征得她的同意，我通过电话向一家大医院求援，试图从那里得到某种批号的青霉素，我的妻子当天上午曾在那家医院注射过这种批号的青霉素，已被证明不会引起过敏。可是，我的联系很快被这个女医生制止了，理由竟是这会增加她们科的电话费支出。面对高热不退的妻子和吉凶未卜的胎儿，我心急如焚，这理由如此荒唐，使我无法置信，以至于说不出话来。我只好要求出院而去那家离家较远的大医院，谁知这个女医生听罢，白了我一眼，就不知去向了。剩下若干同样年轻的医生，皆作壁上观，对我的焦急的请求一律不予理睬。在走投无路的情况下，我不得不说出类似情形使我失去一个女儿的遭遇，这才得以办成出院手续。

　　记载我的丧女经历的《妞妞》一书拥有许多读者，而这些年轻的医生都不曾听说过，对此我没有什么好指责的。我感到寒心的是，虽然他们名义上也是知识分子，我却觉得自己是面对着一群野蛮人。直觉告诉我，他们是没有真正意义上的读书生活的，因而我无法用我熟悉的语言对他们说话。托马斯谈到，他上大学时在一家医院实习，看见一位年轻医生为一个病人的死亡而哭泣，死亡的原因不是医疗事故而只是医学的无能，于是对这家医院肃然起敬。爱心和医德不是孤立之物，而是在深厚的人文土壤上培育出来的。在这方面，我们的医学院肯定存在着严重的缺陷。我只能期望,有一天,在我们的医学院培养出的医生中,多一些有良知和教养的真正的知识分子,少一些穿白大褂的蒙昧人。

➕ 自 测 题

1. 认识下列生词

(1) 磺胺药

(2) 蹙额

(3) 邂逅

(4) 作壁上观

(5) 一筹莫展

2. 阅读理解

(1) 文章的第一、第二自然段属于何种段落结构,任选一个自然段进行分析。

(2) 请在五分钟之内略读文章,指出文章的主要观点是什么?

(3) 文章第四自然段提出"科学这把钥匙既可开启天堂大门,也可开启地狱大门"。这句话是什么意思? 这与作者提出的医生的人文品格有什么关系?

(4) 为什么作者认为"谈论医学的人文品格之话题有了极大的迫切性"?

(5) 作者认为什么样的医生是"穿白大褂的蒙昧人",你赞同这种观点吗?

3. 课文读后感

(1) 作者认为医生应该具有怎样的人文品格? 你认为医生应该有什么样的人文品格?

(2) 东南大学法学院张赞宁在《也谈医学的人文品格——与周国平先生商榷》一文中,对周国平的观点提出了质疑,请检索出该文章,并对其观点进行评价。

4. 请你说一说

(1) 请查阅资料,并对作者(周国平)做出口头介绍。

(2) 周国平有许多经典语录,查阅资料找出你喜欢的几条,并和其他同学分享。

5. 座谈

在你的成长过程中,有哪位医护人员给你留下了深刻印象? 和大家分享一下吧。

现代医学的人文透视①

王开岭

"我愿尽我力之所能与判断力之所及,无论至于何处,遇男遇女,贵人及奴婢,我之唯一目的,为病家谋幸福……"

——[希腊]希波克拉底誓言

角 色 体 验

患病,乃一种特殊境遇。无论肉体、意志和灵魂,皆一改常貌而坠入一种孤立、紊乱、虚弱、消耗极大的低迷状态。一个生病的人,心理体积会缩小,会变异,会生出很多尖锐细碎的东西,像老人那样警觉多疑,像婴儿那样容易自伤……他对身体失去了昔日那种亲密无间的熨帖和温馨的感觉,俨然侵入了异质,一个人的肉体被劈作了两瓣——污染的和清洁的,有毒的和安全的,忠实的与背叛的……他和自己的敌人睡在一起,俨然一个分裂着的祖国。

求医,正是冲此"统一大业"而来。

相对白衣人的优越与从容,患者的弱势一开始即注定了。他扮演的是一被动的羔羊角色,对自身近乎无知、束手无策,被肉体的秘密蒙在鼓里——而底细和真相却攥在人家手中。身体的"过失"使之像所有得咎者那样陷入欲罢不能的自卑与焦虑,其意志和力量天然地被削弱了,连人格都被贬谪了。他敬畏地看着那些威风凛凛的白衣人——除了尊重与虔诚,还混含着类似巴结、讨好、恭维、攀附等意味。他变了,变得认

① 该文选自《读者》2009 年第 7 期。

不出自己，唯唯诺诺，凄凄惶惶，对白衣人的每道指令、每一抹表情都奉若神明。那是些多有力量的人啊，与自个完全不同，他们代表医学，操控着生命的方程和密码，仅凭那身洁白，无形中就匹配了某种能量与威严。

每个患者都心存侥幸，奢盼遇及一位最好的白衣人，有时出于心理需要，不得不逼迫自己相信：眼前正是这样一位！（你不信？那是你的损失。）由于专业隔膜和信息不对等，白衣人——作为现代医学的唯一权力代表，已成为患者心目中最显赫的精神砥柱和图腾。而且，这种不对称的心理关系几乎成了一种天然契约，作为医治的精神前提而矗立。

但是，我们必须关注接下来的发生，即白衣人的态度。

对于患者的种种弱势表现，他是习以为常、乐然漠然受之，还是引为不安、勿敢怠慢？在一名优秀的白衣人那里，患者应首先被视作一个"合格"的生命，而非一个被贬低了的客体（无论对方怎样自我放逐，但自贬与遭贬是两码事）。甚至相反，患者更应作为一位"重要人物"来看待，赢得的应是超常之重视——而非轻视、歧视、蔑视。一名有良知的医生，他一定会意识到：再去贬低一个已经贬低了自己的人，于心于职都是有罪的。同时，他也一定能谙悟：正是在患者这种可怜兮兮的表象下却潜伏着一股惊人的力量——一股让人难以抗拒的莫大的道义期冀和神圣诉求，它是如此震撼人心、亟须回报，容不得犹豫和躲闪，你必须照单领受并倾力以赴，不辜负之。不知现代医学教程中有无关于"弱势"心理的描述？我以为它是珍贵而必需的，每个白衣人都应熟悉并思考如何善待它。

"弱势"在良知一方总能激起高尚的同情和超量回报。但在另一类那里，情势就不妙了——走进挂有门诊牌号的格子，随时可见这样的两位"交谈者"：一方正努力陈述痛苦，显露出求助的不安，同时不忘递上恭维；一方则满脸冷漠，皱着眉头，一副轻描淡写、厌倦不耐的样子……这真是一种奇怪的"接见"，如贵族之于乞丐，官宦之于芥民。更要命的是，很多时候，这涉关"生死大计"的接见维持不了几分钟即草草收场了，更像是个照面。若患者对轻易挥就的那寸小纸片不放心，还巴望着多磨蹭会儿，白衣人便道："先试试看，再说……"其实，这话大有端倪，也就是说，此次诊断只是个演习，乃试验性的，他已提前透支了一道权力——一次允许犯错误的机会。俨然一马虎士兵，从未要求自个"一枪命中"，竟打算连射下去，直到命中为止（或者不命中也为止，搂空了弹匣即玩完）。多么荒诞的规则，几乎连最正常的逻辑都忘了：既然射技实在欠佳，何不趴准星上多瞄一会儿呢？哪怕耽延几分钟也好啊，说不定，用不上几章"下回分解"，就把人家性命给误掉了。

细想一下那些粗鲁的医学行为，若稍加警觉，许多细节皆令人不寒而栗。其实在心理上，患者对白衣人的吁求有多么卑微啊，假若能与自个多聊片刻，对自个的身体多指摘几句，也就心满意足、感恩涕零了。

一名正实习或上岗伊始的医生常有这样的体会：当病人径直朝自己走来——一点亦不嫌弃自己的年轻、在冷冷清清的案前坐下时，自己的内心会激起多么大的亢奋和感动啊，他定会比前辈们表现出更大的热忱与细致，会倾其所有、使尽浑身解数以答谢这位可敬的病人……遗憾的是，随着光阴流逝，随着日复一日的积习，这份珍贵的精神印象便和其他青春记忆一起，在其脑海中褪色了……当一个白衣人终于持有了梦寐以求的工龄和资历之际，他究竟比年轻时多出了些什么呢？

尊敬的白衣人，一定有过这样的事吧：冷不丁，您的衣襟突然被患者家属给紧紧拽住了——就像溺水者抱住一根浮秸，急迫而笨拙，绝望而不假思索……这时，您的第一反应是什么？敌视、憎厌、恼怒其"无礼"？还是沉痛与悲悯？是冷冷打掉那双手还是高尚地将之握住呢？

常闻病人家属向大夫送"红包"之事，亦曾目睹有人在医生面前苦苦央求乃至下跪一幕，那时我想,我们的医职人员何以让患者"弱"到了此等不堪呢?那"包"和"跪"里装的是什么?是人家对你的恐惧,是对你人格的不信任,是走投无路的灵魂跌撞与挣扎……"包"何以"红"?那皱巴巴的币纸分明是喂过血和泪的啊!从精神意义上讲,窝藏这包之人已不再有白衣人的属性,那丝丝缕缕的"红"已把他披覆的"白"给弄脏了。一个冒牌的赝品。

托马斯宣言

美国医学家刘易斯·托马斯在其自传《最年轻的科学——观察科学札记》中,毫不隐讳地说:他对医生本人不患重症感到"遗憾"。因为如果那样,医生本人就无法体会患者的恶劣处境,无法真切地感受一个人面临生命危难时的悲伤与恐惧,亦即无法"如同己出""感同身受"地去呵护、体恤对方。

读至此,我欷歔不已,除了感动,还有感激,更有敬意。难道不是么?没有比这种"角色亲历性"更能于蒙昧的医学现实有所帮助了。体会做病人的感觉——这对履行医职乃多么重要的精神启示!它提醒我们,一名优秀的白衣人永远不能绕过患者的痛苦而直接楔入其躯体,他需在对方的感觉里找到自己的感觉,在对方的生命里照见自己的生命,于对方的痛苦中认出自己的那份——尔后,才能以最彻底和刻不容缓的方式祛除这痛苦。

托马斯的假定并无恶意,更非诅咒。他只是给自己的岗位设定了一种积极的难度,一份严厉的心灵纪律,进而从人文的角度更近地帮助医学,提升其关怀质量。

医学是"保卫生命"的事业。它催促我们的白衣人:以生命的名义,以全部的激情和庄严努力工作吧!争分夺秒与死神赛跑吧!因为,拯救别人就是拯救自己,病人之现实亦即我们之现实(至少也是明天之现实),个体之命运即人类之命运。

"托马斯宣言"无疑是理想的、奢侈的,甚至不具科学及"合法"的操作性,但它却包含着诱人的信息,预示了一种高贵、纯洁的医学伦理前景——从中我们看到了白衣精神的良知、力量和希望。

医学,不仅是物质与技术的,更应是精神与人文的,她应成为一门涵盖自然、伦理、哲学、审美、道义、心理、教育等元素在内的学科。因为,她面对的并非物理实体,竟是灵肉丰盈之生命——万物中最神奇最复杂最瑰美和深邃无比的人。人是最宝贵的,每个"他"都永远唯一,永远"自在"而不可替代。医学即人学,对生命本体的尊重、仁爱、体恤,应成为"红十字"精神的核心。

有时候,我常奢想,白衣人之角色该由人类中最优秀的成员来充任。他需集智识、德能、信念于一身,不仅是个工具知识分子,更兼人文知识分子的品质和理想——对生命充满虔敬热烈的关怀、于职业抱有高尚的理解及打算,对人性持有出色的亲和与体贴能力……他还应是个感觉丰富、细腻敏锐之人,唯此方能充分采集患者的感觉,对那些极不确定和模糊的信息作出确判断、归纳与推理。必须有心灵的参与,其才华和技术方不会打折扣,那些物质注射才会在人体上激起神奇的响应与回馈。相反,如果他从感情上贬低了生命——对之采取了一种疏远、懈怠、轻蔑的姿势,那他就无法从行为上去拯救生命。

无疑,一个白衣人的医绩乃其对"人"之信仰的结果,乃其对生命尊重程度所获得的来自人体的诚谢与报答。

死亡:医学的耻辱

在和平年代,医院已正式成为接纳死亡最多的场所,也成了唯一能使死亡"合法化""职业化""技术化"的特权领地。在世众眼里,包括很多白衣人看来,死亡现象显然已"合情合理"——事情似乎明摆着,即使拼了力,使尽了所有手段,而那些顽疾、重伤、癌症、艾滋病……生命的溃口毕竟太大了,有限的医学现实难免败下阵来。

但我想说的是:作为一名严格意义上的白衣人,一位怀有深厚的人道心理和生命关怀力的施治者,无论如何,都不能将死亡(如此剧烈之惨变)视为"合理"——这与医学的最高境界和使命是背道而驰的。

从古老的诞辰日起,医学即注册了其性质只能是"生命盾牌"而绝非任何形式的"死亡掩体"。她是以"拒绝死亡"为终极目标的,这也是其最高的美学准则和道德律令。从纯粹意义上讲,任何非自然的死亡都将是医学之耻辱,都是医学现实的无能所致,都是对生命的辜负和渎职——只有满足了这一指控,只有基于这种最严厉的批评和诠释,"红十字"才当之无愧地享有她天然的神圣与崇高,才堪称人世间最巍峨、最清洁的结构指向之一。

"必须救活他"——假如医学在这一誓言前让步了、畏缩了,那她自身的价值尺度和尊严即遭到了损害,即等于自己侮辱了自己。

托马斯在他的书中还回忆了一桩终生难忘的事。

一位年轻的实习大夫,在目睹自己的一名患者死去时,竟失声痛哭。作者尤其指出,那死并非"事故"所致。也就是说,按通常理解,医方并无过失。可一个并无过失之人何以伤心到"必须哭泣"的地步呢?

意义即在此,境界即在此,信仰即在此。

我想(或许亦符合托马斯的理解),那一刹,促使年轻人流泪的除了悲悯之外,还有赖于另一项更重要的刺激,即一个他难以接受的事实:医学之无能!医学对一个生命的辜负和遗弃。他见证了这一幕,他感到震惊,感到害怕,感到疼痛和悲愤,感到了内心的"罪感"……他竟如此的不习惯死亡!他被压迫得喘不过气来。他无法原谅自己所在的"医学"(自己曾是多么器重她,敬慕她)——他投奔这座殿堂,是冲着她"保卫生命"的伟大含意去的,而其现实却如此的拙劣、平庸,她对生命许下的承诺竟如此难以兑现——作为这殿堂上的一员,他无法不为自己的集体汗颜。在死亡对医学的嘲笑声中,他觉得自个亦被嘲笑了……

习惯死亡是可怕的。倘若连一颗心脏的骤停——这样巨大的事实都唤不起情感的颤动,这说明什么呢?麻木与迟钝岂不是比昏迷更可怕的植物心态?在所有的医疗事故中,同情心的死亡乃最恐怖的一种。

让我们与托马斯一道,向这份珍贵的哭泣致敬!它来自一名年轻人献给这世界最干净的礼物:痛苦和自责的勇气。

(年少时,有部日本电视连续剧《血疑》,其中有一情景,幸子去世了,大岛茂跟跄着奔出手术室,泪水纵横,狠狠地捶击墙壁:"连自己的病人都救不活,我还配作一个医生吗?"我牢牢记住了那张凄凉和哀怨的脸——这丝毫不损伤它的刚毅与优秀。所有的心灵都清楚,他配得上!凭这撕心裂肺的哀鸣即配得上!他不仅以父亲名义,更以医生身份来咀嚼这份由医学失败带来的耻辱。当时我天真地想,若自己得了病,就把身体交给这样的医生……此前,剧中还有这样的旁白:"为了拯救幸子的生命,大岛茂和他的同事们夜以继日地工作着,他们在争分夺秒和死神赛跑。"我感动于"争分夺秒"四个字,它让我感受到和平年代最伟大的战士即白衣人,他们的职责即保卫生命,其劳动质量涉关人类的生命安全和基础幸福。少年时代,在我的精神和情感发育上,影响最大的不是教科书或大师著作,而是两部日本电视剧:《血疑》和《蔷薇海峡》。也让我记住了一个男人的名字:宇津井健。两部剧中,他都扮演了最好的医生、最好的父亲和爱人。在《蔷薇海峡》里,他还让我见证了一位英雄般的民选市长,一切威胁公众幸福的疾病——生理的和社会的,都是他的天敌。该剧的背景音乐也是我最喜欢的,至今我仍打听它的下落。追溯起来,这是我最早的精神启蒙了,它们告诉了我什么叫爱和责任、什么叫良知与正义、什么叫优秀的男人、医生和公仆……在"做一个高尚的人"方面,它们提供的营养远大于其他精神食粮。为纪念和答谢,我还专门收藏了一套《血疑》的电视连环画。后来我常困惑,就算"德育",何以中国大陆就拍不出一部那样的影视剧呢?何以那么多的本土

"主旋律"和道德产品都荒诞不经呢？一定是这个社会的精神肌里有问题,我们的内心太荒凉了,沙漠化、盐碱化,既没种子,亦无水土。)

医学的身份

根据体会,凡特别尊重生命与自我的人,在开始一项长期劳动前,是需要匹配一束强大理由的。这理由须坚实、饱满,有不俗的精神魅力和荣誉性,符合主人的审美心理和价值诉求——唯此才能对该事业起到牢固的支撑和持续的推动力。

不知现在的医学教育有没有正式向学员发出这样的设问:何为医职？何以为医？

如果仅仅把"红十字"作最平庸最无能的理解,比方说为了"糊口""谋生",而非基于人文理想的考虑,并无任何高尚的心理打算和精神准备——那他的身份就极可疑。由于信仰的缺席——他根本不对人生提出正式的价值期待,其行为即很难从正常意义上去确认、检验和评估了,姑且称之为"混"罢。现实中,大量粗鄙的医职人员就是循着这样的职业流程从"医学院"的轧模机上被复制出来的——犹若"假肢"一般(无精神性可言,只有空荡荡的工具含量)。说到底,他取得的只是一张不及格的"上岗证",而绝非生命的身份证。

尽管当代亦不乏值得骄傲的白衣人形象,尽管现时医学已取得了物质与技术的高度繁荣,但须承认,从心灵和人文角度看,我们曾一度清洁的医学传统,实际上正披覆着可怕的蒙昧,我们的很多医职人员并未很好地履行使命,"红十字"的尊严与荣誉正屡屡遭受来自内部的诋毁和污损。翻开报纸:少女被误摘卵巢,妇女腹遗纱布旷达十数年,儿童被推错了手术室……

况且这尚非技术原因造成的,仅由粗鄙的医疗态度所致。至于误诊漏治而酿的隐性事故就更无从指认了。由于病理本身的复杂和专业隔膜,患者及家属很难对医疗质量作有效的判断、跟踪和鉴别,治好了乃医之功德,治坏了是自个不争气……说到底,这是一份没有合同保证的契约,医方永远是赢家,是受益者。所以,在医疗诉讼中,患者一方总处于劣势,除了乞求与悲愤,实难为自己找到有力的证据支持。

由于天然的德能地位,医院本质上有异于任何一项服务产业。经验证实,医务质量与经济效益是难成正比的。单靠功利欲望作兴奋剂,激弹起的只是世俗的阴暗心理,削弱的却是真正的医学精神和心灵尺度。若不把患者当做一个有尊严有价值的生命——而仅视为一间小小的"银行"(暗中作着"提款"或"洗劫"打算),并据此确立自己的服务程度,那医院就不再是本质意义的人道场所,那枚和教堂一样高耸的"十"字就应声坠落了。

医学的原色是伟大的,作为一项最古老的职业,从几千年起,她就扮演了一项近乎于神职(西方的上帝、东方的菩萨)的角色,她发轫于道义,并籍道义来维持呼吸和繁衍,她荫惠天下,布济苍生,承纳民间的膜拜和无数感激,而荣誉的犒赏又滋养了其德能力量……

为西方医德最早立下纪念碑的,是古希腊的医生希波克拉底,他每次行医前都要重复自己的誓言:"我愿尽我力之所能与判断力之所及,无论至于何处,遇男遇女,贵人及奴婢,我之唯一目的,为病家谋幸福……"而隋唐名医孙思邈可谓东方医德的代表,他对"郎中"的道德诉求是:"无欲无求,先发大慈恻隐之心,普救生灵之苦。"再像古时的扁鹊、华佗、张仲景、李时珍等,他们的职业理由比起今人来说,皆纯粹和本真得多,均散发着浓郁的博爱色彩和济世情怀。某种意义上,古代医学行为更接近医学的精神正源,其对外部世界的慷慨施予,于自我严格的修为操守,堪与最清洁的神性劳动——宗教行为——相媲美。

你准备好了吗

选择了医学,即选择了她的美德和自在尺度,即须义无反顾、理所当然地对全社会起誓:"为了保卫生命,我决心投身医务!"

许多精神常识于一个白衣人的青年时代即应早早确立了。

想起医学院的莘莘学子,在尔辈携着稚气、满怀憧憬地步入校园之际,有没有迎来这样的时刻：你们尊敬的老师或校长，突然决定领你们去见一个人，一位刚刚失去爱子的母亲？

　　你们应握住那虚弱之手，凝注其枯黯的瞳孔，聆听她凄恸的抽泣……你们应努力结识这位不幸的母亲——而她可能是任何一个人的母亲！请记住这严酷的一幕，记住这是由医学的无能造成的。你们应感到悲伤，感到歉疚才是。更重要的，你们应试着对医学的现实发难，直面前辈们落下的耻辱。既然是耻辱，就建议你们大胆地去咀嚼，直到咀嚼出力量来。而在未来，你们将获得荣誉。

　　如果这真能成为开学以来的"第一课"，我将羡慕、祝贺你们——终于有了一所好学校！在那儿，你将遇到真正的知识和精神。倘若根本不是这样，我则替你感到遗憾，遗憾没有好的老师和校长。

　　做一名白衣人对世界意味着什么？

　　每个人都可能在某个忧郁的日子里来见您。他走了那么远的路，挨了那么久的煎熬，打听了那么多门牌和号码，费尽周折，终于站在了您——一个有力量的人面前。他强打精神，满怀期待，献上感激，指着自己的心脏、胸口或某个沉重的部位：这儿，这儿……

　　他选中了您，也就把身体的支配权给了您，亦把巨大的荣誉和信赖给了您，仰仗您能挽救他，留住未来的时日和幸福。总之，他是怀着朝圣的心情来见您的。无论一个平素多么轩昂和自恃有力的人，此时，其眼眸深处都跳跃着一粒颤抖的火苗：请，救救我……

　　可，尊敬的白衣人，您准备好了吗？

✚ 自 测 题

1. 解释下列词语

（1）紊乱

（2）奉若神明

（3）砥柱

（4）谙悟

（5）欷嘘不已

（6）懈怠

（7）踉跄

（8）媲美

2. 阅读理解

（1）文章包含哪五个部分，它们之间是什么样的关系？

（2）托马斯宣言的具体内容是什么？

（3）在第二部分第六自然段，为什么作者认为"医学，不仅是物质与技术的，更应是精神与人文的"？

3. 读后感

你认为死亡是医学的耻辱吗？如果你是一名医生，在面对自己的患者失去生命时，你会失声痛哭吗？

4. 说一说

请把文章作者（王开岭）介绍给你的同学。

5. 角色扮演

本文作者认为在医患关系中，谁是强势一方？谁是弱势一方？请小组同学进行角色扮演，体会医生和患者之间的关系。

6. 专题讨论

你认为一名优秀的医生应该有什么样的医德？小组专题讨论：作为一名医学生，应该做出什么样的准备？

7. 写作

请对文章的主要内容和观点进行概括总结，字数在300字以内。

"协和"这两个字 [1]

讴 歌

1921 年,当小洛克菲勒登上"亚洲快线"轮船时,《纽约时报》说"他去了中国"。同行的还有约翰·霍普金斯医学院的校长韦尔奇,他在六年前就造访过中国,为了一个建造"北京协和医学院"的计划。

这一行人登上"亚洲快线"后,引起了众人的注目。在小洛克菲勒的六只行李箱中,有一大箱全是书,其中一本是描写亚洲的《中国、日本和韩国》。韦尔奇则在轮船上被邀请做演讲,他的题目是《中国的医学教育》,乘客们被他的热情打动,特别是讲到现代科学的价值、西方医学如何助力中国文明、如何适应中国需要而改良。但这些问题对已为"北京协和医院"准备了七年的洛克菲勒基金会来说,再熟悉不过。

他们乘了一个多月的轮船,到达中国。站在离天安门不远的饭店阳台上,他们往东北望去,在王府井和东单之间,有一组中国宫殿式建筑,绿色琉璃瓦,汉白玉围栏,画栋雕梁。那片在清朝豫王府旧址之上、琉璃瓦之下的世界,就是即将创建的协和医学王国,老百姓传闻中的"油王府"。

协和的"志在世界一流",并非今天大学运动中的空洞口号。它用了差不多十年的时间,让世界知道协和。1923 年,美国《时代》周刊回顾洛克菲勒基金会成立以来的十年之路。除了惊人的拨款数字,就是它在发展中不断锁定的中心主题:为全人类的健康。而耸立在这个主题两旁,是两大伟绩:一个在美国,是约翰·霍普金斯医学院;另一个则在中国,是PUMC——北京协和医学院。(20 世纪)40 年代,汤佩松在清华大学创办农学院时提出的目标是:"清华农学院应当办成中国农学界的 PUMC(北京协和医学院)。"1951 年,新政府接管协和时指示:"协和医院在亚洲乃至全世界都很有名望,我们一定要把她办好,办不好影响不好。"

协和的成长,充满了医学和医学之外的传奇和故事。

这所学校开风气之先,成为中国第一所招收女生的医学院校,有了中国真正的护士学校;这里的一位来自加拿大的解剖学教授,根据来自周口店的一块牙齿化石,确定出一个独特的人种——"北京人",两年后在周口店挖出的第一块"北京人"头盖骨,轰动了全世界;一位叫浦爱德的美国女人,来协和医院创建了"社会服务部",关心病人出院后的社会链接,赋予医学以温情,许多燕京大学社会学系的毕业生来此求职;一位叫兰安生的美国教授来到协和,给学生们讲"一盎司的预防,胜过一磅的治疗",他和中国人喝酒交朋友,带着协和学生走出医院,走进胡同,关注更多百姓的健康。日后他的一位学生受到感召,毕业后去了农村,在定县建立起中国"赤脚医生"的雏形。

这所学校的办学,也成了独特的协和现象。曾经的巨大投入,在实施"淘汰制""宽进严出"之后,只有极少数的产出。而这每年平均 16 位毕业生的"极少数产出",后来却成了中国医学界的大半精华,他们每一位都撑起了中国半个世纪的医学世界。在校园里和医院里,它曾拥有一批医学大家,教学严格并带有强烈的启发式,鼓励学生"以病人为中心,向病人学习"。一批批年轻人来到这里,在协和式的气氛中"熏"着成长,内心的热忱被激发,体悟着怎样成为一位好医生。而这种真正的大学精神令人神往,可惜在后来渐渐遗失。

在今天的北京东单三条,协和建筑群的雕梁画栋、俄式大楼、现代大厦交杂在一起。一块

---

①该文选自《协和医事》(生活·读书·新知三联书店 2007 版)。

标着"北京市文物保护单位"的门牌,提醒着时间的力量。在今天,这群建筑代表的有:中国医学科学院、中国协和医科大学、北京协和医院。对后两者,经90年的积淀,人们概括为两个字:"协和"。

准确地说,"协和"这两个字暗示的是:曾经对中国医学教育和中国医学的推动,医事之道的至高境界。但它在时间打磨中积累的内涵,已超越了医学学科和医生职业。在民间,人们按照自己的想象和期望,赋予了"协和"许多延伸内容,这两个字渐渐演化成——医疗安全感、医学精英、关爱百姓的亲切姿态、病人重获健康与温情的可能。病人说:"我们千里迢迢到北京协和看病,是到了头。无论如何我们心甘了。"

到了21世纪,有报道题为《全国人民看病上协和》。2007年的一则"协和打假"新闻,告诉人们一个简单事实:全国那50多家企图借用"协和"名号的机构,其实在老百姓脑中偷换不了"协和"这两个字所蕴含的医事之道。

90年后已是别样的时代。协和仍然矗立在沸腾生活中,呼吸着有些浑浊的现代空气。它锻造出来的第一代名医,多已不在世上,但名字恒久流传,成为不可复制的神话。西医已改变了人们的生活,医疗再次成为中国的尴尬问题。今天的协和,更像一个警世者,提醒着人们什么是更纯粹的医学意义,什么是以实现这纯粹意义为目标的医学生活。虽然有人感叹,在数次断篇、演化之后,协和已失去了一些内涵,但仍然是一清早门诊号就挂没了,仍然有一些协和人,拒绝平庸,保留着精英的自律,选择对病人最实惠的方案,仍然尽己可能维护着医患交流的正面形象。

在今天谈协和,不只是为了在曾经的功绩传奇中获得一种因怀旧而生的安慰,也希望通过解读90年的协和医事,为眼前的医疗困境找到一些标准和答案:什么是卓越的医学院和优秀的医学教育? 好医生是怎么产生的? 什么是为医之道和为医的幸福感? 病人在医生眼中是什么位置? 医学如何去关心广大民众? 这也许是我和读者所共同关心的。

如果我们问,在90年之后,"协和"这两个字,对中国老百姓、对医学生、对医生的吸引力,究竟来自哪里? 也许是因为人们怀着这样一种不灭的期待:这个世界仍存医学温情,医学以己之力解除病痛。而协和曾以自己独特的医学方式,向人们展现了这种可能。

自测题

1. 本文的标题是(　　)
   - A. 协和医事
   - B. "协和"这两个字
   - C. 医事,关于医的隐情和智慧
   - D. 协和这两个字

2. 本文的作者是(　　)
   - A. 余秋雨　　　B. 周国平
   - C. 讴歌　　　　D. 王开岭

3. 课文中"洛克菲勒基金会在发展中不断锁定的中心主题"指的是(　　)
   - A. 为全人类的健康
   - B. 为全人类的幸福
   - C. 为全人类的生命
   - D. 为全人类的尊严

4. 根据课文,洛克菲勒基金会在中国的一大

伟绩是(　　)
   - A. 北京协和医学院
   - B. 清华大学
   - C. 清华大学农学院
   - D. 约翰霍普金森医学院

5. 根据课文,中国第一所招收女生的医学院校是(　　)
   - A. 中国医学科学院
   - B. 中国协和医科大学
   - C. 北京协和医学院
   - D. 北京大学医学院

6. 协和医学院一位来自加拿大的解剖学教授,根据来自周口店的一块(　　)化石,确定出一个独特的人种。
   - A. 指甲　　　B. 头盖骨

C. 牙齿　　D. 头发

C. 蔚县　D. 周口店

7. 一位叫做浦爱德的美国女人,来协和医院创建了(　　),关心病人出院后的社会链接。

A. 社会服务部

B. 心理服务部

C. 康复服务部

D. 理疗中心

8. 美国教授兰安生的学生在(　　)建立了中国"赤脚医生"的雏形。

A. 赵县　　B. 定县

9. 协和医学院"宽进严出",每年平均(　　)名毕业生产出。

A. 30　　B. 20

C. 16　　D. 15

10. 协和医学院培养的医学界精英提倡学生(　　)

A. 以病人为中心

B. 向病人学习

C. 以病人为中心,向病人学习

D. 向实践学习

口语交际

专 题 讨 论

专题讨论法是学生在教师的指导下为解决某个问题而进行探讨、辨明是非真伪以获取知识的方法。其优点在于能更好地发挥学生的主动性、积极性,有利于培养学生独立思维能力、口头表达能力,促进学生灵活地运用知识。运用讨论法需要学生具备一定的基础知识、一定的理解能力和独立思考能力,因此讨论法在高年级运用得比较多。

运用专题讨论的基本要求

第一,选择好讨论的主题。讨论主题的选择要注意四个方面:①效度,即安排的讨论要切合课堂教学内容,直接为教学服务。②难度,即讨论的主题要难易适中,既不要因为太难使学生无话可说,也不要因为太易使学生不屑于说。③新颖度,即讨论的主题要新颖不落俗套,让学生跃跃欲试。有时,对于一个司空见惯的主题,教师不妨在备课时先做一下包装,或逆向思考,或附加故事,或设置对立面,这样也有不错的效果。④热度,即要求讨论的主题或是社会热点问题,或是学生普遍关注的问题。

第二,把握好讨论的时机。一般说来,讨论的时机出现在:①教师在教案中预先设计的必经程序,前阶段教学已为讨论作了充分的铺垫,学生经过讨论能对教学内容有更深刻的认识。②教学过程中有学生提出问题,教师认为让学生讨论比自己直接讲出更好时。③学生在教学过程中进入一种"愤悱"状态,教师认为学生讨论可使问题思考得更全面,学生通过恍然大悟得出结论更高兴。

第三,分配好讨论的角色。可采取分成讨论小组的方式。小组一般为4~6人。有研究表明,按人际关系分组最好。但在课桌按秧田型排布的教室中,教师不愿使秩序发生太大的改变时,也可让奇数排的学生转过去与偶数排的学生讨论。还可以进行组内分配。教师要根据经验选好讨论主持人、中心发言人、讨论记录人,要使人人积极参与,也要让讨论小组处于一种有组织的状态。

第四,安排好讨论的程序。学生讨论可以分为三步:①观点交流:小组内每个人对这个问题有什么看法,分别说出来。②观点改进:小组成员表示对其他人的观点是否接受,提出改进、完善彼此观点的看法。③观点总结:小组内部达成比较一致的看法,总结小组观点并应教师的要求向全班学生表述本组观点。在整个讨论的过程中,教师的巡回指导、参与讨论、鼓励表扬也很重要。

第五，使用好讨论的结果。一般有这样几种做法：①让讨论结果返回到教学流程，成为下一步展开的资源要素。②将讨论题布置成书面作业。学生写出来之后更能使思维缜密化，使观点经得起推敲。③允许学生进一步发挥，鼓励学生课外探究。精心设计的讨论主题，也是进行研究性学习的好材料。

第六，训练好讨论的技能。讨论中要求学生具备以下三种主要能力。①思维能力。初步培养学生思维的深刻性、灵活性、创造性、批判性、敏捷性，初步培养学生的聚敛性思维与发散性思维。②口头表达能力：初步培养学生用口语表达自己观点的能力，清晰、准确、有逻辑性。③交际能力：培养学生乐于与人交往、善于与人交往的能力，试图改变部分学生封闭的倾向。可以在学习、生活中进行有意识的训练这些技能，更重要的是使学生经常讨论，从而使学生喜欢课堂讨论。

专题讨论在企业中应用

企业中的专题讨论是指专门邀请一部分人员，在一个有经验的主持人的引导下，讨论一种产品、一项服务、一个组织或其他市场营销话题的一种调研方法。运用专题讨论法，要求主持人的论述具有客观性，了解所讨论的话题，并了解群体激励和消费者行为。

专题讨论法一般都根据事先准备好的询问项目或询问顺序进行。在具体操作时，除由1~2位主持人主持座谈外，还可用录音机或摄像机等将座谈者的座谈内容加以记录，以备今后分析。

专题讨论法的注意问题

专题讨论法的特点是某一座谈者的发言，能对其他参加者予以刺激，对讨论主题在看法、感情、态度等方面作出连锁反应，表达出自己切身的感受。但在采用专题讨论法时，应注意以下几个问题。

（1）应注意邀请参加讨论者应在年龄、性别、职业及其他特性等方面尽量相仿，如果年龄、职业等差距太大，会缺少一种连带感，这样往往会阻碍座谈者的发言。

（2）主持人应注意将不同生活背景和动机的座谈者融洽在一起，利用职业、趣味等适当话题调节谈话气氛，促进感情交流，使座谈会能达到预期的效果。

（3）要注意尽量使每位座谈者都能发言，并且每人发言次数尽可能平均。

（4）主持人应注意控制会场主题和气氛，既不要让座谈者的发言偏离主题，又不要使座谈者感到受限制而不愿畅谈自己的感想。

➕ 自 测 题

1. 专题讨论对教师有什么样的要求？

2. 专题研讨对学生有什么样的要求？

3. 在专题研讨过程中，主持人要注意什么样的问题？

4. 在专题研讨过程中，发言者之间会产生相互影响吗？

5. 专题讨论法仅可以用在教学和企业调研之中吗？

书面表达

总分式段落

段落是文章中最基本的单位。段在内容上,具有一个相对完整的意思;在文章中,段为换行的标志。段是由句子或句群组成的,在文章中用于体现作者的思路发展或全篇文章的层次。

常见的段落结构:总分结构、并列结构、承接结构、因果结构、转折结构。我们主要了解总分段落。总分结构有三种:第一种形式先总后分,第二种是先分后总,第三种是先总后分再总。

第一种形式先总后分。这种结构,段落中句与句之间的关系是先总叙再分述。

【示例】它的颜色非常鲜艳。头上的羽毛像橄榄色的头巾,绣满了翠绿色的花纹。背上的羽毛像浅绿色的外衣。腹部的羽毛像赤褐色的衬衫。

【简析】这一段一共写了四句话。第一句是总的叙述翠鸟的颜色非常鲜艳。第二、三、四句是围绕总叙的意思,分述了翠鸟"头上的羽毛""背上的羽毛""腹部的羽毛"的颜色"非常艳鲜"。

第二种是先分后总,段落中句与句之间的关系是先分述再总叙。

【示例】松鼠的肉可以吃,尾巴上的毛可以制毛笔,皮可以做衣服。松鼠真是一种有用的小动物。

【简析】这一段话是先分说,后总说。先分别说明松鼠的用途:"肉可以吃""毛可以制笔""皮可以做衣",然后总说,"松鼠真是一种有用的小动物"。

第三种是先总后分再总。

【示例】这座桥不但坚固,而且美观。桥面有石桥,栏板上雕刻着精美的图案:有的刻着两条互相缠绕的龙,嘴里吐出美丽的水花;有的刻着两条飞龙,前爪互相抵着,各自回首遥望;还有的刻着双龙戏珠。所有的龙似乎都在游动,真像活的一样。

【简析】这一段话是"总—分—总"式的结构。该例共写了6句话,第1句总说桥不但坚固而且美观。第2~5句分别说栏板上雕刻的三种不同形态的龙如何精美。最后一句总说这些龙"像活的一样"。

不管运用哪一种构段方法,都要围绕段的中心意思来写,目的是把内容写具体。

自 测 题

1. 总分式段落有哪三种形式?

2. 举例应用先总后分式段落结构。

3. 举例应用总分总式段落结构。

4. 请再查阅资料,找出并列式段落结构的特点。

阅 读

分析阅读（一）

我们一直在强调读书方法和写作方法，这对于提高我们的读写能力是非常重要的。任何学术都是从最为基本的阅读开始的，对于一部书缺乏正确的阅读和总结，就根本谈不上学术了。没有分析阅读的能力，我们如何准确地把握一部书的主题，而当我们对文本的主题不了解的情况下，是无法完成文本的主题汇总和分析的。因此，我们要有分析阅读的方法与能力。掌握一个有效的阅读方法，能够更加有效地读书。那么，如何进行分析阅读，这是本单元及第十单元所要介绍给大家的阅读方法。

笼统地讲，分析阅读可以分为三个阶段，本单元着重介绍第一阶段的四个规则。

学会给书分类

在阅读一本书之前，你一定要先学会给书分类，一定要知道自己在读的是哪一类书，而且要越早知道越好。譬如，你一定要知道，在读的到底是虚构的作品——小说、戏剧、史诗、抒情诗；还是某种论说性的书籍？几乎每个读者在看到一本虚构的小说时都会认出来，所以就会认为要分辨这些并不困难，其实不然。像《波特诺的牢骚》，到底是小说还是心理分析的论著？《飘》是爱情小说，还是美国内战时期的南方历史？当然，这些书都是小说。

将书粗略地分类，主要可以分为两类：一种是虚构的小说类，另一种是传达知识、说明性的论说类。在论说性的书籍中，我们可以更进一步将历史从哲学中分类出来，也可以将这二者从科学与数学中区分出来。

一本论说性的书的主要目的是在传达知识。"知识"在这样的书中被广泛地解说着。任何一本书，如果主要的内容是由一些观点、理论、假设、推断所组成，并且作者多少表示了这些主张是有根据、有道理的，那种传达知识的书，就是一本论说性的书。就跟小说一样，大多数人看到论说性的书也一眼就能辨识出来。然而，就像要分辨小说与非小说很困难一样，要区别出如此多样化的论说性书籍也并非易事。我们要知道的不只是哪一类的书带给我们指导，还要知道是用什么方法指导。历史类的书与哲学类的书，所提供的知识与启发方式就截然不同。在物理学或伦理学上，处理同一个问题的方法可能也不尽相同。更别提各个不同作者在处理这么多不同问题时所应用的各种不同方法了。

如何能将一本书更好、更快捷地分类呢？首先，你要先检视这本书，用检视阅读法先浏览一遍。你读读书名、副标题、目录，然后最少要看看作者的序言、摘要介绍及索引。如果这本书有书衣，要看看出版者的宣传文案。这些都是作者在向你传递信号，让你知道风朝哪个方向吹。例如，有时你可以从书名中看出一本书是不是实用型的。如果标题有"……的技巧"或

"如何……"之类的字眼,你就可以马上归类。但有时书名或前言之类的东西并不能帮助我们确定一本书的类别,那我们该怎么办?这时你可能要把一本书的内容读了相当多之后,才能根据书中所强调的问题,来给它进行分类。

那么我们为什么要给书分类呢?举个简单的例子,如果你走进一间教室,老师正在讲课或指导学生,你会很快地发现这间教室是在上历史、科学或哲学课。这跟老师讲课的方式有关,他使用的词句,讨论的方式,提出的问题,期望学生作出的答案,都会表现出他隶属的是哪个学科。如果你想继续很明白地听下去,先了解这一点是很重要的。同样的道理,要读好书,先分好类。书本与阅读者之间的关系,跟老师和学生之间的关系是相同的。既然书本所要传达给我们的知识不同,对我们的指导方式也会不同。如果我们要跟随这些书本的指导,那就应该学习以适当的态度来阅读不同的书。

概述整体内容

要想读透一本书,应先粗略地把握一下文章的大概内容。这就是说你要尽量简短地说出整本书的内容是什么。使用一个单一的句子,或最多几句话来叙述整本书的内容。

说出整本书在干什么,跟说出这本书的类型是不同的。"干什么"这个字眼可能会引起误解。从某一方面来说,每一本书都有一个"干什么"的主题,整本书就是针对这个主题而展开的。如果你知道了这个主题,就明白了这是什么样的书。但"干什么"还有另一个层面的意思,就是更口语化的意义。我们会问一个人是干什么的,他想做什么等。所以,我们也可以揣测一个作者想要干什么,想要做什么。找出一本书在干什么,也就是在发现这本书的主题或重点。

一本书是一个艺术作品,除了要外观的精致之外,相对应地,还要有更接近完美、更具有渗透力的整体内容。这个道理适用于音乐、美术、小说、戏剧,传递知识的书当然也不例外。

对于"整体内容"这个概念,光是一个模糊的认知是不够的,你必须要确切清楚地了解才行。只有一个方法能知道你是否成功了。你必须能用几句话,告诉你自己或别人,整本书说的是什么。如果你要说的话太多,表示你还没有将整体的内容看清楚,而只是看到了多样的内容。不要满足于"感觉上的整体",自己却说不出口。如果一个阅读者说:"我知道这本书在谈什么,但是我说不出来。"这应该是连自己也骗不过的。

列举写作纲要

所谓纲要就是将书中重要篇章部分按照秩序和关系列举出来(分解独立),还要列出各个部分的纲要即各部分自成一个整体,各有各的整体性与复杂度,用以说明它们如何按照顺序组成一个整体的架构(条理逻辑)。重点在于"部分"和"复杂度"的角度,怎样呈现多个部分的面貌,多个不是松散的无联系的多个,而是互相融合成有机体的多个。

一本好书,就像一栋好房子,每个部分都要很有秩序地排列起来。每个重要部分都要有一定的独立性。就像我们看到的,每个单一部分有自己的室内架构,装潢的方式也可能跟其他部分不同。但是一定要跟其他部分连接起来——这与功能相关,否则这个部分便无法对整体的智能架构作出任何贡献了。

房子与房间的关系,即整体与部分的关系。部分是独立的,但部分之间要功能性地连接组织起来成为整体。自己找出所读书籍的架构是读者的责任,就好像当初作者有责任写作时自己设定一个架构一样,只有当读者读完整本书找出架构时,才能诚实地放下这个责任。

如何驾驭复杂的内容,为一本书拟好大纲呢?这里我们来介绍一个架构的书写公式(大纲的形式)。

(1)作者将全书分成如三个部分。第一部分谈的是什么,第二部分说的是什么,第三部分写的是什么事。

（2）第一个主要部分又可分为三个段落。第一段落是 X，第二段落是 Y，第三段落是 Z。

（3）第一部分的第一段落，作者又有四个重点，分别是 A、B、C、D 等。

读者要发现书中隐藏着的骨架，而作者是以制造骨架开始，却想办法把骨架给隐藏起来。他的目的是用艺术的手法将骨架包装起来，或是在骨架上添加血肉。如果他是个好作者，就不会将一个发育不良的骨架埋藏在一堆肥肉里，同样，也不会瘦得皮包骨，让人一眼就看穿。如果血肉匀称，也没有松弛的赘肉，就可以看到关节，可以从身体各个部位活动中看出其中透露的言语。

阅读一本好的书籍，应该有整体感，即第二条规则；清楚明白（分解独立）而又前后连贯（条理逻辑），即第三条规则。这其实也是优秀写作的基本准则。

发现作者意图

一本书的作者在开始写作时，都是有一个问题或一连串的问题，而这本书的内容就是一个答案或许多答案。

作者可能会，也可能不会告诉你他的问题是什么，就像他可能会，也可能不会给你他工作的果实，也就是答案。不论他会不会这么做，身为读者，你都有责任尽可能精确地找出这些问题来。你应该有办法说出整本书想要解答的问题是什么。如果主要的问题很复杂，又分成很多部分，你还要能说出次要的问题是什么。你应该不只是有办法完全掌握住所有相关的问题，还要能明智地将这些问题整合出顺序来。哪一个是主要的，哪个是次要的？哪个问题要先回答，哪些是后来才要回答的？

如果你能知道每个人都会问的一些问题，你就懂得如何找出作者的问题。这个可以列出简短的公式：

某件事存在吗？是什么样的事？发生的原因是什么？或是在什么样的情况下存在？或为什么会有这件事的存在？这件事的目的是什么？造成的影响是什么？特性及特征是什么？与其他类似事件，或不相同事件的关联是什么？这件事是如何进行的？

以上这些都是理论性的问题。

有哪些结果可以选择？应该采取什么样的手段才能获得某种结果？要达到某个目的，应该采取哪些行动？以什么顺序？在这些条件下，什么事是对的，或怎样才会更好，而不是更糟？在什么样的条件下，这样做会比那样做好一些？

以上这些都是实用的问题。

这些问题还不够详尽，但是不论阅读理论性的书还是实用性的书，这些都是经常会出现的典型问题。这些都会帮助你发现一本书想要解决的问题。在阅读富有想象力的文学作品时，这些问题稍作调整，是非常有用的。

我们介绍了分析阅读第一阶段的四个规则，这些内容是有整体性的，有同一个目标。这四个规则在一起，能提供读者对一本书架构的认识。当你运用这四个规则来阅读一本书，或任何又长又难读的书时，你就完成了分析阅读的第一个阶段。

海洋与生命①

童裳亮

浩瀚的海洋

站在祖国的海滨，欣赏一下海洋的景色吧。辽阔的海洋，无尽的碧波在荡漾，在金色的阳

---

① 该文节选自《科学实验》1977 年第 7 期。

光下,像无数面银镜在闪闪发亮。海渐远,天渐低,海洋在远方和蓝天相接。

翻开世界地图,看一看地球的面貌吧。整个地球表面,海茫茫,水汪汪,世界大陆只是耸出海面的一些岛屿,一些群山。

海洋确实浩大。世界海洋的总面积有3.61亿平方公里(千米),约占地球面积的71%。而世界陆地的面积只有1.49亿平方公里,大约占29%。

海洋不仅很大,而且很深。海洋的平均深度是3800米。而世界大陆的平均海拔高度只有840米。如果地球表面没有高低,全部被海水淹没,水深将有2440米。海洋最深的地方是太平洋的马利亚纳海沟,最大深度是11 034米。我国西南边境的珠穆朗玛峰是世界最高的山峰,它的海拔高度是8844.43米。如果将珠穆朗玛峰移到马利亚纳海沟,峰顶距海面还有2000多米!

所以,地大不如海大,山高不如水深。

生命的摇篮

我们人类祖祖辈辈在陆地上生活,总是把陆地看做自己的故乡。但是不要忘记,我们很远的祖先却生活在海洋。

大约在32亿年以前,最原始的生命在海洋里诞生。根据化石所见,这些原始的生命和今天的细菌相似。它们以海洋里自然形成的一些有机物为生,所以是一些"异养生物"。大约一亿年以后,才出现像蓝藻一样的原始生命。这些原始的蓝藻含有光合色素,能进行光合作用。也就是说,它们在地球历史上第一次能以取之不尽、用之不竭的太阳光作为能源,以水、碳酸盐(或二氧化碳)、硝酸盐、磷酸盐等无机物作为原料,合成富含能量的有机物——糖、淀粉、蛋白质、脂肪等,因此,这是一批自食其力的"自养生物"。

原始生命的诞生,像一声春雷,打破了地球的死寂,开辟了地球历史的新纪元。这些原始生命在和大自然的搏斗中生存、发展,经过亿万年的进化,逐步形成了原生动物、海绵动物、环节动物、软体动物、节肢动物、棘皮动物,以至出现了像鱼类这样比较高等的海洋脊椎动物。原始生命向另一个方向发展,又形成了许多海洋藻类①。

生命在海洋里诞生绝不是偶然的,海洋物理和化学性质,使它成为孕育原始生命的摇篮。

我们知道,水是生物的重要组成部分,许多动物组织的含水量在80%以上,而水母②一类海洋动物的含水量高达95%。水是新陈代谢的重要媒介,没有水,体内的一系列生理和生物化学反应就无法进行,生命也就停止。因此,在短期内,动物缺水要比缺食物更加危险。水对于今天的生命是这样重要,它对脆弱的原始生命,更是举足轻重了。生命在海洋里诞生,就不会有缺水之忧。

水是一种良好的溶剂。海水中含有许多生命所必需的无机盐,如氯化物,碳酸盐、硝酸盐、磷酸盐,还有溶解氧。原始生命可以毫不费力地从水中吸取它所需要的元素。

水具有很高的热容量,加之水体浩大,任凭夏季烈日曝晒③,冬季寒风扫荡,海水的温度变化却比较小。因此,巨大的海洋就像是天然的温箱,是孕育原始生命的温床。

阳光虽然为生命所必需,但是阳光中的紫外线却有扼杀原始生命的危险。水能有效地吸收紫外线,因而又为原始生命提供了天然的屏障。

这一切都是原始生命得以产生和发展的必要条件。

原始海洋的海水是淡的。在历史过程中,由于雨水冲刷,陆地上的无机盐被洗入江河,成年累月地倾注入海。再加上海水不断蒸发,使海水的含盐量不断增加。在生命起源的那个时期,海水还可能是比较淡的。到了无脊椎动物大量出现的那个时期,即距今五六亿年以前,海

---

①海洋藻类:生长在海洋中的低等植物。

②水母:腔肠动物,多数外形像伞,口在伞盖下中央,口周围有口碗,伞盖周缘有许多触手。种类很多,如海蜇等。

③曝晒(pù shài):用强烈阳光照晒,暴露在阳光下晒。

水可能是半咸的。今天绝大部分动物的体液,包括我们人体的血液在内,也都是半咸的,这是当时海水状况的重要见证。

正像温室里的花朵经不起风吹雨打一样,优越的海洋环境也限制了生物向高级的方向发展。高等动物和高等植物是在陆地上诞生的。爬行类、鸟类、哺乳类动物是原始的海洋鱼类移居陆地以后才慢慢进化起来的。而陆地植物则是由海洋藻类进化而来。这种移居陆地的过程,很可能是被迫的。由于地壳的变动和气候的变迁,一部分海洋变成了陆地,迫使一些水生的植物去适应新的环境。空气的比重很小,不能像海洋那样浮起动植物的身体,于是陆地植物逐渐分化为根、茎、叶。根钻进土壤吸收养料和水分,叶在空中吸收阳光进行光合作用,茎起着连接和支持植物体的作用。陆地动物逐步进化出四肢,以适应在陆地上的奔跑。由于陆地气候干燥,气温变化较大,于是陆地动物又进化出致密的皮肤和保温的毛发。总之,陆地的艰苦环境锻炼了生物,使它们的身体结构变得更加精细、更加复杂、更加完善。

今天的海洋,除了鱼类外,也有一些高等动物在那里生活着,如海龟、海蛇等爬行类,鲸、海豹等哺乳动物。海洋植物除了低等的藻类,也有少数高等植物。这些高等动植物是从陆地返回海洋的。

天然的牧场

辽阔的海洋,昔日是生命的摇篮,如今是天然的牧场。

海洋里的动物有肉眼看不见的原生动物,有个体小、种类繁多的甲壳动物,有人所喜食的鱼类,有地球上最大的动物——蓝鲸①。海洋的上空还有海鸟在展翅翱翔。

形形色色的海洋动物已成为人类副食品的重要来源。人类每年从海洋里捕获的鱼虾已达几千万吨,而且每年以百分之几的速度在增长着。如果海洋水产资源能得到适当保护和合理开发,将来每年的渔获量可望达到两亿吨左右。

经验告诉我们,哪里森林成荫,哪里就百鸟齐鸣;哪里牧草丛生,哪里便牛羊成群。海洋的情形也不例外。这是因为植物能依靠太阳光能来合成有机物,动物只能以植物生产的现成有机物作为燃料,来开动自己这部生命机器。尽管有些动物是吃肉的,但是这些动物所猎食的动物,到头来还要以植物为生。

当你来到海边,会看到各种各样的海洋植物(海藻)。有绿色的石莼、浒苔和礁膜②,有褐色的海带和裙带菜,有红色的紫菜和石花菜,还有形状像羽毛的羽藻,细长似绳的绳藻等,可以说五颜六色,形状万千,无所不有。这些较大的海藻,有的是人们的珍贵食品,有的是重要的工业原料和药材,有些海藻已进行人工养殖。奇怪的是,许多海洋动物并不吃这茂盛的海洋牧草。

离开海岸较远的广阔海面,很难再看到海洋植物的踪影了。那里真的没有植物吗? 不。那里有植物,只是肉眼看不见罢了。从大海里取一滴水,放在显微镜下观察,你会看到许多单细胞海藻。有的细胞外面有一个由硅质组成的硬壳,这是硅藻;有的细胞长着两根细长的鞭毛,在水中游来游去,这多半是甲藻。硅藻和甲藻是海洋里的主要单细胞藻,此外还有其他单细胞海藻。

不要小看这些单细胞藻,它们是海洋的主人。它们的数量很多——约占海洋植物总量的95%;分布广——分布在占地球面积2/3的海洋上。它们每年通过光合作用制造的有机物,约等于陆地植物的总产量,或是更多。就是它们,供养着几百亿吨级的海洋动物,是真正的海洋牧草。而生长在沿岸一带的大型海藻,不管它们怎样令人注目,讨人喜爱,它们在海洋植物界却是微不足道的。

---

①蓝鲸:也称"剃刀鲸",体长 20~25 米,有的达 30 米,是现存最大的动物。脂肪、鲸须、皮、骨、肉、内脏都可利用。
②石莼(chún)、浒(hǔ)苔和礁(jiāo)膜:都是海洋藻类植物。石莼,亦称海白菜、海青菜、海莴苣,属常见海藻。

我们伟大的祖国,不仅地大物博,人口众多,而且面临着世界最大的海洋——太平洋。我国的海岸线,北起鸭绿江畔,南到北仑河口,长达1800多公里。自北往南有渤海、黄海、东海和南海。

我国海域辽阔,岛屿成群,再加地处温带和亚热带,水产资源十分丰富。我国的海产鱼类有2000多种,目前产量较高的有200多种,其中有大黄鱼、小黄鱼、带鱼、鲥鱼①、鲳鱼、鲨鱼等。此外还有乌贼、鱿鱼、虾、蟹等无脊椎动物资源,以及鲸、海豹等海洋哺乳动物资源。

祖国的海洋啊!多少人为你歌唱,多少人为你奔忙!丰富的海洋生物资源将为祖国的建设发出巨大的热和光!

⊕ 自测题

1. 解释词语

(1) 浩瀚

(2) 孕育

(3) 举足轻重

(4) 屏障

(5) 扼杀

(6) 曝晒

(7) 翱翔

(8) 微不足道

(9) 摇篮

(10) 有机物

2. 阅读理解

本文采取总分总式结构,说明海洋与生命的关系。分清段落层次,列出结构提纲。

3. 课文读后谈

文中说"生命在海洋里诞生绝不是偶然的,海洋物理和化学性质,使它成为孕育原始生命的摇篮"。查资料,说一说生命与海洋的关系。

4. 语言运用练习

本文作为科普说明文,语言上很注重通俗性和趣味性,请结合课文实例作具体说明。

5. 标点符号练习

说说下列句子中破折号的作用。

(1) 它们在地球历史上第一次能以取之不尽、用之不竭的太阳光作为能源,以水、碳酸盐(或二氧化碳)、硝酸盐、磷酸盐等无机物作为原料,合成富含能量的有机物——糖、淀粉、蛋白质、脂肪等,因此,这是一批自食其力的"自养生物"。

(2) 海洋里的动物有肉眼看不见的原生动物,有个体小、种类繁多的甲壳动物,有人所喜食的鱼类,有地球上最大的动物——蓝鲸。

(3) 它们的数量很多——约占海洋植物总量的95%;分布广——分布在占地球面积2/3的海洋上。

6. 请你说一说

课文的三个小标题分别是"浩瀚的海洋""生命的摇篮"和"天然的牧场",为什么要先说明海洋的浩瀚而后说明海洋是生命的摇篮和天然的牧场?为什么"生命的摇篮"排在前面?请从说明文的说明顺序入手,谈谈三个小标题的排列顺序,进而明确全文的说明顺序。

7. 座谈

(1) 你见过大海吗?谈谈你对海洋的感受。

(2) 面对现在人类对海洋的污染,谈一谈你的想法。

8. 写作

把本文"浩瀚的海洋"这部分改写成一篇解说词。

眼睛与仿生学②

王谷岩

眼睛是人和动物的重要感觉器官。人眼从外界获得的信息,不仅比其他感觉器官多得多,而且有些是其他感觉器官所不能获得的。据研究,从外界进入人脑的信息,有90%以上来自眼睛。

---

① 鲥(shí)鱼:溯河产卵的洄游性鱼类,因每年定时初夏时候入江,其他时间不出现,因此得名。

② 仿生学是生物学、数学和工程技术学等学科边缘上的一门综合性学科。它把各种生物系统所具有的功能原理和作用机理作为生物模型进行研究,并在技术发展中运用这些原理和机理,目的是要实现新的技术设计并制造出更好的新型仪器、机器等。

眼睛的基本功能感受光的刺激、识别图像:从外界景物来的光线,通过眼的光学系统投射到视网膜的感觉细胞上,感觉细胞把光的刺激转换成一种电信号,而后通过视神经传到大脑,再经过脑的综合分析,人和动物便看到了景物的形象、色彩和运动的状况。

人和各种动物的眼睛,构造是不同的,各种构造不同的眼睛,功能又都有特殊的地方。研究、认识眼睛的各种构造和功能,可以从中得到重要的启示。这对发展现代科学技术有重要的意义。

人眼的光学系统跟照相机是十分类似的。但跟照相机只是把外界景物的图像映在照相软片上不同,人眼并不是把投射到视网膜上的图像一点不漏地传给大脑,而是先对图像进行信息加工,抽取线段、角度、弧度、运动、色度和明暗对比等包含重要信息的简单特征,并把它们编制成神经密码信号,再传给大脑。人眼的这种信息加工原理,对于改进某些机器的输入装置和自动控制系统的传送器,研制新型跟踪和发现系统,都具有十分重要的参考价值。

人眼还可以对比周围的景物,使人感知自身的运动和位置状态,确定物体的距离、形状和相对大小。人们由此得到启示,研制成功了一种叫做"生物-电子位置传送器"的"人造眼"。进一步完善这种技术装置,将可以用来自动控制宇宙飞船下降阶段的制导,选择合适的着陆场地,并实现稳妥地着陆;还可以控制无人驾驶探险车,使它准确灵活地避开障碍,选择道路,在人迹从未到过的地方长途巡行。

你如果看过科教片《保护青蛙》,一定会为青蛙动作的敏捷、捕食的准确而赞叹不已。青蛙所以能够具有这样一套特殊本领,主要是因为他有一双机能优异的大眼睛。

蛙眼对运动的物体简直是"明察秋毫",而对静止不动的物体却是"视而不见"。这是它适应特定环境所获得的一套特殊本领。就是靠这套本领,青蛙才能准确地捕捉食物和逃避敌害,在地球上生存了两百万年之久。

蛙眼能够敏捷地发现具有特定形状的运动目标,准确地确定目标的位置、运动方向和速度,并能选择最佳的攻击时刻。这种机能特性,用在技术上,特别是用在军事技术上,可以起重要的作用。根据蛙眼的视觉原理,借助于电子技术,人们制成了多种"电子蛙眼"。有一种电子蛙眼可以像真蛙一样,从出示给他的各种形状的物体当中,识别出类似苍蝇等昆虫形状的物体。这种识别图像的能力正是雷达系统所需要的。不断改进这种电子蛙眼,并把它用到雷达系统中,就可以准确地把预定要搜索的目标同其他物体分开,特别是把目标同背景分开,因而大大提高雷达系统的抗干扰能力,在显示屏上显示出十分清晰的目标。装有改进了的电子蛙眼的雷达系统,还有可能根据导弹的飞行特征,轻而易举地把真假导弹区分开来,使人们能够及时地截击真导弹而不为假导弹所迷惑。国外已经投入使用的一种人造卫星跟踪系统,也是模仿蛙眼视觉原理的。

由于受到视野和视敏度的限制,在高空飞行的飞行员单凭肉眼很难发现和识别地面目标。例如,飞机在6000米高空作水平飞行时,飞行员只能看到两侧八九公里(千米)和前方一二十公里狭窄范围内的地面。即使在这个区域里,对比较大的目标也不是总能准确无误地发现和识别的。但是,老鹰眼睛的视野却比人眼广阔得多。展翅翱翔于两三千米高空的雄鹰,一下子就能发现地面上宽广范围内的一只小兔或小鸡。如果我们能够研制出一种类似鹰眼的搜索、观测技术系统,就能够大大扩充和提高飞行员的视野和视敏度。如果能够研制出具有鹰眼视觉原理的"电子鹰眼",就有可能用于控制远程激光制导武器的发射。如果能够给导弹装上小巧的"鹰眼系统",那么它就可以像雄鹰一样,自动寻找、识别、追踪目标,做到百发百中。

跟人和上述各种动物的眼睛不同,另一类动物的眼睛别具一格。例如,蜻蜓的眼睛,没有人眼的那种眼球,也不能转动,而是靠着头部的转动朝向物体的。它的表面是一层比较硬的半透明角膜,边缘与头部表面融为一体。我们用显微镜观察,会惊异地看到,蜻蜓的一只大眼睛竟是由两万多只表面呈六边形的"小眼"紧密排列组合而成的。每只小眼都自成体系,有自己的光学系统和感觉细胞,都能看东西。这类由几十至几万个独立小眼构成的眼睛,叫做"复眼"。虾、蟹、蜂、蚁、蝇等节肢动物的眼睛都是复眼。复眼构成的精巧、功能的奇异,在某些方面为人眼所不及。因此,复眼已成为人们极感兴趣的研究对象,给了人们种种有益的启示。

有一种小甲虫,叫象鼻虫,它的眼睛是复眼,呈半球形,许多小眼排列在曲面上。在飞行中,不同的小眼是在不同的时刻看到外界同一个物体的。象鼻虫根据各个小眼看到同一个物体的时间差以及自身在此期间飞过的距离,可以很快地"计算"出它相对于地面的飞行速度。它的眼睛竟是天然速度计。模仿象鼻虫复眼的这种功能原理,人们研制成了一种测量飞机着陆时相对于地面的飞行速度的仪器——地速计,已经在飞机上试用。这种地速计也可以用来测量导弹攻击目标时的相对速度。

太阳光本来是自然光,它的振动均匀地分布在各个方向上。但是当它穿过大气层时,由于受到大气分子和尘埃颗粒等的散射,它的振动就只分布在某个方向上,或者在某个方向上的振动占了优势。这种现象叫做光的偏振现象。具有偏振现象的光叫做偏振光,人眼不借助仪器是观察不到的,但是蜜蜂、蚂蚁和某些甲虫却可以凭借复眼看到偏振光的振动方向,并且能够利用天空中的太阳偏振光来导航,确定行动方向。

蜜蜂的复眼因为具有特殊的结构,能够看到太阳偏振光的振动方向,而这种方向与太阳的位置有确定的关系,所以蜜蜂能够随时辨别太阳的位置,确定自身的运动方向,准确无误地找到蜜源或回巢。人们按照蜜蜂的复眼的结构特点和工作原理,制成了一种根据天空偏振光导航的航海仪器——"偏光天文罗盘"。应用这种罗盘,即使在阴云密布以及黎明或傍晚看不到太阳的时候,也不会迷失方向。特别是在不能使用磁罗盘的靠近南北极的高纬度地区,使用这种偏光罗盘就更显得优越了。

蜻蜓和苍蝇等的复眼的角膜,具有一种奇特的成像特点。剥取蜻蜓和苍蝇复眼的角膜,放在显微镜下观察,尽管在角膜前面只放一个目标,但通过角膜却可以看到许许多多个像。这是因为这种复眼角膜是由许许多多个六边形的小眼角膜排列构成,而每个小眼的角膜又都能形成一个像。人们从这里得到启示,模仿这些昆虫复眼角膜的结构,用许多小的光学透镜有规则地排列起来,制成了一种新型光学元件——"复眼透镜"。用它作镜头制成的"复眼照相机",一次就能照出千百张相同的像。这种复眼照相机已用于印刷制版和大量复制大规模集成电路中精细的显微电路,大大提高了工效与质量。

上述各方面的研究工作,是进行技术设计的一条新途径,属于一门新兴边缘科学——"仿生学"的研究范畴。仿生学是在生物科学与技术科学之间发展起来的,它的任务是用生物体结构与功能的原理,去改善现有的或创造新型的机械系统、仪器设备、建筑结构和工艺过程。

探索人和动物眼睛奥秘的仿生学研究工作,称为视觉仿生。它跟听觉仿生、嗅觉仿生、触觉仿生和味觉仿生一起,统称为感觉仿生。感觉仿生已经成为目前仿生学的发展重点。

⊕ 自 测 题

1. 解释词语

(1) 光学系统

(2) 感觉细胞

(3) 复眼

(4) 偏振现象

(5) 明察秋毫

(6) 别具一格

(7) 视敏度

2. 阅读理解

(1) 人眼、蛙眼、鹰眼各有什么仿生学意义?

(2) 象鼻虫、蜜蜂、蜻蜓和苍蝇的复眼各有什么仿生学意义?

3. 课文读后谈

文中最后说"感觉仿生已经成为目前仿生学的发

展重点"。说一说感觉仿生包括哪几个方面? 在生活中你都知道哪些利用感觉仿生发明的仪器或机器?

4. 语言运用练习

本文十分注意准确地说明事物。请分析下面句子中的加点词语对准确说明事物的作用。

(1) 人眼的光学系统跟照相机是十分类似的。(为什么用"十分类似"而不用"相同"?)

(2) 根据蛙眼的视觉原理,借助于电子技术,人们制成了多种"电子蛙眼"。……国外已经投入使用的一种人造卫星跟踪系统,也是模仿蛙眼视觉原理的。(请分析"根据""借助于""模仿"的区别。)

5. 标点符号练习

说说下列句子中引号的作用。

(1) 人们由此得到启示,研制成功了一种叫做"生物-电子位置传送器"的"人造眼"。

(2) 蛙眼对运动的物体简直是"明察秋毫",而对静止不对的物体却是"视而不见"。

6. 请你说一说

请你说一说研究仿生学对改变我们的生活有何意义?

7. 写作

本文综合运用了多种说明方法,如下定义、打比方、列数字等,请你运用多种说明方法来介绍一种事物,并要注意说明顺序。

从甲骨文到缩微图书①

崔金泰　宋广礼

早在3000多年以前,我国就有了世界上最早的文字。这些文字是刻在乌龟壳和扁平的骨头上的,所以叫做甲骨文。这些文字,直到1899年才发现。

那是清朝光绪二十五年,有一位叫王懿荣的官员得了病。他懂得医道,每次抓来的药,都要亲自看过,再送去煎熬。有一次,他偶然在一味叫"龙骨"的中药上面,发现有许许多多好像文字一样的东西,他感到惊讶。于是把这家药铺里刻有这种文字的"龙骨"全买下来,凭着他对中国古文字的很深的造诣,终于考证出这些"龙骨"并不是真正的龙骨头,而是殷商时代遗留下来的乌龟壳和牛的肩胛骨,上面刻的文字就是当时使用的象形文字。在这些一片片的"龙骨"上,记载了殷代的宗教、战争、农业、牧业、手工业、气象、政权组织以及文化生活等方面的概况。后来人们把这种文字叫做甲骨文,这些"龙骨"可以说是书籍的雏形。

正式的书籍,是在2000多年前战国和秦汉时代出现的。起先,人们把文字写在竹片或木片上,叫做竹简或者木牍。就是把竹子、木板劈成同样长度和宽度的细条(一般五寸至二尺长②),然后削平表面,在上面用毛笔写字,每片可以写8~14个字。有的把简牍用麻绳、丝绳或者皮条串编起来,叫做"策",也可以写作"册"。这个"册"字多像在几片竹简中间,穿上了一条绳索的样子。传说孔子因为勤奋读书,竟把这种穿册的皮条翻断了多次。

当然,这种笨重的书使用起来当然是极不方便的。据说,秦始皇每天批阅写在竹简和木片上的文字,那竹简和木片有120斤重。西汉的时候,东方朔给汉武帝写了一篇文章,用了3000片竹简。是由两名身强力壮的武士吃力地抬到宫廷里去的。汉武帝把竹简一片一片地解下来看,足足用了两个月的时间才看完。

春秋末期,还出现了写在绸子上面的书。这种书叫做帛书。它可以卷起来,一部书就是一卷绸子,用木棒做轴,所以也叫它卷轴本。后来,"卷"成了书的量词。人们常说的"开卷有益","读书破万卷",就是从这里来的。这种书比起竹简来,轻便多了,但它的成本太高,不容易普遍采用。

纸的发明,为书的发展提供了理想的材料。

东汉有个叫蔡伦的,改进了西汉时候的造纸技术,于是出现了用纸抄写的书。这种书也

①该文选自中央人民广播电台的广播稿(曾于1982年播出),有改动。
②1寸≈3.33厘米,1尺≈33.33厘米。

是一卷一卷的,轻巧适用,成本较低,保存方便,所以一直沿用到今天。但是,用手抄写纸书很费事,后来又发展成雕版印刷:刻好一面印一面,一套木刻板可以印几百部到几千部的书。现在保存下来的最早的雕版书籍,是我国唐朝咸通九年的《金刚经》,现在陈列于英国博物馆。

雕版印刷质量差,效率不高,雕刻一套书版要花费几年的时间,而且一部书要刻许多块板,占用大量房舍存放,发现了错别字也不好改动。宋朝庆历年间,毕昇发明了活字印刷,弥补了这些欠缺。毕昇活字印刷是用黏性胶泥做成薄片,刻上一个一个单字,用火把泥块烧硬。印书的时候,就把一个个活字块,按照书稿的要求,放在一块铁板上,用松香、蜂蜡和纸灰等东西,把它们粘在一起,再用平板把字压平整,就可以印刷了。活字印刷速度快、质量好,制版比较容易,发现错误可以随时改正。印完一部书后,可以把版拆掉,活字块可以继续使用,可以节约人力物力。这是印刷史上一次划时代的改革。

到了近代,随着印刷技术的不断提高和造纸工业的迅速发展,出现形形色色的书,像油印书、石印书、铅印书、胶版彩印书、影印书以及静电复印书等。

随着电子和激光技术的广泛应用,近年来,又出现了许多奇妙的书,像会说话的书,带香味的书,能活动的书,立体的书以及缩微型的书,等等。

会说话的书,是在书里装有微型唱片或者录音带,有的在文字下面印上发音代号,通过电子仪器可以还原成为人的声音。一些儿童读物,在封底上镶有微型唱片和唱针。唱针接触唱片以后,随着唱片的转动,就可以听到书中出现的人物的声音。

更有趣的是一种叫做"电视唱片"的书,也叫"视盘",它的外形像普通的唱片。它是通过一种特殊的激光方法,把图像和声音录到"视盘"上,收看的时候,把放像机接到电视机上,就可以把图像和声音还原出来。根据学习和研究的需要,还可以使画面随着停下来。出版某种重要的学术著作或者论文,可以把一些不容易理解的原理和不容易看到的实验情况,录在"视盘"上,跟书籍一起出售。"视盘"既可以显示宏观世界的物体运动情况,也可以显示微观世界的许多微妙的现象。比如,植物的光合作用,物质的分子运动,甚至原子核的破裂等情形,都可以用动画的办法,显示在屏幕上。"视盘"的每一面可以储存 54 000 多个画面,一张"视盘"相当于 250 多种每本 10 万字的书,简直是一部小"百科全书"了。

还有一种给孩子们看的能够发出香味的图画书,用手摸摸书上的水果,就可以闻到水果香味。因为书上的"水果"是用带有不同香味的纸剪贴上去的。这些纸色彩鲜艳,形象逼真。孩子们摸它的时候,由于摩擦作用,就能发出香味。

还有一种立体的会活动书,也很吸引人。它的插图都是立体的。当你把书打开的时候,书里的人和动物马上会站起来,跃然纸上,栩栩如生。

现在的书,不光花色品种多,而且有的越来越小。"缩微胶卷"就是其中的一种。它是用照相机把书或者资料缩拍到胶卷上,一般缩到原书大小的 1/48。使用的时候,通过阅读器可以放大到原来大小。人们把这种缩微书籍,叫做袖珍图书。其实这种缩微技术,早在 19 世纪普法战争时候就使用过了,当时法国的谍报人员,把一份 3000 多页的情报缩拍在一张几寸长的胶片上,让信鸽带回了巴黎。

缩微图书保存和使用都很方便,还可以节约纸张和印刷费用。不妨比较一下,如果把10 000 种每本 15 万字的书放在一块儿,它的总重量大约有 5 吨,而缩微以后的胶片只有 15 公斤(千克)。这样,一座收藏上万册缩微图书的图书馆,一个人用手提箱就可以拿走了。如果采用激光全息技术这种"手提式图书馆"还可以缩微在衣袋里,称得上是"口袋图书馆"了。这种激光全息缩微胶片的存储容量大得惊人。一部百万字的书,用针鼻那么大的地方储存,还显得绰绰有余。

科学在发展,书也在不断演变,它以越来越丰富的营养,哺育着勤奋学习的人们;它好像架设一座座坚实的阶梯,召唤着不畏艰辛的人民努力攀登。

 自 测 题

1. 我国在哪个朝代发现的甲骨文(　　)
　　A. 宋代　　　　　　　B. 元代
　　C. 明代　　　　　　　D. 清代

2. 我国在多少年前有了文字(　　)
　　A. 2000 年　　　　　　B. 3000 年
　　C. 5000 年　　　　　　D. 10 000 年

3. 在第四自然段作者使用的说明方法有(　　)
　　A. 分类别、列数字　　B. 举例子、列数字
　　C. 列数字、作比较　　D. 举例子、作比较

4. 谁发明了活字印刷术(　　)
　　A. 蔡伦　　　　　　　B. 毕昇
　　C. 张衡　　　　　　　D. 王懿荣

5. "这种书比起竹简来,轻便多了,但它的成本太高,不容易普遍采用。"这句话使用的说明方法是(　　)
　　A. 下定义　　　　　　B. 打比方
　　C. 作比较　　　　　　D. 分类别

6. 我国唐朝咸通九年的《金刚经》,现在陈列于

(　　)
　　A. 中国博物馆　　　　B. 英国博物馆
　　C. 法国博物馆　　　　D. 美国博物馆

7. 第 10 段与第 11~15 段之间是什么关系(　　)
　　A. 并列关系　　　　　B. 递进关系
　　C. 因果关系　　　　　D. 总分关系

8. 缩微图书最大的优点是(　　)
　　A. 内容丰富　　　　　B. 信息量大
　　C. 保存和使用方便　　D. 画面逼真

9. 本文是一篇(　　)
　　A. 记叙文　　　　　　B. 散文
　　C. 说明文　　　　　　D. 议论文

10. 为了使说明有条理,本文采用了什么说明顺序
(　　)
　　A. 时间顺序　　　　　B. 空间顺序
　　C. 逻辑顺序　　　　　D. 程序顺序

口语交际

解　说

　　解说就是口头解释说明的文字,用于活动、展览、参观等现场和电视播放等过程中,针对实物或图片作概括性的介绍,通过对事件准确的描述、语言氛围的渲染来感染观众或听众,观众了解事件发展的来龙去脉和意义,从而起到宣传的作用。解说词还具有补充视觉和听觉的作用。

解说的分类

　　解说按照形式可以分为简约性解说、细致性解说;按照功能可以分为阐明性解说、纲目性解说;按照用语特点可以分为平实性解说、形象性解说、谐趣性解说;按照性质和作用不同,可以分为电影解说词、展览解说词、专题活动解说词等。

解说的要求

　　解说要求语言通俗易懂、形象生动、简洁凝练。解说词是对实物或图画进行的文字说明,所以它应该能形象反映实物或图片的特点,生动呈现场景。同时,解说词还必须符合口语的表达需要和听众的听觉需要,便于听众或观众对事件的理解。

解说的方法

(一) 阐述性解说

　　阐述性解说是对一种见解作言之成理的分析和说明。运用分解、举例、比较、数字等说明

方法讲特征、做分析。

【示例】最耐寒的鸟是哪个？最耐寒的鸟并不是企鹅。南极的企鹅常年在零下 40~70 摄氏度的温度下生活。但它并不是最耐寒的鸟。科学家曾对鸟类的耐寒情况做了一次实验：在一个透明、密封、便于观察的箱子里，放进几种特别耐寒的鸟。一开始就把温度调到 -80℃，这时南极的企鹅几分钟就经受不住了；接着又把温度下调 20 摄氏度，企鹅立刻趴下不动了。但是鸭子却仍然嘎嘎地叫着，并蹒跚着行走，还用扁嘴去拱不能动弹的其他鸟类。由此看来，最耐寒的鸟应该是鸭子。

(二) 纲目性解说

纲目性解说是提纲挈领地分别说明事物、事理的方法，有分列式、条目式、层递式等。纲目性解说的常用方法是列举和分类。列举就是把解说对象的基本特点分条分项依次罗列并逐一说明，从而使人们对说明对象有清晰的认识。分类是通过明确概念外延来说明事物的方法，该方法便于解说头绪纷繁的事物。分类可一次划分，也可以连续划分，但每次划分只能依据同一标准，不可随便改变。

【示例】窗式空调器的特点及使用方法如下所示。

(1) 价格低。这是因为窗式空调器的制造用材少，成本低。

(2) 安装较方便。作为一体机，安装要求较低，技术要求不高。

(3) 维修方便。因为窗式机制冷剂密封在制冷系统内，出厂前更经过密封性检测，所以制冷剂泄漏机会少，维修量也小。

(4) 噪声较大。由于窗式空调器的压缩机和风扇与室内不是完全隔离的，因而在室内能明显感觉到噪声。

(5) 用电量小。因冷量损耗小，省电。

(6) 影响采光。由于目前一般居室在建筑设计上没有预留空调器位置，因此，窗式空调器安装在窗户上会影响采光。

(三) 形象性解说

形象性解说，常常在议论、说明和叙述时运用，方法是描述中运用比喻、拟人、借代等修辞手法。

【示例】大家都知道随地吐痰不卫生、不文明。我想从两个方面说说随地吐痰的坏处。首先，医学证明，病毒在痰中的存活时间可达 30 多个小时，有的病菌能在干痰中存活半年时间。所以，随地吐痰很容易传播疾病，毫不夸张地说，随地吐痰就是一种"隐性谋杀"。其次，随地那么一吐，吐掉的就是一个人的文明形象，往大点说，也损害了城市的文明形象。

自测题

1. 每人写一份带领新同学参观学校的解说词，小组中解说交流，对比修改。

2. 选择一张你与家人外出旅游时的照片，给大家解说一下此时你们的游玩经历。

3. 根据下列内容（数据仅为参考），请你以导游的身份就"中国的茶叶"，向外国游客做一个简明生动的解说。

中国的茶叶

公元 810 年传入日本，16 世纪中国茶叶传入欧洲……

绿茶产量和出口量分别占世界的 60% 和 72%。

茶树种类 350 种以上，相传"神农尝百草，日遇七十二毒，得茶而解之"。

书面表达

因果式段落

因果式段落就是按照事物的原因、结果的关系表达意思的段落。在一段话中,有的句子讲了原因,有的句子讲了结果,层与层之间是因果关系。

因果式段落的特征是:一段话中,一层意思表示原因,另一层意思表示结果;或者一层意思表示结果,另一层意思表示原因。常用"因为……所以……""既然……就……"等词语关联。有时可以在前一层里单用"因为",或只在后一层里用"所以""因此""因为"等。

因果式段落从因果出现的顺序看,可以分为两小类。一是因-果式,通常在后面的句子里使用单个的关联词语表示结果,常见的有因此、所以、其结果、看样子、由此看来、正因为如此,等等。二是果-因式,也在后面的句子里使用单个的关联词语表示原因,常见的有因为、是因为、就因为、原因是、这是因为、由于,等等。

【示例1】人总是要死的,但死的意义有不同。中国古时候有个文学家叫做司马迁的说过:"人固有一死,或重于泰山,或轻于鸿毛。"为人民利益而死,就比泰山还重;替法西斯卖力,替剥削人民和压迫人民的人去死,就比鸿毛还轻。张思德同志是为人民利益而死的,他的死是比泰山还要重的。(毛泽东《为人民服务》)

【简析】这里根据人死的意义不同:或重于泰山,或轻于鸿毛。示例1论证了张思德同志为人民利益而死,他死得就比泰山还重。这是由因及果。

【示例2】西沙群岛一带海水五光十色,瑰丽无比:有深蓝的,淡青的,绿的,淡绿的,杏黄的。一块块,一条条,相互交错着。因为海底高低不平,有山崖,有峡谷,海水有深有浅,从海面看,色彩就不同了。(《富饶的西沙群岛》)

【简析】这段话写海水,用的是果-因式结构,前两句写海水五光十色,非常美丽;最后一句写海底地形高低不平是形成海水种种色彩的原因。用"因为"把两层意思连接起来,表示了因果关系,是先写"果",后写"因"。

从逻辑语义看,因果式段落可以分为说明因果和推论因果两小类。

【示例3】①从中国目前的情况看,喝白酒的人在逐渐减少,喝啤酒的人在逐渐增多。②因白酒浓烈,需要有比较强的适应性,啤酒度数低,一般人都能喝,起一半饮料作用。③因此,近些年来,中国的啤酒生产发展迅速,已成为世界上高产啤酒的大国。(王顺洪《中国概况》)

【简析】这是由三个句子组成的二重说明式因果段落,第一重在①、②、③之间,是"因-果"式句群,③中有关联词语"因此"表示结果。第二重在①、②之间,是最小的"果-因"式分句群,②中有关联词语"因(为)"表示原因。

【示例4】①愈是古远的时代,人类的活动愈是受自然条件的限制。②特别是那些还没有定居下来的骑马的游牧民族,更要依靠自然的恩赐,他们要自然供给他们丰富的水草。③阴山南麓的沃野,正是内蒙西部水草最肥美的地方。④正因为如此,任何游牧民族只要进入内蒙西部,就必须占据这个沃野。(翦伯赞《内蒙访古》)

【简析】这是由四个句子组成的三重推论式因果段落。第一重在①~③和④之间,前面摆出原因和据以判断的事实,后面说明推论的结果;④中有关联词"正因为如此"表示依据前因可以推论的后果。

世上万事万物,有因就有果,有果必有因。说明事实为什么发生或是为什么会得到某种结果,都是通过表述事物运动发展的因果关系而完成的。论述事理,运用演绎、归纳导出结论,同样也是在阐发其因果关系。

【示例5】在大青山脚下,只有一个古迹是永远不会废弃的,那就是被称为青冢的昭君墓。因为在内蒙人民的心中,王昭君已经不是一个人物,而是一个象征,一个民族友好的象征;昭君墓也不是一个坟墓,而是一座民族友好的历史纪念塔。(翦伯赞《内蒙访古》)

【简析】这一段话,前面说的是果,后面说的是因,前后就体现为因果关系。

【示例6】"非常难。第六个孩子也会帮忙了,却总是吃不够……又不太平……什么地方都要钱,没有定规……收成又坏,种出东西来,挑去卖,总要捐几回钱,折了本;不去卖,又只能烂掉……"

【简析】这是《故乡》里闰土讲的一段话,第一句讲的"非常难"是结果,后两句是说明造成非常难的原因。这段话里虽然没有用上"因为""所以"一类的词,但后两句与第一句之间很明显是由果溯因。

在一篇文章中,两个段落间往往也存在因果关系。或前段因,后段果;或前段果,后段因。因果关系的段落间,常常使用"其原因何在?""其结果是……"一类的过渡词语连接。

自 测 题

1. 用表示因果关系的词语,把两句或三句话并成一句

(1) 森林里又闷热又潮湿。蘑菇在森林里长得又多又大。

并成:_____

(2) 老师耐心教育我。我进步这么快。

并成:_____

(3) 我家乡的山上长满了杉树。杉树给农民增加了收入。农民的生活大大提高了。

并成:_____

2. 阅读下面两段话,完成填空作业

(1) 我被老师点了名。不是表扬,是批评。为啥点名批评我呢?因为我交了空本子。空本子就是没有完成作业的本子。

填空:这段话先说事情的结果是_____

_____,后说事情的原因是_____。

(2) 村边上有一片桃树林子,林子里有间小房,刷着白粉墙,李爷爷就住在这儿。他专管村里的果木。就为这个,孩子们都叫他桃树爷爷。

填空:这段话先说事情的原因是_____

_____,后说事情的结果是_____。

3. 下面的几段话,是因-果式,还是果-因式?请在括号里注明

(1) 理发的人很多。大家按照进来的先后次序,没轮到的坐在一旁等着。(　　)

(2) 上山以前,每个战士都喝一碗辣椒汤。辣椒汤能刺激血液循环,使身体发热,可以抵御山上的风寒。(　　)

10

第十单元

分析阅读(二)

　　上一个单元分析阅读第一个阶段中的四个规则告诉你一本书的内容是关于什么,要如何将架构列成纲要,现在你准备好要进入第二个阶段了,这也包括了四个阅读规则。

诠释内容与信息

　　简略来说就是,你必须抓住书中重要的单字,搞清楚作者是如何使用这个单字的。不过我们可以说得更精确、优雅一些:找出重要单字,透过它们与作者达成共识。要注意到这个规则共分两个部分,第一个部分是找出重要单字,那些对你与书本沟通有着举足轻重的作用的单字;第二部分是确认这些单字在使用时的最精确的意义。

(一) 单字与词义

　　词义和单字(word)不同,至少不是一个没有任何进一步定义的单字。如果词义跟单字完全相同,你只需要找出书中重要的单字,就能跟作者达成共识了。但是一个单字可能有很多的意义,特别是一个重要的单字。如果作者用了一个单字是这个意义,而读者却读成其他的意义,那这个单字就在他们之间擦身而过,他们双方没有达成共识。只要沟通之中还存有未解决的模糊地带,就表示没有达成共识,或者顶多说还未达成最好的沟通。而沟通是一个人努力想要跟别人分享他的知识、判断与情绪。只有当双方对一些事情达成共识,譬如彼此对一些资讯或知识都有分享,沟通才算成功。

(二) 找出关键字

　　如果你不想办法了解这些关键字所出现的那些段落的意思,你就没法指出哪些字是关键字了。这句话听起来有点矛盾。如果你了解那些段落的意思,当然会知道其中哪几个字是非常重要的。如果你并不完全了解那些段落的意思,很可能是因为你并不清楚作者是如何使用一些特定的字眼。如果你把觉得有困扰的字圈出来,很可能就找出了作者有特定用法的那些字了。之所以会如此,是因为如果作者所用的都只是一般日常用语的含义,对你来说就根本不存在有困扰的问题了。

(三) 专门用语及特殊词汇

　　第一个,也是最明显的信号,作者开诚布公地强调某些特定的字,而不是其他的字。他会用很多方法来做这件事,他会用不同的字体来区分,如以加括号、斜体字等记号来提醒你。他也会明白地讨论这些不同字眼的意义,并指出他是如何在书中使用这些不同的字义,以引起你对这些字的注意。或是他会借着这个字来命名另外一个东西的定义,来强调这个字。

　　另外一个线索是,作者与其他作者争执的某个用语就是重要的字。当你发现一位作者告诉你某个特定的字曾经被其他人如何使用,而他为什么选择不同的用法时,你就可以知道这个字对他来说意义非凡。

　　在这里我们强调的是专门用语的概念,但你绝不要把它看得太狭隘了。作者还有些用来阐述自己主旨及重要概念,数量相对而言比较少的特殊用语(special vocabulary)。这些字眼是他要作分析与辩论时用的。如果他想要作最初步的沟通,其中有一些字他会用很特殊的方法来使用,而另外一些字则会依照这个领域中传统的方法来运用。不论是哪一种情况,这些字对他来说都重要无比。而对身为读者的你来说,应该也同样重要才对。除此之外,任何其他字义不明的字,对你也很重要。

(四) 找出关键字的字义

　　假设你已经将有问题的字圈出来了,接下来怎么办? 有两种主要的可能:一是作者在全书每个地方用到这个字眼的时候都只有单一的意义;二是同一个字他会使用两三种意义,在书中各处不断地变换字义。第一种情况,这个单字代表着单一的词义。使用关键字都局限于单一意义的例子,最出名的就是欧几里得。第二种情况,那些单字就代表着不同的词义。

　　要了解这些不同的状况,你就要照下面的方法做。首先,要判断这个字是有一个还是多重意义。如果有多重意义,要看这些意义之间的关系如何。最后,要注意这些字在某个地方出现时,使用的是其中哪一种意义。看看上下文是否有任何线索,可以让你明白变换意义的理由。最后这一步,能让你跟得上字义的变化,也就是跟作者在使用这些字眼时一样变化自如。你到底要怎样才能掌握这许多不同的意思呢? 答案是:你一定要利用上下文自己已经了解的所有字句,来推敲出你所不了解的那个字的意义。不论这个方法看起来多么像是在绕圈子,但却是唯一的方法。

判断作者的主旨

　　一位作者可能借着事件、事实或知识,诚实地表达自己的想法。作者的主旨如果没有理论的支持,就只是在抒发个人想法罢了。如果是这本书、这个主题让我们感兴趣,而不是作者本身,那么我们不只想要知道作者的主张是什么,还想知道为什么他认为我们该被说服,以接受这样的观点。一个主动的读者,不只会注意到字,也会注意到句子与段落。除此之外,没有其他方法可以发现一个作者的主旨与论点。

(一) 句子与主旨

　　句子与段落是文法的单位、语言的单位。主旨与论述是逻辑的单位,也就是思想与知识的单位。让我们说明句子与主旨之间的关系,并不是一本书中的每一句话都在谈论主旨。有时候,一些句子表达的是疑问,他们提出的是问题,而不是答案。主旨则是这些问题的答案,主旨所声明的是知识或观点。这也是为什么我们说表达这种声明的句子是叙述句(declarative),而提出问题的句子是疑问句(interrogative)。除此之外,并不是每一个叙述句都能当做在表达一个主旨。这么说至少有两个理由:第一个是事实上,字都有歧义,可以用在许多不同的句子中。因此,如果字所表达的意思改变了,很可能同样的句子却在阐述不同的主旨。"阅读就是学习",这是一句简单的陈述。但是有时候,我们说"学习"是指获得知识,而在其他时候我们又说学习是发展理解力。因为意思并不一样,所以主旨也都不同。但是句子却是相同的。另一个理由是,所有的句子并不像"阅读就是学习"这样单纯。当一个简单的句子使用的字都毫无歧义时,通常在表达的是一个单一的主旨。但就算用字没有歧义,一个复合句也可能表达一个或两个主旨。一个复合句其实是一些句子的组合,其间用一些字如"与""如果……就"或"不但……而且"来连接。你可能会因而体会到,一个复合句与一小段文章段落之间的差异可能很难区分,一个复合句也可以用论述方式表达许多不同的主旨。

(二) 找出关键句

从作者的观点来看,最重要的句子就是在整个论述中,阐述作者判断的部分。一本书中通常包含一个以上或一连串的论述。作者会解释为什么他现在有这样的观点,或为什么他认为这样的情况会导致严重的后果。他也可能会讨论他要使用的一些字眼,他会批评别人的作品,他会尽量加入各种相关与支持的论点,但他沟通的主要核心是他所下的肯定与否定的判断,以及他为什么会这么做的理由。因此,要掌握住重点,就要从文章中看出浮现出来的重要句子。有少数的书会将主旨写在前面,用很明显的位置来加以说明。

另一个找出关键句的线索是,找出组成关键句的文字。如果你已经将重要的字圈出来了,它一定会引导你看到值得注意的句子。接下来的是更进一步找出最主要的主旨的线索,这些主旨一定在一本书最主要的论述中,不是前提就是结论。因此,如果你能依照顺序找出这些前后相关的句子,找出有始有终的顺序,你可能就已经找到那些重要的关键句子了。

(三) 找出主旨

你必须找出每个句子所包含的主旨。这是你必须知道句子在说什么的另一种说法。当你发现一段话里所使用的文字的意义时,你就和作者找到了共识。同样的,诠释过组成句子的每个字,特别是关键字之后,你就会发现主旨。

另一个不同是,复杂的句子通常要说明的不只是一个主旨。除非你能分析出所有不同,或相关的主旨,否则你还是没有办法完全诠释一个重要的句子。一个作者在写作时,可能会用不同的字来说明同样的主旨。读者如果不能经由文字看出一个句子的主旨,就容易将不同的句子看作是在说明不同的主旨。这就好像一个人不知道 $2+2=4$ 跟 $4-2=2$ 虽然是不同的算式,说明的却是同一个算术关系,这个关系就是 4 是 2 的双倍,或 2 是 4 的一半。

找出作者的重要论述

如同"意思"之于文字,"主旨"之于句子,"论述"这个逻辑单位也不会只限定于某种写作单位里。一个论述可能用一个复杂的句子就能说明;可能用一个段落中的某一组句子来说明;可能等于一个段落,但又有可能等于好几个段落。找出书中说明重要论述的段落。但是,如果这个论述并没有这样表达出来,你就要去架构出来。你要从这一段或那一段中挑选句子出来,然后整理出前后顺序的主旨,以及其组成的论述。一本书的架构比较松散时,段落也比较零乱。你经常要读完整章的段落,才能找出几个可供组合论述的句子。有些书会让你白费力气,有些书甚至不值得这么做。

无论如何,我们还要谈几件事,可能会有助于你进一步应用这个阅读规则。首先,要记住所有的论述都包含一些声明,其中有些是为什么该接受作者这个论述的理由。如果你先找到结论,就去看看理由是什么。如果你先看到理由,就找找看这些理由带引你到什么样的结论上。其次,要区别出两种论述的不同之处。一种是以一个或多个特殊的事实证明某种共通的概念,另一种是以连串的通则来证明更进一步的共通概念。前者是归纳法,后者是演绎法。但是这些名词并不重要,重点在如何区分二者的能力。最后,找出作者认为哪些事情是假设,哪些是能证实的或有根据的,以及哪些是不需要证实的自明之理。他可能会诚实地告诉你他的假设是什么,或者他也可能很诚实地让你自己去发掘出来。

找出作者的解答

找出作者的解答。你在应用这个规则及其他三个规则来诠释作品时,你可以很清楚地感觉到自己已经开始在了解这本书了。如果你开始读一本超越你能力的书,也就是能教导你的书,你就有一段长路要走了。更重要的是,你现在已经能用分析阅读读完一本书了。这第四个,也是最后一个阶段的工作很容易。你的心灵及眼睛都已经打开来了,而你的嘴闭上了。做到这一点时,你已经在伴随作者而行了。从现在开始,你可以有机会与作者辩论,表达你自己的想法。

偷袭珍珠港①

约翰·科斯特洛著　王　伟等译

命 运 之 箭

夏威夷檀香山时间1941年12月7日,周日,早4时,美国太平洋舰队常驻珍珠港以北250海里,东边的水线已经发白,宁静的拂晓即将到来。

一支庞大的舰队打破了宁静,向南驶去。六艘航空母舰排成了两路纵队,在他们的四角有两艘高速战列舰和两艘重巡洋舰,最外一圈是九艘驱逐舰,而在这个钢铁花环最前面引导的是一艘轻巡洋舰和两艘潜艇。舰队在尚未破晓的海面上,留下了一条又粗又宽的雪白航迹。每一艘航空母舰的飞行甲板上,排满了双翼展开、引擎开动的战鹰。机腹下有的挂着重型炸弹,有的挂着鱼雷,铅灰色的雷壳上微微闪烁着冷光。

6时,舰队放慢了行进速度,赤城号的舰首缓缓地转向北方,也就是来风的方向,主桅杆上的南云中将的将旗下面一面Z字旗在风中猎猎作响。36年前,在对马海峡上,东乡海军大将就是挂着这面旗帜一举将俄国波罗的海舰队击溃的。

赤城号的舰身剧烈地摇晃着,如果在平时所有的训练就将取消。但渊田美津雄中佐知道,今天只要甲板还在水面上,就必须起飞。渊田扶了扶头上的千针带,将油门加到了最大,其97式攻击机顺利升空。而后的15分钟里的49架水平轰炸机、40架鱼雷机、51架俯冲轰炸机和43架零式战斗机共183架飞机从6艘航空母舰上全部升空。机群迅速完成编队,在舰队上空绕飞一周后,向离弦的箭一般扑向了珍珠港。

拉紧的弓弦

与此同时,华盛顿的日本大使馆中,野村大使正在接收一份东京发来的共14部分的电文,并奉命务必将这份电文在华盛顿时间13时(檀香山时间7时半,预计袭击时间之前半小时)前交给美国政府。在一大堆外交辞令后,在电文的最后一部分说明"日本政府对不能通过进一步谈判达成协议而表示遗憾"。美日间最后的一点联系中断了。

进入20世纪40年代,美日都发现小小的太平洋已容不下两艘大船。外交斡旋的同时,太平洋上已剑拔弩张。美国首先将太平洋舰队移师珍珠港,随后日本联合舰队司令山本56大将即制订出袭击珍珠港的计划。为此,日本帝国海军研制了微型潜艇,改装了浅水鱼雷和穿甲弹,精确地配置了进攻机群,在与珍珠港相近的鹿儿岛进行了严格的训练,采取了封锁式的保密措施,选择了最掩蔽的出击航线。最后,日本人终于忘记了为什么要发动这场战争,忘记自己的对手是谁,忘记是外交失败导致战争还是反之,他们只知道弓已拉满,箭必须发出。"虎、虎、虎"渊田坐机收话机中传出檀香山电台播放的爵士乐,音乐末了是天气预报,"云低高3500英尺②,能见度良好,北风10节"。听罢,渊田脸上露出一丝淡淡的微笑。

7时02分,瓦胡岛最北面的雷达管制员发现有一大群飞机从北飞来,询问了值班的泰勒中尉后,得到的回答是,一定是从西海岸飞来的B-17机群。这样,珍珠港错过了最后的一个机会。

①该文选自《太平洋战争:1941—1945》。〔英〕约翰·科斯特洛.1985.太平洋战争:1941—1945.王伟,等译.北京:东方出版社。

②1英尺≈0.305米。

7时35分，渊田的飞机第一个到达珍珠港时，港中仍洋溢着周日早晨的平静。辽阔的港上空，云层稀疏，空中几架民航机在懒洋洋的盘旋着。舰队群在斜射的阳光下显得宁静而安详。机场上的军用飞机，为防止破坏而机翼对机翼整齐地排放着。

第一架飞临珍珠港的日本飞机

渊田打出了一发信号弹，命令机群按照奇袭队形开始展开，同时发出"虎、虎、虎"的信号，通知母舰奇袭成功。5000英里①外的长门号战列舰上，一名兴高采烈的文书将电报递给山本，山本无动于衷地继续和参谋长下着棋。

按袭击计划，将按鱼雷机、水平轰炸机和俯冲轰炸机的顺序进入攻击，首先将袭击舰只。由于云层遮挡，部分飞机没有看到信号，于是渊田又打了一发信号弹。俯冲轰炸机见共发出了两发信号弹，认为是强攻命令，这是针对敌人有所防范时强攻战术。按制空队、俯冲轰炸机、水平轰炸机和鱼雷机进入。

7时55分，俯冲轰炸机首先攻击了瓦胡岛的三个机场，两分钟后，鱼雷机开始进入攻击。这一小小的失误并没有影响进攻的效果。第一架鱼雷机首先用机炮将排列在舰队最后内华达号上的舰旗撕碎，而后投下了鱼雷。

这不是演习！

最初的几分钟内，太平洋舰队中没有人能意识到发生了什么事情，等逐渐清醒后，停在舰队最外侧的西弗吉尼亚号和俄克拉荷马号已各中了两条鱼雷，后者又中了5枚炸弹后，带着400多名官兵倾覆。前者由于及时打开注水阀，慢慢地沉入了水下。亚利桑那号由穿甲弹在舱内爆炸引发了大火，加利福尼亚号中了两条鱼雷后舰上重油库腾起烈焰，并且逐渐下沉。5分钟后，零星的高炮开始响起，但也是杯水车薪。

随后，渊田率领水平轰炸机开始了进攻。他按了一下投弹按钮，入迷地看着他的四颗炸弹以极好的队形像魔鬼一样垂直落下，越来越小，他不知道在下面的人看着这东西越来越大是什么滋味。停在舰队内侧的马里兰号周围出现了丛丛的白烟。随后，田纳西号以及在船坞中修理的宾夕法尼亚号，也各吃了几颗炸弹。

突然，福特岛东侧战列舰队中发生了震天动地的大爆炸。一时浓烟滚滚，火柱高达1000多米，这是火药和炸药爆炸不充分燃烧而特有的红黑相间的烟柱。这是亚利桑那号大火导致弹药库发生了爆炸。在红黑烟雾以及零星的高射炮火中，轰炸机仍在上下翻飞，飘满油层的海水上，弃舰的官兵拼命地游向岸边。一艘袖珍潜艇成功地潜入港口内，发射鱼雷没有击中目标，而后被莫纳汉号驱逐舰撞沉。

8时10分，另一封明码电报"珍珠港遭空袭，这不是演习"转到美国海军部，海军部长诺克斯惊道："这不是真的，这一定是指菲律宾。"国务卿赫尔得到这一消息时，衣冠楚楚的野村大使正在接待室中等待着将14部分电文交给赫尔。

8时25分，第一波攻击平息。渊田在空中继续转着圈，计算着战果。从西海岸飞来的12架B-17飞机在毁坏的机场上艰难地进行了着陆。

第二攻击波

8时40分，由78架俯冲轰炸机、54架水平轰炸机和35架战斗机组成的第二波攻击波已在瓦胡岛上空展开完毕。8时42分，167架飞机冒着越来越猛的炮火开始了进攻。水平轰炸机队负责攻击瓦胡岛的机场，俯冲轰炸机继续攻击舰只。两次空袭之间只有少数陆军的飞机得以起飞，又全部被零式战斗机击落，继第一波攻击之后，零战继续保持着制空权。

这时珍珠港已经浓烟滚滚，严重妨碍了俯冲轰炸机寻找下面的舰只。99式俯冲轰炸机都

---

① 1英里≈1.6千米。

采取了根据弹幕轰炸的方式，就是哪的高炮最猛烈，飞机向那里俯冲。有一架飞机俯冲下去后才发现目标是一座陆上炮塔，又连忙拉起。港内，停在战列舰队末尾的内华达号战列舰离开了泊位，她也是整个袭击过程中唯一一开动的战列舰，但也因此多吃了不少炸弹。在第二次袭击的末尾，轰炸机队炸掉了靶船犹他号和其他几艘辅助舰只。

9时40分，第二攻击波大摇大摆地撤离后，渊田又在珍珠港上空盘旋，拍摄着他的胜利成果。而后飞往集结地率领机队返航。渊田的飞机最后一批降落。他强烈要求实施第三次空袭，轰炸油罐场和修理设施。南云认为基本任务已超额完成，不愿再冒更大的风险，而后舰队返航。

日本的战术胜利

珍珠港上空巨大的黑色烟幕，象征着日本的战术胜利和美国的悲剧，但死亡和毁坏并没有结束，美军官兵继续和大火进行着搏斗；小艇躲避着一片片的火海，在半水半油的港中搜寻着幸存者；瓦胡岛军医医院在奋力抢救数百名烧伤和肢体残缺的水兵；随倾覆的俄克拉荷马号沉入港中400多名水手中，也只有30几人得救。

不幸中的万幸也只能说是太平洋舰队的两艘航空母舰企业号和列克星敦号分别于11月28日和12月5日出海，向威克岛和中途岛运送飞机。另有9艘重型巡洋舰和附属舰只在港外演习。太平洋舰队的另一艘航母萨拉托加号在西海岸修理。

"但不论在不在港内，我们每个人都将永远记住这一时刻。"1941年12月8日，美国总统在国会发表了其历史性的演说，而后国会通过对日宣战和英国对日宣战。9日，与日本战斗了10年的中国正式对日宣战。而后，自由法国、澳大利亚、加拿大等国对日本宣战。11日，清高的德国首先对美国宣战，美国完全投入了二战（第二次世界大战），将其强大的国家机器转入了战时的轨道，二战也进入一个新的阶段。

日本和美国的损失统计

对珍珠港事件的评价不尽相同，一说是日本的巨大胜利，一说是袭击珍珠港只是为美国处理掉了一些过时舰只并激起了其斗志。从日本的角度，珍珠港行动只是一个支援行动，目的是保证日本南进获取南太平洋的石油不会受到美国的阻碍。而日本以29架飞机的代价换取了美国主力舰船19艘、飞机200余架，并使美太平洋舰队在一段时期内难以进入南太平洋，这无可争议是一个战术胜利，也完全实现了日本的战略意图。

但再看远一点就可以看到日本战略问题——看错了对手，以为美国像中国那样软弱可欺，或是像俄国一样打败了就跑。如果日本认识到这一点，首先就不该开战，开战就不应该将袭击珍珠港当做支援任务，也不应在珍珠港打得如此保守。像渊田所说的只是剪掉了老鹰的尾羽。在美军能够作出反应前，南云完全可以将舰队携带的所有炸弹投入珍珠港，至少应炸平港内的储油和修理设备，并可以以其绝对的兵力优势，在珍珠港附近兜捕美舰队航母。这样美国绝不可能在半年内投入反攻。另外，再夸张一些，如果日本能在珍珠港集中同入侵中途岛一样规模的舰队，空袭之后，用战列舰对珍珠港实施炮火准备，有可能在开战之初就占领珍珠港。这样太平洋战争就不知道要打到什么时候了。

尽管英美一直在加强太平洋的防御力量，但是最高层次的领导一直认为，即使是最好战的军国主义分子也不敢同时进攻英美，这是由于对日本的民族心理、经济困境和军事力量对比的严重误解而产生的。由于存在麻痹思想，美军战备相当松懈。这也是袭击造成巨大损失的一个原因。但珍珠港迫使美国建立了以航空母舰为中心的战略思想，这对以后的作战产生了无法估量的作用。从这一点来看，美国得到的要比日本得到的多得多。

美国关于珍珠港最大的一个疑问就是谁应对珍珠港事件负责。因为不到两个小时内，有2400名美军几乎在无意识中失去了生命，尽管太平洋舰队总司令金梅尔被撤职，但还是有很多的质疑集中在罗斯福总统身上，认为罗斯福为说服国内的孤立主义分子，诱使日本先打了第一枪,而没有将珍珠港即将遭到袭击的警告通知珍珠港。尽管有些骇人听闻,但这种追查到底的精神确实值得钦佩。当时经过深入的调查,并没有找到确凿的证据将罪责定到某个人的蓄意之上。(行动之后的报告——约翰·科斯特洛)

自 测 题

1. 解释词语
(1) 引擎
(2) 重巡洋舰
(3) 兜捕
(4) 剑拔弩张
(5) 骇人听闻
(6) 蓄意
(7) 微型潜艇

2. 阅读理解
(1) 快速浏览全文,概述文章的大意。
(2) 请用间断的话概括这则新闻的背景。

3. 课文读后谈
(1) 偷袭珍珠港事件发生在什么时间?
(2) 课文中说的“第一架飞临珍珠港的日本飞机”具体指谁驾驶的什么飞机?

4. 语言运用练习
(1) 课文中以多个小标题的形式出现,比如,“命运之箭”“拉紧的弓弦”“第一架飞临珍珠港的日本飞机”“这不是演习!”“第二攻击波”“日本的战术胜利”“日本和美国的损失统计”等,试分析这些小标题在整篇文章中的作用。
(2) 课文的叙述大多以时间为序,精确到几点几分,以下节选部分内容为例,说说这样写的好处是什么?

8 时 10 分,另一封明码电报“珍珠港遭空袭,这不是演习”转到美国海军部,海军部长诺克斯惊道:“这不是真的,这一定是指菲律宾。”国务卿赫尔得到这一消息时,衣冠楚楚的野村大使正在接待室中等待着将 14 部分电文交给赫尔。

8 时 25 分,第一波攻击平息。渊田在空中继续转着圈,计算着战果。从西海岸飞来的 12 架B-17飞机在毁坏的机场上艰难地进行了着陆。

8 时 40 分,由 78 架俯冲轰炸机、54 架水平轰炸机和 35 架战斗机组成的第二波攻击波已在瓦胡岛上空展开完毕。8 时 42 分,167 架飞机冒着越来越猛的炮火开始了进攻。水平轰炸机队负责攻击瓦胡岛的机场,俯冲轰炸机继续攻击舰只。两次空袭之间只有少数陆军的飞机得以起飞,又

全部被零式战斗机击落,继第一波攻击之后,零战继续保持着制空权。

9 时 40 分,第二攻击波大摇大摆地撤离后,渊田又在珍珠港上空盘旋,拍摄着他的胜利成果。而后飞往集结地率领机队返航。

5. 标点符号练习
以下是课文中的一段文字,请将其中用错的标点符号修改过来。

但再看远一点就可以看到日本战略问题,看错了对手。以为美国像中国那样软弱可欺,或是像俄国一样打败了就跑,如果日本认识到这一点,首先就不该开战;开战就不应该将袭击珍珠港当做支援任务;也不应在珍珠港打得如此保守。像渊田所说的只是剪掉了老鹰的尾羽。在美军能够作出反应前,南云完全可以将舰队携带的所有炸弹投入珍珠港。至少应炸平港内的储油和修理设备,并可以其绝对的兵力优势,在珍珠港附近兜捕美舰队航母;这样美国绝不可能在半年内投入反攻。另外,再夸张一些,如果日本能在珍珠港集中同入侵中途岛一样规模的舰队。空袭之后,用战列舰对珍珠港实施炮火准备,有可能在开战之初就占领珍珠港,这样太平洋战争就不知道要打到什么时候了。

6. 请你说一说
(1) 复述一遍课文,要求抓住重点,语言通顺、流畅。
(2) 作者是怎样激发读者对《偷袭珍珠港》的阅读兴趣的?

7. 座谈
(1) 在珍珠港事件中日本和美国的损失各是多少?
(2) 珍珠港事件中胜利的是哪个国家? 为什么?

8. 写作
想象你是一名新闻记者,对“珍珠港事件”中的日本“赤城号”的飞行员渊田美津雄中佐进行调查采访,然后写一篇简短的新闻报道。

全人类关注美国"哥伦比亚"号航天飞机坠毁事件[①]

　　震惊,悲伤! 美国东部时间2月1日上午9时(北京时间2月1日晚上10时左右),全美国人民正怀着喜悦的心情等着"哥伦比亚"号航天飞机凯旋消息,噩耗却从太空传来。

　　此时此刻,全世界都以关切的目光,关注着"哥伦比亚"号航天飞机坠毁事件,思索着许许多多的问题。

　　在一次又一次遭受挫折之后,人类依旧仰望苍穹,默默地说一句:我们探索太空的脚步永远不会停止!

关注:解体坠毁前最后时刻

　　"哥伦比亚"号在最后一刻,究竟发生了什么? 人们在揪心地问。

　　美国东部时间2月1日上午9:00,哥伦比亚号和地面控制中心之间的声音和数据联系突然中断,与此同时,得州、阿肯色州以及路易斯安那州的居民都声称他们听到了一声巨响,并且在空中看到了灼眼的火光。此前,地面控制中心与哥伦比亚号之间进行了最后一次无线电联系:控制中心:"哥伦比亚号,这里是休斯敦地面控制中心,我们收到了你们轮胎气压问题的消息,你们现在的情况如何?""哥伦比亚"号:"收到,唔……"联系到此突然中断。美宇航局专家1日在休斯敦约翰逊飞行控制中心举行的新闻发布会上说,在"哥伦比亚"号与地面失去联系并最终解体前,航天飞机上曾出现了一些异常迹象。但专家们说,目前还无法判断事故的确切原因。宇航局航天飞机项目负责人迪特莫尔和首席飞行主管黑尔夫林称,地面控制人员约在美国东部时间9时左右与"哥伦比亚"号失去联系,但最早在8时53分左右,航天飞机左翼液压系统的温度传感器数据传输突然出现中断。在随后几分钟内,航天飞机轮胎压力数据也出现丢失,另外航天飞机上还发现了结构过热迹象。迪特莫尔等介绍说,美宇航局已启动应急计划,并召集了最好的专家,对事故原因展开"全面、深入"的调查。专家们说,航天飞机上虽然没有与飞机类似的"黑匣子",但携带了一些数据和声音记录仪,只是现在不知道能否找到这些仪器。

关注:航天飞行的危险节点

　　发射的时刻是激动人心的时刻。但是挑战者号就是在发射的时候,出现了巨大的灾难。而这次本来是等待凯旋的,却等来了巨大的悲剧。宇航专家指出,飞行过程中,最最危险的时段就在发射升空和重返大气层的过程中。专家指出,返回大气层时飞行角度十分关键,任何微小变化的因素,都可能会导致航天飞机的失控。中国专家如是分析,这次灾难,可能有这么一些原因:①是进入大气层时飞行角度有问题;②进入大气层时,受到大气层的强大冲击力;③进入大气层后因与大气摩擦产生高温导致隔热层脱落或烧毁;④可能受到太空垃圾的突然撞击。

关注:7位非凡的宇航员

　　"哥伦比亚"号航天飞机上有6名美国宇航员和1名以色列宇航员,其中2位是女性。7名宇航员中有4人是第一次进入太空。

　　里克·赫斯本德,45岁,航天飞机机长,曾担任空军上校。他1994年被美国宇航局选中,1999年在国际空间站执行了10天任务。这是他第二次进入太空。伊兰·拉蒙,48岁,是第一位进入太空的以色列宇航员。

　　拉蒙毕业于特拉维夫大学,获得计算机和电子工程学士学位,曾担任以色列空军上校和

[①]该文摘自2003年2月16日《新民晚报》,记者为汪一新、季颖。

战斗机驾驶员。拉蒙从 1998 年开始在美国宇航局下属的约翰逊航天中心接受训练。据悉，他母亲是二战中的幸存者。他有 4 个孩子，他们一家定居在以色列首都特拉维夫。

威廉·麦库尔，41 岁，3 个孩子的父亲，曾在美国军队中担任试飞员，是"哥伦比亚"号的驾驶员，是首次进入太空。

迈克尔·安德森，43 岁，曾任美国空军中尉，是美国宇航局不多的黑人宇航员之一。他曾于 1998 年进入俄罗斯的"和平"号空间站。

戴维·布朗，46 岁，曾担任美国海军飞机驾驶员和航空军医，1996 年成为宇航员，是首次进入太空。卡尔帕娜·乔娜(女)，41 岁，20 世纪 80 年代由印度移民美国，在"哥伦比亚"号上任飞行工程师。她曾于 1997 年进入太空，从事太空微重力实验。劳雷尔·克拉克(女)，41 岁，有一个 8 岁的儿子，曾担任美国海军航空军医。她是第一次进入太空。

关注：是否存在非技术原因

在悲伤和震惊之中，人们不禁在问，是不是存在着非技术原因？

不过至目前为止，并没有任何迹象显示，在降落途中爆炸解体的哥伦比亚航天飞机失事事件与恐怖攻击有关。一位美国高级官员指出，在此之前，没有收到针对此次飞行的恐怖威胁；因为有第一位以色列宇航员参与此次飞行，美国政府在此期间采取了严格的保密安全措施；航天飞机与地面失去联络时，距离地面尚有 61 000 米，远在地对空导弹的射程之外。恐怖分子没有这样的袭击能力。官员说，日前刚上任的国土安全部长里奇已要求得州、路易西安那州、新墨西哥州及亚利桑那州的地方所属官员，着手进行航天飞机残骸的收集工作，作为失事调查依据。

关注：是否应该早点"退休"

美国航空航天局共拥有 5 架航天飞机："发现"号、"阿特兰蒂斯"号、"奋进"号、"挑战者"号和"哥伦比亚"号。人们注意到，"哥伦比亚"号服役时间最久，自从 1981 年 4 月 12 日首航之后共整修过 3 次。"哥伦比亚"号，重量最大：约 8.01 万千克。其余的航天飞机重量均低于 8.00 万千克。人们注意到，在这 5 架航天飞机中，已经有 2 架遇难坠毁，比例是 40%。可见航天飞机的挑战性和风险性是何等巨大。

"哥伦比亚"号服役时间很久了，是不是已经到了退休的年龄？

根据航天飞机的飞行寿命，总共可以飞行 75 次以上。"哥伦比亚"号目前的飞行次数为 28 次。而"发现"号飞行次数已经达到 30 次。"哥伦比亚"号原计划在 2001 年退休。

关注：人类宇航探索的未来

几乎在同一个时刻，国际社会表示了极大的震惊。联合国秘书长安南说，人类对太空的探索没有国界。"哥伦比亚"号的失事是整个人类的损失。中国国家主席江泽民在给布什的慰问电中指出，相信人类探索宇宙科学的努力不会因此挫折而受影响，一定会继续取得进展。加拿大总理克雷蒂安说，7 名宇航员都是英雄，他们对于科学和太空探索的贡献永远不会被人们忘记。

回顾人类航天历程，非常悲壮，1967 年美国"阿波罗 1 号"飞船发射失败，3 名宇航员献身。1967 年苏联"联盟"号飞船坠毁。1986 年美国"挑战者"号航天飞机在升空 73 秒后爆炸，7 名宇航员献身。中国科学家对"哥伦比亚"号的失事表示痛惜，但是中国科学家相信，人类探索太空的脚步不会停止。是的，人类永远不会放弃进军宇宙的壮丽梦想。

自 测 题

1. 了解相关知识并解释词语

（1）飞船

（2）噩耗

（3）苍穹

（4）太空垃圾

（5）航天飞机

2. 阅读理解

（1）地面控制中心与哥伦比亚号之间最后一次无线电联系的内容是什么？

（2）飞机失事前的三个异常现象是什么？

3. 课文读后谈

（1）中国专家分析飞机失控的四个原因是什么？

（2）论证不是非技术原因的几点根据是什么？

4. 语言运用练习

在下面这段话中适当的地方加入关联词语，使它们呈现递进式关系。

一位美国高级官员指出，在此之前，没有收到针对此次飞行的恐怖威胁；因为有第一位以色列宇航员参与此次飞行，美国政府在此期间采取了严格的保密安全措施；航天飞机与地面失去联络时，距离地面尚有 61 000 米，远在地对空导弹的射程之外。

5. 标点符号练习

括号的主要作用就是对文中的句子或词语进行必要的注释，提供一些背景知识或者辅助材料，目的是帮助读者理解文句的内容。括号也有一些特殊用法：①表示括号内的词语可有可无；②表示括号内的词语是可以替换的；③用在剧本中显示剧中情境、人物的有关情况；④表示引文的出处。

本文中有两处使用括号的地方，请分析这两处括号（下面的第一句和第二句）及另外几个带括号的句子中括号的作用。

（1）美国东部时间 2 月 1 日上午 9 时（北京时间 2 月 1 日晚上 10 时左右）。

（2）劳雷尔·克拉克（女），41 岁，有一个 8 岁的儿子，曾担任美国海军航空军医。

（3）他甚至（于）连看也不看。

（4）"衣服弄脏了"的句首可以加上介词"把（将）"。

（5）据我看，咬文嚼字有时候十分必要。（吕叔湘《咬文嚼字》）

6. 请你说一说

查找中外航天相关材料，概括地谈谈你的认识。

7. 座谈

课文中在谈到"是否存在非技术原因"时，提到"因为有第一位以色列宇航员参与此次飞行，美国政府在此期间采取了严格的保密安全措施"。请结合当时以色列与美国关系的实际，谈谈"美国政府在此期间采取了严格的保密安全措施"的必要性。

8. 写作

7 位非凡的宇航员中的最后一位是劳雷尔·克拉克（女），她 41 岁，有一个 8 岁的儿子（2003 年时）。克拉克曾担任美国海军航空军医。她是第一次进入太空。如今，她的儿子已经长大，请你以航空事业爱好者的身份给她的儿子写一段话，表达你对他母亲的敬意和你对航空事业及牺牲的英雄的看法。

为了新闻的真实性①

1 月 10 日，美联社三名记者为了报道有关塞拉利昂最新的战事，前往弗里敦采访，结果在街头突遭袭击。造成一死二伤。

明星记者之死

34 岁的迈尔斯·蒂尔尼是美联社驻肯尼亚电视站的制片人。1 月 9 日，他和美联社驻西非新闻局负责人伊恩·斯图尔特以及摄影记者戴维·古登菲尔德为了获取塞拉利昂内战第一手的资料而从象牙海岸进入炮声隆隆的塞拉利昂。1 月 9 日当天，迈尔斯一行分乘四辆美

---

① 节选自潘意敏，潘峥嵘．1999．快速读书法．上海：华东理工大学出版社．

联社的采访车赶到了弗里敦西区的"开普塞拉"饭店。那里已经聚集了一群准备获得第一手战地采访资料的记者，面对着此起彼伏的枪炮声，迈尔斯和两位同仁都显得异常兴奋，他们3人是进行非洲战地采访的"黄金搭档"：迈尔斯擅长以与众不同的角度来报道战场的镜头，伊恩是一个你让他追踪一条新闻，回来时却能带回好几个故事的工作狂，古登菲尔德所拍的照片往往能以最独特的视角而被世界各地的报纸采用。"黄金搭档"摩拳擦掌，恨不得马上冲进城里大显身手，然而。塞拉利昂政府的新闻官员制止了他们的新闻冲动，因为弗里敦市中心仍在激战中，实在是太危险了。

第二天是星期天。天气仍然是那么炎热，太阳还是那么的毒，弗里敦市中心的枪声时断时续，但记者们已经下决心出发了。6辆新闻采访车刚刚上街，正好碰到了塞拉利昂政府的交通部长，他答应派出一支西非维和部队来保护他们。古登菲尔德后来回忆说，"交通部长的意思是弗里敦的局势已经相当平静了。所以他想通过我们的镜头让全世界都看到塞拉利昂的局势已经得到了政府的控制。"美联社的其他同行对交通部长的看法将信将疑。不过，他们看到三三两两闲逛的政府军士兵，连加油站也重新开张了，这说明弗里敦的局势得到了缓和。

载着记者的车队向弗里敦市中心开进。远处依然可以听到稀稀拉拉的枪声。车队下了山，经过一个破败不堪的足球场，记者们吃惊地看到了这座饱经战火的城市：一堆烧成废铁的汽车、一座早已经废弃的红绿灯和一堆由志愿者搜集起来堆在街边的遇难者尸体！

当车队拐了一个弯后，拐弯处一下子闪出5个穿着美式牛仔裤、戴着奇形古怪帽子的武装人员。记者和同行的西非维和部队士兵都搞不清他们是叛军还是抢劫者。

惨剧就是在那一刹那发生的，古登菲尔德回忆说："5个家伙看上去像是喝醉了酒或者刚刚吸过毒，他们在吃吃地笑着，我觉得有点不太对劲，但又觉得我们不可能离叛军这么近。"几秒钟后，一名西非维和部队的士兵上前用尼日利亚语与他们打招呼，其中一个家伙用别的语言回应了一下，刹那间，那个家伙抄起半自动步枪就朝美联社的采访车开枪！迈尔斯还没有反应过来就被子弹击中，当场死亡，而伊恩身体一歪开始呻吟了起来，古登菲尔德说："我感到子弹喷出来的热浪和玻璃的碎片，我赶紧低下头，接着又听到好几分钟的枪声，迈尔斯显然是已经死了，我拖起伊恩，把他弄下车，西非维和部队的士兵即开枪还击。5名武装人员当场被打死，另一辆车的司机赶紧把伊恩和迈尔斯送到附近的一处西非维和部队的军事基地，古登菲尔德则留在原地，冒着挨流弹的危险抢拍了好几张珍贵的照片，然后才赶到基地安排飞机把两人送往象牙海岸治疗。"

最后一篇采访日志

采访的危险是显而易见的，塞拉利昂的"革命联合阵线"控制着弗里敦东区和部分市区，并且拒绝西非维和部队提出的停火要求。每到夜间，弗里敦总能听到隆隆的炮声，那是叛军在向市区漫无目的地炮击。美联社让迈尔斯采访小组深入塞拉利昂采访的目的是证实国际红十字会工作人员的报告："交战双方不分青红皂白地使用轻重武器在人口密集的首都居民区射击。'革命联合阵线'据说有强奸、抢劫、屠杀平民的不人道行为。"鉴于塞拉利昂战火燃得正旺，美联社最后要求记者：千万注意安全！宁愿完不成任务，也不允许冒险。所以，迈尔斯他们本来可以不必冒这个险的。因为1月9日晚上，他们已经以一个相当独特的视角采访了弗里敦的最新战况。迈尔斯的最后一篇采访日志详细地记录了这次采访：

"一对刚刚从叛军控制的弗里敦东区逃出来的年轻夫妇向我们描述了那里的惨况。25岁的女管家杰弗妮·加尔南和她28岁的黎巴嫩男朋友是摸黑走了整整10公里的夜路才算回到了西区。加尔南惊魂未定地说：'当西非维和部队向东区挺进的时候，叛军们开始放火烧轿车、房子和他们能见到的一切东西，街上到处是尸体，有老百姓的，也有军人的。'她的男朋友，28岁的黎巴嫩商人卢比告诉记者说：'情况真是太惨了，那里的人已经好长时间没有水，没有食品了。可我的父母还在那里,我真为他们担心。"

采访写到这里戛然而止,这篇未完成的日志将和迈尔斯的照片一起被收藏在纽约美联社总社的纪念馆里。

迈尔斯是 1996 年以独立制片人的身份加入美联社非常电视制作部的,他负责对布隆迪政变的全面采访。1996 年年底,他正式加盟美联社,负责组建了美联社在纽约的第一个电视新闻部。

1997 年 1 月,他被轮换到非洲,成为常驻罗毕的电视新闻记者和制作人。在接下来的两年时间里,他从非洲的东海岸到西海岸,从采访刚果反叛军偏袒卡比拉到采访美国驻非洲大使馆爆炸案。颇有创意头脑的他在采访中率先采用通过普通卫星电脑传送录像的新技术,此后,他还先后报道了卢旺达、几内亚比绍、厄立特里亚和索马里的冲突。美联社国际新闻编辑巴克尔说:"以非凡的幽默和出色的工作能力赢得了同事甚至竞争对手的敬佩。"

为真实的新闻而献身

当迈尔斯遇难的消息传到美联社总部时,国联新闻编辑托马斯·肯特尔震惊万分,"我们真是感到非常伤心"。美联社电视新闻部主任尼格尔·巴克尔说:"迈尔斯的遇难使国际新闻界痛失一颗明星,但他为了新闻事业献身的精神却深深地鼓舞了我们。"美联社总裁路易斯·博卡迪说:"我对失去一位出色的记者感到悲痛万分。我对他勇敢的工作精神感到敬佩。"许多记者为了报道真实的新闻,不惜牺牲自己的生命,从 1988 年到 1998 年的 10 年间,全世界共有 474 名记者在采访中遇难殉职。迈尔斯是美联社创建 150 年来第 24 位以身殉职的记者。

➕ 自 测 题

1. 被称为非洲战地采访的"黄金搭档"是指迈尔斯和(　　)
   A. 伊恩　　　　　　B. 古登菲尔德
   C. 伊恩与斯图尔特　D. 伊恩及古登菲尔德

2. 1998 年 1 月 10 日,美联社三名记者前往采访的城市是(　　)
   A. 塞拉利昂　　　　B. 弗里茨
   C. 拉利昂　　　　　D. 弗拉里

3. 迈尔斯·蒂尔尼是美联社驻(　　)国家的电视站制作人。
   A. 南斯拉夫　　　　B. 几内亚
   C. 肯尼亚　　　　　D. 卢旺达

4. 美联社让迈尔斯采访小组深入采访的目的是证实(　　)
   A. 交战双方在首都居民区射击
   B. 交战双方在屠杀平民
   C. 交战双方已放下武器
   D. 政府已控制局势

5. 最后一篇采访日志和照片被收藏在(　　)
   A. 非洲纪念馆　　　B. 联合国总部
   C. 美联社总部　　　D. 塞拉利昂纪念馆

6. 迈尔斯最后一篇日志采访的对象是(　　)
   A. 杰弗妮·加尔南　B. 女管家
   C. 黎巴嫩商人　　　D. 杰弗妮和卢比

7. 迈尔斯 1997 年被轮换到非洲后,没有采访(　　)
   A. 刚果反叛军
   B. 布隆迪政变
   C. 美国驻非洲大使馆爆炸案
   D. 内罗毕电视台

8. 迈尔斯在采访中率先采用通过普通卫星电脑传送(　　)
   A. 录像　　　　　　B. 照片
   C. 新闻稿　　　　　D. 现场直播

9. 从 1988 年到 1998 年的 10 年间,全世界在采访中遇难殉职的记者有(　　)
   A. 447 名　　　　　B. 764 名
   C. 474 名　　　　　D. 948 名

10. 迈尔斯是美联社创建 150 年来第(　　)位以身殉职的记者。
    A. 24　　　　　　　B. 5
    C. 42　　　　　　　D. 30

口语交际

概　述

概述是对详述而言。无论是介绍一个人，叙述一件事，说明一个物件，描绘一种景物，还是阐明一个道理，抒发一种情感，因为需要的不同，都得能详能略。要详，能淋漓尽致，能阐幽发散；要略，能提纲举要，能删繁就简。这是说话与作文能力的重要表现。其实，叙述、描述、评述、阐述都有"简要"与"详细"之分。简要的叙述、描述、评述、阐述就是概述。

从繁复到简约

说话、作文，都是输出信息。有人把话语、文章中的信息分为三类：必要信息、次要信息、冗余信息。必要信息，是指绝对不可缺少的信息，只要缺少其中一点，意思就不能得到正确的表达；次要信息指的是那些补充、阐释（描述也是一种阐释）与旁及的内容，它们虽然不是要表达的主要内容，但往往也是不可少的。因为要强化印象，使对方获得比较完全的理解，使对方信服、动情，往往要在主要意思的基础上加以展开，如解释、论证、描述等，这些就是次要信息；冗余信息是指完全不需要的信息，客套话、空话、陈词滥调、啰里啰唆的话，都属于冗余信息。在说话写文章的时候，一切冗余信息都应该禁绝。但事情往往又不那么简单。一个词语，一句话，是必要还是冗余，要依语言环境而定：在一种情况下是必要的，在另一种情况下却可能变成冗余的。比如，你给你的朋友写信，告诉他"所托之事"已经办好，对方立即就会明白是怎么一回事，这时如果还把"所托之事"的具体内容述说一遍，就成了废话了；但如果你是向不了解内情的第三者讲述这件事，仅用"所托之事"四个字就不够了，定要把内情作必要的介绍。对于次要信息的处理也一样，要还是不要，多要还是少要，也得依语言环境而定。比如，你找人去借钱，面对老朋友，可以不做什么解释，只提出要求即可，如果面对的人跟你关系一般，恐怕就得认真地说明一下理由。

我们所说的概述，实际上就是处理语言信息的一种方式：依照特定语境的需要，舍弃一切不必要的信息，而只把必要的信息表述出来。1941 年 6 月 22 日，希特勒德国背信弃义进攻苏联。斯大林在 7 月 3 日皇家广播演说，号召苏联人民起来保卫祖国，击溃敌人，争取胜利。这篇演说全文不到 4000 字。如果作为一篇介绍斯大林演说的特写，就得详尽地介绍演说的时间、地点、背景、内容及演说者当时的情绪、听众的反应等，这就是评述。而毛泽东在《反对党八股》一文中说到这件事，只用了不到 100 字："去年 6 月 22 日，苏联进行那么大的反侵略战争，斯大林在 7 月 3 日发表了一篇演说还只有我们《解放日报》一篇社论那样长。"这就是概述。因为这里只是为了说明写文章应力求做到文字简洁而内容充实，所以演讲的内容，当时人们的情绪、反应，都成了不必要的信息，表述时也就舍繁求简了。

【示例1】邢台市实用技术开发研究所所长何玉铭 1981 年高中毕业后，考入中国人民解放军南京外语学院英语系。1988 年 8 月，参加地方经济建设，在改革大潮的驱动下，他毅然放弃公职，砸碎铁饭碗；开办一个民办科研机构——邢台市实用技术开发研究所并任所长。通过市场调查和预测，他们决定开发研制方便快餐食品。经过两个多月的艰苦攻关，何玉铭他们的第一项专利技术"快餐粥"终于试制成功。

"快餐粥"一炮打响。仅靠输出生产技术和设备，一年就可创产值 116 万元，利税达 26 万多元。自 1989 年 4 月到 1991 年年末,全国已有 17 家企业引进了"快餐粥"生产技术,就连一直是食品加工技术之王的大上海也引进了这项专利。何玉铭他们没有满足,仅仅几个月之后,他们又着手开发研制新产品。1990 年年底,他们研制的"米思奇"风味食品问世。"米思奇"和"快餐粥"这两项技术都取得了国家专利,北京、上海、天津、黑龙江、福建、新疆等 20 个省市自治区的 60 个企业引进了这两项技术,这些企业每年可为国家创产值达 2 个亿,利税 7 千万元,安置 3000 人就业。

【简析】示例选自《十大杰出青年候选人事迹选登》,介绍的是"米思奇""快餐粥"的发明家何玉铭,全文只用 400 余字作为"杰出青年"的必备条件,他的创造精神,他的劳动成果,以及其产生的经济效益和社会效益,这些地方都交代得简洁而又明确构成了这篇材料的"必要信息",这是一篇很成功的概述。

【示例 2】旧历年底,当大家都忙着准备"祝福"的时候,我回到鲁镇,遇到了祥林嫂,她竟问起我灵魂有无的事,使我狼狈而且不安。当天夜里,她就冻饿死于街头了。她的一生是很悲惨的。二十六七岁就死了丈夫,逃到鲁四老爷家做女工。后来被婆婆抓回去,虽百般反抗,还是被卖到深山里。刚过了几天好日子,第二个丈夫又死了,儿子也被狼衔走,大伯又收屋,她只好再回鲁镇做工。然而,她的精神、体力已大不如前,引起主人的不满。鲁四老爷又说她是伤风败俗的人,不许她沾手祭祀。镇上的人们也听厌了她反复诉说的自己的悲惨故事,一味地冷淡她,嘲笑她。这年年底,鲁四老爷家的帮工柳妈对祥林嫂说:你嫁过两个丈夫,死后要被阎罗大王锯成两半的;不如到土地庙去捐一条门槛,赎了自己的罪名。祥林嫂不惜花掉历来积攒的工钱,照柳妈的话办了;但鲁家仍不许她沾手祭祀,从此,祥林嫂精神异常。

【简析】示例是对鲁迅小说《祝福》故事的概括,不足 500 字,而原文却有万字左右。通过这个对比,可以进一步明确筛选重要信息的方法。

从具体到具体

人们接触各种事物,逐步认识事物的特点,把握事物的本质和规律。如果表述这种理性认识,不用直白的方式,而是把它化为"形象",仿佛是对生活实景进行描述,其实是对事物作概括性表述,这就是从具体到具体的概述。这里第二个"具体",是指对事物本质特征的形象表述。因为这种表达方式具有形象生动的特点,所以又可以叫它"形象概述"。形象概述有一种常用手段,是"仿真"法。这有如一幅漫画,用简洁的笔墨勾勒出事物的形象,而事物的特点在夸张中得到鲜明的揭示,比如鲁迅的《论辩的魂灵》一文,就是从当时社会上一些反对新思想、反对改革和毁谤革命者的荒谬言论中概括出几条诡辩式的奇谈怪论,从而揭露他们"魂灵"的丑恶和逻辑的荒唐。其中有这样一段:"你说甲生疮。甲是中国人,你就是说中国人生疮了。既然中国人生疮,你是中国人,就是你也生疮了。你既然也生疮,你就和甲一样。如果你只说甲生疮,则竟无自知之明,你的话还有什么价值,倘你没有生疮,是说诳也。卖国贼是说诳的,所以你是卖国贼。我骂卖国贼,所以我是爱国者。爱国者的话是最有价值的,所以我的话是不错的,我的话既然不错,你就是卖国贼无疑了。"这一段话近乎胡说八道,现实生活中完全如此的人不宜找到,但类似的情形却是常见的。鲁迅就是把这情形加以提炼,加以概括,从而形成"典型",把隐藏在现象中不易把握的事物的本质特征,形象、灵活地表现了出来。

【示例 1】甲:编导,我正酝酿一个本子,是描写爱情的,正苦于安排男女主人公如何相识。
乙:姑娘夜遇流氓,小伙子见义勇为,挺身而出,几拳打跑了歹徒。这不就有戏了。

【简析】把目前影视剧中描写爱情生活时常见的俗套子加以概括和集中,实际上是批评这种不良倾向,要求剧作者发挥创造性。

【示例2】一位开羊行的朋友和我谈羊的话。据说他们行里有一只不杀的老羊,因为它颇有功劳:他们在乡下收罗了一群羊,要装进船里,运往上海去屠杀的时候,群羊往往不肯走上船去。他们便牵这老羊出来,老羊向群羊叫了几声,奋勇地走到河岸上,纵身一跳,首先跳入船中。群羊看见老羊上船了,大家便模仿起来,争先恐后地跳进船里去。等到一群羊全部上船之后,他们便把老羊牵上岸来,仍旧送回棚里,每次装羊,必须由这老羊引导。老羊因有这点功劳,得以保全自己的性命,我想,这不杀的老羊,原来是只该死的"羊奸"。

【简析】示例2属于寓言式的形象概括,通过对羊行里一只老领头羊的描写,揭示了内奸通敌害民的卑劣嘴脸。短短的一段文字,概括了丰富的思想内容。

✚ 自　测　题

1. 在整个世界经济一片衰退之际,中国经济的"一枝独秀"让我们出了名。但是,善于思考的人们还会发现一个让我们清醒的话外音——"一枝独秀不是春"。如今,整个世界经济的严冬对我们这个一枝独秀的温暖角落产生了些许影响。

对这段文字概括得最准确的是:(　　)

A. 我国经济增长面临着挑战

B. 中国经济与世界经济对比鲜明

C. 世界经济状况陷入不良循环之中

D. 当前中国经济形势喜人,不断增长

2. 把下列文段压缩成一句话(不超过20个字)

人生什么最苦呢? 贫吗? 不是。失意吗? 不是。老吗? 死吗? 都不是。我说人生最苦的事莫过于身上背着一种未来的责任。人若能知足,虽贫不苦;若能安分(不多作分外希望),虽失意不苦。老、病、死乃人生难免的事,达观的人看得很平常,不算什么苦。凡人生在世间一天,便有一天应该做的事,该做的事没有做完,便有几千斤重担压在肩头,再苦是没有的了,为什么呢? 因为受那良心责备不过,要躲也没处躲呀!

3. 请给下面新华社华盛顿分社2003年5月20日电传拟定一副标题,字数在16字以内。

美又向核战争走近一步

美国参议院20日经过投票,同意取消为期10年不得研究和发展低能量核武器的禁令。参议院当天以51票对43票的投票结果,击败了民主党提出的维持该项禁令的修正案。民主党认为取消这项禁令将是向核战争走近了一步,不仅将损害美国阻止其他国家发展核武器的努力,而且将使核武器和常规武器的界限模糊,导致使用核武器的可能性增加。

📚 书面表达

递进式段落

这一单元我们来说说递进式段落,递进式段落的特点是段落中的句子或句群中两个或几个之间有递进结构关系;后边的句子或句群是在前边内容的基础上进行的,前后是逐层深入、步步推进的关系;各层的前后顺序有严格的要求,不能随意改动。通常是后面的句子在范围、时间或数量等方面更进了一步。递进句群一般要用关联词语来表明,常见的有而且、并且、并、也、还、更、甚至、甚或、甚至于、甚而至于、何况、况且、等等。关联词语"不但……而且"用来组合递进关系复句,是极为常见的,但是,却不能用来组合句群? 组合递进段落的关联词语一般出现在后面的句子中,常见的位置是句首或主语前。递进段落也用相互间有递进关系的同一句式来组合。

在论证思路中,层层深入、步步推进,这也是递进式结构。它的特点是各层的前后顺序有严格要求,不能随意变更。一般议论文采取先提出问题,再分析问题,然后解决问题的思路,即体现了递进式结构的特点。为了增强文章的说服力,人们常常也采用由浅入深、由简单到复杂、由具体到抽象的顺序展开论述,因为它符合一般人的思维规律、认识规律。另外,像毛泽东的《反对自由主义》一文,即先提出中心论点,再列举自由主义的11种表现,接着再进一步分析自由主义的危害性、思想根源,最后提出克服自由主义的办法——从现象到本质,层层深入、步步推进也是递进式模式。可概括为这样的模式:摆现象—析本质—指危害—找原因。

递进式论证结构同样需要层层深入,由点及面,由表及里,由浅入深,由抽象到具体,先说什么后说什么,不能随便调换顺序。例如,以下两个段落都是递进式结构。

【示例1】为了写这部药物书,李时珍不但在治病的时候注意积累经验,还亲自到各地去采药。他不怕山高路远,不怕严寒酷暑,走遍了出产药材的名山。他有时好几天不下山,饿了吃些干粮,天黑了就在山上过夜。他走了上万里路,拜访了千百个医生、老农、渔民和猎人,向他们学到了许多书本上没有的知识。他还亲口尝了许多药材,判断药性和药效。

【简析】这段话讲的是李时珍为了编写一部药物书都做了哪些准备。全段有两大层意思:第一层写了不但怎么样(在治病的时候注意积累经验);第二层写了还怎么样(亲自到各地去采药),后面一层的意思,比前面一层进了一步,在第二大层里,又具体写了三小层意思:一是写他不怕辛苦和劳累,亲自到大山上采药;二是说他走向民间,虚心向有经验的人学习;三是写他亲口品尝药材,判断药性和药效。因为前面的内容是后面内容的基础,所以不能改变句子的顺序。

【示例2】飞机飞得又快又稳。透过云层,可以看到积雪的山峰层层叠叠,好像波涛汹涌的大海。突然,飞机遇到一股强烈的寒流,机翼和螺旋桨上都结了冰,而且越结越厚。不大一会儿,机身也蒙上了厚厚的冰甲。飞机像冻僵了似的,沉甸甸地往下坠,还失去了平衡。机翼掠过一座座山峰,眼看就要撞着山尖了,情况十分严重。机长命令机械师打开舱门,把行李一件一件往下扔,好减轻飞机的重量,还要大家背上降落伞包,做好跳伞的准备。

【简析】这段话中第一层与第二层意思之间的关系是转折关系。段的重点在第二层,而第二层中的五句话,它们之间的关系又是递进关系,后一句以前一句为基础,前后关系不可改变;第三句写飞机遇到了寒流,机身开始结冰;第四句写薄冰变成了厚厚的冰甲;第五句写飞机不断下坠;第六句写飞机眼看要撞着山尖了;第七向写准备跳伞。这五个句子描写的情况一个比一个严重。句子按层层递进的关系组织,把越来越严重的险情突现出来,给人一种紧迫感。这段话的中心意思就是飞机突然遇到寒流,情况十分危急。

论证中的递进式结构一般有两种格式:一是将中心论点进行分解,分成几个分论点,这些分论点之间的关系是由浅入深、由表及里、由简单到复杂。层间可用诸如"不仅……而且……""……况且"等关联词语过渡,同时又以此反映层次间递进的关系。二是按照"提出问题,分析问题,解决问题"的思路安排论证结构,即围绕中心论点回答三个问题:①是什么;②为什么;③怎么办。"是什么"即阐明概念或道理本身的含义,"为什么"即分析产生现象或导致某种结果的原因,"怎么办"即提出解决办法或应对措施。在议论文写作中学会运用递进式结构,增强文章说理的逻辑性(关键:逐层深入)。"是什么"可理解为提出问题,或指明问题的实质,或申述论述的范围,或直接提出中心论点等;也可以是对论述对象作必要的解释、说明等。从"为什么"与"怎么样"的角度论述,是文章的主体部分,这两部分可以并重,也可以有所侧重,不一定平均用力。侧重点的选择,要考虑需要我们着重讲清的是观点成立的理由,还是根据某个道理应该怎么做。一般说来,如果道理简单,显而易见,无需详加论证,则可在"怎么样"上多做文章;如果"怎么样"的问题众所周知,不言而喻,则可在"为什么"上多做文章,"怎么样"可一笔带过或干脆不谈。

【示例】仰望星空,那似乎没有纤瑕的星辰在银河中闪耀,它带给我们无限的遐想,那不染纤尘的星空里,放飞了多少人美丽的梦想!飞上星星的人知道,那里像地球一样,有灰尘也有石渣,于是他们失去了对幻想的渴望。我们虽不能一味沉溺于自己的幻想之中,却也不能让自由飞翔的思想湮没在无情的现实里。

沉湎幻想难以取得成绩,让梦想建立在踏实的现实基础上方有成就。阮籍目睹世间的浑噩不堪和好友的身首异处,借醉酒逃避现实,他的一生一直在逃避、逃避、逃避,却终因一篇《为郑冲对晋王笺》被人唾弃。嵇康则完全生活在现实之中,不肯向生活做出任何妥协,最终以一曲《广陵散》而成为绝响。其实人生由阮籍的醉酒向前一步便是嵇康的《广陵散》,人生有嵇康的《广陵散》向后退一步便是阮籍的醉酒,殊途同归者的境遇竟是如此迥异。若是两人各向中间迈出一步,将幻想与现实稍加中和,也许就不会落得生者隐入迷幻,死者融入苍穹,只留给后人无尽的怅惘。

我们如何才能让仰望星空的人了解现实,又如何才能让飞上星星的人保留梦想呢?在那个人人埋怨的时代,沈从文先生目睹现实的残酷,却依然将那个江南小城写成了山美、水美、人美的世外桃源,现实没有湮没他对人生的希望,他用一份最原始的情感和一颗赤子之心看待这个社会,看待自己的人生。他没有沉醉于自己的幻想,亦没有让现实麻木自己的心灵。张允和先生亦是一位智慧的老人,她一生经历了大富大贵,也经历了战火纷飞,十年浩劫,而她却永远保有一副悲天悯人的情怀,一颗永不衰老的童心。她那悲天悯人的情怀使她正视现实并战胜现实,而她那颗永不衰老的童心则使她在任何艰难的情况下都不放弃幻想的权利。川端康成浅浅的一句"凌晨四点钟,看到海棠花未眠",瞬间感动了多少心灵,这是梦和现实最完美的结合。让那些世俗之物顷刻间土崩瓦解,让多少在现实中日渐麻木的心灵得到了温暖。

【简析】第一段提出论点,即论述"是什么",第二段举例,正反对比分析原因,即论述"为什么",第三段提出解决现实问题的办法,即论述"怎么样"。

一般亮明观点之后展开的思路有两种走向:如果观点是肯定判断,那么就要从重要性、必要性角度论述。例如,观点是"我们要培养节俭的美德",那么就谈"节俭"的重要性、必要性。如果观点是否定判断,就谈不能这么做的原因,或继续这么做的危害性。例如,观点是"这种赶时髦的做法并不好",那就要讲"不好"的理由,或"赶时髦"的危害性。"是什么—为什么—怎么样"的思路是最有助于拓宽思路的论证结构模式。至于怎么用好这种模式,关键在于灵活变通,根据实际情况确定"是什么""为什么""怎么样"的各自的论述侧重点。

➕ 自 测 题

1. 阅读下面的文字,按照句意的层层递进把散乱的句子排列成一段通顺的文字(　　)

①难道你就不想到它的朴质、严肃、坚强不屈,至少也象征了北方的农民?

②难道你又不更远一点想到,这样枝枝叶叶靠紧团结,力求上进的白杨树,宛然象征了今天在华北平原纵横决荡,用血写出新中国历史的那种精神和意志?

③当你在积雪初融的高原上走过,看见平坦的大地上傲然挺立这么一株或一排白杨树,难道你就觉得它只是树?

④难道你竟一点也不联想到,在敌后的广大

土地上,到处有坚强不屈,就像这白杨树一样傲然挺立的守卫他们家乡的哨兵?

2. 选择恰当的关联词语填在句子中

不但……也……　　　既……又……

不仅……而且……　　不仅……还……

(1)他(　　)会开拖拉机,(　　)会修拖拉机。

(2)他(　　)是生产能手,(　　)是学习模范。

(3)他(　　)自己重视学习,(　　)关心别人的学习。

(4)老师(　　)关心我们的学习,(　　)关心我们的身体。

(5)王厂长(　　)写了表扬信,(　　)亲自送到我们学校里来。

(6)焦裕禄同志(　　)严格要求自己,(　　)严格教育自己的子女。

3. 仿照例句填表,使前后句子构成递进关系。

他不但	记住书里的故事	还	把优美生动的词句记下来。
	观察了蚂蚁的活动情况		

阅　读

五步复读法

近年来,国外流行一种"SQ3R"五步读书法。一些教育学家和心理学家认为,这种读书法符合人们读书中的一般思维规律,有助于理解书本内容和增强个人记忆力。具体步骤如下:

(1)概览。通过快速的预习或者浏览,尽量掌握你所看材料的大意。

(2)问题。在你浏览时,如果你认为其内容值得进一步仔细阅读,你就开始向自己提一些你想找到答案的问题。

(3)阅读。仔细阅读全文。

(4)复述。当你读完材料时,尽量复述其主要论点。

(5)复习。通过复习全文来检查你对该文的掌握程度。

第一步:概览(Survey)

概览材料,获得大体印象,也就是通过阅读你要学习的材料的部分章节,比如章节要点、概要、学习目的列表、序言、结语等,对整个资料做一个概览,来获得对整个材料的总体把握。概览阶段可以在多个不同的阅读层次上使用,比如可以用在整本书或整章或一章中的一节。阅读整本书有时候称为总览,阅读一章有时候称为预览或者称为概览。我们这里统称为概览,如果是浏览一本百科全书或杂志中的一篇文章道理也是一样的。

(1)开始浏览一章(或一节)时,你应注意要读的那一章是怎样与全书的整个主题相配合的。例如,它是不是整本书中跟其他几章相提并论的主题中的一个?它是不是为以后几章提供一个背景知识?它是不是对前面几章介绍过的知识作进一步的阐述?

(2)翻看一下这一章有多少页码,对阅读这一章一共所需的时间作大致的估计,决定你想在这一章上花多少时间。

(3)注意一下这一章分成几个主要部分或者几个论题,决定你眼下打算读多少内容,是把整章的主要观点都了解呢,还是完整地先读完第一节?

(4)研究一下章名,把章的名称转换成问题形式,考虑一下——这个题目谈的是什么意思——关于这方面的内容你已经知道了什么。

(5)阅读本章第一页主标题和次标题,这些标题会告诉你一些有关本章的关键词、重要观点及它们是如何组织安排的,然后把主要的小标题转换成问题。

(6)阅读一下引言和小结(或者第一段和最后一段),如果章的末尾附有一些思考题,那么也需要读一读。

(7)把标有黑体字或斜体字的句子、短语或词汇也读一读。

（8）看看使用了哪些直观的呈现方法,如图表、图片、曲线等,读一读这些图表的标题。

（9）如果有必要,再对所需花费的时间或你打算阅读的数量作进一步估计。

（10）停下来想一下在浏览阶段提出的各种问题。

第二步：提问（Question）

无论何时当你开始仔细阅读正文时,你应当尽量向自己多提出问题。它们能使你的阅读具有更多的目标,并能促使你阅读时更具批评性和警觉性,使你成为深层含意的积极追寻者。你自己的问题如"我要从中学习些什么",而且也有各种各样其他比较具体的问题。这里有三类基本的问题。由这些基本问题再引出其他所有的具体问题。

第一类问题:我已经知道了什么? 例如,章名说的是什么意思? 我已经掌握了有关这方面的什么信息? 主标题和次标题说明了什么问题?

第二类问题:作者想告诉我什么? 例如,作者想回答的可能是什么问题? 作者将如何证明他的看法? 作者能通过举例来证实他的观点吗?

第三类问题:我想要得到什么? 例如,这一章结束还有哪些问题? 在读完这一章我该知道读了些什么或能做什么? 问题最有利的外部来源是书或者文章本身。

作者往往在一章的开头提出三个或四个问题,以此种方式来点明他或她将把你引向何处,而你将在阅读的过程中寻求答案。值得注意的是,我们常常忽视作者提出的问题,因此阅读就没有作者预想的那么多收益了。

第三步：阅读（Read）

阅读阶段是 SQ3R 或其他所有方法的中间阶段。如果没有浏览和提问阶段的准备就去阅读,常常会得不到透彻的理解或者心不在焉、注意力分散,导致不必要的重读。如果没有复述和复习阶段,那么阅读过的大部分内容到了第二天就会遗忘。阅读阶段同其他阶段结合起来是可以重复进行的。为了达到理解的水平,经常有必要这样做。

（1）进行必要的快速阅读训练。3~5 分钟的快速阅读训练将提高阅读理解率及鼓励运用右脑。

（2）回过头来开始阅读一章或一节,利用直观信息,用你感到轻松而又稍快的速度来理解内容。

（3）在阅读中要设法回答那些在浏览和提问阶段提出的最重要的问题:①想方设法寻找能帮助回答主要问题的关键段落。②注意细节是如何同要点发生联系的,是通过推理、举例还是通过再细分成更小的部分。③注意那些表示转折的关键词,如"另一方面""第二点是""一个理由"等。④尤其要注意斜体字、黑体字及短语。

（4）在第一次阅读时,不要停下来重读那些难懂的段落或仔细琢磨那些不认识的字,或者再回过头去找那些遗漏的细节。要直接读下去,相当快地读,直到结束为止。

（5）读完了第一遍后,就随即进入复述阶段。通过复述能告诉你这一部分是不是需要全部重新阅读一遍。如果需要重新阅读,那么那就需要寻找另外的时间。

（6）在"阅读"阶段不要做笔记。即使书是属于你自己的,也不要在段落上画符号。记笔记是 SQ3R 方法第四阶段的工作。

第四步：复述（Recite）

从头至尾温习一遍你刚刚读过或学到过的东西,通过口头复述、某种方式记笔记或通过回答问题来做小结。一般来说,记住你所学过的思想最可靠的办法是运用它们,而尽力复述它们是你能这样做的第一步。一旦你开始阅读,你就会发现下列建议是有益的。

（1）不时暂停一下。

（2）合上你的书。

（3）告诉自己读到目前为止你所发现的主要思想是什么。

（4）遇到长或者复杂的段落,就有必要把书放下片刻,用你自己的话语总结出主要的观点。但是不要规定每读完一段或是两段后都得停下来,在读完每一节之后复述一次,也许符合大多数人的学习习惯。

在此提醒大家,对于经过多长时间需要停顿下来复述一次并没有最佳的标准。这要视你当时的具体情况而定,这是你必须自己解决的事情。

做笔记不能只考虑复述,还应当记下要点来。对一些主要思想和对你来说比较重要的细节做一些简要的记录。

以下是划重点的原则。

（1）读完一个段落后再划重点。假如边读边划重点,你会发现有些重点其实并不重要。

（2）不要划太多重点。在书上划太多重点,反而看不出重点所在。原则上每页所划的重点不能超过该页信息的20%。

（3）划重点有助于做读书笔记。

（4）用双线、曲线或黄色荧光笔把最主要的概念划出来,每段只划一个最主要的概念,并且只在其关键点画线即可。假如主要概念分散在数段,可用1、2、3等数字加以标示,以利于记忆。

（5）用单线划重要细节。通常每段不要画两个以上的重要细节,而且只在其关键点画线即可。

（6）对于最重要的概念可在书中空白处用"※"加以标示,以利于复习。

（7）重要的学术名词的定义可用圆圈注记。

（8）重要的细节如举例、因果、步骤、特征等可在书中边缘处用"例""因""果""步骤""特征"等字词加以注记,以利于查考。

复述所需的时间。你可能要花去相当大一部分用于复述这一环节。至于要用多少时间这取决于你阅读材料的种类。如果你在复述某些课文时花去了一半以上用在SQ3R的时间,也不必因此而感到吃惊。倘若文中的思想对你而言是很重要的,那么所花时间是值得的。

第五步:复习(Review)

复习的目的是取得有关复述得怎样的反馈信息。绝不要以为你复述到了每一重点之处,并且复述正确。要知道再一次的检查总能使其结果更精确。比如,复习的方法之一是迅速重复一遍SQ3R方法的前面四个步骤。

（1）浏览该书或者该章的总体结构(再一次查看标题和相应的总结)。

（2）回忆你所提过的问题(你能回答所有这些问题吗？有新的问题产生吗?)。

（3）重读课文以查看你是否复述了所有重点。

（4）通过补充你笔记中的一些遗漏点和校正一些错误来完善你的复述。

五步复读法的第一个特点是把快速阅读与一般阅读结合起来,以快带慢,快字在先,慢字紧跟其后;第二个特点是把理解与阅读紧紧联系起来,同步进行。它的第二步就是"提问",在提问中要找答案,在找答案中自然而然地进行理解。由于理解的针对性很强,因此,理解速度也比较快,效果也比较好;第三个特点是把阅读、理解、消化与记忆紧密结合起来,第四步、第五步巩固信息,进一步消化和记忆。

最后,还必须说明,任何学习方法都不是万能药方,更不是固定不变的教条。检验学习方法的唯一标准是看其对自己提高学习是否有效。

富兰克林自传(节选)①

本杰明·富兰克林②

学 徒 生 涯

我在父亲的店铺里干到过完12周岁生日。哥哥约翰开始也是学习制皂烛的,那时已经在罗得岛自谋职业,撑起了一份家业。而我好像注定要来填补他走后的空位子,成为一个蜡烛制造商。但我实在是对这个行当喜欢不起来。父亲曾因约瑟夫偷偷离家航海而大为震怒,怕我也走他的老路子,但又苦于没有更好的行当让我做。于是他便和我一起去四处转悠,看那些木匠、砖工、旋工、铜匠干活,来推测我的喜好。我一直对一个极出色的工人熟练使用手上的工具感兴趣,而这种观察的兴趣对我很有益处,家中有了一些关于零部件修理的活我都可以尝试着去做。并已在怀着浓厚的兴趣去做它的同时,也试着做一些实验用的小机器。终于父亲定下来让我学一门理发手艺,当时伯父的儿子萨缪尔已在伦敦学成理发手艺,在波士顿的铺子正准备开张。我便到他的铺子里实习了一阵子,但让父亲不满的是,他竟然打算收我实习费。于是我又被带回了家。

我自幼酷爱读书,买书花费了我所有的零用钱,出于对《天路历程》一书的喜爱,我很早就开始收藏约翰·班扬③文集的单行本。但为了买到伯顿的《历史文集》,我后来把这套文集卖掉了。那些小贩卖的书一点都不贵,才四五便士一本。我读过父亲小图书室中的大部分书,主要都是有关神学论辩的内容。因为那时父亲不再打算把我培养成牧师了,而我在那个求知欲极强的年龄特别想读更多的书,可是又没有更好的书读,只有看这些没有多大意义的书。至今,回想起这些还让我感到遗憾。不过记得有一本普鲁塔克的《列传》我曾看了多遍,让我受益匪浅。另外,像笛福的《论计划》和马瑟的《论行善》,尤其《论行善》可能对我影响很大,它转变了我的思想,影响到我以后生活中的许多重大的事情。

尽管哥哥詹姆斯已经学习印刷这个行业了,但我酷爱读书的好习惯使父亲决定也让我学习印刷。

詹姆斯于1717年从英国回到波士顿,他带回了一架印刷机和一些铅字,自己开了个印刷所干起了印刷。跟父亲的制烛行当比较,我宁愿学印刷业,当然如有机会最想的还是去航海。为遏制住我的航海的野心及野心一旦得逞将会产生的严重的后果,父亲迫不及待地让我学印刷,并企图长久地拴住我。经过一段时间的反压迫斗争,最后我还是举手投降了,与哥哥签了份不公平的合同。合同规定,从12周岁起一直到21周岁为止,我将一直以学徒工的身份在詹姆斯的印刷所里干活,而且必须出师以后才能领到工资。

我很快便掌握了印刷技术,成为詹姆斯的左膀右臂。我也总算有机会拜读一些比较出色的文章了。我与书商的学徒结识并经常跟他们借来一些小书阅读。对这些书，我总是倍加珍惜爱护，力图做到毫发无损、完璧归赵。有时候晚上借来，第二天早上就要还——以防有人发觉不够份数或随时有人会要买此书。因此，我常常独坐屋中读至半夜。过了一阵子，有一个精明的书商关注到我，并邀我去他藏书室里。他很乐意地把一些我很想看的书借给我看。

这时候，我已开始对诗着迷，并且还信笔涂鸦写了几首。詹姆斯读了以后，感觉这可以促进我的学习，鼓励我并让我写了两首应时民谣诗，《灯塔的悲剧》是其中的一首，它所述的是关于船长华萨雷父女三人落水溺死的故事。另外一首是说水手与黑胡子海盗(又称提契)之间斗争的故事。这些格拉布街民谣体的诗都没有什么价值。付印后，詹姆斯让我拿去出售。只有第二首很受欢迎，因为所写的事刚刚在不久前发生。虚荣也因此在我心中得到了极大的满足。但父亲的嘲笑无疑是给我泼冷水，他取笑我的诗，还说诗人总是一些穷困潦倒的人。他的嘲笑最终使这个世界上少了一个蹩脚的诗人。但在散文写作方面我却终身受益，并且成为我在人生道路上不断进步的支柱。下面我会告诉你，我现在的这点写作本事是怎样获得的。

镇上有一个叫约翰·柯林斯的小伙子，他跟我一样喜爱读书。我们相处很好。我们之间经常展开争论，谁都不服对方(顺便说一下，这种好争论的坏习惯可能会使你成为孤家寡人)。我好争论的习惯的形成应该源于以前阅读我父亲的那些有关宗教论辩的书的影响。我注意到，律师、大学生和在爱丁堡受过教育的几类人都有此癖好，而真正明达事理之人却很少有此恶习。记得有一天，不知何故，我们展开了关于女性应否受教育及研究工作是否适合妇女的问题的争论。他的观点显而易见是有毛病的，竟认为女性由于天赋太低，不能做好任何学问，对此我则持相反意见。

当然，这也许只是一时辩论的需要。他生来能言善论，又比我读的书多，辞藻丰富。他总以雄辩的口才驳倒我，而不是靠逻辑推理。每次一直到分手，我们的观点都不能统一。后来，有一阵子我们分开了，见不着面，我便坐在桌前，把我的观点认真写下来寄给他。他答复，我再辩。你来我往，彼此交换了几次观点。后来，父亲偶尔看到了我写的信，看过便很认真地和我探讨我的文章风格问题。他评论说我的书写和标点方面优于对手(这应是印刷所的功劳)，而在叙述的简洁扼要和文辞的华美方面很明显弱于对方。为了让我心服口服，他还举出了几处实例。我承认他说得对，以后便更注意写作的整体风格，力求有所改进。

大概也就在这个时候，我偶然看到了一本杂志——《旁观者》第三期，我以前从未见过，便买回来反反复复地阅读。文章的优美令人赏心悦目，我很想试着仿照它的风格写些文章。于是我把这杂志上的几篇较好的文章甄选出来，作了摘要，先放置几天，然后尝试直接复述原文大意，再尝试重新用自己所想出的恰当的语句，以及根据自己作的思想摘录构建整篇文章，尽量使其完美。

接着我将自己写的《旁观者》与原文对比，改正了几处错误，这才发现自己掌握的词汇太过贫乏，必须不断地大量阅读作品，从中收集、吸取和加以运用。也许我当初不放弃写诗的话，我的词汇量早就很丰富了。要知道，写诗的过程实际上就是将一些语义相同但长短不一的词汇找出来，去适应不同的诗的韵律，用不同音素的词凑韵脚的过程。这就要求人必须不断搜寻大量的不同形式的同义词，并牢牢记住它，而且加以熟练应用。于是我搜寻出一些故事将之改编为诗体，过一阵子，在快要将它忘却时，再努力使之恢复原状。我还常常打乱以前思想摘录的次序，数周以后，再尽量按最好顺序排列出来，组构成完整的语句，整理成我自己的《旁观者》。这样做的结果是学会了怎样构思文章。随后，再把现在重写的和原文对比，有错则改。有时我也会产生幻想，比如我也可以有幸将原文中的不太重要的地方像语言、条理等加以改进，这让我产生野心勃勃的欲望，想着没准在不久的将来我会成为一名很优秀的英国作家呢。

　　我一般是在晚间工作完之后，或早上没开始工作时，进行一些阅读和写作方面的自我训练。有时在礼拜日，我想尽办法独自一人猫在印刷所里，以最大可能不参加公众出席教堂的祷告仪式。当然我的这一举动是瞒不过父亲的法眼的，只有他不在的时候我才能幸免。虽然我一直把做祷告当做我尽的一项义务，但我实在抽不出时间去做这件事情。

　　对于素食习惯的形成大约是在我16岁那年。那时我无意中看到一本屈里昂写的宣传素食的小册子，便决定加以实行。当时詹姆斯还处于尚未成家、无人管理的状态。他和学徒们在外包饭吃，而我一实行素食，便引起了麻烦——跟他们合不来，并常为此而受到指责。于是为了避免这种窘境的继续发生，我自己试着按屈里昂的小册子上的方法，学会了做一些素菜，如煮土豆、蒸米饭、做速成布丁什么的。然后向詹姆斯提出，让他把我每周伙食费拿出一半来给我，我自己做饭吃，他马上举双手赞同。从这伙食费中我又可以拿出一半买书看了，感觉大大捡了个便宜。除此而外，我还从中得到这样的好处：当他们都出去吃饭时，只剩我一人在所中，我就可以速战速决，很快地填饱肚子（一个软饼、一片面包、一把从面包店买的葡萄干或一个果馅饼、一杯水），在他们未回之前的时间里，好好地看一会儿书了。

　　从这种经常性的缩食方法中我获益良多：头脑更加清晰，思维更加活跃，反应更加敏捷。现在可以利用这个优势把我的数学补一补了。我曾说过，我的数学一直是黄牌警告状态，现在我把科尔的数学书找了来，毫不费劲地便学完了。舍勒和斯图美所著的关于航海的书我也看了一些，吸收了其中的一点点的几何知识，除此对几何学就没再作过深入的研究了。在此阶段，我还读过洛克的《人类理解力论》和波特洛亚尔派的先生们所著的《思维的艺术》这两本书。

　　就在我致力于对文体风格的改进之时，偶然发现了一本英文语法书（大概是格里·伍德所写），其中有两份关于逻辑和修辞艺术的简要附在书后，苏格拉底辩论法的范例包含在其中。在这之后我还得到了色诺芬写的《苏格拉底重要言行录》，其中有许多我喜欢的这种辩论法的例子。

　　我总结吸收了这种方法，摒弃①了以前的那种生硬独断的反驳和立论方法，而重新拾起谦逊和怀疑的方法。还记得那时，我在读过莎弗茨伯羽和柯林斯的作品后，对我们教义的可靠性产生了诸多怀疑。我发觉，用这种办法可以使对手处于骑虎难下的境地，而对我自己没有任何不利的影响。于是我很快将这种方法熟练运用，简直可说是到了随心所欲的地步，让那些即使知识渊博的人也必须甘拜下风。我让对方陷入绝境，而我自己却赢得了意外的胜利。

　　这种谦逊和怀疑的方法几年之后我便放弃了。只是偶尔在发表个人意见时保持着谦逊的语气。对有些可能带来争论的问题或观点，我从并不用"肯定的""毫无疑义的"或者任何一种表示肯定的字眼来提出；而代之以"我想""我觉得"某某事可以怎样怎样，"在我认为似乎是"或"因为某某根据"或"我认为要如此如此""我估计如此这般"，再或者"假如我没说错的话""这件事应这样做"。

　　我确信这种习惯使我在说服人们去实行我所经常倡导的各种措施的过程中受益颇多。

　　人与人之间的谈话目的有三：第一是教诲人，第二是被人教诲，第三则是说服人。谈话的最好气氛应该是使人愉快的，所以我要劝告那些朗达之人，只有放弃那种独断横行的态度，才会增强自己的教诲人的目的的能力，因为那种态度最易引起人不满，它总是会妨碍你所进行谈话的目的。谈话的最终目的是在于进行思想、信息、感情的交流和增进。假如你本来是想教诲别人，但讲话时过于自信，过于武断，这样必然会激发人的反驳欲望，会让本来很坦诚的讨论受到干扰和阻挠。如果你本来是想从别人的知识中获益，但你又总在滔滔不绝地表述自

---

　　①摒弃（bìng qì），屏除，抛弃。

己的观点，让那些不爱争论、明达谦逊之人根本没机会插嘴，那么就坚持己见好了，可是结果你学到了什么？什么也没学到。假如还采用同样的态度与人谈话，对方也很难赞同你的看法。薄伯的一句话很有道理：

教人须使人无被教之感；

讲述新知应如同提到旧知。

接着他还进一步建议：

以谦虚的态度表示无疑之事实。

在这里我想也许用薄伯在别处的一句话联结上句更恰当一些：

因为傲慢就是愚蠢。

你也许会问为何原诗的那一句话在原处不恰当，我只好再引用原诗：

大言不惭是毫无理由的，

因为傲慢就是愚蠢。

是否如此，还请赐教。

美德计划

也正是在这一时期，我想出了一个可以使自己得以完善的大胆而艰巨的计划。

我希望能在我的整个一生中都不犯错，我决定把所有的缺点都消灭掉，无论这些缺点是因为我的本性、嗜好、习惯所形成的还是因交友不佳而造成的。对于什么是好，什么是坏，我都知道或自认为知道。我以为自己可以做到总做好事，不做坏事。

但很快我便发现，我要做的远非我所想象的那样容易。常常在我专心致志地去消灭这一个缺点时，那一个缺点却又猝不及防地出现了。一时的疏忽大意总被习惯寻隙利用，而嗜好又总把理智击败。后来，我终于明白，仅从理论上相信完善的品德对己有利是远远不够的；要避免我们因一时的疏忽大意而犯下的错误，就必须打破坏的习惯，学习、养成并确立良好的习惯，如此才能保证我们的言行永远保持绝对正确。为此，我又想出以下的办法。

在读书的过程中，我发现不同的人在总结道德品行时，在分类上有所差别。对同一个词，不同的作者便有不同的理解。像"节制"一词，一些人仅将其理解为对饮食的节制，而另一些人则将其扩大到节制所有的快乐、欲念、嗜好、习惯及肉体或精神的激情等，甚至节制野心和贪念。为达到清楚明了的目的，我情愿多增加几项内容的条目，也不要那种模糊不清的简单分类。

在下面我列举了我当时所认为值得和必须做到的 13 种德行，并且在每一个条目下面又加了一句简洁的话，清楚地表明全部条目的应用范围。

以下是具体条目和相应内容。

一、节制

食不可饱，饮不可醉。

二、少言

言必有益，避免闲聊。

三、秩序

物归其所，事定期限。

四、决心

当做必做，持之以恒。

五、节俭

当花费才花费，不可浪费。

六、勤勉

珍惜光阴,做有用的事。

七、坦诚

真诚待人,言行一致。

八、公正

害人之事不可做,利人之事多履行。

九、中庸

不走极端,容忍为上。

十、整洁

衣着整洁,居室干净。

十一、镇定

临危不乱,处乱不惊。

十二、节欲

少行房事,爱惜身体,延年益智。

十三、谦逊

以耶稣、苏格拉底为范。

我列举以上这些德行的目的是要养成遵守这些德行的良好习惯。我并不主张马上就去实行,而且是全方位地实行。这样容易分散精力,最好逐个集中一段时间来实行。一种习惯已经养成以后,再继续进行下一种,直到我能按照以上 13 条所言一一实行为止。因为好品德之间有一定的相承关系,一些好品德的养成同时又利于另外一种德行的培养。于是通过总结经验,我把以上德行按次序排列了出来。

因为节制可以使人的头脑保持冷静与清醒,所以我把它列为第一点。这种冷静与清醒对于我们时常对旧习惯的频频进攻保持警惕、对旧习惯的诱惑加以抵制都很有必要。做到这一条,就很容易做到少言寡语。

我认为要想在改善道德修养的同时获取知识,就不妨在与人交谈中少说多听,并且借此机会可以消除掉自己多嘴多舌、爱开玩笑的坏习惯——这种坏习惯只能使我沦为轻浮者之列。因此,我便把"少言"列为第二点。

在我养成这一美德和下面的"秩序"的美德后,我想我就可以节余出更多的时间来做计划和学习了。

等到第四条"决心"的美德养成以后,我便可以做到决绝果断地去专心养成其余的德行了。

"勤勉"和"节俭"这两点可以促进我把剩下的欠款还清,并让我逐渐宽裕,然后彻底独立自主。

再下来实行"公正"与"坦诚"两点就更顺利了。如此下去,一一加以实行就显得特别容易。

按毕达哥拉斯的《金诗佳句》中的启示,我认为每日的反省很有必要,便又设计出了以下的法子来自我反省。

我订了个小册子,每种德行占一页。我用红颜色的钢笔将每一页划作七行,一周的七天各占一行,并在每一行前标明星期几的第一个字母,然后再划出 13 条横线,并把每一种德行的第一个字母标在相应横格前面。在每天的自我反省时,逐一对照所列德行,如发现在该德行上犯了过错,便在相应的表格栏内标上一个小黑点,以作警示。

我又决定了一周为限,依次对每项进行更严格集中的审查。这样的话,我在第一周就只要把实行节制这一德行时所可能犯的点滴过错严密防止住,其余各项只需与平时一样,于晚上记下所犯过失即可。这样一来,假使我做到了在"节制"这一行中没有黑点的记号,那就说明我在这一点上做得很好了。

然后我便可以继续勇敢地再试下一个,再继续力争在第二周内两行内均无黑点的记录。如此类推,一直到第13行,我需要13周的时间完成整个过程。按一年算,可重复四次。这就好像清除花园中的杂草,要把那里的所有杂草一次性除去是不可能的,也是不现实的。但可以一个花坛一个花坛地清除,第一个清除完了后,再清除第二个。

我同样为能使我的小册子表格中黑点不断减少而高兴,那就表明了我的德行在不断进步。直到有一天,经过了13周的审查,几个循环的往复,看到我的小册子变得干干净净时,我将为自己感到由衷的喜悦和欣慰。这实在是件可喜可贺的事。

根据"秩序"这一点的规定,我必须把每一件的日常事务作一下时间上的分配。在我的自我审查的小册子上附了一页一天24小时作息时间表。

为了达到自我反省的目的,我开始按这一计划实行。除了偶尔间断过几次以外,我一直坚持不懈。

但我却意外地发现自己身上有那么多错误,远远超过我的想象。但随着错误的不断减少我又很欣喜地看到,我正在不断地进步。

因为新的循环的需要,我必须把表格上的旧标记不断抹掉,这样时间一长,我的小册子已被涂抹得一塌糊涂。老是制作小册子很费事,为减少麻烦,我用光洁的厚纸片制作了一本特制的小册子,把表格和题词记在上面。然后我画表格时用时效长的红色墨水,标记我的错误时用黑色的铅笔。这样一来,再需清除旧错误标记时,可以很容易地擦掉。

但过了一年我才完成一个循环。在后来的几年里,我也总共只完成了一个循环。等到后来我差不多把此事给忘了。经常因公出差、出国,多种事务的羁绊。让我的计划一度中止,但无论何时我都把这本自我审查的小册子带在身边。

第三点"秩序"让我感到麻烦最大。对一个工人,比如一个印刷工人而言,无论什么事情都得在一定的时间内完成,这是可能做到的。但对印刷厂的老板来说却因经常往来应酬、出差而不可能严格履行。

至于"物归其所",我也感觉很难做到。早些年的时候,凭着良好的记忆,我认为没必要养成这个习惯,也就没感觉到这种无秩序的习惯所引起的不便。而如今,我却在这一点上耗费了大量的精力,并因此感到极大的麻烦。也因在这一点上出现那么多的黑点而烦恼异常。在这点上的改进如同蜗牛爬行的速度一样慢,并且总是反复犯老毛病。我差点要放弃这种收效甚微的努力,干脆任其自然发展算了。这就像有人向我的一个铁匠邻居买斧头一样。那个人要求铁匠把他的斧背磨得和斧刃一样光亮。铁匠满口答应,不过他提出让那人为他摇磨刀的风轮。于是铁匠把斧背贴紧磨刀风轮,让那人使劲摇。那个人一边很费劲地摇轮子,一边不时地去观察斧背是否磨好。磨呀磨,最后他再也不愿意摇下去了,宁可要还未磨光亮的斧头。铁匠却说:"不,还是继续摇下去吧!我们总会把它磨光亮的,现在这儿还有许多斑点没有磨去呢!"那人答道:"不,我就喜欢这把有斑点的斧头。"

我确信很多人都有过这个人一样的经历。他们因没有"秩序"来约束,所以认为要想去除恶习养成美德太难,于是不管它是恶习还是美德,都一概接受,不想再为此付出努力。他最终会说:"这把有斑点的斧头已经是最好的了。"

一些看似理性的东西总不时地提醒我,有一些我已做到的绝对正确的事情,却也不过是为道德增加一层美丽的光环而已。如果让别人知道了,我将被人取笑,何况过于完美的品行易招引嫉妒和仇视,那样反而于己不利,为自己增添不必要的麻烦。也可以说,一个仁慈的人应为了他的朋友的一点虚荣,准许自己偶尔犯一些错误。

说来说去,我发现自己在"秩序"这一点上已经不可挽救了。如今我年纪已老,记忆力衰退,才感到确实需要生活有"秩序"。

但不管怎样,虽然我所做的一切并未达到最初所欲达到的至善至美之境,甚至相差还很远,但毕竟已经努力尝试着去做了。与没有去做相比,感觉要快乐许多。这也正像有人为写好字而临摹字帖,也许他们永远练不到字帖中的书法所达到的境界,但通过临摹确实使他们的字有了进步,字迹不但清秀端正,而且更加美观大方,有形有体。这已经达到了他们的目的。

希望我的后代能够明白,直到我写此书为止(我已79岁了),我的一生之中总有幸运伴随我的左右,而这全赖我的这一行动指南。至于作为你们的前辈,余生还有没有困难与挫折,我也无从知晓。假使遇上了什么不幸与灾难,我想往昔的幸福、祥和已足以让我乐天由命。

多年来,我一直保持健康的状态,应当归功于"节制"。早年舒适的生活环境、所获得的殷实财产和所有知识都应归功于"节俭"和"勤勉",而正是"勤勉"所获得的知识使我成为一个在文化界享有盛誉的有作为的公民,"坦诚"和"公正"使我得到国家的信任和国家授予的光荣职位。

虽然这些美德加起来还不能使我达到一种至善至美的境界,但已足以让我与人谈话时带给人以愉悦、平和,并至今深受民众的拥戴。甚至在我身边还有许多青年朋友相伴。所以,我发自内心地盼望我的后代们能如我一样。相信他们也一定会从这本书中受益无穷。

一开始在我的行为指南中只有12条内容,但有一天一个教友会的朋友很友好地告诉我,因为我在与人交谈时总不自觉地显示出一种傲气,所以大家都把我看做是一个骄傲自满之人;尤其在进行辩论时,我总是为过分追求自己观念的正确无误,而表现出一副傲岸十足、咄咄逼人的架势。并且他举出一些事实让我心服口服。

于是在实行其他几点计划的同时,我果断决定要尽力把这个陋习消除掉。我在第12条下添了一条"谦逊",并扩大了它的内涵。我虽不至于自夸自己已经做到"谦逊",但从现实来看,我确实已经改了很多。我为自己立下规矩,禁止说有悖于人的言辞或过分肯定语气的话语。我甚至还把我们"共读社"的规矩搬来用,禁止自己使用一切表示肯定语气的词句,比如"肯定的""毋庸置疑的"等,代之的则是"我想""我估计""在我看来"等。当我发现别人的观点不正确时,并不当即便予以粗暴的反驳,以图自己一时之快,也不马上予以指出有违背常理的地方,而是等到他说完以后,轮到我回答的时候,我才说出在什么情况下他的意见是正确的,而在另外的情况下不正确,并且我在此采用了"也许""可能""好像"的词语。时间一长,这种改变之后的谈话方法的效用便显示出来了,我发现我与人谈话时彼此之间的气氛更加和谐了。我以一种谦逊的方式提出了个人的观点或主张,所以它们很少遭到别人的反对,反而更容易为别人所接纳。即使发现了自己观点的错误,也不会怎样的烦恼痛苦;如果我的看法刚好是正确的,我就更易于让大家采纳我的,而放弃自己的错误看法。刚开始时我对这种方式很不习惯,但慢慢的,越来越感到简单、容易,最终成为我的一种良好的品德。我估计在以后的50年的岁月里,我从来没有再说过一句专横的话。

在早些年的时候,我提出关于改变旧制度、建立新制度的建议时,它能得到大家的关注;后来在议会中当议员时,我的影响那么大,这些都应当说是因为"谦逊"这一品行(暂不提我的坦诚无私)的结果。我不善言辞,谈话笨嘴拙舌,甚至常有些小毛病,即使这样,我的观点仍然能得到大家的支持、认可。

实际上,在我们天性的情感中,大概没有比傲气更难以驯顺的了,虽然你竭力掩藏,与之拼搏,最后把它打翻,打趴下,让其窒息过去,虽然它一时服服帖帖,但并没有死去,它仍会在你不留意的时候,从你的话语中,从你的身体里冒出来。

也许你会从这本书中发现它。虽然我一直认为自己已克服了这一恶习,但此时的我,却可能又让你感到谦逊的骄傲了。

自测题

1. 解释词语

（1）受益匪浅

（2）蹩脚

（3）甄选

（4）窘境

（5）猝不及防

（6）嗜好

（7）羁绊

（8）临摹

（9）毋庸置疑

2. 阅读理解

（1）"从这伙食费中我又可以出一半买书看了，感觉大大捡了个便宜。"从这句话我们可以看出富兰克林怎样的生活态度？

（2）"一种习惯已经养成以后，再继续进行下一种，直到我能按照以上 13 条所言一一实行为止。"从这一句话中我们感悟到了什么？

（3）"但我却意外地发现自己身上有那么多错误，远远超过我的想象。但随着错误的不断减少我又很欣喜地看到，我正在不断地进步。"这句话给你什么启发？

3. 课文读后谈

（1）富兰克林读过的大量书籍中，我们受到什么启发？

（2）富兰克林的谦逊表现在哪些方面？给我们什么启迪？

（3）富兰克林的读书生涯遇到了哪些困难？他是如何解决的？

（4）富兰克林实施"美德计划"遭遇了怎样的困境？他是如何应对的？

4. 语言运用练习

（1）我一直对一个极出色的工人熟练使用手上的工具感兴趣，而这种观察的兴趣对我很有益处，家中有了一些关于零部件修理的活我都可以尝试着去做。并已在怀着浓厚的兴趣去做它的同时，也试着做一些实验用的小机器。

文章中连续用了三个"兴趣"，为什么这样说？

（2）这时候，我已开始对诗着迷，并且还信笔涂鸦写了几首。

自己写诗不说"创作"而说"信笔涂鸦"表现出作者怎样的态度？

（3）于是我把这杂志上的几篇较好的文章甄选出来，作了摘要，先放置几天，然后尝试直接复述原文大意，再尝试重新用自己所想出的恰当的语句，以及根据自己作的思想摘录构建整篇文章，尽量使其完美。

文中"于是……先……""然后""再"等词语的作用是什么？

5. 标点符号练习

请指出下列破折号的用法。

（1）有时候晚上借来，第二天早上就要还——以防有人发觉不够份数或随时有人会要买此书。（　　）

（2）大概也就在这个时候，我偶然看到了一本杂志——《旁观者》第三期，我以前从未见过，便买回来反反复复地阅读。（　　）

（3）我认为要想在改善道德修养的同时获取知识，就不妨在与人交谈中少说多听，并且借此机会可以消除掉自己多嘴多舌、爱开玩笑的坏习惯——这种坏习惯只能使我沦为轻浮者之列。（　　）

6. 请你说一说

向你的同桌叙述富兰克林的学徒生涯。

7. 座谈

（1）综观全文，谈一谈你感悟到了富兰克林怎样的人格精神？

（2）结合课文，谈一谈习惯养成对人生的作用？

8. 写作

请你根据自己的实际情况拟定一份"美德计划"。

华　佗　传①

范　晔②

华佗是东汉末年杰出的医学家。年轻时刻苦学习，通晓各种经书，长期行医于

---

①选自《后汉书·方术列传》。

②范晔(yè)(398—445)，字蔚宗，顺阳(今河南省淅川东)人。南宋代史学家。

民间,他技术全面,精通各科,尤擅长于外科,发明了麻醉剂,故有"外科鼻祖"之称。他不仅善于用精湛的医技治病,更重视预防保健,创造了"五禽戏"。在医疗教育方面的成就,也非常卓著,他的弟子吴普,樊阿的医疗业绩,就是最好的说明。

华佗生平的足迹,遍及江苏、山东、河南、安徽等地。热心地为群众解除疾苦,深受广大人民的敬爱。由于他不贪图富贵,不愿意为封建统治者个人服务,触怒了曹操,惨遭不幸,他的著作可惜也随之散失。本文字里行间,无不表达惋惜之情。

华佗,字元化,沛国谯人也。一名旉。游学徐土①,兼通数经。晓养性之术,年且百岁而犹有壮容,时人以为仙。沛相陈珪举孝廉②,太尉黄琬辟③,皆不就。精于方药,处剂不过数种,心识分铢④,不假称量,针灸不过数处。若疾发结于内,针药所不能及者,乃令先以酒服麻沸散,既醉无所觉,因刳⑤破腹背,抽割积聚。若在肠胃,则断截湔⑥洗,除去疾秽,既而缝合,傅以神膏,四五日创愈,一月之间皆平复。

佗尝行道,见有病咽塞者,因语之曰:"向来道隅⑦,有卖饼人,萍齑甚酸,可取三升饮之,病自当去。"即如佗言,立吐一蛇。乃悬于车而候佗。时佗小儿戏于门中,逆见,自相谓曰:"客车边有物,必是逢我翁也。"及客进,顾视壁北,悬蛇以十数,乃知其奇。

又有一郡守笃病久,佗以为盛怒则差⑧,乃多受其货,而不加功。无何弃去,又留书骂之。太守果大怒,命人追杀佗,不及,因瞋恚⑨。吐黑血数升而愈。

又有疾者,诣佗求疗。佗曰:"君病根深,应当剖破腹,然君寿亦不过十年,病不能相杀也。"病者不堪其苦,必欲除之。佗遂下疗,应时愈。十年竟死。

广陵太守陈登,忽患胸中烦懑,面赤不食。佗脉之曰:"府君胃中有虫。欲成内疽,腥物所为也。"即作汤二升,再服,须臾吐出三升许虫,头赤而动。所苦便愈。佗曰:"此病后三期⑩当发,遇良医可救也。"登至期疾动,时佗不在,遂死。

曹操闻而召佗,常在左右。操积苦头风眩。佗针,随手而差。

有李将军者,妻病,呼佗视脉。佗曰:"伤身而胎不去。"将军言:"间实伤身,胎已去矣。"佗曰:"案脉,胎未去也。"将军以为不然。妻稍差。百余日复动,更呼佗。佗曰:"脉理如前,是两胎,先生者去血多,故后儿不得出也。胎既已死,血脉不复归,必操著母脊。"乃为下针,并令进汤。妇因欲产而不通。佗曰:"死胎枯燥,势不自生。"使人探之,果得死胎,人形可识,但其色已黑。

佗之绝技,皆此类也。

为人性恶,难得意,且耻以医见业。又去家思归,乃就操求还取方。因托妻疾,数期不反。操累书呼之,又敕郡县发遣。佗恃能厌事,犹不肯至。操大怒,使人廉⑪之,知妻诈疾,乃收付

---

①徐土:今江苏省徐州一带。
②孝廉:当时由地方官吏荐举出来,准备为皇家录用做官的人。
③辟:征召,任用。
④分铢:汉制六铢为一分,四分为一两,十六两为一斤。分铢,此处指非常细小的重量差别。
⑤刳(kū):剖开。
⑥湔:洗涤。
⑦隅(yú):靠边沿的地方。
⑧差:通瘥(chài),病愈。
⑨瞋恚(chēn huì):张目发怒。瞋,张目;恚,发怒,怨恨。
⑩三期(jī):三周年。期,同期,一周年。
⑪廉:察看,调查。

狱讯,考验,首服。荀彧①请曰:"佗方术实工②,人命所悬,宜加全宥③。"操不从,竟杀之。佗临死出一卷书与狱吏曰:"此可以活人。"吏畏法不敢受,佗不强与,索火烧之。

初,军吏李成苦咳,昼夜不寐。佗以为肠痈,与散两钱,服之即吐二升浓血,于此渐愈。

乃戒之曰:"后十八岁,疾当发动,若不得此药,不可差也。"复分散与之。后五六岁,有里人如成先病,请药甚急。成愍而与之,乃故往谯,更从佗求,适值见收,意不忍言。后十八年,成病发,无药而死。

广陵吴普、彭城樊阿皆从佗学。普依准佗疗,多所全济。佗语普曰:"人体欲得劳动,但不当使极耳。动摇则谷气得销,血脉流通,病不得生,譬犹户枢,终不朽也,是以古之仙者,为导引之事,熊经鸱顾,引挽腰体,动诸关节,以求难老。吾有一术,名五禽之戏:一曰虎,二曰鹿,三曰熊,四曰猿,五曰鸟,亦以除疾,兼利蹄足,以当导引。体有不快,起作一禽之戏,怡而汗出,因以着粉,身体轻便而欲食。"普施行之,年九十余,耳目聪明,齿牙完坚。

阿善针术,凡医咸言背及胸脏之间,不可妄针,针之不可过四分。而阿针背入一二寸,巨阙④胸脏乃五六寸,而病皆瘳⑤。阿从佗求方,可服食益于人者。佗授以漆叶青黏散。漆叶屑一斗,青黏十四两,以是为率。言:"久服去三虫,利五脏,轻体,使人头不白。"阿从其言,寿百余岁。漆叶处所而有,青生于丰、沛、彭城及朝歌⑥间。

自测题

1. 解释加点的词句

(1) 晓养性之术,年且百岁而犹有壮容,时人以为仙。

(2) 沛相陈珪举孝廉,太尉黄琬辟,皆不就。

(3) 精于方药,处剂不过数种。

(4) 因刳破腹背,抽割积聚。

(5) 向来道隅。

(6) 时佗小儿戏于门中,逆见,自相谓曰:"客车边有物,必是逢我翁也。"

(7) 及客进,顾视壁北,悬蛇以十数,乃知其奇。

(8) 太守果大怒,命人追杀佗,不及,因瞋恚,吐黑血数升而愈。

(9) 操大怒,使人廉之。

(10) 而阿针背入一二寸,巨阙胸脏乃五六寸,而病皆瘳。

2. 阅读理解

(1) 华佗被害之后,作者又选了李成之死和吴普、樊阿的事迹材料,试分析这三个段落所起到的作用。

(2) 本文体现了古代人物传记的哪些特点?

3. 课文读后谈

根据课文所选材料,有条理地概括华佗在医学上的主要成就。

4. 语言运用练习

古汉语"因"有多种用法。根据下列句子的内容,为加点的词选一种恰当的解释,填入括号。

因:因为、因此;按照、凭借、利用;通过、趁;于是、就。

(1) 既醉无所觉,因刳破腹背,抽割积聚(　　　)

(2) 佗尝行道,见有病咽塞者,因语之曰(　　　)

(3) 因瞋恚,吐黑血数升而愈(　　　)

(4) 妇因欲产而不通(　　　)

(5) (佗)因托妻疾,数期不反(　　　)

(6) 怡而汗出,因以着粉(　　　)

5. 标点符号练习

在括号里填上适当的标点符号。

有李将军者,妻病,呼佗视脉。佗曰(　　　)

---

①荀彧(yù):三国时曹操的谋士。

②工:精良,高明。

③宥(yòu):宽恕。

④巨阙:穴位名,在脐上六寸。

⑤瘳(chōu):病愈。

⑥朝歌:古邑名,今河南省淇(qí)县。

（　）伤身而胎不去。（　）（　）将军言（　）（　）间实伤身，胎已去矣（　）（　）佗曰："案脉，胎未去也。"将军以为不然。妻稍差。

6. 请你说一说

像华佗这样的一代大医，毕生可记的事迹很多，但经作者精心挑选，所记事迹均不雷同，课文各段亦有详有略，分析作者剪裁的方法和技巧。

7. 座谈

文中说华佗"为人性恶，难得意，且耻以医见业"，联系全文，再查阅资料，说说这反映了华佗怎样的思想性格？

8. 写作

请选取文中一个案例，写出一段话，说明华佗医术的高超。

读 柳 永①

梁 衡②

柳永是中国历史上一个并不大的人物。很多人不知道他，或者碰到过又很快忘了他。但是近年来这根柳丝却紧紧地系着我，倒不是为了他的名句"杨柳岸，晓风残月"，也不为那句"衣带渐宽终不悔，为伊消得人憔悴"。只为他那人，他那身不由己的经历和那歪打正着的成就，以及由此揭示的做人成事的道理。

柳永是福建北部崇安人，他没有为我们留下太多的生平记载，以至于现在也不知道他确切的生卒年月。那年到闽北去，我曾想打听一下他的家世，找一点可凭吊的实物，但一川绿风，山水寂寂，没有一点音讯。我们现在只知道他大约在30岁时便告别家乡，到京城求功名去了。柳永像封建时代的大多数知识分子一样，总是把从政作为人生的第一目标。其实这也有一定的道理，人生一世谁不想让有限的生命发挥最大的光热？

有职才能有权，才能施展抱负，改造世界，名垂后世。那时没有像现在这样成就多元化，可以当企业家，当作家，当歌星、球星，当富翁，要成名只有一条路——去当官。所以就出现了各种各样在从政大路上跋涉着的而被扭曲了的人。像李白、陶渊明那样求政不得而求山水；像苏轼、白居易那样政心不顺而求文心；像王维那样躲在终南山里而窥京城；像诸葛亮那样虽说不求闻达，布衣躬耕，却又暗暗积聚内力，一遇明主就出来建功立业。柳永是另一类的人物，他先以极大的热情投身政治，碰了钉子后没有像大多数文人那样转向山水，而是转向市井深处，扎到市民堆里，在这里成就了他的文名，成就了他在中国文学史上的地位，他是中国封建知识分子中一个仅有的类型，一个特殊的代表。

柳永大约在公元1017年，宋真宗天禧元年时到京城赶考。以自己的才华他有充分的信心金榜题名，而且幻想着有一番大作为。谁知第一次考试就没有考上，他不在乎，轻轻一笑，填词道："富贵岂由人，时会高志须酬。"等了5年，第二次开科又没有考上，这回他忍不住要发牢骚了，便写了那首著名的《鹤冲天》：黄金榜上，偶失龙头望。明代暂遗贤，如何向。未遂风云便，争不恣游狂荡，何须论得丧？才子词人，自是白衣卿相。烟花巷陌，依约丹青屏障。幸有意中人，堪寻访。且恁偎红翠，风流事，平生畅。青春都一饷，忍把浮名，换了浅斟低唱。

他说我考不上官有什么关系呢？只要我有才，也一样被社会承认，我就是一个没有穿官服的官。要那些虚名有什么用，还不如把它换来吃酒唱歌。这本是一个在背处发的小牢骚，但是他也没有想一想你怎么敢用你最拿手的歌词来发牢骚呢，他这时或许还不知道自己歌词的分量。它那美丽的词句和优美的音律已经征服了所有的歌迷，覆盖了所有的官家的和民间的歌舞晚会，"凡有井水处都唱柳词"。

这使我想起"文化大革命"中大书法家沈尹默先生被打成"黑帮"，被逼写检查。但是他

---

①选自自选集《觅渡》。
②梁衡，当代作家，山西霍州人。著名新闻理论家、散文家、科普作家和政论家。

写出去的检查大字报,总是糨糊未干就被人偷去,这检查总是交代不了。柳永这首牢骚歌不胫而走传到了宫里,宋仁宗一听大为恼火,并记在心里。柳永在京城又挨了三年,参加了下一次考试,这次好不容易被通过了,但临到皇帝圈点放榜时,宋仁宗说:"且去浅斟低唱,何要浮名?"又把他给勾掉了。这次打击实在太大,柳永就更深地扎到市民堆里去写他的歌词,并且不无解嘲地说:"我是奉旨填词。"

他终日出入歌馆妓楼,交了许多歌妓朋友,许多歌妓因他的词而走红。她们真诚地爱护他,给他吃,给他住,还给他发稿费。你想他一介穷书生流落京城有什么生活来源?只有卖词为生。这种生活的压力,生活的体味,还有皇家的冷淡,倒使他一心去从事民间创作。他是第一个到民间去的词作家。这种扎根坊间的创作生活一直持续了17年,直到他终于在47岁那年才算通过考试,得了一个小官。歌馆妓楼是什么地方啊,是提供享乐,制造消沉,拉你堕落,教你挥霍,引人轻浮,教人浪荡的地方。任你有四海之心摩天之志,在这里也要销魂烁骨,化作一团烂泥。但是柳永没有被化掉。他的才华在这里派上了用场。成语言:脱颖而出。锥子装在衣袋里总要露出尖来。宋仁宗嫌柳永这把锥子不好,"啪"的一声从皇宫大殿上扔到了市井底层,不想俗衣破袍仍然裹不住他闪亮的锥尖,这真应了柳永自己的那句话:"才子词人,自是白衣卿相。"寒酸的衣服裹着闪光的才华。有才还得有志,多少人进了红粉堆里也就把才沤了粪。也许我们可以责备柳永没有大志,同为词人不像辛弃疾那样:"男儿到死心如铁,看试手,补天裂。"不像陆游那样:"自许封侯在万里。有谁知,鬓虽残,心未死。"时势不同,柳永所处的时代正当北宋开国不久,国家统一,天下太平,经济文化正复苏繁荣。京城汴京是当时世界上最大的都市,新兴市民阶层迅速形成,都市通俗文艺相应发展,恩格斯论欧洲文艺复兴时说,这是需要巨人而且产生了巨人的时代。市民文化呼唤着自己的文化巨人。这时柳永出现了,他是中国历史上第一个专业的市民文学作家。市井这块沃土簇拥着他,托举着他,他像田禾见了水肥一样拼命地疯长,淋漓酣畅地发挥着自己的才华。

柳永于词的贡献,可以说如牛顿、爱因斯坦于物理学的贡献一样,是里程碑式的。他在形式上把过去只有几十字的短令发展到百多字的长调。在内容上把词从官词解放出来,大胆引进了市民生活、市民情感、市民语言,从而开创了市民所歌唱着的自己的词。在艺术上他发展了铺叙手法,基本上不用比兴,硬是靠叙述的白描的功夫创造出前所未有的意境。就像超声波探测,就像电子显微镜扫描,你得佩服他的笔怎么能伸入到这么细微绝妙的层次。他常常只用几个字,就是我们调动全套摄影器材也很难达到这个情景。比如这首已传唱900年不衰的名作《八声甘州》:

对潇潇暮雨洒江天,一番洗清秋。渐霜风凄紧,关河冷落,残照当楼。是处红衰翠减,苒苒物华休。惟有长江水,无语东流。不忍登高临远,望故乡渺邈,归思难收。叹年来踪迹,何事苦淹留?想佳人,妆楼颙望,误几回、天际识归舟。争知我,倚阑干处,正恁凝愁!

一读到这些句子,我就联想到第一次置身于九寨沟山水中的感觉,那时照相根本不用选景,随便一抬手就是一幅绝妙的山水图。现在你对着这词,任裁其中一句都情意无尽,美不胜收。这种功夫,古今词坛能有几人。

艺术高峰的产生和自然界的名山秀峰一样是不以人的意志为转移的。柳永自己也没有想到他身后在中国文学史上会占有这样一个重要位置。就像我们现在作为典范而临摹的碑帖,很多就是死人墓里一块普通的刻了主人生平的石头,大部分连作者姓名也没有。凡艺术成就都是阴差阳错,各种条件交汇而成一个特殊气候,一粒艺术的种子就在这种气候下自然地生根发芽了。柳永不是想当名作家而到市井中去的,他是怀着极不情愿的心情从考场落第后走向瓦肆勾栏,但是他身上的文学才华与艺术天赋立即与这里喧闹的生活气息、优美的丝竹管弦和多情婀娜的女子发生共鸣。他在这里没有堕落。他跳进了一个消费的陷阱,却成了一个创造的巨人。这再次证明成事成才的辩证道理。一个人在社会这架大算盘上只是一颗珠子,他受命运的摆弄;但是在自身这架小算盘上他却是一只拨着算珠的手。才华、时间、精力、意志、学识、环境通通变成了由你支配的珠子。一个人很难选择环境,却可以利用环境,大约每个人都有他基本的条件,也有基本的才学,他能不能成才成事原来全在他与外部世界的关系怎么处理。就像黄山上的迎客松,立于悬崖绝壁,沐着霜风雪雨,就渐渐干挺如铁,叶茂如云,游人见了都要敬之仰之了。但是如果当初这一粒籽有灵,让它自选生命的落脚地,它肯定选择山下风和日丽的平原,只是一阵无奈的山风将它带到这里,或者飞鸟将它衔到这里,托于高山之上寄于绝壁之缝。它哭天天不应,喊地地不灵,一阵悲泣(也许还有如柳永那样的牢骚)之后也就把那岩石拍遍,痛下决心,既活就要活出个样子。它拼命地吸天地之精华,探出枝叶追日,伸出根须找水,与风斗与雪斗,终于成就了自己。这时它想到多亏我留在了这里,要是生在山下将平庸一世。生命是什么,生命就是创造。是携带着母体留下的那一点信息去与外部世界做着最大程度的重新组合,创造一个新的生命。为什么逆境能成大才,就是因为在逆境下你心里想着一个世界,上天却偏要给你另外一个世界。两个世界矛盾斗争的结果你便得到了一个超乎这两个之上的更新的更完美的世界。而顺境下,时时天遂人愿,你心里没有矛盾,没有企盼,没有一个另外的新世界,当然也不会去为之斗争,为之创造,那就只有徒增马齿,虚掷一生了。柳永是经历了宋真宗、仁宗两朝四次大考才中了进士的,这四次共取士916人,其中绝大多数人都顺顺利利地当了官,有的或许还很显赫,但他们早已被历史忘得干干净净,但柳永至今还享此殊荣。

呜呼,人生在世,天地公心。人各其志,人各其才,人各其时,人各其用,无大无小,贵贱无分。只要其心不死,才得其用,时不我失,有功于民,就能名垂后世,就不算虚度生命。这就是为什么历史记住了秦皇汉武,也同样记住了柳永。

自测题

1. 文中开头引用的"杨柳岸,晓风残月"和"衣带渐宽终不悔,为伊消得人憔悴"出自（ ）

A.《雨霖铃》

B.《雨霖铃》《凤栖梧》

C.《凤栖梧》《雨霖铃》

D.《凤栖梧》

2. 作者所说的"柳永身不由己的经历"在文中指什么?（ ）

A. 他的出身和家世。

B. 在歌馆妓楼度日。

C. 后来做了小官。

D."以极大热情投身政治"却"碰了钉子"转向市井,深扎市民堆里。

3. "歪打正着的成就"在文中指什么?（ ）

A. 考场落第转向市井,却成就了文学上的功名

B. 写出了《雨霖铃》

C.《八声甘州》

D. 混迹于歌馆妓楼

4. 李白、陶渊明、苏轼、白居易、王维、诸葛亮的例子在文中有什么作用?（ ）

A. 衬托柳永。

B. 证明柳永与他们是不同类型,是中国封建知识分子中一个仅有的类型,一个特殊的代表。

C. 说明柳永和他们一样伟大。

D. 他们都是封建社会知识分子,都不得意,说明封建社会人才选拔机制不可取。

5. 文章开头说:"柳永是中国历史上一个并不大的人物。很多人不知道他,或者碰到过又很快忘了他。"结尾却说:"历史记住了秦皇汉武,也同样记住了柳永。"作者这样说,是否自相矛盾?结合全文谈谈前后的说法各指向哪方面。（ ）

A. 并不大是因为柳永影响不够大。

B. 记住柳永是指他写了许多出名的好词。

C."柳永是中国历史上一个并不大的人

物"是就其政治地位和影响而言,"历史也同样记住了柳永"是突出他在中国文学史上占有一个重要的位置。

6. "歌馆妓楼是什么地方啊,是提供享乐,制造消沉,拉你堕落,教你挥霍,引人轻浮,教人浪荡的地方。任你有四海之心摩天之志,在这里也要销魂烁骨,化作一团烂泥"。对文中这个句子,下面理解和分析正确的一项是(　　)

A. 这句话主要作用是为了引发下文对柳永出淤泥而不染的高尚品质的赞赏。

B. 以直抒胸臆起笔,抒发了作者对柳永怀才不遇的痛惜和同情。

C. 列举了"歌馆妓楼"对人的危害,用以反衬柳永不平凡的人生经历和艺术成就。

D. 运用了比喻、对比、对偶等修辞手法,语言质朴自然,感情真挚外露。

7. 请结合文章内容,说说柳永对词的发展所作出的主要贡献(　　)

A. 创作了《雨霖铃》等作品。

B. 在形式上,把过去只有几十字的短令发展到百多字的长调。

C. 在内容上,改变了词的题材,把词从宫词中解放出来,大胆地引进了市民生活、市民情感、市民语言,开创了市民所歌唱着的自己的词。

D. 在艺术上他发展了铺叙手法,基本上不用比兴,硬是靠叙述的白描的功夫创造出前所未有的意境。

8. 文章最后一段主要的语言表达方式是什么?(　　)

A. 记叙　　　　　　B. 抒情

C. 议论　　　　　　D. 说明

9. 成语"脱颖而出"中"颖"的意思是什么?(　　)

A. "头"　　　　　　B. "尖儿"

C. "布袋子"　　　　D. "锥子"

10. 下面各项中符合文义的两项是(　　)(　　)

A. 从标题"读柳永"中可以推断文章的主要内容是介绍柳永的生平事迹和文学创作。

B. 作者认为柳永之所以能够取得非凡的艺术成就,主要是因为他人生经历的悲惨坎坷。

C. 文章中多处运用对比;如柳永与当时的进士、柳永的文学成就与仕途失意、柳永生前的无人赏识与身后的声名鹊起等。

D. 文章呈总分结构,作者在简单介绍柳永生平后,再从他"为官"和"创作"两个方面展示他的人生悲喜剧,最后的总结揭示了柳永成功的根本原因。

E. "成事成才的辩证道理"就是人虽然受命运的摆弄,但不要屈从于逆境,要利用环境来施展才华,成就自己。

F. 文章写法上集叙述、抒情、议论于一体,叙事简洁,情感充沛,说理深刻。

口语交际

叙　述

叙述是记叙性文章的主要表达方式,作者用它来展开情节,交代人物活动和事件经过。叙述的基本特点是在于陈述"过程"(人物活动的过程,事物发生发展变化的过程,前因后果,来龙去脉)构成叙述交代和介绍的主要内容。同时,议论说理的文章与应用性文体也用以介绍事实材料与交代写作经过。

叙述一般包括时间、地点、人物、事件、原因、结果六个要素。叙述与时间关系最为密切。无论是人物活动的过程,还是事物发生发展变化的过程,都表现出一定的顺序性与持续性,即是"过程"在一定时间条件下进行。语句一般按时间顺序排列。如果叙述有两个以上的头绪,也可以按并列顺序排列语句。叙述一般不用中心句。

叙述的人称

在叙事中,第三人称使用范围最广,其次是第一人称。第二人称是一种新的叙述方式。它在叙事功能上是多维的,最为灵活,但叙事的范围却最窄。

第一人称叙述,是以"我"(或"我们")的视角来观察和感受,并以"我"的口吻来叙述其所见所闻所思所感。它是一种单向视角。其中的"我"可以是作者,也可以是文章中的人物。第一人称叙述容易形成真实、亲切的格调,带有鲜明的主体特征和主观抒情意味。它既适合于内心独白式地呈现人物的内心世界,又适合于讲故事式地叙述事件,从而在组织篇章结构时显得自由洒脱、无所拘束。

第二人称叙述,是以"你"(或"你们")为对象的叙述。因此,它自然具有一种双向交流的对话性质。有人把它叫做"对向视角"。这种视角能紧紧抓住读者,使之有一种参与感。第二人称的突出长处在于它的"透视性"。它便于作者挖掘人物的意识,也便于读者探究人物的内心世界。

第三人称叙述是一种最"古老"的叙事视角。它是指叙述者以局外人的口吻,叙述"他"或"他们"的事情。第三人称是最自由灵活的叙述角度。它可以根据写作的需要,随意转换时间、空间。因而,它是多角度、多方位的。它可以对人物、场景作外部观察,也可以进入人物内心直接展示众多人物的心理。

叙述的方法

叙述,从不同的角度有多种划分方法,而最通常的是按叙述的先后顺序,分为顺叙、倒叙、插叙、补叙、平叙。

顺叙指按时间的推移,空间的自然序列,作者或人物的思想感情发展的进程,人物活动的次序或事件的始末进行叙述。这是一种最基本、最常用的叙述方法。它循着事物发展的程序,符合人们的接受心理和阅读习惯,便于把叙述内容表述得条理清楚,自然顺畅。运用顺叙要区分主次,讲究详略,注意疏密相间,防止平铺直叙。

倒叙是指先把叙述事件的结局或事件发展过程中某个突出片断提到前边来写,然后再按事件的发生发展顺序展开叙述,传统上称为"倒插笔"。倒叙强调了事件结果或高潮,容易造成悬念,形成波澜,引人入胜。采用这种方法一定要根据表达的需要,不应强行运用。要注意起笔的"倒叙"与后文的"顺叙"部分的衔接,使之连接紧密,过渡自然。

【示例】如沃勒在《廊桥遗梦》的开头即写道:"从开满蝴蝶花的草丛中,从千百条乡间道路的尘埃中,常有关不住的歌声飞出来。本故事就是其中之一。一九八九年的一个秋日,下午晚些时候,我正坐在书桌前注视着眼前电脑荧屏上闪烁的光标,电话铃响了。"

【简析】该例采用倒叙的笔法来叙述,先写叙述者的现在,然后再回忆故事主人公年轻时的一段恋情,使小说充满怀旧的色彩。

插叙是在叙述过程中,根据表达内容的需要,暂时中断主线,插入相关的事情或必要的解说。插叙结束后,仍回到叙述主线上来。插叙的内容可以是对往事的回忆联想,可以是对某些情况的诠释说明,还可以是对人物、事件、背景的介绍。插叙补充丰富了人物、事件及背景,使文章内容得以充实,叙述曲折,形成断续变化,使行文错落有致。

补叙是在叙述过程中对前文涉及的某些事物和情况作必要的补充,它的作用在于对前文所设伏笔作出回应,或对前文中有意留下的接榫处予以弥合。补叙,可以使内容完整充实,情节结构完善;使记叙周严,不留破绽。

平叙也叫分叙,是对同一时间内发生在不同地点的两件或多件事情所作的平行叙述或交叉叙述。这也就是传统小说中常说的"花开两朵,各表一枝"。对那些紧系于同一主干事件中的分支进行叙述时,多采用交叉叙述,这可以把头绪纷繁的人与事表现得有条不紊,并且突出了紧张气氛,增强了表达效果;对那些联系不甚紧密,而又由同一主线贯穿的几个人、事、物进行叙述时,则多采用齐头并进的平行叙述,这可以把平行发展的事件交代得眉目清楚,显得从容不迫,而读者则可以同时看到平行的各个事件,从而获得立体的感受。

✚ 自 测 题

1. 用顺叙的方法写一篇游记。

2. 下面这段话叙述的中心不够统一,请指出它们的毛病并修改。

(1) 当乳叶中刚长出两片真叶的时候,就可以移植了。先挖好五寸左右的小坑,坑内施些鸡粪、猪塮作基肥。幼苗不要种得太深,太深了,不透风,就会影响根系的生长,碰到下雨天,还容易烂根。也不能太浅,太浅了,遇到干旱天,容易晒死。深度最好在 1~2 厘米。新种的幼苗连续三个傍晚都要浇水。所以我家种的向日葵是百分之百成活的。

(2) 记得有一次,小丽正在做笔记。她邻座的阿珊正在玩小虫。她看到小丽正在认真地写着,就玩了个恶作剧,她把小虫悄悄地放进小丽的衣领里。小丽吓得大叫,全班同学因此哄堂大笑。后来老师批评她,阿珊却顶撞老师说:"你管得着吗?"

3. 下面是一些散碎的材料,读后按要求分别组成不同的段落,在组段时可以删减某些材料,可以改变材料原有的句式,可以加关联词语,但不能改变原材料的基本内容,不能自增材料。

(1) 1927 年 4 月 28 日,奉系军阀以内乱、叛乱的罪名宣判李大钊等 20 人死刑。

(2) 这位共产主义运动的先驱者贡献出了自己宝贵的生命,终年仅 38 岁。

(3) 1927 年 4 月 6 日,李大钊等人在东交民巷苏联大使馆的旧兵营内不幸被捕。

(4) 李大钊是中共北方区委负责人。

(5) 1927 年春,北方局势日益恶化,李大钊随时有被捕的危险。

(6) 李大钊入狱后,在敌人的威逼、利诱、严刑面前,严守党的机密,始终坚贞不屈。

(7) 临刑前,执刑官问李大钊对家属有什么话要说,可缮函代为转交。

(8) 李大钊坚定地回答说:"我是崇信共产主义者,知有主义不知有家,为主义而死份也,何函也?"

(9) 敌人无可奈何地向报界承认:"李无确供。"

(10) 张作霖见硬的不行,派其参谋长杨宇霆前去劝降,遭到李大钊的严词痛斥。

(11) 在法庭上,李大钊"直认姓名,并不隐讳。态度甚从容,毫不惊慌"。

(12) "对其他之一切行为则谓概不知之,关防甚严",谓"并无此项行为"。

(13) 敌人轮番审讯,严刑拷打,甚至把竹签敲进李大钊的指甲缝里,也没有从他的嘴里得到有关中共机密的"供词"来。

(14) 面对危险,党内许多同志及朋友劝李大钊离开北京暂避一时,但因革命工作需要,他执意留在北京,继续坚持斗争。

(15) 李大钊利用敌人让他"交代"的机会,写了《狱中自述》,回顾了自己革命的一生,表达了坚定的革命信念和伟大抱负。

(16) 他说:"钊自束发受书,即矢志于民族解放事业,实践其所信,励行其所知,为功为罪,所不暇计。"

(17) 面对绞刑架,李大钊昂首挺胸,视死如归。

【组合 1】假设是在李大钊刚刚牺牲之后的第二天,你把此事当作新闻告诉你的朋友。

【组合2】假设是现在的一位中学教师,为了对学生进行理想教育,把这些材料讲给学生听。

【组合3】以揭露敌人的罪行为陈述中心,写一段话。

书面表达

转折式段落

转折式段落的特征是:先写一层意思,接着转到另一层意思,意思上正好相反或者相对。两层意思之间经常用关联词语连接,常用的关联词语有"虽然……但是……""尽管……可是……",或在后面的句子中单用"却""可""但是""可是""其实"一类的词语(这些可用来作为识别转折结构的标志),以上转折语气明显;像"不过""其实""可惜""幸而"等转折语气较轻。有时也可不用关联词语。例如,《小虫与大船》的第二自然段,写了两层意思:①有个工人发现一块木板有蛀虫,建议船主不能用;②船主觉得小虫碍不了大事,就让工人把那块木板钉到船上去了。从"不能用"到"用上去",就是语气的转折,从这一层意思,转到了另一层意思。这两层意思之间没用关联词语。《小虫与大船》的第三自然段也有两层意思,使用了关联词语:①用有蛀虫的木板造好了船,在海上航行了几年,没出事故;②可是时间一长,蛀虫越来越多,船板上出现了许多小窟窿。用了"可是"这个词,把"没出事故"转到了"出了事故"。

转折式的结构很常见,一般作者强调的重点会出现在表示转折关系的关联词之后,也就是说转折式段落的主要意思多数在后一层。阅读分析时转折之前的内容可以略读,重点放在转折之后。如果是概括类段落,则转折之后往往会是重点句所在,确定段意时要注意到这一点。这个道理不难理解,语言在表达的过程中是讲求策略的,通过转折这一方式引起对方注意,恰好符合这种语用策略。

如果在写作时想要表达话题的转换、语意跃进并且想特别强调某种意思时,可以使用转折式段落。

【示例1】①老麻雀用自己的身体掩护着小麻雀,想拯救自己的幼儿。②可是因为紧张,它小小的身体发抖了,发出嘶哑的声音。它呆立着不动,准备着一场搏斗。在它看来,猎狗是个多么庞大的怪物啊!③可是它不能安然地站在高高的没有危险的树枝上,一种强大的力量使它飞了下来。(《麻雀》第五自然段)

【简析】这段话有两重转折,第一重在(①、②)和③之间,写老麻雀想拯救自己的幼儿,虽然面对庞大的"怪物",但仍然鼓起勇气,飞下来保护小麻雀。关联词语用的是"可是"。第二重在①和②之间,写老麻雀掩护、拯救小麻雀,后用"可是"一转,写老麻雀因为紧张、发抖,而发出嘶哑的声音,呆立不动。

【示例2】有一天,天气晴朗。喜鹊一早飞出去,东寻西找,衔回来一些枯枝,就忙着垒巢,准备过冬。寒号鸟却整天飞出去玩,累了回来睡觉。喜鹊说:"寒号鸟,别睡觉了,大好晴天,赶快垒巢。"寒号鸟不听劝告,躺在崖缝里对喜鹊说:"傻喜鹊,不要吵,太阳暖和,正好睡觉。"(《寒号鸟》第三自然段)

【简析】这段话写冬天快到时,喜鹊与寒号鸟的所说所做。先写喜鹊怎么样,再写寒号鸟怎么样,中间用"却"字表示前后意思的转折,强调了寒号鸟十分懒惰,不像喜鹊那样勤劳。

很多复杂的段落表达了多重意思,但大方向上是从一层意思到另一层意思的转折,我们也称之为转折式段落。

【示例3】①听人家背地里谈论,孔乙己原来也读过书,但终于没有进学,又不会营生;于是愈过愈穷,弄到将要讨饭了。②幸而写得一笔好字,便替人家抄抄书,换一碗饭吃。③可惜他又有一样坏脾气,便是好喝懒做。④坐不到几天,便连人和书籍纸张笔砚,一齐失踪。⑤如是几次,叫他抄书的人也没有了。(鲁迅《孔乙己》)

【简析】这段话是三重转折段,叙述孔乙己是怎么弄的没饭吃的。段落中有两处较大的转折。②对①是一转折,从"将要讨饭"转为"换一碗饭吃";正当读者为他松一口气时,③~⑤对(①、②)又突然来一个转折,说他因"好吃懒做"等,而最终没有饭吃了。从结构层次上看,(①、②)和③~⑤之间是第一重,前后两个组成部分用"可惜"连接并表示转折之意。①、②之间是第二重,两个句子用"幸而"表示转折关系。(③、④)和⑤之间也是第二重,是因果关系;③、④之间是第三重,是连贯关系。写冬天快到时,喜鹊与寒号鸟的所说所做。先写喜鹊怎么样,再写寒号鸟怎么样,中间用"却"字表示前后意思的转折,强调了寒号鸟十分懒惰,不像喜鹊那样勤劳。

自测题

1. 阅读下面一段话,画出表示转折的词语,体会前后意思有什么不同

我的老家在山东省烟台市牟平区陶家村。那里没有高楼大厦,没有公园,也没有宽阔的沥青马路。可我还是很喜欢这个地方。我曾和爸爸、妈妈一起回家过几次,看望奶奶和叔叔。

2. 读下面的一段话,然后填空

不少人看到过象,都说象是最大的动物。其实还有比象大得多的动物,那就是鲸。

这段话有两层意思:第一层写_____,第二层用"_____"一转,说_____比_____大得多。

3. 请你自选内容,用转折结构形式写一段话。例如,《××同学进步了》《家乡的变化》等。

阅 读

传记的阅读

传 记 概 述

传记亦单称传,是一种常见的文学形式。主要记述人物的生平事迹,根据各种书面的、口述的回忆、调查等相关材料,加以选择性的编排、描写与说明而成。传记和历史关系密切,某些写作年代久远的传记常被人们当史料看待。传记一般由他人记述,亦有自述生平者,称"自传"。传记按照表现方式大体分两大类:一类是以记述翔实史事为主的史传或一般纪传文字;另一类属于文学范围,以史实为根据,但不排斥某些想象性的描述。传记按照时间分可以分为古代传记和现代传记。体例主要包含以下四种:①自传体传记;②回忆体传记;③采访体传记;④自传体传记和采访体传记融汇在一起的传记。

(一) 古代传记

在我国古代,传记是随着纪传体史书的创立而诞生的。从传记与史书的关系看,我国古代的传记主要有史传和史外传两类。

史传是正史所载的人物传记。尽管先秦史籍如《左传》中出现了一些性格化的人物形象,但是他们都不是作为独立完整的人物来写的,还算不上是人物传记。史传的诞生应以司马迁《史记》的撰写为标志。《史记》除"表"和"书"外,都是以人物为中心来编排史料的。刘勰《文心雕龙·史传》中说:"观夫左氏缀事,附经间出,于文为约,而氏族难明。及史迁各传,人始区分,详而细览,述者宗焉。"这就讲明了这个道理。《史记》之后,官修史书基本都是以《史记》为模式的。但在"二十四史"中,只有"前四史"(《史记》《汉书》《后汉书》《三国志》)的人物传记较为精彩,富有文学性。后来官修史书中的人物传记忌讳多,行文过于冷峻,可读性就差一些。总起来看,史传是我国古代传记文学的重要部分,数量多,成就也较高。

史外传是不附于史书,以单篇流传的传记,又称杂体传。它写的多是当代人物,对传主往往不作全面的介绍,而是就其突出的方面作简要记载,精巧灵活,文学色彩浓,是传记文学中较轻便的一种形式。史外传包括"自传""别传""外传""补转""形状""事略""墓志"等不同的小类。它的产生稍后于史传。唐代以后,随着史学的逐渐独立和古文运动的兴起,史外传的写作才活跃起来。明清史外传的写作仍然不衰,与前略有不同的是,这个时期的作者更注重为下层人物立传,更注重情节和效果,颇有小说的意味。

在我国古代,传记是由纪传体史书发展而来的。在艺术上,它不免带有文学和史学交融的特征。史传的特征主要表现在以下三个方面。

1. 事迹务实求真,表述可带主观色彩

传记除了在叙述传主事迹的字里行间表明作者的爱憎情感外,文末常有一段文字,供作者作总结性的评价用。傅玄的《马钧传》结尾处说:"用人不当其才,文贤不试以事,良可恨也。"便表现了作者对马钧身怀绝技而不被世用的愤慨。

2. 强调写出传主的性格特征

传记虽是写实作品,却同文学作品一样要求写出人物的内在精神和外在特征,也就是要表现人物的个性。例如,《项羽本纪》通过对项羽少时为人的描写,展现了少年项羽身上所洋溢的英豪气概。通过垓下之围,写出了项羽身上个人英雄主义的悲剧性格。这些都是善于选材、精于表现个性的例证。

3. 具有一定的格局

《史记》的传记一般都包括四个部分:籍贯与家世、事迹与功业、逝世与后嗣、作者评论。此例一开,后世传记无不效仿,几乎成了一种定格。史传如此,史外传也是这样。

(二) 现代传记

现代传记分为:自传体传记、回忆体传记、采访体传记、自传体传记和采访体传记融汇在一起的传记。在传统的散文体传记外,还有一些特殊体例的传记。

(1) 自传体传记。这是某一个人物自己写的记载自己的生活经历的文章。记载自己前半生或大半生的生活经历的一般称为自传,如《马克·吐温自传》、爱新觉罗·溥仪的《我的前半生》等。有些是以记载自己生活中的某些片断或某一方面的经历为主,这一般称为自述,如《彭德怀自述》。

(2) 回忆体传记。这类传记的作者往往是被立传者的亲属、朋友、同事或部属,他们主要是通过自己的回忆记载被立传者的生平与事迹。

(3) 采访体传记。这类传记的撰写人,一般与被立传者并无交往,或者是与被立传者相隔几代的后人,他们主要靠采访被立传者的亲友,搜集被立传者的各类资料,然后经过作者取舍、创造,形成传记,如罗曼·罗兰的《名人传》、魏巍的《邓中夏传》等。

(4) 自传体传记和采访体传记融汇在一起的传记,如闻名于世的瑞典电影明星英格丽·褒曼和美国作家阿伦·吉伯斯合作写成的《英格丽·褒曼传》。

在传统的散文体传记外,还有一些特殊体例的传记。比如,"80后"诗人、学者风来满袖所著的《被隐喻的四月——徐志摩诗传》就是我国中国文学史上第一部诗体传记。

传记的阅读方法

(一) 分析综合

(1) 筛选整合信息。即通读全文,提取与传主相关的重要事实,了解传主的生活经历或人生轨迹;感知传主的性格特征或人生追求、思想个性;认识传主的历史地位和作用;明确作者对传主的态度与评价或者传主的自我认识和评价等。

(2) 分析语言。能分析传记文本的叙事语调(叙述者的感情倾向)及其外显语言表达的风格,或平实,或生动,或诙谐,或庄重,或褒扬,或冷静等;体会其写人、叙事、抒情、议论等方面的技巧运用,如人物刻画肖像、语言、动作、心理、神态、细节等多样描写的特色与表达效果;能分析传记结构层次,理出思路,把握线索,区分主次、详略、疏密、繁简及其用意;能概括传记的主题思想。

(3) 把握结构。结构,就是要看清传记文本的材料选用和组织安排的特点。结构是思路的具体表现,思路是结构安排的依据和理由。阅读传记文本,可以从划分段落层次、观察段与段的衔接转换、判断叙事的详略、抓住过渡句、关联词语等方面入手,快速理出文意演进的脉络。

（4）概括中心。要紧紧抓住传记文本所写传主的事迹,从事件的表象中探寻人物的情感、思想、精神等。应依据题干的具体要求来概括,抓住文本中的关键语句,如段首句、段尾句等。要注意表述的语言格式,一般按"事实要点＋品行、德性要素（或精神内涵）"的结构来概括,语句宜简要。

（5）文体特征。能分析传记塑造人物形象、刻画人物性格所运用的表现手法,能分析传记选材、组材的特点与用意,能区分传记的主要常见类型,如自传、评传等一般写作特点。传记采用的表现手法与一般记叙文相似,从结构章法上看有单线推进、有双线并行;从描写技法看有对照、衬托、象征、渲染、场面描写和细节勾勒等;从修辞手法看,有引用、比喻等。

（6）表达方式。以叙述、描写、议论为主要表达方式。写人、叙事是其基本特征,此外还有议论、说明等,用以揭示传主的历史贡献、思想主张、生活的时代背景等。阅读时,要关注事件的因果关系、作者的评论、抒情,从中发现其对表现传主形象特点及意义的作用。分析表现手法,重点要运用叙述、描写、议论、抒情等基本的有关表达方式的写作常识来组织答案,避免张冠李戴。

（二）鉴赏评价

（1）评价观点和倾向。阅读传记,应从对传主生平事迹的叙述及相关评论中把握作者对传主的评价和情感倾向,了解传主的思想立场、政治主张或艺术观点等。传记是写人的艺术,事件和细节是传记的重要组成部分,作者对传主的态度和情感离不开具有典型意义的事件和最能表达人物个性的细节的描写,评价时要善于从梳理具体事件、场景、细节入手,由表及里,去芜存菁,把握传记的主要观点和基本倾向;还要抓住文本中的议论或评论的文字,体会作者的观点态度。

（2）评价价值和影响。阅读传记,要理解作者塑造传主的意图,这是评价文本社会价值和影响的一个入口。传主一般是对国家或人类作出重大贡献或有重大影响的人,阅读时,应结合传主生活的时代背景和社会环境,把握作品所述的传主个人事业及心路历程的重要事实,抓住具有典型意义的事件和细节,对影响传主成长的各种因素作出符合实际的分析和客观的评价,从而揭示出传主的典型社会意义和影响。

第一次美洲航海日志（节选）①

〔意大利〕克里斯托弗·哥伦布②

1492 年,10 月 21 日,星期日。10 点钟,我们到达了这个岛③的一个海角,船队和其他船只也抛锚停下了。匆匆吃了一顿饭之后,我上了岸,发现除了一栋空无一人的房子之外,这里没有人烟的迹象。我们相信房子的主人由于我们的到来深感恐惧,弃家而逃,因为房子里面生活用具样样俱全。我下令不许动房子里的东西,然后带着我的船长们和一些船员去视察岛屿全境。

这座岛屿比其他的岛屿更加美丽富饶。到处是高大茂盛的小树林,还有四周绿树环绕,浓阴覆盖的大湖,景色优美迷人。整个世界就像四月的安塔露西亚④一样青翠欲滴。让人不

---

①节选自《第一次美洲航海日志》。哥伦布 1492 年第一次横渡大西洋到美洲,他于 8 月 3 日出发航行共用时 37 天。

②克里斯托弗·哥伦布(1451—1506),意大利航海家、探险家。出生于意大利热那亚,卒于西班牙巴利亚多利德。一生从事航海活动,虽然不是第一个到达美洲的欧洲人,但是他的航行与登陆开辟了美洲与欧洲联系的航线。

③1492 年 10 月 12 日,他到达了巴哈马群岛中的一个岛,并把这个岛误认为是印度附近的岛屿,然后他继续向加勒比海进发。

④安塔露西亚,西班牙的一个城市。

忍离去,成群的鹦鹉连天空都能遮没。这里的鸟类和我们国家的鸟类看起来极其不同,还有上千种不同的树木,树上长满果实,香味使人垂涎欲滴。让我感到非常遗憾的是我不知道这些树的名字,但我确认它们都很有价值,所以我保存了这些树和植物的标本。

在湖周围视察时,我们发现了一条蛇,它逃到了水里,我们一直跟着它,因为水不深,最后用长矛把它捉住了。这条蛇有七指长,我估计这一带还有很多这样的蛇。我还发现了芦荟树,并决定明天带十昆多①上船,因为有人告诉我这种树很值钱。在寻找饮用水的过程中,我们在距离停船处半里格②的地方见到了一座当地人的村庄,那里的居民一发现我们就弃家逃走,还把值钱的东西都带到了山里。我命令我们的人不许拿走任何他们留下的东西,连一根针也不行。不久我们就看到几个当地人向我们走过来,其中有一个接近我们,我们给了他一些鹰铃和玻璃珠,他很高兴。作为交换,我们向他要一些水。当我回到船上时,那些当地人已经带着装满水的葫芦来到了岸边,而且表现得很高兴。我下令再给他们一些玻璃珠,他们答应第二天再来。我希望能在这个地方将船上的水桶装满水,如果天气许可,就马上离开,绕岛航行,直到我找到这里的国王。因为我听说他拥有很多黄金,所以想试试看能否得到一些。

之后我打算向另外一个很大的岛屿进发,根据船上的印第安人提供的信息,我相信这个岛就是西潘哥岛。那些印第安人称这个岛为寇芭岛,说那里有很多大船和海员。还有一个岛屿他们称为波西亚岛,据说这个岛也很大。对于在我们航线上的其他岛屿,我也会在经过的时候进行探查,并且根据是否发现了大量的黄金或香料来决定我的行动。无论发生什么事情,我决心向大陆航行,访问那个城市,把陛下的信呈给大汗,并且带着他的答复回来。

➕ 自　测　题

1. 阅读课文后,找出并理解下列语句,理清日志脉络

(1) 抛锚

(2) 我们相信房子的主人由于我们的到来深感恐惧,弃家而逃,因为房子里面生活用具样样俱全。

(3) 整个世界就像四月的安塔露西亚一样青翠欲滴。

(4) 让我感到非常遗憾的是我不知道这些树的名字,但我确认它们都很有价值,所以我保存了这些树和植物的标本。

(5) 我希望能在这个地方将船上的水桶装满水,如果天气许可,就马上离开,绕岛航行,直到我找到这里的国王。

(6) 无论发生什么事情,我决心向大陆航行,访问那个城市,把陛下的信呈给大汗,并且带着他的答复回来。

2. 阅读理解

(1) 哥伦布航海的目的是什么?

(2) 课文详写了一座岛屿,请概括一下这座岛屿的哪些方面吸引了哥伦布。

(3) 哥伦布是如何化解岛民对探险者们的恐惧心理的?

(4) 下列对本文的理解和分析,正确的一项是(　　　)。

A. 波西亚岛上的景色给哥伦布留下了深刻的印象,他保存了岛上不少植物的标本,尤其是芦荟树。

B. 当哥伦布和他的船员们到达房屋的时候,房屋的主人因为恐惧都逃到了山上,从此再也没有回来。

C. 哥伦布并不想在岛上久留,只是天气条件不允许他们离开岛屿,所以他们在岛上停留超过了一周。

D. 哥伦布本次航海的最终目的地是美洲大陆,而不是那些大大小小的岛屿,哪怕岛屿上有大量的黄金和香料。

3. 课文读后谈

从你的角度看,美洲岛屿给哥伦布留下了哪些印象?

---

①十昆多,当时的一种计量单位。
②半里格,旧时长度单位,1 里格约 4.8 千米。

4. 语言运用练习

为使你的听众分享你的经历,你需要通过深入、细致的描述来说明纳入感官的细节,叙述可以看到、听到、感觉到、触摸到或闻到的东西。课文的第二段,哥伦布使他的读者感受到了他们没有亲身经历的事件。例如,"到处是高大茂盛的小树林,还有四周绿树环绕、浓阴覆盖的大湖,景色优美迷人。整个世界就像四月的安塔露西亚一样青翠欲滴。鸟儿歌声动听,让人不忍离去,成群的鹦鹉连天空都能遮没。"哥伦布通过感官感受的细节来描述这个岛屿,他认为这个富饶的岛屿非常美丽。

请你想象哥伦布见到的自然风光,列出他可能看到的热带风光、听到的声音、嗅到的气味等感官体验。重新描写岛上的景物,在描述这个岛的时候,尽可能多地纳入你的感官感受细节。通过细节来表现这一地区的富饶繁茂,而不是告诉你的听众它有多美丽。

5. 标点符号练习

句号表示陈述句末尾的停顿,它的基本用法有两种,一种用于单句的句尾,另一种用于复句的句尾。特殊情况包括:①祈使句和感叹句句尾应该用叹号,但是如果语气比较舒缓,语调比较平和,也可以用句号。②疑问句尾一般应该用问号,但是特殊的反问句,如果语气不强烈,有时也可以用句号。

试着把文中这两个用句号的地方改用感叹号,可以怎样改?看看在语气上有什么变化?

(1) 到处是高大茂盛的小树林,还有四周绿树环绕、浓阴覆盖的大湖,景色优美迷人。

(2) 在湖周围视察时,我们发现了一条蛇,它逃到了水里,我们一直跟着它,因为水不深,最后用长矛把它捉住了。

6. 请你说一说

(1) 你怎么判断岛上的美景给哥伦布留下了深刻印象?

(2) 哥伦布选择送回西班牙的"样本",最大的初衷是什么?

(3) 根据哥伦布的叙述,第一次与当地人的相遇是怎样进行的?

(4) 如果哥伦布写作的目的是请求进一步的支持,那么他在证明自己探险活动的价值方面做得如何?

7. 座谈

哥伦布在探险之路上取得了成功,而斯科特却葬身于南极的土地上。有人说,哥伦布是历史上的大英雄,而斯科特是失败者。你同意这种看法吗?为什么?

8. 写作

如果这篇描述是由一名观察到船员们活动的美洲当地人写的,将会有怎样的不同?假如你就是美洲当地人,请写一段话描述哥伦布等人的行动。

游褒禅山记①

王安石②

褒禅山亦谓之华山,唐浮图③慧褒④始舍⑤于其址,而卒葬之⑥;以故其后名之曰"褒禅"。今所谓慧空禅院者,褒之庐冢⑦也。距其院东五里,所谓华山洞⑧者,以其乃华山之阳名之也。距洞百余步,有碑仆⑨道,其文漫灭⑩,独其为文犹可识曰"花山"。今言"华"如"华实"之

①《游褒禅山记》是1054年王安石从舒州通判任上辞职,在回家的路上游览了褒禅山,三个月后以追忆的形式写下的一篇游记。褒禅山,旧称华(huā)山,位于安徽巢湖市含山县城东北7.5千米。

②王安石(1021—1086),字介甫,号半山,汉族,临川(今江西抚州市临川区)人,北宋著名的思想家、政治家、文学家、改革家。

③浮图:梵语(古印度语)音译,本意是佛或佛教徒,这里指和尚。

④慧褒:当代高僧。

⑤舍:筑舍定居。

⑥卒葬之:死后葬在这里。

⑦庐冢(zhǒng):古时为了表示孝顺父母或尊敬长辈,在他们死后的服丧期间,为守护坟墓而盖的屋舍,这里指慧褒的弟子在慧褒的墓旁盖的屋舍。庐,屋舍。冢,坟墓。

⑧华(huā)山洞:南宋王象先生《舆地纪胜》写作华阳洞,这里也应为华阳洞。

⑨仆(pū):倒。

⑩其文漫灭:碑文模糊、磨灭。下文"独其为文"的"文"指碑上残存的文字。

"华"者,盖音谬也。

其下平旷,有泉侧出,而记游①者甚众,——所谓前洞也。由山以上五六里,有穴窈然,入之甚寒,问其深,则其好游者不能穷也,谓之后洞。余与四人拥火以入,入之愈深,其进愈难,而其见愈奇。有怠而欲出者,曰:"不出,火且尽。"遂与之俱出。盖余所至,比好游者尚不能十一②,然视其左右,来而记之者已少。盖其又深,则其至又加少矣。方是时,余之力尚足以入,火尚足以明也。既其出③,则或咎④其欲出者,而余亦悔其⑤随之而不得极⑥夫游之乐也。

于是余有叹焉。古人之观于天地、山川、草木、虫鱼、鸟兽,往往有得,以其求思之深而无不在也⑦。夫夷以⑧近,则游者众;险以远,则至者少。而世之奇伟、瑰怪⑨,非常之观,常在于险远,而人之所罕至焉,故非有志者不能至也。有志矣,不随以止也,然力不足者,亦不能至也。有志与力,而又不随以怠,至于幽暗昏惑⑩而无物以相⑪之,亦不能至也。然力足以至焉,于人为可讥,而在己为有悔;尽吾志也而不能至者,可以无悔矣,其⑫孰能讥之乎?此余之所得也!

余于仆碑⑬,又以悲⑭夫古书之不存,后世之谬其传而莫能名者⑮,何可胜道⑯也哉!此所以学者不可以不深思而慎取之也。

四人者:庐陵萧君圭君玉,长乐王回深父,余弟安国平父、安上纯父⑰。

至和元年⑱七月某日,临川王某记。

自 测 题

1. 解释下面词句

(1) 唐浮图慧褒始舍于其址

(2) 而记游者甚众

(3) 则其好游者不能穷也

(4) 火尚足以明也

(5) 既其出,则或咎其欲出者

(6) 以其求思之深而无不在也

(7) 世之奇伟、瑰怪、非常之观,常在于险远

(8) 至于幽暗昏惑而无物以相之

(9) 后世之谬其传而莫能名者

---

①记游:指在洞壁上题诗文留念。

②不能十一:不及十分之一。

③既其出:已经出洞。其,助词,无实际意义。

④咎:责怪。

⑤其:自己。

⑥极:尽,这里有尽情享受的意思。

⑦以其求思之深而无不在也:(是)因为他们探究、思考得深入而且广泛。

⑧以:而,并且。

⑨瑰怪:珍贵奇特。

⑩幽暗昏惑:幽深昏暗,叫人迷乱(的地方)。昏惑,迷乱。

⑪相(xiàng):帮助。

⑫其:岂,难道。

⑬仆碑:倒下来的石碑。

⑭悲:感叹。

⑮后世之谬其传而莫能名者:弄错了它的流传(文字),而没有人能够说明白的(情况)。谬,弄错,使……错。其,指古书。名,识其本名,动词。

⑯何可胜道:哪能说得完。胜,尽。

⑰庐陵萧君圭君玉,长乐王回深父(fǔ),余弟安国平父(fǔ)、安上纯父(fǔ):庐陵、长乐,地名。萧君圭君玉,萧君圭,字君玉。王回深父,王回,字深父。安国平父,王安国,字平父。安上纯父,王安上,字纯父。父,通"甫"。安国、安上,王安石之弟。

⑱至和元年:1054年。至和,宋仁宗的年号。

（10）庐陵萧君圭君玉

2. 阅读理解

（1）文章提出了"世之奇伟、瑰怪、非常之观，常在于险远，而人之所罕至焉，故非有志者不能至也"和"深思而慎取"的结论，这一观点是如何得出的？

（2）作者提出要得到"世之奇伟、瑰怪、非常之观"需要有三个条件，请根据课文写出这三个条件。

3. 课文读后谈

（1）本文题为"游……记"，那么作者的写作侧重点和写作意图是什么？

（2）本文由"不得极夫游之乐"生发出"尽吾志"的观点，由"仆碑"生发出"深思慎取"的观点，这两个观点彼此有联系吗？

4. 语言运用练习

古汉语中有大量古今字形相同而意义用法不同的词。例如，"太丘舍去"（《陈太丘与友期》）中的"去"，古义是"离开"，后来演变为"到某地去"。还有一些字原本是古今异义，但不一定都是。例如，"臭"在古文中原指"香"，但"朱门酒肉臭"此诗句中还是臭的意思。这类词语在阅读文言文时要加以注意。对比下列句子中加点词语古今不同的含义。

（1）比好游者尚不能十一

（2）至于幽暗昏惑而无物以相之

（3）世之奇伟、瑰怪、非常之观

（4）此所以学者不可以不深思而慎取之也

（5）于是余有叹焉

5. 标点符号练习

课文中有两处使用感叹号，分别是：

①其孰能讥之乎？此余之所得也！

②余于仆碑，又以悲 夫古书之不存，后世之谬其传而莫能名者，何可胜道也哉！

其中第①句中的感叹号可以用句号代替，第②句中的感叹号可以用其他标点符号代替吗？说说感叹号的用法。

6. 请你说一说

（1）你曾经有过游览名山大川或风景名胜的经历吗？请举例说说。

（2）你家乡有没有一处美景可以介绍给你的朋友？如果朋友去游览，你有怎样的建议？

7. 座谈

本文不同于一般的游记，不重于山川风物的描绘，而重在因事说理，说说你在文章中领略到的人生哲理和思想启发。

8. 写作

请你写一段话，向朋友介绍褒禅山。

世间最美的坟墓
——记1928年的一次俄国旅行

茨威格①

我在俄国所见到的景物再没有比列夫·托尔斯泰②墓更宏伟、更感人的了。这将被后代怀着敬仰之情来朝拜的圣地，远离尘嚣，孤零零地躺在林荫里。顺着一条羊肠小路信步走去，穿过林间空地和灌木丛，便到了坟墓前。这只是一个长方形的土堆而已，无人守护，无人管理，只有几株大树荫蔽。他的外孙女跟我讲，这些高大挺拔、在初秋的风中微微摇动的树木是托尔斯泰亲手栽种的。小的时候，他的哥哥尼古莱和他听保姆或村妇讲过一个古老传说，提到亲手种树的地方会变成幸福的所在。于是他们俩就在自己庄园的某块地上栽了几株树苗，这个儿童游戏不久也就被忘掉了。托尔斯泰晚年才想起这桩儿时往事和关于幸福的奇妙许诺，饱经忧患的老人突然从中获得了一个新的、更美好的启示。他当即表示愿意将来埋骨于那些亲手栽种的树木之下。

后事就这样办了，完全按照托尔斯泰的愿望。他的墓成了世间最美的、给人印象最深刻的、最感人的坟墓。它只是树林中的一个小小长方形土丘，上面开满鲜花，没有十字架，没有

---

①斯蒂芬·茨威格是奥地利著名作家、小说家、传记作家，擅长写小说、人物传记，也写诗歌戏剧、散文特写和翻译作品。

②列夫·托尔斯泰（1828—1910）是俄国最伟大的文学家，也是世界文学史上最杰出的作家之一。

墓碑,没有墓志铭,连托尔斯泰这个名字也没有。这个比谁都感到被自己声名所累的伟人,就像偶尔被发现的流浪汉、不为人知的士兵一般不留名姓地被人埋葬了。谁都可以踏进他最后的安息地,围在四周的稀疏的木栅栏是不关闭的——保护列夫·托尔斯泰得以安息的没有任何别的东西,唯有人们的敬意,而通常,人们总是怀着好奇,去破坏伟人墓地的宁静。这里,逼人的朴素禁锢住任何一种观赏的闲情,并且不容许大声说话。夏天,风儿在俯临这座无名者之墓的树木之间飒飒响着,和暖的阳光在坟头嬉戏;冬天,白雪温柔地覆盖这片幽暗的土地。无论你在夏天或冬天经过这儿,你都想象不到,这个小小的、隆起的长方形包容着当代最伟大人物当中的一个。然而,恰恰是不留姓名,比所有挖空心思置办的大理石和奢华装饰更扣心弦:在今天这个特殊的日子里,成百上千到他的安息地来的人中间没有一个有勇气,哪怕仅仅从这幽暗的土丘上摘下一朵花留作纪念。人们重新感到,这个世界上再也没有比这最后留下的、纪念碑式的朴素更打动人心的了。老残军人退休院大理石穹隆底下拿破仑的墓穴,魏玛公侯之墓中歌德的灵寝,西敏司寺里莎士比亚的石棺,看上去都不像树林中的这个只有风儿低吟,甚至全无人语声,庄严肃穆,感人至深的无名墓冢那样能剧烈震撼每一个人内心深藏着的感情。

⊕ 自测题

1. 作者将托尔斯斯墓与拿破仑、歌德、莎士比亚的坟墓进行比较,这样写有什么作用? 试指出下面分析恰当的一项(　　)
   A. 比较可以显示出这三人与托尔斯泰思想品格的差异,从而表现出托尔斯泰的真正伟大。
   B. 从坟墓的迥然不同的风格,可以反衬出托尔斯泰墓的"逼人的朴素"。
   C. 后三者也都闻名世界,只有让伟人与伟人相比较,才能使人体会到这幽暗小土丘的"宏伟"。
   D. 前文虽提到托尔斯泰墓与其他伟人墓不同,但较笼统,以这三人的墓为例,读者才能得到具体而深刻的印象。

2. 结合全文,说说文中"特殊的日子"指的是什么? 选出准确的一项(　　)
   A. 指作者到俄国旅行的日子
   B. 指托尔斯泰 100 周年诞辰的日子
   C. 指作者写这篇文章的日子
   D. 指托尔斯泰去世的日子

3. 下面各句的括号内所标出的修辞格有错误的一项是(　　)
   A. 它只是树林中的一个小小长方形土丘,上面开满鲜花,没有十字架,没有墓碑,没有墓志铭,连托尔斯泰这个名字也没有。(排比)
   B. 这个比谁都感到被自己声名所累的伟人,就像偶尔被发现的流浪汉、不为人知的士兵一般不留名姓地被人埋葬了。(比喻)
   C. 看上去都不像树林中的这个只有风儿低吟,甚至全无人语声,庄严肃穆,感人至深的无名墓冢那样能剧烈震撼每一个人内心深藏着的感情。(拟人)
   D. 夏天,风儿在俯临这座无名者之墓的树木之间飒飒响着,和暖的阳光在坟头嬉戏。(拟人)

4. "它只是树林中的一个小小长方形土丘,上面开满鲜花,没有十字架,没有墓碑,没有墓志铭,连托尔斯泰这个名字也没有。"这句话句连用了四个"没有",分析其用意正确的一项是(　　)
   A. 具体地描写了托尔斯泰墓地的朴素之美。
   B. 说明了托尔斯泰墓的简陋和寒伧。
   C. 表明托尔斯泰墓与其他名人墓的不同。
   D. 真实而具体地写出了托尔斯泰淡泊功名利欲的思想。

5. 谁都可以踏进他最后的安息地,围在四周的稀疏的木栅栏是不关闭的——保护列夫·托尔斯泰得以安息的没有任何别的东西,唯有人们的敬意,而通常,人们总是怀着好奇,去破坏伟人墓地的宁静。
   这句话的含意是(　　)
   A. 说明托尔斯泰墓是一个教育后人的好地方。

B. 表明每一个想拜谒托尔斯泰墓的人都可以随意出入墓地。

C. 表明每一个对托尔斯泰充满敬意的人都可以拜谒他的坟墓。

D. 说明许多怀着好奇心去托尔斯泰墓的人破坏了伟大墓地肃穆、宁静的气氛。

6. 课文第二段文字的中心句是(　　)

A. 后事就这样办了,完全按照托尔斯泰的愿望。

B. 他的墓成了世间最美的、给人印象最深刻的、最感人的坟墓。

C. 这个比谁都感到被自己声名所累的伟人,就像偶尔被发现的流浪汉、不为人知的士兵一般不留姓名地被人埋葬了。

D. 这里,逼人的朴素禁锢住任何一种观赏的闲情,并且不容许大声说话。

7. 课文第二段文字主要运用的表达方式有(　　)

A. 记叙　　　　B. 描写

C. 议论　　　　D. 抒情

8. 作者用(　　)来形容托尔斯泰墓的基本特征。

A. 宏伟　　　　B. 普通

C. 朴素　　　　D. 感人

9. "世间最美的坟墓"中的"最美"体现在(　　)三个方面。

A. 坟墓的风格与主人的人格完美的结合(返璞归真);一致(心灵相通)

B. 普通

C. 开放的圣地与游人的呵护配合默契(世人认可)

D. 作者的思想与托尔斯泰惊人的相通

10. 夏天,风儿在俯临这座无名者之墓的树木之间飒飒响着,和暖的阳光在坟头嬉戏;冬天,白雪温柔地覆盖这片幽暗的土地。这段景物描写在全文中有作用。(　　)

A. 让人们喜欢托尔斯泰墓。

B. 在不容大声说话的地方,描写自然景物的动态,反衬出墓地的宁静。

C. 由于没有奢华装饰,描写自然景物更显示坟墓的朴素。

D. 在庄严肃穆的氛围中,活泼的景物可增添一点生气和温暖的情调。

口语交际

描　　述

描述就是运用各种修辞手法对事物进行形象化的阐述,描绘人物、景物、物品、场景的特征,给人以如见其人、如闻其声、如临其境之感。描述和叙述都反映特定对象的具体情况,它们的区别在于:第一,叙述较注重具体事物的"线"和"面",而描述则较注重具体事物的"点",它往往突出细节,注重抓某一点或某几点,使听者通过这些"点"来想象整体,掌握本质。第二,叙述重在事实的过程交代,描述则重在事物的形象,通过细致入微的描绘、刻画,使听者能非常具体地感受到客观对象的特征,有身临其境之感。第三,叙述常常比较客观、全面,叙述者情感色彩比较淡漠、含蓄;描述的感情色彩大多比较强烈、鲜明,常常溢于言表。描述的方法有以下几种。

人物描述

描述人物主要揭示出人物的精神世界和内心世界,刻画出人物的鲜明性格特征,主要对人物各方面有特殊意义的特征进行细腻、逼真的描绘。描述人物主要包括描述肖像、描述动作、描述语言、描述心理。

(1)描述肖像。这是对人物外形的描述,包括人物的身姿、容貌、神情、服饰及随身器物等。描述肖像是为了使人能由表及里地看出人物的生活经历、身份境遇、性格特征、内心世界,所以要抓住最具个性、最能表现人物内在特点的地方,切忌面面俱到。

（2）描述行动。判断一个人，主要看他的行动。"做什么""怎样做"，这就构成了一个人在具体条件下的具体行动。描述行动是人物描述最有力的手段，因为这最能显示人物的思想和个性。描述行动要特别注意动词的选择，注意动作的个性化；除了注意人物"做什么"，还要注意到人物"怎样做"，这样，通过描述行动展示人物的性格和心灵，把人物表现得栩栩如生。

（3）描述语言。言为心声，描述人物语言能直接反映人物的思想性格，能自然地揭示人物身份及人物之间的关系。即使同样内容的话，不同身份、不同文化背景、不同性格的人，说出来也会不一样。有一位同学做过这样的观察：马路边，一个摩托车修理部刚开张，主人是个瘸子。一位老工人见了说："残疾人有这个本事，难得！天无绝人之路啊！"一个待业青年见了，说法不一样："天不灭曹，该他有碗饭吃！我们四肢俱全倒还不如他呢！"一位街道老太太的感想又不同："老天爷饿不死瞎眼雀儿！"三种说法都有同情主人的意味，但老工人更多的是赞赏，待业青年有点不服，老太太只是可怜；在表述上都用了格言谚语，却反映了不同的风格。

（4）描述心理。这是对人物在一定情境中心理活动的描述，如思想、愿望、体验等。人物的言行，包括人物的穿着打扮，无不受思想的支配，所以写言行实际上也间接揭示了人物的心理。如果直接深入人物的内心去描述，那就是直接描述。直接描述心理，常用"他想"的形式。通过梦境描写也可以展示人物的心理。日有所思夜有所梦。梦境不仅可以表现人物易于察觉的心理活动，还可以把他的潜意识表现出来。此外，心理描述也可以通过人物在日记、书信中的内容来进行。

景物描述

景物描述是对客观存在的景和物的显著特点进行描述，同时更注重其审美情感的体现。景和物，都是客观的存在。它们构成人类生存的环境，即可成为人们生存发展的条件，又可以成为人们审美的对象。当我们把景物当成条件时，我们注意到的是人对它的依赖，它对人的影响；当我们把景物当成审美对象时，我们注意到的是它本身的美的价值，所以，描写景物就有两种不同的出发点。两个角度似乎可以兼顾，但实际上总是有所侧重。描述景物要注意感情与景物的关系。一般地说，描述作为从属因素的景物，感情色彩要淡些。把景物作为主体来描述就不同了，这时讲究的就是景物与感情的结合：感情成为景物的灵魂，感情又要借景物来抒发。写什么，怎么写，在什么地方写，都得服从于主体的需要。

场面描述

场面描述一般由人物活动构成的生活画面，有时也泛指一定场合的情景。描述场面不仅要综合运用各种描写手段，而且往往与叙述手法相结合。

【示例】

临考之前

教室里乱哄哄的。有的人在紧张地背书，两片嘴唇上下翻飞，面部肌肉紧张地收缩，两只眼睛死死地盯住书本，好像要把书吃进去似的。有的人正在连珠炮似的问别人问题，那急迫的样子，好像认定了试卷上一定会有这道题。而这时，周围听到问题的同学或是快速地翻书，或是伸长脖子去听别人怎么说。会的同学便很有些得意地笑笑，一副胸有成竹的样子，你一言我一语简略地提示答案；不会的同学此时已心慌意乱，脑门上渗出一片冷汗。这时，站在教室窗前透风的一些人，似乎在庆幸自己的战略得当："考前应保持清醒的头脑和稳定的情绪。"一丝微笑不知不觉地爬上嘴边。

请思考：这个场面中有几幅画面？这段描述详述了哪一幅画面，为什么要详述这幅画面？

用了哪些描写方法使整个场面生动起来？

➕ 自测题

1. 假期你回到家乡,同学间交流自己学校的情况并向同学介绍自己认识的新朋友。请你描述校园生活中对你影响深刻或者印象深刻的一个人,描述他的语言和肖像,并说明他给你带来了什么影响或为什么你对他印象深刻。

2. 参考下列材料,口头叙述、描述雨中和雨后的校园。

下午三点多,天色渐渐转阴了,几声雷声过后,雨点落下来。开始虽急,雨点还不算大。操场上的女生们捂着脑袋四散奔逃。正在打篮球的男生们显得沉稳多了,照常跑位、传球、投篮,没有离开的意思。过了两分钟,雨点肆虐起来,落地又密、又急,倾盆而泻,打得窗台和玻璃啪啪的响。转眼间,地面的水连成一片,继而水面又被大雨点炸成一波又一波,迅速地向低凹处扩散。这时候,雨点落地激起的阵阵水雾使操场对面的实验楼变得模糊起来。几名打球的男生再也不能坚守阵

地了。有一人从篮球架子上拽下白服,和同伴走回教学楼。不过脚步很稳健,似乎有意和那些大惊小怪的女生形成对照。雨点更急促了,一位穿橘黄色T恤的男生大步流星地跑向实验楼前几棵杨树下避雨,后来一看没啥用,又跑向宿舍楼。最后一位撤离的男生仍不紧不慢地走着,快到教学楼时用手抹了一把湿淋淋的头脸,仰头朝楼上笑笑,一副满不在乎的样子。看来,他是要将男士风度进行到底了。

20分钟后,云色渐渐变淡,天空亮堂多了,雨点也渐疏渐少,空气一下清新了。虽然远处还滚着阵阵雷声,操场上已经人来人往,很快又恢复了雨前的热闹。

3. 阅读下面材料,体会同一个材料和主旨,用叙述和描述两种方式来表述效果。请你从报纸杂志或科普读物上找一则题材,尝试用叙述和描述来表述。

【叙述】

肖夫斯特姆发现"钒"

本来最有可能发现钒的,是德国著名化学家维勒。1830年,他在研究墨西哥产的褐色铅矿石时,发现矿石里有一些金属化合物,呈现多种颜色,其中以红色最为显著。他猜测这些化合物的金属可能是一种新元素。但是,他并没有根据这个设想研究下去,反而想当然地认为,这种金属也许就是铬,因为铬的化合物大多是红色的。就这样,他失去了女神的爱情。肖夫斯特姆则不然,他在遇到同样的情况后,紧紧抓住这个苗头不放,终于在老师柏齐利阿斯的指导下找到了"钒"。

【描述】

凡娜吉——"钒"

很久很久以前,遥远的北方有一位女神,叫凡娜吉斯。一天,有人来敲她的门。女神正舒适地坐在安乐椅上,她想:"让他再敲一会儿吧!"

可是,女神再也没有听到敲门声,她感到奇怪,"这个客人到底是谁呀？这样有礼貌,又这样犹豫不决。"她奔到窗口一看,只见敲门的客人已经走了。

女神说:"啊,原来是维勒。他是这样的漫不经心,让他空跑一趟吧!"

过了不久,女神又听到敲门声,这个人敲得很热心,很坚决,耐心地敲了很长时间。一直敲到女神开门迎接了他。

这个客人是谁呢？他就是肖夫斯特姆。女神爱上了他，他们生了一个儿子，叫凡娜吉——"钒"，是1831年瑞典物理学家兼化学家肖夫斯特姆发现的一种新金属。

书面表达

文面知识和文章修改

文　面　知　识

　　文面主要包括文字书写、行款格式、标点符号、修改符号等。文面不是文章写作的最重要部分，但它是为内容服务的，与内容表达有直接关系。"文若其人，字若其人。"清秀的字迹，整洁的书写表达，疏密有致的段落布局，文面从一个侧面反映了一个人的语文素养。书写符合规范，标点使用正确，行款格式恰当，不仅反映了写作态度的严谨、精细，也有助于文章内容准确、圆满的表达。

(一) 文字书写

　　(1) 合乎规范，即字形要合乎国家语言文字工作委员会、国家新闻出版署(现国家新闻出版广电总局)1988年3月联合发布的《现代汉语通用字表》的规定；简化字要合乎国家语言文字工作委员会1988年10月重新发表的《简化字总表》的规定。不能乱简化汉字，不要写繁体字，更不能写错别字。

　　(2) 清楚好认，最好写楷书或行书，不要潦草或勾、改、涂、抹。

　　(3) 美观大方，要把字写得匀称，或秀丽或刚劲，每个字应该占每一格正中的3/4。

(二) 标点符号

　　(1) 每个标点至少要占一格。其中破折号、连接号和省略号占两格正中。

　　(2) 所有点号要写在一格的左下方。

　　(3) 间隔号写在一格的正中。

　　(4) 引号前后两部分分别写在一格的右上方与左上方。

　　(5) 括号、书名号前后两部分要分别写在一格的右半正中与左半正中。

　　(6) 着重号、专名号要写在字脚下，靠近格子。

　　(7) 转行：①点号、右引号、右括号、右书名号，不能放在一行的开头，应该挤在末一格内，或连同最后一个字转移到另一行去写；②左引号、左括号、左书名号不能放在一行的末尾，应该移到另一行的开头；③破折号、连接号和省略号不能分成两行写。

(三) 行款格式

　　(1) 文章的标题。一般情况下，标题要居中书写，上下至少空一行。如果标题是两三个字的，字与字中间应空开一两格。标题一般不要写在下半页，尤其不要写在最后一行。

　　(2) 署名。作者的名字一般要写在标题下面，或居中，或偏右，但不要太靠边。如果姓名是两个字的，那么姓与名中间应空开一格。

　　(3) 正文。开始行与标题或署名之间应该空一行。如果是篇幅比较长的文章或大部头小说，正文可以从下半页开始写。

　　(4) 提行。每段开始另起一行空两格写。

　　(5) 引文。①如果不是很长的引文，可以夹在正文中间。引的是原话，要加引号，点号放在引号内；不是原话是转述，不加引号；②如果引文只是作为自己话语中的一部分，或一个成分，引文末尾的点号应该放在引号外；③如果引文之内又有引文，外用双引号，内用单引号;④如果是重要的引文,而且又比较长,可以另开一行,自成一段,整体上比正文退后两格;⑤如果连续引用几段,在每段开头用引号的前半部分,在最后一段末尾才用引号的后半部分;⑥凡是引文,都应该注明出处,字体可以放小一些。一般有文中注、页下注两种情况。文中注,可以加括号缀在引文后面,也可以加破折号自成一行放在右半边。页下注,要注意标明序号。

(6) 落款,一般放在右下方,不要太靠边,字体放小一些。不能距离正文太远,有条件的话,空一两行即可;没条件的话,可以不空行;实在不行,也可以附在正文最后一行末尾,加括号。不能单独占一页,更不能分在两页写。如果太长的话,可以分成两三行写,不要太松散,要从从容容地写在格子内,或对称整齐,或错落有致,这样才和谐、得体。

"年、月、日"不能写成"年、月、号",不能前面写了"年"字,后面不写"月"或"日"字,这样前后不一致。不能将中文数字(一、二……)和阿拉伯数字(1、2……)夹杂在一块写。阿拉伯数字一般两个数码占一格,如"2002 年 12 月 25 日"。

避免落款紧张的方法如下所示。

在抄写之前就应该有个总体的布局设计。①姓名与标题只要错开就行,与正文之间可以加空,也可以减空。②把落款缀在正文最后一行末尾,加括号;或提到第一页的左上角。③如果是自己写的文章,尤其是书信等应用文,那就可以少写几句,省一页稿纸;或再多写几句加一页稿纸。

(7) 其他注意事项。①数字:凡公历世纪、年代、年、月、日和时刻用阿拉伯数字;记数与计量(包括正负整数、分数、小数、百分比、约数等)用阿拉伯数字。②名称:同一名称在一篇或数篇报道中出现不止一次者,要注意前后统一。③序码:要按照《国家行政机关公文处理办法》的明确规定排序。

文 章 修 改

(一) 修改的含义

修改,通常是指文章定稿以前对已经写成的文稿的集中性修正加工。

修改是贯穿于整个写作过程,体现在采集、运思、表达等各个环节里的一项基本活动。因为在采集中有对材料的增删、调换,在运思中有对主题、观点的修正、完善,在表达中更有对遣词造句的推敲、选择,但是这些都属于个别或局部的修改。

(二) 修改的意义

1. 文章修改的本质是修改思想

由于作者对客观事物的认识不断加深,作者的思想不断变化,才使得文章不得不变。表面上看,修改常常是语言的润色,其实是修改思维。通过数次修改,最终就更能把握事物的本质特征,从而使文章正确反映客观事物更具可能性。

2. 修改是写作过程的必有阶段

修改作为写作能力的一个组成部分,贯穿于写作行为的始终。落笔而成的初稿实际上只是一个毛坯,本着精益求精的态度,完全有再作修改的必要。在起草文章时,为了保持气脉的顺畅、思路的连贯,作者往往跟着感觉走,不可能仔细推敲每一个细节,表达更难做到准确完美,容易出现不规范的毛病,留下疏漏在所难免。在修改阶段,作者可以高屋建瓴地检查推敲中心论点是否突出,结构层次是否妥当。

3. 修改是提高文章质量的有效方法

在初稿"一气呵成"的过程中,对表达的方式和技巧常常顾不得过细的考虑,因此初稿中就可能出现一些疵病。例如,该用描写的地方只用了叙述,内容就粗疏;该用议论时却只用了解说,就显不出分量;在高潮处没有多种表达方式交替使用,就缺乏感染力等。

4. 修改能力是作者写作能力的重要组成部分

作者可以在修改文章的实践中,领悟出写好文章的道理。经过认真修改文章,我们认识事物、分析事物的能力也会得到锻炼,这是写作能力会在修改中得以同步提高的关键。

虽然影响修改的因素很多,但主要还是取决于作者的写作态度及对修改的重要意义的认识。所以我们应该首先培养认真修改的习惯,然后不断提高自己的修改能力和技巧。

(三) 修改的范围

1. 完善思想

从宏观上检查那些决定文章整体风貌主导因素的质量,使文章在大的方面确定下来,然后再一段一段、逐字逐句地推敲分析那些展现文本风貌的具体因素质量。文章修改的顺序一般是主题—材料—结构—语言。

修改文章首先应考虑主题是否正确、深刻、集中、鲜明、新颖,进行认真比较权衡,寻求主题的深化和完善,使文章在原来的基础上更为集中、突出、深刻。特别是要求主题能顺应时代潮流,反映现实情况,倡导文明和进步。主题方面的毛病,最常见的是文章立意不正确,或有偏颇,或没有新意,或缺乏深度,基本观点立不住脚等。

2. 增删材料

看文章是否言之有物,即材料是否准确、典型、丰富、生动和新鲜。材料的真实与否,决定文章的存亡;材料的典型与否,决定文章生命力的强弱。

3. 调整文章结构

结构是文章的形式,在一定程度上表现了文章的思路。对谋篇结构的修改,就是力争使文章内容的表现形式呈现最佳形态,以求达到更好的表达效果。调整文章结构,一看层次是否分明,条理是否清楚;二看思路是否清晰,段落是否匀称,详略是否得当;三看前后是否呼应,过渡是否自然,结构是否严谨。尤其应该考虑层次段落的划分和安排是否能够正确体现事物间的内在联系和发展变化的客观规律。

4. 推敲文本语言

文章的修改归根结底要落实到语言的修改上。语言作为一种艺术,对于其表达方式的修改和磨炼可以说是没有止境的。不但尚欠成熟的稿子需要在语言上进一步推敲、锤炼,即使是较为成功的文章也需要在修改中对语言进行润色加工。修改语言一般放在最后完成,古人所谓先炼意,再炼句。

(四) 修改的方法

修改文章并没有固定的方法,人们可以根据自己的习惯进行。

(1) 看读法是最基本而又最有效的修改方法。它的优点是利用语感来修改文章,根据平时说话的习惯及朗读时的语感,发觉文字上的疏忽之处。凡是读起来别扭,听起来含混的地方,就可能是有语病的地方。

(2) 冷却法就是停顿一段时间后进行修改。

(3) 求助法就是通过求助他人修改,可以发现自己不能发现的问题。

(4) 商讨法就是涉及一些内容复杂、事关重大的文章,初稿草就后,可以组织有关人员进行集体修改。通过集体的力量,将文章改得更全面、深透和精辟。

【示例】

演绎精彩　需要肩并肩

他们宁静淡泊,儒雅至极;他们席地而坐,无拘无束;他们性格飘逸,孤傲洒脱。他们两个肩并肩演绎了中华史上的精彩——高山流水。他们便是知音二字的源头——俞伯牙和钟子期。

是的,弹者温柔灵巧的十指让琴弦由节奏的和着绿水歌唱。

也只有知音才能听出那志在高山,志在流水的音响。他们之间只需轻轻一点便能产生美妙的共振。弹者努力将琴拨发挥得尽善尽美,听者也由此发现悠闲的神韵,感受恬淡的灵性。

仁者乐山,智者乐水,美妙的音乐仅为知己而奏。而知者已死。琴碎,音绝。千古的名曲虽仍会响起,但是他们肩并肩演绎的精彩却无与伦比!

他们是夫妻,他们锲而不舍,互相鼓励;他们持之以恒,永不言弃,他们从千万吨沥青中仅提炼了几克的放射性元素——镭。他们的执著,他们的毅力令人叹服、令人敬仰。他们克服一个个难关,演绎着1+1>1的奇迹。他们肩并肩创造了一段科学传奇,激励着世人!

"高山流水"中演绎的精彩,镭的发明所创造的奇迹,对我们应有所启迪——生活中需要肩并肩!

【分析】

本文论述的是生活中需要肩并肩,文章选取了为人所熟知的两个事例,分别从艺术知音和事业伴侣的角度论证了中心观点。材料的选择基本恰当,但是在论述过程中有些语句与中心发生偏离。比如,在论述居里夫妇的事例时,材料更多的是讲述了二者的锲而不舍与持之以恒,并没有侧重于他们在科研道路上并肩作战的精神,因而削弱了材料的说服力。

【修改】

演绎精彩　需要肩并肩

境由心造,琴为心生。对于伯牙来说,人生即琴。琴,原来只是他另外一个自己。但是一次的偶然邂逅,使得伯牙在一处山间遇到了朴拙天然的唯一的听众钟子期,从此,生命有了知音,山与水开始对话。

他们宁静淡泊,儒雅至极;他们席地而坐,无拘无束;他们性格飘逸,孤傲洒脱。他们两个肩并肩演绎了中华史上的精彩——高山流水。他们便是知音二字的源头——俞伯牙和钟子期。

是的,弹者温柔灵巧的十指让琴弦由节奏的和着绿水歌唱,也只有知音才能听出那志在高山,志在流水的音响。他们之间只需轻轻一点便能产生美妙的共振。弹者努力将琴拨发挥得尽善尽美,听者也由此发现悠闲的神韵,感受恬淡的灵性。

仁者乐山,智者乐水,美妙的音乐仅为知己而奏。而知者已死。琴碎,音绝。千古的名曲虽仍会响起,但是他们肩并肩演绎的精彩却无与伦比!

他们是生活中的夫妻,相依相偎,互相鼓励;他们更是事业中的伴侣,持之以恒,永不言弃。他们经历了多少常人难以想象的失败,走过了多少不为人所知的黑暗时光,才从千万吨沥青中仅提炼了几克的放射性元素——镭。他们克服一个个难关,演绎着1+1>1的奇迹。他们的执著,他们的毅力令人叹服、令人称颂;他们之间琴瑟合鸣的美好更是让人敬仰!他们肩并肩创造了一段科学传奇,永远激励着世人!

"高山流水"中演绎的精彩,镭的发明所创造的奇迹,对我们应有所启迪——生活中需要肩并肩!

自 测 题

1. 阅读下面的短文,结合自己修改作文的实际情况谈谈你的感想

古往今来的大手笔,都十分注意文章的修改。拉法格在《回忆马克思》一文中说:"马克思决不出版一本没有经他仔细加工和认真琢磨的作品。他不能忍受把未成的东西公之大众的这种思想。"毛泽东同志对文章修改谈过自己的见解:"文章写好之后,也不多看几遍,像洗脸之后再照照镜子一样,就马马虎虎地发表出来,其结果'下笔千言,离题万里',仿佛像个才子,实则到处害人。"唐朝大文学家欧阳修写完作品,贴在墙上,不断读,不断改,因为他说不把文章改完美"非谓先生嗔,畏后生耳"。鲁迅先生也曾说过:"写完后至少看两遍,竭力将可有可无的字、句、段删去,毫不可惜。"所有这些教诲都说为了读者,为了后人,要把文章改好一点,再好一点。

2. 字形相同的一句话,如果停顿不同,就会表示不同的意思。"停顿"在书面上用标点符号来表现,对比下面有趣的实例,感受、体会标点符号的重要性。说说今后对使用标点符号的态度。仿照前三组中每组的情况,给第四组和第五组中的句子在不同的位置加上适当的标点符号,使句子表达不同的意思。

第一组:①手表,不要退回。②手表不要,退回。

第二组:①无米,面也可;无鸡,鸭也可;无鱼,肉也可;无银,钱也可;青菜,一碟足矣。②无米面也可,无鸡鸭也可,无鱼肉也可,无银钱也可,青菜一碟足矣。

第三组:①清明时节雨纷纷,路上行人欲断魂。借问酒家何处有,牧童遥指杏花村。②清明时节,雨纷纷路上,行人欲断魂。借问酒家何处,有牧童,遥指杏花村。

第四组:因小孩病故请假一天。

第五组:望全家福禄不见鬼怪病痛多有银帛收入断绝子孙忤逆祖宗保佑年年如此

3. 下文是某同学写的《我的父亲》作文片断,仔细阅读后加以修改。

对文中划浪线一处,有的同学认为应该删去,说该文是写父亲的,这句不符合文章的内容,你赞同这种观点吗? 说明理由。

在学习上,爸爸要求对我很严,自从进入初中后,几乎每天回家见到的都是他那严厉的目光,很少再见到他像以前。即使他看到我学习成绩提高时,也总是严肃地说:"不要骄傲自满呀。"因此,我也常常在心里责怪他。而妈妈则是不断地经常鼓励我。在我生病时,最辛苦的则是爸爸,为我端水送饭,交钱取药,看来爸爸还是疼爱我的。

4. 下面是某同学的作文片段,内容上有一些小毛病。

要求:①文中两个错别字,请找出来并在原文处改正。②文中两个句子有语病,请在文中直接修改。

金沙广场是金坛最负盛名的繁华商业区。这里店铺林立、牌匾高悬、人气旺盛;尤其到了节假日,更是人头攒动、川流不息。进入地下商场——大统华,种类繁多的商品让人眼花缭乱、目不暇接。这座现代化大型连锁购物中心,其占地面积约 1.4 万平方米左右。每到华灯初上,大统华广场便是中老年朋友载歌载舞、小朋友溜冰的好时候。

5. 绿色代表春天,象征生命,寓示和谐,蕴含诗意。绿色的环境美好,绿色的生命美好,绿色的人生健康,绿色的……你呢,你对绿色有哪些体会、思考、感悟或幻想……

请以"绿色"为话题写一篇作文。

要求:①题目自拟,立意自定,内容要与绿色有关。②文体不限(诗歌、戏剧除外)。③内容具体,感情真实(论述有理有据)。④不少于 600 字,不用续卷纸,卷面整洁、书写规范。⑤文中不得出现真实的地名、校名、人名。下面为一篇学生习作。

6. 按照提示分析习作《绿之韵——小议成长历程》,并按要求修改文中失误。

绿之韵——小议成长历程

（副标题的功效：化大为小，引入具体，表达中心）

在我的颜色世界里，绿色是唱主角的，红色太妖艳，庸俗得好似那艳极了的玫瑰；蓝色太清高，冷清得像东坡先生笔下的天上宫阙；黄色太枯败，似深秋里遍地发霉味的枯叶……只有绿色，合乎我的心境。春风中拂来一丝绿意，大地便被赋予了灵性。多么富有生机！多么充满灵性！（对比开篇，手法不俗）

小时候我的眼睛就患上了近视。母亲叮嘱我要多看绿色。这其中也没有什么治疗的玄机，但我宁愿认为绿色的生机能带给眼睛明亮。（健康的绿色！生命的绿色）于是，我便一直坚持着。在对绿的探求中，我看到了生机。无论是春寒料峭中那一点点嫩绿的芽苞，还是夏日炎炎中撑起一片绿荫的片片阔叶，它们都强烈地震撼着我的心灵，像是用绿色的瓢往你的心中泼洒阵阵的生机。绿色默默无语地攀（"攀"字贴切、传神）在枝头，可是它们给我那强烈的生气、震撼，却是世间无语能及，无文能表的！（本段写对绿的初识）

进入初中以后，我开始对绿有更深层次的追求。在一次初夏的乡村旅游中，我觉得我触到了绿的真谛。（成功过渡，一笔带过）

那是在山路旁的一股小小清泉汇聚成的小石潭，绿油油的苔藓爬满了石潭的边缘，石潭周围长满了小株小株的翠竹，它们一并投影在清澈的潭水之中。那是怎样的一幅画哟！碧波清荡，带动翠绿的影子，轻轻振荡。小青蛙、小鱼苗在潭水中怡然不动，"日光下澈，影布石上"，悉日柳宗元所见到的优美画面现在又展路在我的眼前。时间抹去了柳宗元的清寒感受，带给了我无尽的生命意想。与其说是富有灵气的山野滋养了小石潭的生

机，不如说这生机四溢的小石潭给了山野无间的灵性。（颇有辨证意味。山野、石潭、必波，意境美妙清幽）

过与小石潭的不期邂逅，我忽然明白了。从嫩绿到翠绿，再到深绿，是生机的展露，是成长的体现。（由自然界的绿联想到自身成长的过程，巧移妙迁）嫩绿时，无忧无虑，只顾宣泄生机。待到翠绿时，心中便有了秘密，是清楚混的萌动还是成长的忧虑？不管怎样，都被蕴藏于心，于是嫩绿也就变得含蓄了，变得深些了。接着，便是深绿了。我正向伸绿迈近。心中该有怎样的波澜？我不知道，只待深绿的到来，迷在深深的绿意中，醉在匆匆的青春里。（结尾简洁含蓄，情韵悠长）

【点评】

本文得分54分（满分60分）。得分点：扣题写作，记叙清楚，语言基本功好。开篇与结尾是本文的亮点：以对比开篇，引出统领全文的观点和情感基调——绿色"富有生机，充满灵性"；文末简笔点出对绿色内涵的领悟，收束干净利落，却含蓄隽永，余味不绝。

失分点：一是写作重心转移太快。从小时候对绿色的生机有了初步感知后，转笔写小石潭之绿的灵性，写作重心的转移有点突兀；那一段美妙的小石潭速写，也与表达主题联系不紧密。这是主要失分点。二是在文面上，三处错别字，多处改动，这无疑也影响着作文的质量。

提升点：在景物描写的过程中，融入对成长的感悟。这样既使得景物描写不脱节，而且还能更好地为表达主题服务。

请完成以下内容。

（1）修改"小石潭速写"一段，使之紧扣主题。

（2）找出并改正文中的三个错别字。

（3）文中两处加点的词使用不贴切，请改用传神、贴切的两个词。

第十三单元

阅 读

小说的阅读

  小说是以塑造人物形象为中心,综合运用语言艺术的各种表现方法,通过完整的故事情节和具体的环境描写,广泛、形象、生动地反映社会生活的一种文学体裁。人物、情节、环境是小说的三要素,其中人物形象是小说的核心,故事情节是小说的骨架,环境描写是小说的依托。那么,如何阅读和鉴赏小说呢?

理清线索,把握情节

  小说的故事情节是人物性格形成的依据,人物性格的形成、发展过程是在情节的推进和变化中完成并得到体现的,人物形象往往是在一系列事件的矛盾冲突中得到充分的表现和刻画的。而且作品的主题往往也是随着故事情节的发展展现出来的。所以,阅读小说必须从故事情节入手,注意寻找故事情节的发展逻辑,只有理清了线索,把握了情节,才能把握人物性格,分析人物形象。

  小说的故事情节一般由开端、发展、高潮和结局四部分组成。但有些小说在开端前还会有序幕,结局后还会有尾声。例如,《项链》开头写玛蒂尔德的"痛苦"和"梦想"就属于序幕部分。有些小说故事主体不是完全按照开端、发展、高潮和结局构成的。例如,《项链》最后发现项链是假的,这既是高潮又是结局。

掌握手法,分析人物

  人物形象是小说的构成要素。小说主要通过人物形象表现主题和作者的思想倾向。掌握小说刻画人物性格的方法,从而分析人物形象是阅读小说的关键环节。

  作者刻画人物性格,塑造典型人物的手法多种多样,有肖像描写、语言描写、行动描写、神情描写、心理描写、细节描写、正面描写和侧面描写等。在阅读小说、分析人物形象时,首先要分析作者采用什么手法来刻画人物。例如,《林黛玉进贾府》中作者着力描写了贾宝玉、林黛玉、王熙凤三个人物,这三个人物主要是通过肖像描写、语言描写和动作描写来刻画人物性格的。林黛玉的外貌是通过众人眼中的林黛玉、王熙凤眼中的林黛玉和贾宝玉眼中的林黛玉三次描写,既写出了林黛玉的体弱多病、弱不禁风的一面;又揭示了她容貌标致、美丽多情而又多愁善感的一面。对林黛玉的语言描写、动作描写,既刻画了她注意礼节、顾全大局、办事小心谨慎的性格,又表现了她心态复杂、性格多疑的一面。

  小说刻画人物大多采取正面描写,但有时作者还采取正面描写与侧面描写相结合的手法。除了肖像描写、语言描写、动作描写外,有些小说较多地运用了心理活动描写。比较典型的是《项链》开头的序幕部分,作者大段地运用了心理活动描写来表现玛蒂尔德的"痛苦"与"梦想",多次用"痛苦""苦恼""伤心"来刻画玛蒂尔德的心理,揭示她爱慕虚荣的性格特点。

鉴赏环境,概括作用

环境描写是小说的三要素之一,是小说鉴赏不可缺少的环节。环境描写包括自然环境描写和社会环境描写。小说环境描写起着渲染气氛,刻画人物心理,揭示主题和推动故事情节发展的作用。例如,《孔乙己》在高潮部分通过描写秋天悲凉的景象,渲染了凄凉的气氛,预示着孔乙己即将死亡的悲惨结局。在阅读小说时,要注意分析小说中的环境描写,对主题的表现、情节的发展、人物的塑造方面所起的作用。

荷 花 淀①

孙 犁②

月亮升起来,院子里凉爽得很,干净得很,白天破好的苇眉子湿润润的,正好编席。女人坐在小院当中,手指上缠绞着柔滑修长的苇眉子。苇眉子又薄又细,在她怀里跳跃着。

要问白洋淀有多少苇地?不知道。每年出多少苇子?也不知道。只晓得,每年芦花飘飞苇叶黄的时候,全淀的芦苇收割,垛起垛来,在白洋淀周围的广场上,就成了一条苇子的长城。女人们在场里院里编着席。编成了多少席?六月里,淀水涨满,有无数的船只运输银白雪亮的席子出口。不久,各地的城市村庄就全有了花纹又密又精致的席子用了。大家争着买:"好席子,白洋淀席!"

这女人编着席。不久在她的身子下面,就编成了一大片。她像坐在一片洁白的雪地上,也像坐在一片洁白的云彩上。她有时望望淀里,淀里也是一片银白世界。水面笼起一层薄薄透明的雾,风吹过来,带着新鲜的荷叶荷花香。

但是大门还没关,丈夫还没回来。

很晚丈夫才回来了。这年轻人不过二十五六岁,头戴一顶大草帽,上身穿一件洁白的小褂,黑单裤卷过了膝盖,光着脚。他叫水生,小苇庄的游击组长,党的负责人。今天领着游击组到区上开会去来。

女人抬头笑着问:"今天怎么回来得这么晚?"站起来要去端饭。

水生坐在台阶上说:"吃过饭了,你不要去拿。"

女人就又坐在席子上。她望着丈夫的脸,她看出他的脸有些红涨,说话也有些气喘。她问:"他们几个哩?"

水生说:"还在区上。爹哩?"

"睡了。"

"小华哩?"

"和他爷爷去收了半天虾篓,早就睡了。他们几个为什么还不回来?"

水生笑了一下。女人看出他笑得不像平常,"怎么了,你?"

水生小声说:"明天我就到大部队上去了。"

女人的手指震动了一下,想是叫苇眉子划破了手。她把一个手指放在嘴里吮了一下。

水生说:"今天县委召集我们开会。假若敌人再在同口安上据点,那和端村就成了一条线,淀里的斗争形势就变了。会上决定成立一个地区队。我第一个举手报了名的。"

---

① 该文选自《白洋淀纪事》,《白洋淀纪事》是"荷花淀派"的代表作品。全文充满诗意,被称为"诗体小说"。
② 孙犁(1913—2002),当代小说家、散文家,被誉为"荷花淀派"创始人。原名孙树勋,河北安平人。

女人低着头说："你总是很积极的。"

水生说："我是村里的游击组长,是干部,自然要站在头里,他们几个也报了名。他们不敢回来,怕家里的人拖尾巴,公推我代表,回来和家里人们说一说。他们全觉得你还开明一些。"

女人没有说话。过了一会,她才说:"你走,我不拦你,家里怎么办?"

水生指着父亲的小房叫她小声一些。说:"家里,自然有别人照顾。可是咱的庄子小,这一次参军的就有七个。庄上青年人少了,也不能全靠别人,家里的事,你就多做些,爹老了,小华还不顶事。"

女人鼻子里有些酸,但她并没有哭。只说:"你明白家里的难处就好了。"

水生想安慰她。因为要考虑和准备的事情还太多,他只说了两句:"千斤的担子你先担吧。打走了鬼子,我回来谢你。"

说罢,他就到别人家里去了,他说回来再和父亲谈。

鸡叫的时候,水生才回来。女人还是呆呆地坐在院子里等他,她说:"你有什么话嘱咐我吧!"

"没有什么话了,我走了,你要不断进步,识字,生产。"

"嗯。"

"什么事也不要落在别人后面!"

"嗯。还有什么?"

"不要叫敌人汉奸捉活的。捉住了要和他拼命。"那最重要的一句,女人流着眼泪答应了他。

第二天,女人给他打点好一个小小的包裹,里面包了一身新单衣,一条新毛巾,一双新鞋子。那几家也是这些东西,交水生带去。一家人送他出了门。父亲一手拉着小华,对他说:"水生,你干的是光荣事情,我不拦你,你放心走吧。大人孩子我给你照顾,什么也不要惦记。"

全庄的男女老少也送他出来,水生对大家笑一笑,上船走了。

女人们到底有些藕断丝连。过了两天,四个青年妇女聚在水生家里来,大家商量。

"听说他们还在这里没走。我不拖尾巴,可是忘下了一件衣裳。"

"我有句要紧的话得和他说说。"

"听他说鬼子要在同口安据点……"水生的女人说。

"哪里就碰得那么巧,我们快去快回来。"

"我本来不想去,可是俺婆婆非叫我再去看看他——有什么看头啊!"

于是这几个女人偷偷坐在一只小船上,划到对面马庄去了。

到了马庄,她们不敢到街上去找,来到村头一个亲戚家里。亲戚说:"你们来得不巧。昨天晚上他们还在这里,半夜里走了,谁也不知开到哪里去。你们不用惦记他们,听说水生一来就当了副排长,大家都是欢天喜地的……"

几个女人羞红着脸告辞出来,摇开靠在岸边上的小船。现在已经快到晌午了,万里无云,可是因为在水上,还有些凉风。这风从南面吹过来,从稻秧上苇尖吹过来。水面没有一只船,水像无边的跳荡的水银。

几个女人有点失望,也有些伤心,各人在心里骂着自己的狠心贼。可是青年人,永远朝着愉快的事情想,女人们尤其容易忘记那些不痛快。不久,她们就又说笑起来了。

"你看,说走就走了。"

"可慌哩! 比什么也慌,比过新年,娶新——也没见他这么慌过!"

"拴马桩也不顶事了。"

"不行了,脱了缰了。"

"一到军队里,他一准得忘了家里的人。"

"那是真的。我们家里住过一些年轻的队伍,一天到晚仰着脖子,出来唱,进去唱,我们一辈子也没那么乐过。等他们闲下来没有事了,我就傻想:该低下头了吧。你猜人家干什么?

用白粉子在我家影壁上画上许多圆圈圈,一个一个蹲在院子里,托着枪瞄那个,又唱起来了!"

她们轻轻划着船,船两边的水,哗,哗,哗。顺手从水里捞上一棵菱角来,菱角还很嫩很小,乳白色,顺手又丢到水里去。那棵菱角就又安安稳稳浮在水面上生长去了。

"现在你知道他们到了哪里?"

"管他哩! 也许跑到天边上去了。"

她们都抬起头往远处看了看。

"哎呀! 那边过来一只船。"

"哎呀! 日本! 你看那衣裳。"

"快摇!"

小船拼命往前摇。她们心里也许有些后悔,不该这么冒冒失失走来,也许有些怨恨那些走远了的人。但是立刻就想,什么也别想了,快摇,大船紧紧追过来了!

大船追的很紧。

幸亏是这些青年妇女,白洋淀长大的,她们摇得小船飞快。小船活像离开了水皮的一条打跳的梭鱼。她们从小跟这小船打交道,驶起来,就像织布穿梭,缝衣透针一般快。

假如敌人追上了,就跳到水里去死吧!

后面大船来得飞快。那明明白白是鬼子! 这几个青年妇女咬紧牙,制止住心跳,摇橹的手并没有慌,水在两旁大声哗哗,哗哗,哗哗哗!

"往荷花淀里摇! 那里水浅,大船过不去。"

她们奔着那不知道有几亩大小的荷花淀去,那一望无边际的密密层层的大荷叶,迎着阳光舒展开,就像铜墙铁壁一样。粉色荷花箭高高地挺出来,是监视白洋淀的哨兵吧。

她们向荷花淀里摇,最后,努力的一摇,小船窜进了荷花淀。几只野鸭扑棱棱飞起,尖声惊叫,掠着水面飞走了。就在她们的耳边响起一排枪。

整个荷花淀全震荡起来。她们想,陷在敌人的埋伏里了,一准要死了,一齐翻身跳到水里去。渐渐听清楚枪声只是向着外面,她们才又扒着船帮露出头来。她们看见不远的地方,那肥大的荷叶下面,有一个人的脸,下半截身子长在水里。荷花变成人了? 那不是我们的水生吗? 又往左右看去,不久,各人就找到了各人丈夫的脸,啊,原来是他们!

但是那些隐蔽在大荷叶下面的战士们,正在聚精会神瞄着敌人射击,半眼也没有看她们。枪声清脆,三五排枪过后,他们投出了手榴弹,冲出了荷花淀。

手榴弹把敌人那只大船击沉,一切都沉下去了,水面上只剩下一团硝烟火药气味。战士们就在那里大声欢笑着,打捞战利品。他们又开始了沉到水底捞出大鱼来的拿手戏。他们争着捞出敌人的枪支、子弹带,然后是一袋子一袋子叫水浸透了的面粉和大米。水生拍打着水去追赶一个在水波上滚动的东西——是一盒用精致纸盒装着的饼干。

妇女们带着浑身水,又坐到她们的小船上去了。

水生追回那个纸盒子,一只手高高举起,一只手用力拍打着水,好使自己不沉下去。对着荷花淀吆喝:

"出来吧,你们!"

好像带着很大的气。

她们只好摇着船出来。忽然从她们的船底下冒出一个人来,只有水生的女人认得那是区小队的队长。这个人抹一把脸上的水,问她们:"你们干什么去来呀?"

水生的女人说:"又给他们送了一些衣裳来!"

小队长回头对水生说:"都是你村的?"

"不是她们是谁,一群落后分子!"说完把纸盒顺手丢在女人们船上,一泅,又沉到水底下去了,到很远的地方才钻出来。

小队长开了个玩笑,他说:"你们也没有白来,不是你们,我们的伏击不会这么彻底。可是,任务已经完成,该回去晒晒衣裳了。情况还紧得很!"

战士们已经把打捞出来的战利品全装在他们的小船上,准备转移。一人摘了一片大荷叶顶在头上,抵挡正午的太阳。几个青年妇女把掉在水里又捞出来的小包裹丢给了他们。战士们的三只小船就奔着东南方向,箭一样飞去了。不久就消失在中午水面上的烟波里。

几个青年妇女划着她们的小船赶紧回家,一个个像落水鸡似的。一路走着,因过于刺激和兴奋,她们又说笑起来。

坐在船头脸朝后的一个噘着嘴说:"你看他们那个横样子,见了我们爱搭理不搭理的!"

"啊,好像我们给他们丢了什么人似的。"

她们自己也笑了,今天的事情不算光彩,可是——

"我们没枪;有枪就不往荷花淀里跑,在大淀里就和鬼子干起来!"

"我今天也算看见打仗了。打仗有什么出奇?只要你不着慌,谁还不会趴在那里放枪呀!"

"打沉了,我也会凫水捞东西,我管保比他们水式好,再深点我也不怕!""水生嫂,回去我们也成立队伍,不然以后还能出门吗!"

"刚当上兵就小看我们,过二年,更把我们看得一钱不值了,谁比谁落后多少呢!"

这一年秋季,她们学会了射击。冬天,打冰夹鱼的时候,她们一个个登在流星一样的冰船上来回警戒。敌人围剿那百顷大苇塘的时候,她们配合子弟兵作战,出入在那芦苇的海里。

1945 年于延安

⊕ 自 测 题

1. 借助工具书解释词语(注意加点字的读音)

　(1)吮洳

　(2)惦记

　(3)凫

　(4)藕断丝连

　(5)晌午

　(6)舒展

　(7)搭理

2. 阅读理解

阅读课文选段,回答问题。

很晚丈夫才回来了。这年轻人不过二十五六岁,头戴一项大草帽,上身穿一件洁白的小褂,黑单裤卷过了膝盖,光着脚。……女人低着头说:"你总是很积极的。"

　(1)水生很晚才回来,水生嫂却一直在等待,说说这个情节的表达作用。

　(2)这段文字写出了水生嫂怎样的心情?

3. 课文读后谈

　(1)你喜欢水生嫂这个形象吗? 小说里通过水生的口给她的评价,一处是:"他们全觉得你还开明一些。"一处是:"一群落后分子!"

谈谈你怎样理解水生的评价? 再谈谈你对水生嫂的评价。

　(2)小说写战争,但文中不见断壁残垣,而是一派秀美的白洋淀风光。请你谈谈作者这样写对表达主题有什么作用?

4. 语言运用练习

　(1)在下面句子横线上填上恰当的词语。

　①女人坐在小院当中,手指上＿＿＿＿着柔滑修长的苇眉子。苇眉子又薄又细,在她怀里＿＿＿＿＿＿着。

　②水面＿＿＿＿一层薄薄透明的雾,风吹过来,带着新鲜的荷叶荷花香。

　③她们向荷花淀里摇,最后,努力地一摇,小船进了荷花淀。几只野鸭扑棱棱飞起,尖声惊叫,＿＿＿＿＿＿＿着水面飞走了。

　(2)从修辞的角度给下列句子分类,完全正确的一项是(　　)

　①苇眉子又薄又细,在她怀里跳跃着。

　②全淀的芦苇收割,垛起垛来,在白洋淀周围的广场上,就成了一条苇子的长城。

③不久,各地的城市村庄就全有了花纹又密又精致的席子用了。

④他们不敢回来,怕家里的人拖尾巴,公推我代表,回来和家里人说一说。

⑤女人们到底有些藕断丝连。

⑥几个女人有点失望,也有些伤心,各人在心里骂着自己的狠心贼。

⑦小船活像离开了水皮的一条打跳的梭鱼。

⑧粉色荷花箭高高地挺出来,是监视白洋淀的哨兵吧!

A.①②④/③⑤⑥/⑦⑧

B.①④/②③⑤⑦⑧/⑥

C.①④/③/⑥/②⑤⑦/⑧

D.①④/③/⑥/②⑤⑦⑧

(3)下列句中加粗的成语用其本义的两项是(　　)

A. 女人们到底有些**藕断丝连**。

B. 那一望无边挤得密密层层的大荷叶迎着阳光舒展开,就像**铜墙铁壁**。

C. 他们差不多有**生杀予夺**的权力。

D. 对社会观察的深刻,往往使他的批判独抒新见,**入木三分**。

E. 还有一次,国民党的一个地方官僚禁止男女同学,男女同泳,闹得**满城风雨**。

(4)结合语境分析理解下列人物对话所表现的性格特点,选出对应正确的一项(　　)

①乖巧伶俐　②憨厚质朴　③忸怩羞涩　④谨慎稳重

a. 听说他们还在这里没走。我不拖尾巴,可是忘下了一件衣裳。

b. 我有句要紧的话,得和他说说。

c. 听他说,鬼子要在同口安据点……

d. 哪里就碰得那么巧,我们快去快来。

e. 我本来不想去,可是俺婆婆非叫我再去看

他——有什么看头啊!

A. a① 　b② 　c④ 　d② 　e③

B. a① 　b① 　c④ 　d② 　e③

C. a③ 　b② 　c④ 　d② 　e③

D. a① 　b② 　c② 　d④ 　e③

5. 标点符号练习

下列各句中,标点符号使用错误的一句是(　　)

A. 坐在船头脸朝后的一个撅着嘴说:"你看他们那个横样子,见了我们爱搭理不搭理的。"

B. 枪声清脆,三、五排枪过后,他们投出了手榴弹。

C. 荷花变成人了? 那不是我们的水生吗? 又往左右看去,不久,各人就找到了各人丈夫的脸。

D. 她们从小跟这小船打交道,驶起来就像织布穿梭、缝衣透针一般快。

6. 请你说一说

(1)请你按照以下线索,说说课文的故事情节:①水生嫂月夜编席,等候丈夫归来;②夫妻话别;③水生夫妻话别;④水生嫂和众乡亲送水生参军;⑤水生嫂和几个青年妇女去马庄探望丈夫;⑥探夫遇敌;⑦她们探夫未遇,在回家路上的心情;⑧她们遇上敌船后,巧妙地摆脱敌人的追击;⑨妇女们在荷花淀与丈夫巧遇和游击队;⑩伏击歼敌的情况;⑪助夫杀敌。

(2)请你说说妇女们在斗争中是怎样迅速成长的?

7. 座谈

请收集相关材料,谈谈你所了解的中国抗日战争。

8. 写作

校园里每天都在发生各种各样的事情,请留心观察,以"校园一幕"为题写一篇短文(要求有叙述、有描述)。

项　链

〔法〕莫泊桑①

　　她也是一个美丽动人的姑娘,好像由于命运的差错,生在一个小职员的家里。她没有陪嫁的资产,也没有什么法子让一个有钱的体面人认识她、了解她、爱她、娶她;最后只得跟教育部的一个小书记结了婚。

　　她不能够讲究打扮,只好穿得朴朴素素,但是她觉得很不幸,好像这降低了她的身份似

---

①居伊·德·莫泊桑(1850—1893),19世纪后半叶法国优秀的批判现实主义作家,人称"短篇小说巨匠",与契诃夫和欧·亨利并称为"世界三大短篇小说家",对后世产生极大影响,被誉为"短篇小说之王"。

的。因为在妇女，美丽、丰韵、娇媚，就是她们的出身；天生的聪明，优美的资质，温柔的性情，就是她们唯一的资格。

她觉得她生来就是为着过高雅和奢华的生活，因此她不断地感到痛苦。住宅的寒伧，墙壁的黯淡，家具的破旧，衣料的粗陋，都使她苦恼。这些东西，在别的跟她一样地位的妇人，也许不会挂在心上，然而她却因此痛苦，因此伤心。她看着那个替她做琐碎家务的勃雷大涅省的小女仆，心里就引起悲哀的感慨和狂乱的梦想。她梦想那些幽静的厅堂，那里装饰着东方的帷幕，点着高脚的青铜灯，还有两个穿短裤的仆人，躺在宽大的椅子里，被暖炉的热气烘得打盹儿。她梦想那些宽敞的客厅，那里张挂着古式的壁挂，陈设着精巧的木器，珍奇的古玩。她梦想那些华美的香气扑鼻的小客室，在那里，下午五点钟的时候，她跟最亲密的男朋友闲谈，或者跟那些一般女人所最仰慕最乐于结识的男子闲谈。

每当她在铺着一块三天没洗的桌布的圆桌边坐下来吃晚饭的时候，对面，她的丈夫揭开汤锅的盖子，带着惊喜的神气说："啊！好香的肉汤！再没有比这更好的了！……"这时候，她就梦想到那些精美的晚餐，亮晶晶的银器；梦想到那些挂在墙上的壁挂，上面绣着古装人物、仙境般的园林、奇异的禽鸟；梦想到盛在名贵的盘碟里的佳肴；梦想到一边吃着粉红色的鲈鱼或者松鸡翅膀，一边带着迷人的微笑听客人密谈。

她没有漂亮服装，没有珠宝，什么也没有。然而她偏偏只喜爱这些，她觉得自己生在世上就是为了这些。她一向就向往着得人欢心，被人艳羡，具有诱惑力而被人追求。

她有一个有钱的女朋友，是教会女校的同学，可是她再也不想去看望她了，因为看望回来就会感到十分痛苦。由于伤心、悔恨、失望、困苦，她常常整天整天地哭泣。

然而，有一天傍晚，她丈夫得意扬扬地回家来，手里拿着一个大信封。

"看呀，"他说，"这里有点东西给你。"

她高高兴兴地拆开信封，抽出一张请柬，上面印着这些字：

"教育部部长乔治·郎伯诺及夫人，恭请路瓦栽先生与夫人于一月十八日（星期一）光临教育部礼堂，参加夜会。"

她不像她丈夫预料的那样高兴，她懊恼地把请柬丢在桌上，咕哝着：

"你叫我拿着这东西怎么办呢？"

"但是，亲爱的，我原以为你一定很喜欢的。你从来不出门，这是一个机会，这个，一个好机会！我费了多大力气才弄到手。大家都希望得到，可是很难得到，一向很少发给职员。你在那儿可以看见所有的官员。"

她用恼怒的眼睛瞪着他，不耐烦地大声说：

"你打算让我穿什么去呢？"

他没有料到这个，结结巴巴地说：

"你上戏园子穿的那件衣裳，我觉得就很好，依我……"

他住了口，惊慌失措，因为看见妻子哭起来了，两颗大大的泪珠慢慢地顺着眼角流到嘴角来了。他吃吃地说：

"你怎么了？你怎么了？"

她费了很大力气才抑制住悲痛，擦干她那润湿的两腮，用平静的声音回答：

"没有什么。只是，没有件像样的衣服，我不能去参加这个夜会。你的同事，谁的妻子打扮得比我好，就把这请柬送给谁去吧。"

他难受了，接着说：

"好吧，玛蒂尔德。做一身合适的衣服，你在别的场合也能穿，很朴素的，得多少钱呢？"

她想了几秒钟,合计出一个数目,考虑到这个数目可以提出来,不会招致这个俭省的书记立刻的拒绝和惊骇的叫声。

末了,她迟疑地答道:

"准数呢,我不知道,不过我想,有四百法郎就可以办到。"

他脸色有点发白了。他恰好存着这么一笔款子,预备买一杆猎枪,好在夏季的星期天,跟几个朋友到南代尔平原去打云雀。

然而他说:

"就这样吧,我给你四百法郎。不过你得把这件长衣裙做得好看些。"

夜会的日子近了,但是路瓦栽夫人显得郁闷、不安、忧愁。她的衣服却做好了。她丈夫有一天晚上对她说:

"你怎么了? 看看,这三天来你非常奇怪。"

她回答说:

"叫我发愁的是一粒珍珠、一块宝石都没有,没有什么戴的。我处处带着穷酸气,很不想去参加这个夜会。"

他说:

"戴上几朵鲜花吧。在这个季节里,这是很时新的。花十个法郎,就能买两三朵别致的玫瑰。"

她还是不依。

"不成,……在阔太太中间露穷酸相,再难堪也没有了。"

她丈夫大声说:

"你多么傻呀! 去找你的朋友佛来思节夫人,向她借几样珠宝。你跟她很有交情,这点事满可以办到。"

她发出惊喜的叫声。

"真的! 我倒没想到这个。"

第二天,她到她的朋友家里,说起自己的烦闷。

佛来思节夫人走近她那个镶着镜子的衣柜,取出一个大匣子,拿过来打开了,对路瓦栽夫人说:

"挑吧,亲爱的。"

她先看了几副镯子,又看了一挂珍珠项链,随后又看了一个威尼斯式的镶着宝石的金十字架,做工非常精巧。她在镜子前边试这些首饰,犹豫不决,不知道该拿起哪件,放下哪件。她不断地问着:

"再没有别的了吗?"

"还有呢。你自己找吧,我不知道哪样合你的意。"

忽然她在一个青缎子盒子里发现一挂精美的钻石项链,她高兴得心都快跳出来了。她双手拿着那项链发抖。她把项链绕着脖子挂在她那长长的高领上,站在镜前对着自己的影子出神好半天。

随后,她迟疑而焦急地问:

"你能借给我这件吗? 我只借这一件。"

"当然可以。"

她跳起来,搂住朋友的脖子,狂热地亲她,接着就带着这件宝物跑了。

夜会的日子到了,路瓦栽夫人得到成功。她比所有的女宾都漂亮、高雅、迷人,她满脸笑容,兴高采烈。所有的男宾都注视她,打听她的姓名,求人给介绍;部里机要处的人员都想跟她跳舞,部长也注意她了。

　　她狂热地兴奋地跳舞，沉迷在欢乐里，什么都不想了。她陶醉于自己的美貌胜过一切女宾，陶醉于成功的光荣，陶醉在人们对她的赞美和美妒所形成的幸福的云雾里，陶醉在妇女们所认为最美满、最甜蜜的胜利里。

　　她是早晨四点钟光景离开的。她丈夫从半夜起就跟三个男宾在一间冷落的小客室里睡着了。那时候，这三个男宾的妻子也正舞得快活。

　　她丈夫把那件从家里带来预备给她临走时候加穿的衣服，披在她的肩膀上；这是件朴素的家常衣服，这件衣服的寒伧味儿跟舞会上的衣服的豪华气派很不相称。她感觉到这一点，为了避免那些穿着珍贵皮衣的女人看见，想赶快逃走。

　　路瓦栽把她拉住，说：

　　"等一等，你到外边要着凉的。我去叫一辆马车来。"

　　但是她一点也不听，赶忙走下台阶。他们到了街上，一辆车也没看见，他们到处找，远远地看见车夫就喊。

　　他们在失望中顺着塞纳河走去，冷得发抖，终于在河岸上找着一辆拉晚儿的破马车。这种车，巴黎只有夜间才看得见；白天，它们好像自惭形秽，不出来。

　　车把他们一直拉到马丁街寓所门口，他们惆怅地进了门。在她，一件大事算是完了。她丈夫呢，就想着十点钟得到部里去。

　　她脱下披在肩膀上的衣服，站在镜子前边，为的是趁这荣耀的打扮还在身上，再端详一下自己。但是，她猛然喊了一声。脖子上的钻石项链没有了。

　　她丈夫已经脱了一半衣服，就问：

　　"什么事情？"

　　她吓昏了，转身向着他说：

　　"我……我……我丢了佛来思节夫人的项链了。"

　　他惊慌失措地直起身子，说：

　　"什么！……怎么啦！……哪儿会有这样的事！"

　　他们在长衣裙褶里、大衣褶里寻找，在所有口袋里寻找，竟没有找到。

　　他问：

　　"你确实相信离开舞会的时候它还在吗？"

　　"是的，在教育部走廊上我还摸过它呢。"

　　"但是，如果是在街上丢的，我们总听得见声响。一定是丢在车里了。"

　　"是的，很可能。你记得车的号码吗？"

　　"不记得。你呢，你没注意吗？"

　　"没有。"

　　他们惊惶地面面相觑。末后，路瓦栽重新穿好衣服。

　　"我去，"他说，"把我们走过的路再走一遍，看看会不会找着。"

　　他出去了。她穿着那件参加舞会的衣服，连上床睡觉的力气也没有，只是倒在一把椅子里发呆，精神一点也提不起来，什么也不想。

　　七点钟光景，她丈夫回来了。什么也没找着。

　　后来，他到警察厅去，到各报馆去，悬赏招寻，也到所有车行去找。总之，凡有一线希望的地方，他都去过了。

　　她面对着这不幸的灾祸，整天等候着，整天在惊恐的状态里。

　　晚上，路瓦栽带着瘦削苍白的脸回来了，一无所得。

　　"应该给你的朋友写信，"他说，"说你把项链的搭钩弄坏了，正在修理。这样，我们才有周转的时间。"

她照他说的写了封信。

过了一个星期,他们所有的希望都断绝了。

路瓦栽,好像老了五年,他决然说:

"应该想法赔偿这件首饰了。"

第二天,他们拿了盛项链的盒子,照着盒子上的招牌字号找到那家珠宝店。老板查看了许多账簿,说:

"太太,这挂项链不是我卖出的;我只卖出这个盒子。"

于是他们就从这家珠宝店到那家珠宝店,凭着记忆去找一挂同样的项链。两个人都愁苦不堪,快病倒了。

在皇宫街一家铺子里,他们看见一挂钻石项链,正跟他们找的那一挂一样,标价四万法郎。老板让了价,只要三万六千。

他们恳求老板,三天以内不要卖出去。他们又订了约,如果原来那一挂在二月底以前找着,那么老板可以拿三万四千收回这一挂。

路瓦栽现有父亲遗留给他的一万八千法郎。其余的,他得去借。

他开始借钱了。向这个借一千法郎,问那个借五百法郎,从这儿借五个路易,从那儿借三个路易。他签了好些债券,订了好些使他破产的契约。他跟许多放高利贷的人和各种不同国籍的放债人打交道。他顾不得后半世的生活了,冒险到处签着名,却不知道能保持信用不能。未来的苦恼,将要压在身上的残酷的贫困,肉体的苦楚,精神的折磨,在这一切的威胁之下,他把三万六千法郎放在商店的柜台上,取来那挂新的项链。

路瓦栽夫人送还项链的时候,佛来思节夫人带着一种不满意的神情对她说:

"你应当早一点还我,也许我早就要用它了。"

佛来思节夫人没有打开盒子。她的朋友正担心她打开盒子。如果她发觉是件代替品,她会怎样想呢? 会怎样说呢? 她不会把她的朋友当作一个贼吗?

路瓦栽夫人懂得穷人的艰难生活了。她一下子显出了英雄气概,毅然决然打定了主意。她要偿还这笔可怕的债务。她就设法偿还。她辞退了女仆,迁移了住所,租赁了一个小阁楼住下。

她懂得家里的一切粗笨活儿和厨房里的讨厌的杂事了。她刷洗杯盘碗碟,在那油腻的盆沿上和锅底上磨粗了她那粉嫩的手指。她用肥皂洗衬衣,洗抹布,晾在绳子上。每天早晨,她把垃圾从楼上提到街上,再把水从楼下提到楼上,走上一层楼,就站住喘气。她穿得像一个穷苦的女人,胳膊上挎着篮子,到水果店里,杂货店里,肉铺里,争价钱,受嘲骂,一个铜子一个铜子地节省她那艰难的钱。

月月都得还一批旧债,借一些新债,这样来延缓清偿的时日。

她丈夫一到晚上就给一个商人誊写账目,常常到了深夜还在抄写五个铜子一页的书稿。

这样的生活继续了十年。

第十年年底,债都还清了,连那高额的利息和利上加利滚成的数目都还清了。

路瓦栽夫人现在显得老了。她成了一个穷苦人家的粗壮耐劳的妇女了。她胡乱地挽着头发,歪斜地系着裙子,露着一双通红的手,高声大气地说着话,用大桶的水刷洗地板。但是有时候,她丈夫办公去了,她一个人坐在窗前,就回想起当年那个舞会来,那个晚上,她多么美丽,多么使人倾倒啊!

要是那时候没有丢掉那挂项链,她现在是怎样一个境况呢? 谁知道呢? 谁知道呢? 人生是多么奇怪,多么变幻无常啊,极细小的一件事可以败坏你,也可以成全你!

有一个星期天,她到极乐公园去走走,舒散一星期来的疲劳。这时候,她忽然看见一个妇人领着一个孩子在散步。原来就是佛来思节夫人,她依旧年轻,依旧美丽动人。

路瓦栽夫人无限感慨。她要上前去跟佛来思节夫人说话吗?当然,一定得去。而且现在她把债都还清,她可以完全告诉她了。为什么不呢?

她走上前去。

"你好,珍妮。"

那一个竟一点也不认识她了。一个平民妇人这样亲昵地叫她,她非常惊讶。她磕磕巴巴地说:

"可是……太太……我不知道……你一定是认错了。"

"没有错。我是玛蒂尔德·路瓦栽。"

她的朋友叫了一声:

"啊!……我可怜的玛蒂尔德,你怎么变成这样了!……"

"是的,多年不见面了,这些年来我忍受着许多苦楚……而且都是因为你!……"

"因为我?……这是怎么讲的?"

"你一定记得你借给我的那挂项链吧,我戴了去参加教育部夜会的那挂。"

"记得。怎么样呢?"

"怎么样?我把它丢了。"

"哪儿的话!你已经还给我了。"

"我还给你的是另一挂,跟你那挂完全相同。你瞧,我们花了十年工夫,才付清它的代价。你知道,对于我们这样什么也没有的人,这可不是容易的啊!……不过事情到底了结了,我倒很高兴了。"

佛来思节夫人停下脚步,说:

"你是说你买了一挂钻石项链赔我吗?"

"对呀。你当时没有看出来?简直是一模一样的啊。"

于是她带着天真的得意的神情笑了。

佛来思节夫人感动极了,抓住她的双手,说:

"唉!我可怜的玛蒂尔德!可是我那一挂是假的,至多值五百法郎!……"

⊕ 自 测 题

1. 阅读课文,借助工具书解释词语(注意加点字的读音)

(1)丰韵

(2)寒伧

(3)粗陋

(4)艳羡

(5)沉迷

(6)自惭形秽

(7)端详

(8)面面相觑

(9)决然

2. 阅读理解

阅读课文最后一部分("有一个星期天,她到极乐公园去走走,舒散一星期来的疲劳……"),完成题目。

(1)玛蒂尔德想向佛来思节夫人诉说些什么,对她此时的心理分析准确的是(　　)

A. 十年艰辛,使她成为粗壮耐劳的人,成为生活的强者,她急于向别人倾吐自己的感受。

B. 十年艰辛,终于还清了债务,她心里轻松了,急于向当事人诉说自己的感慨。

C. 十年艰辛,终使认识到"极细小的一件事可以败坏你,也可以成全你",她急于向好友倾诉自己的认识。

D. 十年艰辛,使她明白追求享乐,爱慕虚荣是导致不幸的根源,她急于向朋友畅谈自己的感受。

(2)玛蒂尔德说:"不过事情到底了结了,我倒很高兴了。"这句话表现了她什么样的心理与性格?

(3)小说到最后才说出项链是假的,请简要分析这样写的作用。

(4)这个结尾看似突然,却又在情理之中。作者在前文中已作了必要的铺垫和巧妙的暗示,请找出来这样的暗示,并作简要的分析。

　　3. 课文读后谈

　　(1)作者认为"人生是多么奇怪,多么变幻无常啊,极细小的一件事可以败坏你,也可以成全你!"请说说你的看法。

　　(2)玛蒂尔德的爱美之心是否具有合理性?

　　(3)得知项链是假的以后,本文戛然而止。联系全文,发挥你的想象,为本文写一个尾声,想象一下玛蒂尔德得知项链是假的以后会发生什么事情。要求:大胆创新,也要合情合理,不少于150字。

　　4. 语言运用练习

　　(1)填入横线处的词语,最恰当的一组是( )。

　　①她梦想那些宽敞的客厅,那里张挂着古式的壁衣,陈设着_____的木器,珍奇的古玩。

　　②住宅的寒伧,墙壁的_____,家具的破旧,衣料的粗陋,都使她苦恼。

　　③她看着那个替她做琐碎家事的勃雷大涅省的小女仆,心里就引起悲哀的感慨和_____的梦想。

　　④梦想到盛在_____的盘碟里的佳肴;梦想到一边吃着粉红色的鲈鱼或松鸡翅膀,一边带着迷人的微笑听客人密谈。

A. 精巧　黑暗　疯狂　贵重
B. 精美　黑暗　狂乱　珍贵
C. 精巧　黯淡　狂乱　名贵
D. 精美　黯淡　疯狂　珍贵

　　(2)填入横线上的动词最准确的一组是( )

　　她_____起来,_____住朋友的脖子,狂热地_____她,接着就带着这件宝物_____了。

A. 跳　抱　吻　跑　　B. 蹦　抱　亲　跑
C. 蹦　搂　吻　走　　D. 跳　搂　亲　跑

　　5. 标点符号练习

　　下列各句中,标点符号使用正确的是( )。

A. 如果她发觉是件代替品,她会怎样想呢,会怎样说呢,她不会把她的朋友当作一个贼吗?

B. 要是那时候没有丢失那挂项链,她现在是怎样一个境况呢? 谁知道? 谁知道呢?

C. 她的朋友叫了一声:"啊! ……我可怜的玛蒂尔德,你怎么变成这样了! ……"

D. 因为在妇女,美丽、丰韵、娇媚,就是她们的出身;天生的聪明,优美的资质,温柔的性情,就是她们唯一的资格。

　　6. 请你说一说

　　请向你的同桌介绍你的兴趣爱好和特长。

　　7. 写作

　　文中说:"人生是多么奇怪,多么变幻无常啊,极细小的一件事可以败坏你,也可以成全你!"对此,你有什么样的经历、感想? 写一篇文章,不少于800字。

阿尔及利亚人的鲜花

〔法〕玛格丽特·杜拉斯①

　　大概是10天前吧,一个星期天的早晨,10点钟,雅各布路与波拿巴路的交叉口,圣日耳曼·德·普雷区,一个小伙子正从布西市场往路口走。他十几岁,衣衫褴褛,推着满满一手推车的鲜花。这是一个年轻的阿尔及利亚人,偷偷摸摸地卖花儿,偷偷摸摸地讨生活。他走到雅各布路与波拿巴路的交叉口,停了下来。因为这儿没有市场上管得紧,当然,他多少还是有点惶惶不安。

　　他的不安是有道理的。他停在那儿还不到10分钟——连一束花也还没来得及卖出去,两位身着便衣的先生便朝他走来。这两个家伙是从波拿巴路上蹦出来的。他们在捕捉猎物,猎犬一般朝天的鼻子四处嗅着异类,在这个阳光灿烂的星期天里,似乎暗示着什么不平常的事情要发生了。果然,一只小鹌鹑! 他们径直向猎物走去。

　　证件?

---

　　①玛格丽特·杜拉斯,原名玛格丽特·陶拉迪欧,法国著名作家、剧作家、电影编导。她的成名作是1950年发表的自传体小说《抵挡太平洋的提坝》,代表作有《广岛之恋》《情人》等,曾获龚古尔文学奖、法兰西学院戏剧大奖等奖项。

他没有获准卖花儿的证件。

于是,其中的一位先生走近了手推车,紧握的拳头向车下伸去——啊!他可真够有劲的!只消一拳便掀翻了车里所有东西。街口顿时被初春刚刚盛开的阿尔及利亚鲜花覆盖了。这个10来岁的阿尔及利亚小伙子呆望着那满地的鲜花,被两位法兰西秩序的代言人夹在中间。驶在前面的车子开了过去,本能地绕开,免得轧碎了那些花朵。

街上没有人做声,只有一位夫人,是的,只她一个。

"太好了!先生们,"她嚷道,"瞧啊,如果每次都这么干,用不了多久我们就能把这些渣滓给清除了!干得好!"

然而从市场那头又走来一位夫人,她静静地看着,看着那些花儿,看着卖花儿的小伙子,还有那位欣喜若狂的夫人和两位先生。接着,她未置一词,弯下腰去,捡起鲜花,朝年轻的阿尔及利亚人走去,付了钱。之后,又是一位夫人,捡起花,付了钱。然后,又有4位夫人走过来,弯下腰,捡起花,付了钱。15位,一共15位夫人,谁也没说一句话。两位先生狂怒了。可是他们又能怎样呢?这些花儿就是卖的,他们总不能遏止人们买花儿的欲望。

一切不过10分钟,地上再也没有一朵花儿。

⊕ 自 测 题

1. 阅读课文,借助工具书解释词语(注意加点字的读音)

(1)衣衫褴褛

(2)惶惶不安

(3)小鹌鹑

(4)渣滓

(5)未置一词

(6)遏止

2. 阅读理解

阅读课文选段,完成题目。

然而从市场那头又走来一位夫人,她静静地看着,看着那些花儿,看着卖花儿的小伙子,还有那位欣喜若狂的夫人和两位先生。接着,她未置一词,弯下腰去,捡起鲜花,朝年轻的阿尔及利亚人走去,付了钱。之后,又是一位夫人,捡起花,付了钱。然后,又有4位夫人走过来,弯下腰,捡起花,付了钱。15位,一共15位夫人,谁也没说一句话。两位先生狂怒了。可是他们又能怎样呢?这些花儿就是卖的,他们总不能遏止人们买花儿的欲望。

(1)请说说加点的词语表达了人们怎样的感情?

(2)这篇文章以_____为线索展开故事情节,用_____手法表现了人物的美德。

3. 课文读后谈

(1)请说说这篇文章写了一件什么事。

(2)体味这个故事,用简洁的语言概况文章的主旨。

(3)请你从课文中选择一个人物,说说你对他

(她)的评价。

4. 描述练习

(1)下列描写手法判断有误的一项( )

A. 我也不停步,只在心里思量:"又出了什么事啦?"(心理描写)

B. 在风中,她的脸是那么黝黑,她的手是那么粗糙。(外貌描写)

C. 她静静地看着,看着那些花儿,看着卖花儿的小伙子,还有那位欣喜若狂的夫人和两位先生。(细节描写)

D. "没有什么,我要调动工作。"他平静地说。(语言描写)

(2)判断下列句子属于什么描写,把正确选项填在题后的括号内。

A. 外貌描写　　　B. 语言描写

C. 动作描写　　　D. 心理描写

E. 细节描写

①三妹常常取了一条红带,或一根绳子,在它面前来回地拖摇着,它便扑过来抢,又扑过去抢。( )

②当时只得安慰着三妹道:"不要紧,我再向别处要一只来给你。"( )

③我也怅然地,愤恨地,在诅咒着那个不知名的夺去我们所爱的东西的人。( )

④他十几岁,衣衫褴褛,推着满满一手推车的鲜花。( )

5. 标点符号练习

（1）下列各项中，标点符号使用不符合规范的是（　　）。

A. 对于袁野小朋友来说，人工鸟巢本身就像巨大的问号在吸引着他：小鸟会住进去吗？都有什么样的鸟，有多少鸟会住进去，住起来舒服吗？

B. 趁着在家无聊，我这个捣蛋鬼又有新点子了！别以为要恶作剧，这次呀，我准备亲自下厨露一手——做一道家常小菜——炒土豆丝。

C. 室外环境污染，包括建筑物外墙（最典型的是玻璃幕墙）的放射光、夜间过亮的城市灯光（如广告牌、霓虹灯、景观灯的光）产生的光污染。

D. "小美人鱼"是上海世博会丹麦馆的核心展品。"她很小，"哥本哈根旅游中心的彼得·勒默尔·汉森说，"但她想去看看外面世界的渴望却令人惊叹。"

（2）下列句子中，标点符号使用不完全正确的一项是（　　）

A. 我问那个卖牡蛎的人："应该付您多少钱，先生？"

B. 生活教我认识了桥——与水形影不离的过河的建筑。

C. 无名战士小心翼翼地一根根拨弄着火柴，口里小声数着"一，二，三，四……"

D. 诸葛亮在"诫子书"中说："静以修身，俭以养德。"

6. 请你说一说

请你从课文中选择一个人物，说说你对他（她）的评价。

7. 作文

仔细观察父母的言行举止，写一篇关于父亲或母亲的短文。要求：运用人物描写的方法，叙述与描写相结合。

口语交际

致　辞

致辞指用文字或语言向人表达思想感情，现一般指在举行会议或某种仪式时请具有一定身份的人讲话。经常使用的致辞有祝词、贺词，欢迎词、欢送词，悼词。

祝词、贺词

（一）祝词、贺词概述

祝词也称作祝辞，它泛指在各种喜庆场合中对事情表示祝贺的言辞或文章。一般是在婚嫁乔迁、升学参军、延年祝寿、房屋落成等喜事中使用。贺词是单位、团体或个人应邀参加某一重大会议或活动时，常常要即时发表讲话，表示对主人的祝贺、感谢之意。祝词和贺词在某种场合可以互用。

祝词根据祝贺的内容不同可以划分为祝事业、祝酒、祝寿、祝婚、祝节日等类型；从表达形式上有韵文（诗、词）体和散文体两种类型。

贺词的篇幅可长可短。少则几个字，多则几百字甚至上千字。贺词种类繁多，风格多种多样，如乔迁贺词、升学贺词、开业贺词、新春贺词等。贺词要求感情真挚，切合身份，用语准确可靠。

散文体祝词、贺词的写作格式一般由标题、称呼、正文、结束语、落款五部分组成。

正文是核心部分。针对不同的祝贺对象、不同的祝贺动机，表达出相应的祝贺内容。但总的来说，都应包含下面几层意思：首先应向受祝贺的单位或人员表示祝贺、感谢或问候，或者说明祝辞的理由或原因；其次常常对已做出的成就进行适当评价或指出其意义；再次表示祝愿、希望、祝贺之语，也可以给被祝者以鼓励。

（二）祝词与贺词的区别

祝词与贺词有时被合称为祝贺词，二者都是泛指对人、对事表示祝贺的言辞和文章，它们都富于强烈的感情色彩，针对性、场合性也很强。因此，祝词和贺词在某些场合可以互用，如祝寿也可以说贺寿,祝事业的祝词常常也兼有贺词的意思。虽然祝词与贺词有时可以互用,但二者所包括的含义并不相同。严格地说,二者是有区别的。

祝词的一般使用情况是事情尚未成功,表示祝愿、希望的意思;而贺词一般使用情况是事情已成,表示庆贺、道喜的意思,如祝贺生日诞辰、结婚纪念、竣工庆典、荣升任职等,一般用贺词的形式表示庆贺、道喜。另外,贺词使用范围比较广,如贺信、贺电等,也属于贺词类。

(三)祝词、贺词的口语表达特点

致祝词、贺词都表达庆贺之意,所以要感情饱满、热情洋溢,祝事业的直呼单位或部门名称,要注意称呼的先后顺序和亲切感。正文部分根据不同的层次采用不同的语气语调,最后的祝颂语可以适当加大声音力度或者提高声调,一般在这部分要掀起高潮,达到烘托气氛的效果。

下面是一篇为老人祝寿的祝词,开场白热情洋溢,在叙述奶奶的经历时充满崇敬和爱戴,表达祝愿的时候温馨诚恳,全篇都在表达晚辈的真诚、真心。

尊敬的各位来宾,各位亲朋好友:

春秋迭易,岁月轮回,当甲申新春迈着轻盈的脚步向我们款款走来的时候,我们欢聚在这里,为我尊敬的奶奶共祝八十大寿。

在这里,我首先代表所有的亲朋好友向奶奶送上最真诚、最温馨的祝福,祝奶奶福如东海,寿比南山,健康如意,福乐绵绵,笑口常开,益寿延年!

风风雨雨八十年,奶奶阅尽人间沧桑,她一生中积累的最大财富是她那勤劳善良的朴素品格,她那宽厚待人的处世之道,她那严爱有加的朴实家风。这一切,伴随她经历了坎坷的岁月,更伴随她迎来了今天晚年生活的幸福。

嘉宾旨酒,笑指青山来献寿。百岁平安,人共梅花老岁寒。今天,这里高朋满座,让寒冷的冬天有了春天般的温暖。

君颂南山是说南山春不老,我倾北海希如北海量尤深。最后还是让我们献上最衷心的祝愿,祝福老人家生活之树常绿,生命之水长流,寿诞快乐,春晖永绽!

祝福在座的所有来宾身体健康、工作顺利、合家欢乐、万事如意!

谢谢大家!

欢迎词、欢送词

(一)欢迎词、欢送词概述

欢迎词是指客人光临时,主人为表示热烈的欢迎,在座谈会、宴会、酒会等场合发表的热情友好的讲话。欢送词是客人应邀参加了活动,主人为表达对客人的欢送之意,在一些会议或重大庆典活动、参观访问等结束时的讲话。

按表达方式来分可分为现场讲演欢迎词、欢送词和报刊发表欢迎词、欢送词两种。按社交的公关性质来分可分为私人交往欢送词和公事往来欢送词两种。

私人交往欢迎词、欢送词一般是在个人举行较大型的宴会、聚会、茶会、舞会、讨论会等非官方的场合下使用的。通常要在正式活动开始前进行。私人交往欢迎词、欢送词往往具有很大的即时性、现场性。

公事往来欢迎词、欢送词一般在较庄重的公共事务中使用。要有事先准备好的得体的书面稿,文字措词上的要求较私人交往更正式和严格。

(二)欢迎词、欢送词的结构

欢迎词、欢送词的结构由标题、称呼、正文和落款组成。

欢送词的正文一般由开头、中段和结尾三部分构成。

1. 开头

通常应说明此时在举行何种欢迎、欢送仪式,发言人是以什么身份代表哪些人向宾客表示欢迎、欢送的。

2. 中段

欢迎词在这一部分要阐述双方的交往及意义;欢送词在这一部分要回顾和阐述双方在合作或访问期间在哪些问题和项目上达成了一致的立场、取得了哪些有突破性的进展,陈述本次合作交流中双方的合作和交流给双方所带来的益处,阐述其深远的历史意义。对于私人欢迎词、欢送词还应注意表达双方在共事合作期间彼此友谊的加深增进及分别之后的想念之情。若为朋友送行,还要加上一些勉励的话。

3. 结尾

通常在此处再次向来宾表示真挚的欢迎、欢送之情。

(三)欢迎词、欢送词的口语表达特点

1. 欢愉性和惜别行

中国有句古话是"有朋自远方来,不亦乐乎",所以致欢迎词当有一种愉快的心情,言词用语务必富有激情和表现出致词人的真诚。只有这样才可给客人一种"宾至如归"的感觉,为下一步各种活动的圆满举行打下好的基础。有句古诗说得好——"相见时难别亦难",欢送词要表达亲朋远行时的感受,所以依依惜别之情要溢于言表。当然格调也不可过于低沉。尤其是公共事务的交往更应把握好分别时所用言辞的分寸。

2. 口语性

欢迎词、欢送词本意是现场当面向宾客口头表达的,所以口语化是欢迎词文字上的必然要求,在遣词用语上要运用生活化的语言,既简洁又富有生活的情趣。口语化会拉近主人同来宾的亲切关系。

3. 礼貌性

称呼用尊称,措辞要慎重,语言要精确、热情、友好、温和、礼貌。

悼 词

(一)悼词概述

悼词是指向死者表示哀悼、缅怀与敬意的话或悼念性文章。它有广义和狭义之分。广义的悼词指向死者表示哀悼、缅怀与敬意的一切形式的悼念性文章。狭义的悼词专指在追悼大会上对死者表示敬意与哀思的宣读式的专用哀悼的文体。

(二)悼词的结构

悼词由标题、正文和落款三部分组成。

正文通常由开头、中段、结尾三部分构成。

1. 开头

开头以沉痛的心情说明召开或参加此次追悼会的目的,尽可能全面而准确地说明死者的职务、职称和称呼,以示尊崇,要注意这些称呼之间的先后排列顺序。接着简要地概述死者何年、何月、何日、何时、何原因与世长辞,以及所享年龄等。

2. 中段

承接开头、缅怀死者。这是悼词的主体部分。该部分主要由两方面组成。一是介绍死者的生平事迹,即对死者的籍贯、学历及生平业绩进行集中介绍,应突出死者对人民、对社会的贡献。二是对死者的思想、精神、作风、品质、修养等做出综合的评价,介绍其对他人和社会产

生的积极影响。例如,鼓舞、激励了青年人,为后人树立了榜样等。该部分的介绍可先概括地说,再具体介绍;也可先具体地介绍,再概括地总结。

3. 结尾

结尾主要写明生者对死者的悼念及如何向死者学习、继承其未完成的事业、化悲痛为力量,为国家、为社会做出更大的贡献等内容。最后要写上"永垂不朽""精神长存"之类的话。

(三)悼词的口语表达特点

悼词自始至终都是沉痛、悲哀的,因此语音语调要低沉,语言速度稍慢,气氛要庄严,缅怀逝者要郑重,最后的"永垂不朽""精神长存"之类的话要进一步放慢语速,以表达哀思。

自 测 题

1. 你同桌的生日马上就到了,几个要好的同学想给他简单地庆祝一下,请你来致贺词,那么你会怎样表达呢? 请先拟写贺词,再模拟致辞。

2. 为了参加哥哥的婚礼,家里迎来了好多远方的亲戚,在家庭宴会上,大家一致决定由你来致欢迎词,请你先拟好稿件,然后进行模拟致辞的训练。

3. 在毕业典礼上,请你代表在校生发言,表达欢送之情,写一份 500 字的发言稿,然后进行口语表达训练。

书面表达

求 职 简 历

求职简历是求职者向用人单位介绍自己的应用文书。求职简历是求职者的"敲门砖"、通往面试的有效绿卡,一份好的求职简历会为你创造面试机会。求职简历是你给用人单位的第一印象,精心写作个人简历,让你的简历变得醒目,可以使你在众多求职者中脱颖而出。

求职简历的内容

求职简历内容要素包括标题、个人情况、求职目标、教育背景、社会工作、实习经历、荣誉奖励、主要技能、资格证书、自我评价、兴趣爱好等。

求职简历的内容选择,一要有针对性,突出有利于谋职的内容;二要体现重要性,证明你是优秀的;三要体现真实性,看出你的品质诚实;四要凸显独特性,是"我",而不是"我们"。

求职简历的内容编排形式有编年体形式和功能型形式。编年体形式:按照时间顺序追述工作内容和职责,这种形式适合在某一职业领域内寻求发展的人;功能型形式:强调成就与技能,这种形式适合初涉职场,职业转变、失业再就业人群。

求职简历的具体写法

(1) 标题。可以直接以"个人简历"为标题。

(2) 个人情况。个人情况包括姓名、性别、出生年月、联系方式、政治面貌、民族、婚否、籍贯、身高、照片。例如:

个 人 简 历					
姓名	张某某	性别	×	出生年月	×××××
籍贯	×××××	婚姻状况	未婚	政治面貌	团员
毕业院校	×××××学校		专业	护理	
联系方式	手机:×××××××××× E-mail:×××××				

（3）求职目标。求职目标是求职简历的灵魂,必须表达清楚。

例如:

护理/康复护理/中医护理。

（4）教育背景。写明时间、学校、院系、专业、学习成绩。

例如:

2010.07～2014.07　×××××学校护理系;总平均分92分,专业平均分95分。

（5）社会工作。社会工作需要写明曾参加了学校的艺术团、团支部、协会等。

例如:

2011.09～2015.06　×××××学校,担任文艺部部长

（6）实习经历。实习经历一般包括学校安排的实习和社会的寒暑期兼职及其他。

例如:

2013.07～2013.09　在××××省医院门诊,导诊;

2014.01～2014.03　寒假期间在××××市中医院康复中心服务;

2014.09～2014.11　在××××省医院发热门诊实习;

2015.04　护送森林火灾受伤战士去当地医院救治。

（7）荣誉奖励。荣誉奖励包括在校期间得到的各种荣誉、在社会上获得的奖励及在校期间参加的技能大赛获得的奖励等。

例如:

2012　获×××××学校"优秀学生干部"称号;

2013　获×××××学校护理系"个人学习标兵"称号;

2014　获×××××市委表彰,获"优秀志愿者"荣誉称号。

2014.06　获全省职业技术院校技能大赛急救护理专科组团体一等奖。

（8）主要技能。主要技能主要指英语、计算机水平等。

例如:

通过国家大学英语六级考试;

通过国家信息化计算机教育认证(CEAC);

通过全国普通话能力测试水平一级乙等。

（9）资格证书。资格证书指国家规定行业必须持有的资格证书。

例如:

考取国家护士执业证书。

（10）自我评价。自我评论即对自己的综合评价。

例如:

本人性格乐观开朗,对待事情一直都保持着积极向上的态度,爱好广泛。拥有较强的组织能力和适应能力,并具有良好的身体素质。与同学相处和睦、融洽。乐于助人,对工作认真负责。能够积极参加学校及班级组织的活动,并能在活动中充分发挥模范带头的作用。

（11）兴趣爱好。可写可不写，如果没有什么爱好，可写兴趣，但是如果有特别的爱好，就要写上，如国家钢琴×级或文体爱好等，但不能随意乱填。

例如：

喜欢体育运动，如游泳、打乒乓球。

【示例】

个 人 简 历				
基本情况				
姓名	××××	性别	女	（照片）
户籍地	××××	民族	汉	
求职意向及自我评价				
应聘职位	护士	希望工作地区		上海、广州、北京、香港
求职类型	全职	月薪要求		面议
求职状态	应届毕业生	希望从事职位		护士/高级护理/社区护理人员
自我评价	（1）性格乐观向上，善于与人沟通，具有较强的亲和力。 （2）学习能力强，积极上进，思维严谨，有责任感。 （3）对工作认真负责，善于发现问题，分析和解决问题能力较强。			
实习经历				
工作时间	2014 年 06 月～2015 年 3 月	供职单位		×××省医院
职位	护 士	性　质		实习生
工作表现及业绩	单位性质：国有企业（1000 人以上） 实习岗位：护士 实习地点：××××医院 实习经历及业绩：（略）			
教育背景				
毕业学校	××××专科学校	毕业时间		××××年××月
最高学历	专科	第二专业		无
所学专业	高等护理			
联系方式				
通讯地址		×××省×××市×××街×××号		
邮政编码	××××	手机		××××××
电子邮箱	E-mail：××××@ 126. om	其他联系方式		

求职简历的包装

求职简历的包装包括以下内容：封面（彩页）；篇幅（1～2 页）；排版（1 厘米和 1.25 厘米）；纸张（7 克）；打印（不复印）。

自 测 题

1. 现有一家医院来学校招聘，请撰写一份求职简历。

2. 按照个人简历的包装要求，用电脑设计一份电子个人简历。

14

第十四单元

阅读

主 题 阅 读

　　阅读有四个层次,第一层次的阅读,我们称为基础阅读或初步阅读。在一定识字量、词汇量和语法规则的基础上,获得初步的阅读技巧,这个阅读层次的学习通常是在小学和初中低年级完成的。

　　第二层次的阅读,我们称为检视阅读,特点在于强调时间。在这个阅读层次,学生必须在规定的时间内完成对一篇文章或一本书主要内容的把握。

　　第三层次的阅读,我们称为分析阅读。比起前面所说的两种阅读,这要更复杂、更系统化。阅读时需要叙述一篇文章或一本书的大意,判断其主旨,评价其优劣。一个分析型的阅读者一定会对自己所读的东西提出许多有系统性的问题。

　　第四层次的阅读,也是最高层次的阅读,我们称为主题阅读。这是所有阅读中最复杂也最系统化的阅读,如比较阅读。在做主题阅读时,阅读者会读很多篇文章或很多本书,并列举出相关之处,提出一个所有的文章或书都谈到的主题。主题阅读涉及的远不止此。借助所阅读的书籍,主题阅读者要能够归纳出一个可能在哪一本书里都没提过的主题分析。因此,很显然,主题阅读是最主动也最花力气的一种阅读。

　　阅读的层次是渐进的,高的层次包含了较低层次的特性,也就是说,第一层次的阅读并没有在第二层次的阅读中消失,第二层又包含在第三层中,第三层又在第四层中,主题阅读是阅读的最高层次,包括了所有的阅读层次,也超过了所有的层次。

　　主题阅读的目的,并不是给阅读过程中发展出来的问题提供最终答案,也不是给这个计划开始时的问题提供最终解答。当我们要给这样的主题阅读写一份读者报告的时候,想要主张或证明某一种观点的真实或虚假,都会太过教条,失去对话的意义。如果这么做,主题阅读就不再是主题阅读,而只是讨论过程中的另一个声音,失去了疏离与客观性。主题阅读就是要能面面俱到,而自己并不预设立场。当然,这是一个严格的理想,一般人是没法做到的。一个议题有各种不同的观点,不可能巨细靡遗地全都列出来。虽然如此,我们还是要努力一试,尽量做到就一个主题全面地收集各类材料。

主题阅读的步骤

　　主题阅读分为五个步骤。只要漏掉其中一个步骤,主题阅读就会变得很困难,甚至读不下去。下面简略地介绍一下这些步骤的顺序。

　　主题阅读步骤一:在学会分析阅读的基础上找到相关的章节。你可以把所有相关的书都看透彻了,但是你可能会把阅读单本的书放在第一位,而把自己的主题放在其次。事实上,这个顺序应该颠倒过来,在主题阅读中,你及你关心的主题才是基本的重点,而不是你阅读的书。要记得你最主要的工作不是理解整本书的内容,而是找出这本书对你的主题有什么帮助,而这可能与作者本身的写作目的相去甚远。作者可能在无意之间帮你解决了问题。我们已经说过,在主题阅读中,是书在服务你,而不是你在服务书。因此,主题阅读是最主动的一种阅读法。当然,分析阅读也需要主动的阅读方式。但是在分析阅读一本书时,你就像是把书当做主人,供他使唤。而你在做主题阅读时,却一定要做书的主人。

主题阅读步骤二:带引作者与你达成共识。在诠释阅读中(分析阅读的第二步骤),第一个规则是要你与作者达成共识,也就是要能找出关键字,发现他是如何使用这些字的。但是现在你面对的是许多不同的作者,他们不可能每个人都使用同样的字眼,或相同的共识。在这时候就是要由你来建立起共识,带引你的读者们与你达成共识,而不是你跟着他们走。

这就是说,在进行主题阅读时,我们要建立一组词汇,首先帮助我们了解所有的作者,而不是其中一两个作者;其次帮助我们解决我们的问题。这一点认识会带我们进入第三个步骤。

主题阅读步骤三:厘清问题。诠释阅读的第二个规则是要我们找出作者的关键句子。然后从中逐步了解作者的主旨。主旨是由词义组成的,在主题阅读中,当然我们也要做同样的工作。但是因为这时是由我们自己来建立词汇,因此,我们也得建立起一组不偏不倚的主旨。最好的方法是先列出一些可以把我们的问题说得比较明白的问题,然后让那些作者来回答这些问题。

主题阅读步骤四:界定议题。如果一个问题很清楚,如果我们也确定各个作者会用不同的方式来回答——不论赞成或反对,那么这个议题就被定义出来了。这是介于用不同方法回答问题的作者之间的议题。

我们要处理的问题,可能会出现很多种不同的议题,不过通常都可以分门别类。譬如像考虑到某种概念的特质的问题,就会出现一堆相关的议题。许多议题绕着一组相互关联密切的问题打转,就会形成这个主题的争议。这样的争议可能很复杂,这时主题阅读的读者就要将所有争议的前后关系整理清楚——尽管没有任何作者做这件事。厘清争议,同时将相关议题整理出来之后,我们便要进入主题阅读的最后一个步骤。

主题阅读步骤五:分析讨论。到目前为止,我们已经检验过作品,找出相关的章节,设定了一个不偏不倚的共识,适用于所有被检视过的作者,再设定出一整套的问题,其中大部分都能在作者的说明中找到答案。然后就不同的答案界定并安排出议题。接下来该怎么做呢?

归纳以上几个步骤,可以分析出在主题阅读中有两个阶段。一个是准备阶段,另一个是主题阅读本身。将这两个阶段简要地归纳出以下不同的步骤。

(一) 观察研究范围:主题阅读的准备阶段

(1) 针对你要研究的主题,设计一份试验性的书目。你可以参考图书馆目录、专家的建议与书中的书目索引。

(2) 浏览这份书目上所有的书,确定哪些与你的主题相关,并就你的主题建立起清楚的概念。

(二) 主题阅读:阅读所有第一阶段收集到的书籍

(1) 浏览所有在第一阶段被认定与主题相关的书,找出最相关的章节。

(2) 根据主题创造出一套中立的词汇,带引作者与你达成共识——无论作者是否实际用到这些词汇,所有的作者,或至少绝大部分的作者都可以用这套词汇来诠释。

(3) 建立一个中立的主旨,列出一连串的问题——无论作者是否明白地谈过这些问题,大多数的作者都为读者提供他们的回答。

（4）界定主要及次要的议题。然后将作者针对各个问题的不同意见整理陈列在各个议题之旁。你要记住，各个作者之间或之中，不见得一定存在着某个议题。有时候，你需要针对一些不是作者主要关心的事情，把他的观点解读，才能建构出这种议题。

（5）分析这些讨论。这得把问题和议题按顺序排列，以突显主题。比较有共通性的议题，要放在比较没有共通性的议题之前。各个议题之间的关系也要清楚地界定出来。注意：理想上，要一直保持对话式的疏离与客观。要做到这一点，每当你要解读某个作家对一个议题的观点时，必须从他自己的文章中引一段话来举例。

主题阅读的练习实例

举个例子可以说明主题阅读是如何运作的。让我们以"进步"这个概念为例。

第一个步骤是列出与研究主题相关的章节，也就是列出书目。要完成这项工作，要运用一连串的检视阅读。针对许多书籍、文章与相关著作，做多次检视阅读。最后决定以论说性的作品为主。

可以检验进步这个概念的其他许多作品，一如常见的情况，显得一片混乱。面对这样的问题，我们前面说过，就是要建立起一套中立的语言。

所谓"进步"一词，不同的作者有不同的用法。这些不同的用法，大部分显示的只是意义的轻重不同，因而可以用分析的方法来处理。但是有些作者也用这个词来指出历史上某种特定的变化，而这种变化不是改善的变化。既然大多数作者都用"进步"来指出历史上某种为了促进人类朝向更美好生活的变化，并且既然往更改善的状态变化是这个概念的基础，那么，同样的字眼就不能适用于两种相反的概念了。

我们前面说过，主题阅读的第三步是厘清问题。在"进步"的例子中，我们对这个问题一开始的直觉，经过检验之后，证明是正确的。第一个要问的问题，也是各个作者被认为提供各种不同答案的问题，是"历史上真的有'进步'这回事吗？"说历史的演变整体是朝向改善人类的生存条件，的确是事实吗？基本上，对这个问题有三种不同的回答：①是；②否；③不知道。然而，回答"是"可以用许多不同的方式来表达，回答"否"也有好几种说法，而说"不知道"也至少有三种方式。

对这个基本问题所产生的各式各样、相互牵连的答案，构成所谓关于进步的一般性争议。所谓一般性，是因为我们研究的每个作者，只要对这个主题有话要说，就会在这个主题所界定的各个议题上选择。但是对于进步还有一种特殊的争论，参与这种议题的，都是一些主张进步论的作者——这些作者主张进步确实发生。身为进步论的作者，他们全都强调进步是一种历史的事实，而所有的议题都应该和进步的本质或特质相关。这里的议题其实只有三种，只是个别讨论起来都很复杂。这三个议题我们可以用问题的形式来说明：①进步是必要的？还是要取决于其他事件？②进步会一直无止境地持续下去？还是会走到终点或高原期而消失？③进步是人类的天性，还是养成的习惯——来自人类动物的本能，或只是外在环境的影响？

最后，就进步发生的面向而言，还有一些次要议题，不过，这些议题仍然只限于在主张进步论的作者之间。有六个面向是某些作者认为会发生，另外有些作者虽然多少会反对其中一两个的发生，但不会全部反对（他们在定义上就是肯定进步发生的作者）。这六个面向是：①知识的进步；②技术的进步；③经济的进步；④政治的进步；⑤道德的进步；⑥艺术的进步。关于最后一项有些特殊的争议。因为没有一位作者坚信在这个面向中真的有进步，甚至有些作者否认这个面向有进步。

列举出"进步"的分析架构，只是要让你明白，在这个主题中包含了多少议题，与对这些讨论的分析——换句话说,这也是主题阅读的第四及第五步骤。主题阅读的读者必须做类似的工作,才能达到主题阅读的目的,也就是阅读的最高境界和最透彻地利用阅读。

⊕ 自 测 题

1. 理解文章,用自己的话简述主题阅读的步骤。

2. 查阅资料,如果以"爱"为概念作主题

阅读,列出你的资料书目。

3. 阅读书目后,你能列出哪些关于"爱"的阐述。

暖儿安婴儿奶瓶公司商业策划书

杰鲁姆·S. 奥斯特扬

美国的婴儿奶瓶行业由几家大生产厂商组成,即 Playtex、Evenflo、Gerber、Munchkin、NUK、Chubs 和 Ansa。美国现在的婴儿奶瓶市场总额预计为 1.54 亿美元。其中,可重复使用的奶瓶占了市场份额的 52%,即 8000 万美元,剩下的 48% 是一次性奶瓶。一次性奶瓶市场曾经高达整个美国婴儿奶瓶市场的 53%,但是近年来,其占整个市场的百分比呈现出了稳定的下降趋势。暖儿安奶瓶最初会设计成可重复使用的奶瓶,但是,公司将在以后对进入一次性奶瓶市场的可行性进行评估。

市场调研和分析

婴儿奶瓶产品的大多数顾客是二三十岁的职业女性。婴儿奶瓶的大多数顾客的平均家庭收入为 36 120 美元。因为大部分的婴儿奶瓶顾客都是职业人士,所以奶瓶加热的时间及便利性十分关键。

继 1990 年婴儿出生高峰期为 416 万人之后,美国的新生儿数量预期将会稳定在 400 万人左右,并将在世纪之交保持这一水平。美国现在的婴儿奶瓶市场大约为每年 1.54 亿美元,或者是 7300 万个奶瓶。

现在,可重复使用的奶瓶占整个婴儿奶瓶市场的 52%,或者是每年 3860 万个。在过去几年里,可重复使用的奶瓶相对于一次性奶瓶,市场份额平均每年提高 2%。预计在未来几年里可重复使用的奶瓶仍将保持这种增长趋势。

虽然在婴儿奶瓶市场上有几个主要的竞争者,但没有任何一个厂商经销的产品可以显示瓶子里液体的温度。暖儿安奶瓶仅在生产成本上比标准奶瓶提高了一点点,就提供了这一重要功能。

除暖儿安公司以外,只有一家公司试图推广可测量温度的婴儿奶瓶。Ansa Bottling 生产过这样一种产品,最初的商标名称为 Heat Sensitive,后来改为 Comfort Temp。这一产品是由该公司目前的 Ansa Bottling 所有者的总裁约翰·艾奥迪斯(John Iodise)在购买该公司时进行生产和推广的。

Ansa 设计的奶瓶忽略了婴儿奶瓶使用中的一个重要事实:有时奶瓶是在外部加热的(沸水),而有时是在内部加热的(微波炉)。他们的设计只是运用奶瓶的表层塑料来指示温度。当瓶子里的物质过热时,透明的蓝色或粉色塑料就会变成白色。这就忽略了这样一个事实,即微波炉是从中心进行加热,所以只有在奶瓶受到振动以后,它才能提供精确的指示。由于其不精确的操作,这种产品已经从市场上撤出,虽然他们的结果很令人失望,但是 Ansa 的努力还是确认了根据市场调研,确实存在对具有温度传感器的奶瓶的市场需求。此外,Iodise 认为他们没有成功是由于设计上的漏洞,而不是因为缺乏市场需求。暖儿安奶瓶在其温度指示装置的设计上克服了这一缺点。

根据特种婴儿奶瓶头号制造商 Munchkin 瓶业公司(Munchkin Bottling Company)销售副总裁理查德·亨利(Richard Henry)提供的市场信息,一家不在现有奶瓶品种上增加任何关键性性能或便利而仅提供装饰型奶瓶的制造商在开业第一年能够占据市场 1%～2% 的份额。在其后几年,该市场份额可能维持在 2% 左右。

Muchkin 市场数据还指出,如果一个公司所生产的产品,与现有的装饰型奶瓶相比,具有显著的特色或者图形,则该公司预计能够在开业第一年占据 6% 的市场份额。此后各年,其市场份额可能以每年 30% 的速度增长。但是,前提是其产品必须与众不同。

在进行试算财务报表预测时,出于保守性原则,暖儿安公司假设公司可以在经营的第一年和第二年里,分别获得可重复使用的奶瓶的市场总额的 2% 和 4%,并假设在第三年到第五年,每年的增长率为 30%。

公司打算改进暖儿安奶瓶的外观和营销方式,以满足顾客的不断变化的人口统计特征。公司将为顾客安装 1 部 800 客服电话,便于顾客有问题或者有建议时打电话。另外,公司计划要定期进行营销集体讨论,获得对新的图案及设计上的变化的反馈意见。

企业的经济状况

这种创新型的暖儿安奶瓶的成本,每个要比标准型奶瓶高出 0.35 美元。然而,产品的新的特色可以让公司和零售商以高于目前能够买到的其他奶瓶的性价比来销售这种产品。建议零售价为 3.99 美元,而零售商的成本为 2.19 美元,生产商制造和运送这种产品的成本为 0.92 美元,所以暖儿安公司和零售商的预期毛利分别为 58% 和 45%。

一开始,公司会生产一种无装饰的优质塑料奶瓶。可以让消费者看到暖儿安的产品与其他奶瓶的不同之处。装饰型奶瓶会掩盖公司所研制的特色,结果成为"仅仅是又一个婴儿奶瓶"。一旦公司及其奶瓶在市场上得到了认可和接受,暖儿安公司接下来就将要考虑在产品上加图案,虽然会产生额外的成本,但会被视为对消费者的附加值。

美国的新生儿每年都有大约 400 万人,因此,会有持续的利润潜力和持续需求。另外,400 万新生儿只占全世界新生儿总数的 2%。一旦美国的专利权取得了最终的批准,并且开始全面生产,暖儿安公司就计划要在对这种产品的有市场需求的所有国家取得专利权。

公司的固定成本很低,因为这种产品将由现有的塑料生产厂商生产,并且直接运送给零售商。主要的固定成本是办公室及有限的仓储。暖儿安一开始将雇佣三个人来管理和经营一间小办公室,服务于消费者和零售商,并管理一个小仓库,来满足少量的或者紧急的订单。采用经纪人和销售代表的方式将显著降低公司的固定劳动成本。

直到商业计划书中的第九部分所提供的整个时间进度表中的第四阶段,暖儿安公司才会取得销售收入。然而,当 1997 年 1 月开始全面生产和分销时,公司将会从第一年的经营中产生正的现金流量。计划书的第十一部分所包含的财务报表展示了管理层对第五年的运营结果所做的最坏、最好及最有可能的预测。

为降低投资者的风险,20 万美元的启动资金分三个阶段提取。只有在达到指定的里程碑之后,才要求额外的资金,以及开始下一个阶段。在全面生产(计划书中的第一年)开始前 13 个月,首次提取 6.6 万美元资金。在全面生产前 6 个月再提取 5.7 万美元,以完成瓶体模具的设计、生产和测试。而在全面生产前 3 个月要再次提取 7.7 万美元,为最初库存的初始生产提供资金。

营 销 计 划

公司的整体营销战略是将我们的婴儿奶瓶作为"安全、便捷而放心"的产品推向市场。独一无二的温度计将会使暖儿安奶瓶与市场上的其他婴儿奶瓶相比,具有战略性的竞争优势。在产品的最终研制和测试完成之后,我们将接受一位专业经纪人的服务,他将致力于美国销售我们的产品并建立销售婴儿奶瓶的零售渠道。在对美国市场进行大量渗透之后,公司将积极在国外取得专利权进行分销。

可重复使用的奶瓶的平均零售价为:高级奶瓶为 3.99 美元,标准型奶瓶为 2.99 美元。高级奶瓶与标准型相比,所配备的塑料材料更重一些,还可能包含硅树脂奶嘴,而不是橡胶奶嘴,奶瓶上还会有彩色图画。暖儿安奶瓶也会配备更重的塑料及硅树脂奶嘴。这种特色,加上我们的温度指示装置将使我们可以按照高级奶瓶的价格零售,即建议零售价为 3.99 美元。我们给予零售商的成本是 2.19 美元,已经包括了运费,这就使得零售商可以获得45%的毛利,足可以与其他的婴儿奶瓶产品的毛利相媲美。

公司预计,暖儿安公司具有的独一无二的特征将会鼓励消费者购买这种产品。我们将设计并研制一种包装,强调暖儿安奶瓶的温度计,并且以"安全、便捷而放心"这一口号对这种产品进行营销。最初,公司将在尽可能多的零售店里对这种产品进行分销,以便消费者尽快地接触到我们的产品。为了有助于达到这一目标,公司将向零售商提供价格上的折扣。为了避免全职销售人员的招聘、培训及雇佣成本,公司将选择一位专业经纪人,建立一支有经验的销售队伍作为我们的销售代表。这位专业经纪人将在美国为每位销售代表建立销售领域,并且在需要时增加额外的销售代表。这位专业经纪人将会提取总销售额的10%及其销售代表的销售额的5%作为佣金。销售代表可以获得经纪人的销售代表的销售额的5%,销售代表还可以获得他们自己销售额的5%。这些销售成本将包括在预计损益表中。

公司将对那些对产品表现不满意的顾客实行退款的保证。为了方便消费者,暖儿安公司将在所有的包装上安装 1 部 800 号码。另外,公司将向零售商保证对退回的奶瓶实行退款。

公司预期在第一年的销售之后,在美国做区域性的广告而后是全国性的广告。销售第一年的广告费将是销售额的5%,包括在零售商店的产品上或附近所放置的销售材料。对于第二年和第三年,公司预计广告费用分别为销售额的4%和3%。公司计划聘请一个外部广告代理商,来协助尽可能有效地使用这些广告费。

暖儿安公司产品的运输主要是从生产厂商运到零售商,这就只需要公司提供最低限度的仓储空间。公司的仓储设备只需要保持最低限度的存货,以应对紧急运输。这就消除了公司为大量存货而进行融资的需要,还可以将运输成本保持在最低水平。

⊕ 自 测 题

1. 解释词语和句子
(1)可行性
(2)市场份额
(3)附加值
(4)现金流量
(5)媲美
(6)损益表
(7)融资
(8)一家不在现有奶瓶品种上增加任何关键性性能或便利而仅提供装饰型奶瓶的制造商在开业第一年能够占据市场1%~2%的份额。

2. 阅读理解
(1)在前期的市场调研阶段,Ansa 公司和 Munchkin 公司的实践得出了不同类型的奶瓶将会在刚推出市场和推出市场一段时间后有不同的表现,用你的话表达这些不同的表现。

(2)根据课文内容,试推导一下暖儿安公司这份商业策划书的第九部分,也就是描述策划的第四阶段的内容。

3. 课文读后谈
(1)查阅资料,看看暖儿安公司商业策划书实施的结果,你觉得他们成功的理由是什么?
(2)想想商业策划书和活动策划书的区别在哪?

4. 语言运用练习
长短句运用练习。长句是指结构复杂、词语较多的句子;短句是指结构简单、词语较少的句子。长句改为短句主要有两种办法:一是将长句中能抽出来的较庞大的修饰限制成分抽出来,改成分句或单独成句,不能抽出来的修饰限制成分与句子主干另成一句;二是把联合成分拆开,重复跟联合成分直接相配的成分,形成排比句式。长句改短句要注意所改短句之间的逻辑顺序。短句改长句要注意先了解几个短句表达意思的共同点,确定主干,然后把其他内容用句子的修饰限制的形式表达出来,不能漏意。

将下列句子改为短句。

由于其不精确的操作,这种产品已经从市场上撤出,虽然他们的结果很令人失望,但是 Ansa 的努力还是确认了根据市场调研,确实存在对具有温度传感器的奶瓶的市场需求。

5. 标点符号练习

下列文中的句子,为什么使用括号?你能说出括号的几种用法吗?

有时奶瓶是在外部加热的(沸水),而有时是在内部加热的(微波炉)。

在全面生产(计划书中的第一年)开始前 13 个月,首次提取 6.6 万美元资金。

6. 请你说一说

(1)你能根据文章和前面所学的内容,说说如果让你在学校推广一种新产品,你会怎么选择产品?选择后又会怎么做?

(2)如果你是暖儿安的推销员,能够在课堂即席展示一下你的推销功力吗?

7. 座谈

根据文章内容,请在座谈会上谈一下暖儿安公司策划书的结构是怎么样的?

8. 写作

写一份与当月班级活动有关的策划书。

经典策划两则

力波啤酒,喜欢上海的理由!

陶为民

力波啤酒是 1988 年上市的一种啤酒,在上市初期就打出了"力波啤酒,的确与众不同"这句流行于 20 世纪 80 年代的广告语。经过十多年的努力,"力波"逐渐成为上海家喻户晓、最受欢迎的本土啤酒之一,力波啤酒也与上海人结下了深厚的缘分。但 1996 年以来,力波遭受了来自"三得利"的强势进攻,阵地屡屡失陷,并逐渐失去了上海啤酒市场的盟主地位。

失意的"力波"痛定思痛,大刀阔斧地进行一系列的改革,2001 年和 2003 年的这两则广告语无疑为它重新夺回上海啤酒市场第一把交椅起到非常重要的作用。

我们先来看一看 2001 年的《力波啤酒,喜欢上海的理由!》广告歌词——"上海是我长大成人的所在,带着我所有的情怀",强化力波啤酒的本土化特征,因为它在 20 世纪 80 年代就进入了上海市场,伴随着一代上海人的成长,首先在情感上唤起上海人的认同。"第一次干杯,头一回恋爱,在永远的纯真年代",作者敏锐地找到初恋和第一次喝啤酒在心理上的相通之处,初恋给人们留下的是美好而青涩的回忆,如同第一次喝啤酒,清凉爽口,略带苦涩,令人回味。"追过港台同胞,迷上过老外;自己当明星,感觉也不坏;成功的滋味,自己最明白",作为一个年轻人,必然经历过好奇和盲从,而只有经过自己脚踏实地、坚持不懈的努力拼搏,获得成功后,才能享受到当明星的感觉。"旧的不去,新的不来。城市的高度,它越变越快",上海的发展日新月异,充满了活力。"有人出去,有人回来,身边的朋友越穿越新派",作为东西文化交汇的国际大都市,上海人来人往,成为更多人创业的地方。"上海让我越看越爱。好日子,好时代。我在上海,力波也在",穿越历史的时空,我们发现上海原来是如此的美丽而值得依恋,力波也如同一个忠实的朋友,始终陪伴着我们,见证着上海的发展。所以结论是:"力波啤酒,喜欢上海的理由!"

这首歌词表现了上海日新月异的发展变化,从本土化和平民化的角度出发,述说自己喜欢上海的理由,带有浓郁的怀旧色彩,努力营造一种平实而温馨的文化氛围,使力波形象贴近消费者。同时,在语言风格上,这首歌词具有少许调侃、幽默的色彩。因此,这首歌很快成为上海人时时吟唱的城市民谣。而这则广告不仅唤起申城消费者对"力波"的普遍认同,而且一改其原有渐趋老化的品牌认知,重新塑造了年轻、充满活力的品牌新形象,成为几经失落的"力波"终于找到了重新启开上海市场、征服上海市场的金钥匙。广告片再加上得力的配套措施,"力波"由此实现了"咸鱼翻身",它的故事也因而成为 2002 年度经典营销案例之一。

广告策划:

旁白、字幕:上海是我长大成人的所在,带着我所有的情怀;第一次干杯,头一回恋爱,在永远的纯真年代。追过港台同胞,迷上过老外;自己当明星,感觉也不坏;成功的滋味,自己最明白。旧的不去,新的不来;城市的高度,它越变越快。有人出去,有人回来,身边的朋友越穿越新派。上海让我越看越爱。好日子,好时代。我在上海,力波也在!

力波啤酒,喜欢上海的理由!

创意说明:

"力波"啤酒陪伴了上海人近 20 年,是上海家喻户晓的品牌。但是近年来,"力波"渐渐被竞争品牌赶超,被消费者淡忘。本片通过一个在上海"长大成人"的年轻人的见闻和经历点出。力波始终在上海人的生活中,和上海共同成长、发展。广告片在唤起上海消费者对"力波"普遍认同的同时,努力改变其原有趋于老化的品牌认知,塑造了年轻、充满活力的品牌新形象。

厂家:上海亚太酿酒有限公司

产品、品牌:力波啤酒

篇名:时代篇(60 秒)

广告语:力波啤酒,喜欢上海的理由

创意总监:黄志维,陶为民

文案:陶为民,范怡

美术指导:郑奕婷

制作公司:上海慕斐

制片:Vivan

导演:David Tsui

摄影:小何

音乐:UP TOWN(HK)

——达彼思(达华)广告有限公司上海分公司

个性色彩,出奇制胜

——摩托罗拉与诺基亚的一次战役

众所周知摩托罗拉与诺基亚是两大国际著名的手机生产商,在两家公司之间展开的为争夺手机市场的激烈战斗屡见不鲜,其中在 2000 年到 2002 年,摩托罗拉拿出武器 V998,诺基亚马上推出 8210,双方把这场战争推向高潮。

在这场战役的一开始,摩托罗拉 V998 高举着"世纪之作,成功标志"的旗帜,以"成功"为核心理念打造其产品形象,借助广告、公关等手段,凸显 V 字的象征意义(成功、胜利),迅速猛烈地向市场发动了攻击。摩托罗拉特别强调这款手机超小、内敛,符合成功人士的身份,为产品注入了一种积极向上的理念。从 1999 年上半年 V998 以 14 000 元高价(摩托罗拉当时产品线里最高价格的产品)上市伊始到年末,几乎独占了高端手机市场。

诺基亚当然不会束手就擒,把市场拱手相让,8210 打着"让生活充满激情"的旗号冲上了战场。这则广告创意则不同凡响,让受众过目不忘:一位西装革履的男士在接听手机之后,立刻充满激情,纵情奔跑在繁华的街道上,不顾旁人惊异的眼光,他脱掉了束缚他的西装、领带和衬衫,把它们抛向空中,然后忘情一跃,跳入水中。端庄的淑女把电梯当做她狂热的舞台,盛装的女郎在雨中翩翩起舞。"告别平淡,拥抱激情"的生活价值观在该广告中被阐释得淋漓尽致。这则广告推出后,8210 给消费者带来震撼般的冲击,在全国刮起了激情人生的旋风,并赢得越来越多消费者的青睐。至此双方打了个平手,两者之间的市场份额渐渐拉近,战役进入了相持阶段。

然而,诺基亚采取了看似不经意的一个小举措,而正是这样一个小举措改变了整个大格局。根据细致的社会调查,诺基亚敏锐地发现:在当时 V998 的购机者中,男女比例大约为 6:4,而 8210 的用户群则为 2:8,非常偏向女性化的手机。这正是虽然 8210 的产品形象逐渐胜过 V998,但销量却始终无法突破的根本原因。虽然诺基亚选用的模特全是白领男性,但由于其纤细的外形,8210 的消费者始终偏向年轻的女性。诺基亚则面临更严峻的考验:如何让男性消费者接受这款手机?诺基亚 8210 推出了全新的黑色外壳,并将此作为一款全新的机型进行推广,广告主题为"男人钟爱黑",一句广告语:"深邃的、睿智的、成熟的,男人钟爱黑",将黑色升华到一种意识形态,实为"黑色",虚为"深邃、睿智、成熟",喻示着永恒和不张扬,表现了一种对生活自信的态度。虚实相间,境界全出,从此改变了人们对该款手机的认知。仅仅改变了一种颜色,结果却改变了一场战役。两个月后,8210 单机市场份额首次超过 V998。

诺基亚 8210 黑机出击,漂亮地赢得了一次战役,也为我们留下了一个跨国公司行销中国的最经典的案例。

自 测 题

1. 解释词语和句子
(1)新派
(2)深邃
(3)屡见不鲜
(4)品牌认知
(5)阐释
(6)城市民谣
(7)这则广告不仅唤起申城消费者对"力波"的普遍认同,而且一改其原有渐趋老化的品牌认知。

2. 阅读理解
(1)2001 年力波啤酒的广告歌词从哪些方面来吸引听众从而达到促销目的。
(2)通过阅读第二则策划,你认为诺基亚击败摩托罗拉是抓住了哪个关键点?

3. 课文读后谈
(1)现在的苹果手机又击败了传统手机行业霸主诺基亚,占据很大一部分市场份额,你认为其原因是什么?
(2)有的策划书很长,有的则很短,策划书的核心是哪个部分?

4. 语言运用练习
押韵和韵脚。押韵,又作压韵,是指在韵文的创作中,在某些句子的最后一个字,都使用韵母相同或相近的字,使朗诵或咏唱时,产生铿锵和谐感。这些使用了同一韵母字的地方,称为韵脚。

下面这段歌词就非常明显地使用了押韵。

上海是我长大成人的所在,带着我所有的情怀;第一次干杯,头一回恋爱,在永远的纯真年代。追过港台同胞,迷上过老外;自己当明星,感觉也不坏;成功的滋味,自己最明白。旧的不去,新的不来;城市的高度,它越变越快。有人出去,有人回来,身边的朋友越穿越新派。上海让我越看越爱。好日子,好时代。我在上海,力波也在!

这段歌词的韵脚是哪个?你还能写出一段以ai为韵脚的押韵句吗?

5. 标点符号练习

(1)——摩托罗拉与诺基亚的一次战役。

(2)——达彼思(达华)广告有限公司上海分公司。

文中这两个破折号有什么作用?举例说说破折号的其他作用。

6. 请你说一说

(1)向全班同学说说你知道的"咸鱼翻身"的例子。

(2)你现在使用什么手机品牌?你选择它的理由或者说她吸引你的点在哪里?你认为要提高手机销量,最应该关注哪些问题?

7. 座谈

国产手机品牌如何突出重围,占领市场份额?

8. 写作

如果你所在的班级是一个品牌,写一份策划书,在全校打响你班的品牌,吸引全校师生关注你的班级,记住你的班级。

江苏世纪婚典策划案

万　钧

1999年年初,江苏就有几家大广告公司、传媒和酒业公司开始策划炒作,并在5月、9月婚礼旺季各举办了一场号称"世纪婚礼"的集体婚礼。陈旧的内容,过高的报名费,没能吸引多少新人;反而由于经费短缺使婚礼因陋就简,参与者反映较差,投诉不断。而主办者倒赔了不少钱。许多人开始对"世纪婚礼"持否定、嘲笑的态度。

而早在1998年就有办个"世纪婚礼"梦想的本案策划人,从4月开始,经过广泛的走访座谈、调查分析、比较和研究后发现:很多年轻准夫妇非常喜欢"世纪新人千禧之爱"大好口彩,很中意把终身大事放在千载难逢的大好时机,而广大的企业商家也很关注当年的"世纪大婚",认为是难得的广告良机,很想借机借势宣传、推广产品和品牌。新人们最看重"世纪之交"的真正时刻,即1999年12月31日24时,认为在那一刻举行婚礼大庆才是真正的千年一次,千载难逢;而更多的新婚夫妇都希望婚礼过程、内容和形式要有创新,要有独特的纪念意义,配得上世纪大婚的"格",要行"常人所不能行"。

策划人由此判断:"'世纪婚礼'有市场,有人气,有商机,有意义,有利可图。"但关键在于:创新!不仅活动内容要创新,形式要创新、最独特、最精彩,而且要成为省内规格最高、意义最深远、礼品最丰厚的世纪婚礼。这便是整体策划的战略目标。

为满足这些要求,我自发地运用了创新的原则和方法,策划出"江苏世纪婚典"的大体轮廓:在20世纪的最后日子、100对江苏新人举行一系列有意义的爱情见证和婚姻纪念活动——共植爱情树共、结同心锁,"千禧之爱"爱情墙"贴心连心",环城花车巡游等富有吸引力、凝聚力的内容……在世纪之交时分举行婚礼大典,在世纪之夜专机飞往北京,在21世纪第一晨在天安门广场观看升国旗仪式,放飞白鸽爱情鸟,百对新人共祝新世纪真情永远、祖国昌盛。这跨越千年一刻的婚礼,百对新人专机赴京观看升旗仪式的创举可谓空前,且可绝1999年的"后":这成为有了明确目标之后的项目的核心竞争力。

其中的核心活动——世纪之夜专机赴京,我利用了我公司隶属南京航空公司自有机群航线的便利优势。5月下旬,首先征求了南京航空公司运输和航管部门的意见。在获取肯定、可行的认可后,我又会同公司其他人员,将我们的创意要点拿出来,征求了七对未婚情侣的意见,得到了兴奋的赞同和热烈的期待反响!这一切坚定了我的信心,很快就形成了活动的整个策划方案。

6月上旬,策划方案完成后,我们立即向共青团江苏省委有关领导汇报,提交活动策划方案并请求支持。团省委领导很快给予赞扬、肯定,经集体研究后形成决策,决定牵头主办。之后团省委、省委宣传部等五单位联席召开三次协调会议,在 7 月 10 日共同会签了[团苏委联(1999)38 号]文件《关于举办"江苏世纪婚典"活动的意见》,宣布由共青团江苏省委、江苏省人民政府新闻办公室、《扬子晚报》、江苏有线电视台(当时江苏最红的电视台)、江苏省青年联合会、南京航空有限公司联合主办"江苏世纪婚典";组成以省委张连珍副省长为首,团省委、省宣传部、电视台和报社主要领导参加的活动组委会,授权南京航空广告公司负责整个活动的实施承办。

公司迅速组建了由策划人担任秘书长的活动实施筹备机构,分报名、招商、外联、婚礼四个小组,共 14 人,从 8 月开始全力投入活动的各项筹备工作。团省委、省府办和南航联合向民航适航、航管部门提出夜航加班申请,很快获得批准,特批航班号码为 WH1999/2000,活动的最亮点得以点燃。

为谋求更广泛的社会支持和参与,我们联系了江苏省 13 个省辖市的最大商场和果品超市参与协办,以此增加新人报名的便利和对赞助企业、产品的影响力。从 9 月份开始在商场和连锁店大门口最醒目处放置巨型公告牌,将"江苏世纪婚典"的内容广而告之;精心设立主题网站,开通全国参与咨询热线 16 819 999。这一切使得整个 10 月、11 月间,"江苏世纪婚典"成为年轻人甚至年长者们谈论的热点话题。组委会接到数以千计的咨询电话,截至 11 月底共有来自全国和日本、美国的 800 多对新婚夫妇通过邮政、电话传真和网络报名。

宣传工作决定着活动项目的影响范围和价值意义,报名参与者的"人气"旺弱也决着赞助商的热情高低。11 月 11 日新闻发布会后,各大传媒先后公布了这一喜讯;同时我们又刻意制造出一些新闻"由头";如奇情苦恋、跨国婚姻、跨世纪接吻大赛、世纪之钻、世纪蛋糕等,持续推出,使得报刊电台电视和网络传媒纷纷炒作不断。

号召力形成了,大影响力有了,接下来的重头戏就是活动经费筹集和广告招商。因政府领导严格限制收费,每对夫妇全程仅收 5599 元,是全国当年所有世纪婚礼最低价,与活动庞大预算差额达 60 万元! 所以必须依靠商业赞助。要凭借活动的规格、地位、影响、号召力等融入和交换所需资源、资金。

我们将活动分解细化,充分挖掘每一过程、步骤、事物、场景、时段的商业潜值和广告外延。针对不同企业的不同需求(有的要市场影响,有的要政治效应,有的要新闻卖点,也有的是赶热闹),策划制定出详细可行的赞助回报方案。结合赞助商的产品特点、品牌诉求和宣传、需求量身定制。运用分解和组合的创新方法,分别组织进行单项活动的完整策划,相对独立又相互联系。经过努力,江苏波司登公司、红豆集团、江苏移动通信公司、江苏梦兰集团、美国芙一化妆品、希尔顿酒店、苏州小羚羊、四川剑南春、上海金丝猴、浙江花为媒等一批著名企业慷慨解囊,提供了丰厚的现金和事物赞助。

省委宣传部是主办单位,所以活动全程的新闻报道力度强大,从 8 月份开始直到 2000 年 1 月,江苏省内几乎所有大众传媒都进行了多篇、多形式的系列报道,从报纸连续跟踪到电台现场直播,连中央电视台一、二套在元旦特别节目中也各有 1.5 分钟的报道。这一切客观上都增强了赞助商们的收获感和价值感,普遍对其市场宣传效果感到满意。

在大好形势筹备工作紧锣密鼓推进时,胜利在望的我们突然遭受致命打击:12 月 13 日民航总局紧急通知,因国内技术保障条件限制,1999 年 12 月 31 日 20 点 30 分起至 2000 年 1 月 1 日 08 点 30 分期间停飞一切国内民航飞机!

我们拼命争取。最后认识到不可抗拒。组委会召开紧急会议,制定四项应对措施。

(1)"江苏世纪婚典"照常如期举办。

(2)取消赴京活动,退还其间费用,只收取南京三天两夜 1699 元/对。

（3）对不愿意参加南京活动的新婚夫妇，全额退款，并适当赠礼以示歉意。

（4）丰富南京一地活动内容和创意，提高参与者的物质利益。

两天后我们通知了已被正式录取并已缴费的 101 对新婚夫妇，有 27 对退出活动。很快有报纸头版头条出现《世纪婚礼留下世纪遗憾》大块文章……我们一面在"落选"的报名者中"扩招"，结果仅一天就再度满额，一面加强赞助招商。由于活动舆论影响早已空前，而有些企业更愿意就把影响做在江苏集中传播，所以也很踊跃，两周里猛增了很多新赞助、新优惠，仅各种赠礼就堆满了 280 平方米的 3 间大屋。

12 月 30 日，"江苏世纪婚典"首日，在充满传统气氛的秧歌锣鼓龙舟迎新婚仪式后，结合赞助商——"湖滨世纪花园"的宣传诉求，我们策划了以连心锁、爱情树、情侣游艺赛为主题的"新世纪家园"活动；在该园建造了"千禧之爱"蓝色的爱情墙，以红色花岗岩石磨成心形，刻上新人姓名，让新人们在墙上"贴心连心"；全体新人签名发表《新世纪绿色家园》环保宣言书。省市电台电视台直播高潮迭起。

第二天，是千人空巷的"世纪回眸"环城花车巡游，参观时尚家居展览，时装秀午餐；由"苏州一百"赞助举办的网上购物大赠送，1 小时送出 4 万多元的彩电洗衣机等礼品；接下来是壮观的"真爱瞬间"百对新人集体合影；黄昏时分参加的"庆澳门回归、迎接新世纪"环省火炬接力传递，使大家倍感自豪和珍贵。

在空前盛大的"江苏世纪之夜"婚宴上，张连珍为每对新人一一签名赠言，著名歌手、演员登台献艺；幸运大抽奖更送出了包括 3.5 万元的大钻戒在内的价值 20 多万元的"世纪大礼"；世纪零点，百对新人激情拥吻，千人现场欢呼沸腾，令人终生难忘。

第三天凌晨开始分发礼品，赠送每对新人价值 1850 元的"套礼"，加上总值 26 万元的抽奖赠礼及五星级希尔顿酒店的食宿，至少超出新人付费的四倍以上，让每对新人欣喜若狂，赞不绝口。活动结束后，我们还向新人赠送了纯金纪念证、精美画册和 VCD 光碟。

虽然有民航部门造就的"世纪遗憾"，"江苏世纪婚典"依然受到了江苏省领导和社会各界的高度好评，成为当年全国众多"世纪婚礼"中的成功典范。活动前后涉及省内外 80 多个机关、企事业单位，耗资百万元，先后参与筹备运作的工作人员更达一百多人，赢得了 59 万元的赞助经费和价值 60 万元实物赠品，以及 20 多万元的各项优惠减免。主办者获得了社会和经济利益双丰收。南京航空广告公司投入启动经费 5 万元，项目赢利 19 万元。

➕ 自 测 题

1. 世纪婚礼指的是哪一年和哪一年相交的婚礼
（　　）
    A. 1990 年和 1991 年
    B. 1999 年和 2000 年
    C. 1899 年和 1900 年
    D. 2000 年和 2001 年

2. 原计划吸纳 100 对新婚夫妇参与活动，最终参加活动的有（　　）对。
    A. 100 对　　　　　　B. 99 对
    C. 101 对　　　　　　D. 74 对

3. 最终每对参加活动的新人收费（　　）元。
    A. 3999　　　　　　　B. 1850

    C. 1699　　　　　　　D. 35000

4. 抛去各项优惠减免，主办方最终财、物盈利
（　　）万元。
    A. 20　　　　　　　　B. 59
    C. 139　　　　　　　 D. 119

5. 世纪婚礼抓住了（　　）特点，得以大获成功。
    A. 千年一次，千载难逢
    B. 常人所不能行
    C. 创新
    D. 奇情苦恋

6. 得知航空管制，飞机不能如期起飞后，采取的紧急措施不包括（　　）

A. 飞机改期起飞

B. 拼命争取飞机按时起飞

C. 退出活动的新人全额退款

D. 丰富南京活动的奖品和提高物质利益

7. 活动的赞助商不包括(　　)

A. 希尔顿酒店

B. 四川剑南春

C. 共青团江苏省委

D. 浙江花为媒

8. 根据课文表述,作者万钧可能是"世纪婚礼"活动的(　　)

A. 策划人　　　　B. 主持人

C. 赞助商　　　　D. 政府官员

9. 新人可以赢得比报名费用更多的物质利益是因为(　　)

A. 主办方财力雄厚

B. 赞助商的慷慨解囊已经让主办方名利双收

C. 为了扩大宣传,扩大知名度,不顾利益

D. 政府给予经济支持

10. 新人获得的奖品有(　　)

A. 彩电洗衣机　　B. 钻戒

C. 纯金纪念证

D. 五星级酒店食宿

口语交际

即 席 发 言

即席发言是指在特定的场合中,在事先无特别准备的情况下,就某个问题发表见解、提出主张,或表达某种情感、某种愿望的一种言语行为。

即席发言最能体现一个人的文化修养水平,也是锻炼一个人口才的最好方式。在竞争日益激烈的现代社会,拥有良好的口才,能够得体地进行即席发言,可以帮助人们获得更多机会。

即席发言的特点

1. 临场性

即席发言无法事先打好腹稿,也没有足够的时间进行欲讲,发言者往往都是现想现说、边想边说。因此,即席发言具有较强的临场性。

2. 敏捷性

发言者必须在很短的时间内,迅速选择话题进行构思。因此,即席发言具有敏捷性。

3. 针对性

发言者要对现实话题选择适当的内容进行合理的发言,内容要有的放矢。因此,即席发言具有针对性。

4. 简练性

由于发言的时间短,发言者必须在有限的时间内表述自己的思想。因此,即席发言的语言具有简练、概括的特点。

即席发言的要求

1. 良好的心理素质

在即席发言中,发言者的心理素质显得尤为重要。如果发言者不具备良好的心理素质,面对突如其来的即兴讲话,就会显得措手不及。因此,发言者在平时就应加强对自己心理素

质的训练,增强自信心。有了坚定的自信心,在发言时自然而然就会使心情平静,给自己和观众交上一份满意的答卷。

2. 随机应变的能力

发言者需要在自己意料之外的场合中具备随机应变的能力,才可以控制局面,变被动为主动,变不利为有利。

3. 幽默机智的语言

幽默是思想、学识和智慧的结晶,机智幽默的语言可以产生令人出乎意料的结果,调动现场气氛,感染听众,同时增加发言者的个人魅力。

4. 观点应明确

发言人对所讲的问题,态度应明朗,观点应鲜明,不能含糊其辞、模棱两可;既不曲从附和,也不自以为是。同时,发言还应留有余地。

5. 内容应有针对性

由于即席发言要求在有限的时间内对现实话题做出迅速反应,因此,发言的内容应有针对性。同时,还要注意发言的场合和对象,考虑听讲的对象特点和要求,怎样才能令人信服,这样才能有的放矢。

6. 语言应简洁

即席发言常以简明扼要的语言显出其力度,并以亲切、生动的表述给听众留下深刻的印象。即席发言不仅要做到言简意赅,而且要言之有物。

即席发言的技巧

1. 设置悬念,出奇制胜

在做即席发言时,不直接说出主题,而是设置悬念,引起听众的注意。例如,关于寒假安全保障的即席发言,可以先列举某个寒假学生事故案例作为开头,听众会立刻想知道事故的原委,很自然地会跟着你的思路继续听下面的发言。这种发言可以吸引听众的注意力,从而提高即席发言的质量。

2. 审时度势,借题发挥

借题发挥是即席发言中最基本的方法。所谓借题发挥,指的是发言者针对场合的气氛、当时的天气、现场听众关心的话题,以及前面说话者的内容等找好切入点,进行临场发挥,充分调动一切可以调动的积极因素,牢牢控制现场,使自己处于主动位置。

3. 巧妙构思,步步为营

由于即席发言要求发言者准备的时间非常短,发言者在很短的时间内可以仿照议论文的结构模式"提出问题—分析问题—解决问题",快速打腹稿,明确要做什么,为什么要做,怎样才能做得更好。这种模式可以使发言内容集中,避免跑题。对于没有太多经验的发言者来说,这种模式是一种非常便捷有效的方法。

做好即席发言,需要克服紧张心理,同时不断地积累知识,坚持不懈地练习。这样才会有口吐莲花、令人羡慕的口才。

✚ 自 测 题

1. 假如你竞选班级的班委,你该如何进行竞选即席发言?

2. 假如你是节目主持人,当手持话筒走上舞台时不小心被绊了一下,引起台下观众哄堂大笑,这时你将怎样即席主持,避免尴尬的场面。

3. 假如你在市级学生技能大赛中获得一等奖,并获得参加省级学生技能大赛的资格,在颁奖大会上,面对同学和老师你将如何发表获奖感言。

 **书面表达**

策　划　书

策划书又称策划方案,是对即将举办的活动或事件作一个系统性策划,并展现给读者的文本。策划书是目标规划的文字书,是实现目标的指路灯。策划书一般分为商业策划书、创业计划书、广告策划书、活动策划书、营销策划书、网站策划书、营销型网站策划书、项目策划书、公关策划书、婚礼策划书、医疗策划书等。

策划书格式

尽管策划书分类很多,根据不同情况会出现不同的策划方案,但是策划书的书写格式及要求有一些相同之处,以活动策划书为例,应具备以下元素。

(1) 策划书名称。写出策划案名称,如"××××活动策划书",置于标题中央位置。

(2) 策划背景、目的及意义。所策划活动的背景、活动目的与活动意义要贯穿一致,突出该活动的核心构成或策划的独到之处。活动背景要求紧扣时代背景、社会背景与教育背景,鲜明体现在活动主题上;活动目的即活动举办要达到一个什么样的目标,陈述活动目的要简洁明了、具体化;活动意义其中包括文化意义、教育意义和社会效益,以及预期在活动中产生怎样的效果或影响等,书写应明确、具体、到位。

(3) 时间与地点。该项必须详细写出,非一次性举办的常规活动、项目活动必须列出时间安排表,活动时间与地点要考虑周密,充分考虑到各种客观情况,比如场地因素、天气状况等。

(4) 活动开展形式。注明所开展活动的形式,比如文艺演出、文体竞赛、影视欣赏、知识宣传、展览、调查、讲座等。

(5) 活动内容及活动开展。活动内容为活动举办的关键部分。作为策划的主题部分,表述方面要力求详尽,不仅仅局限于用文字表述,也可适当加入统计图表、数据等,便于统筹。活动开展应包括活动流程安排、奖项设置、时间设定等。涉及奖项评定标准、活动规则的内容可选择以附录的形式出现。活动流程安排大致可以分为三个阶段。第一阶段:活动准备阶段,包括海报宣传、前期报名、赞助经费等;第二阶段:活动举办阶段,包括人员的组织配置、场地安排、负责人、指导单位、参加人数等;第三阶段:活动后续阶段,包括结果公示、活动开展情况总结等。

(6) 活动经费预算。经费预算要尽量符合实际花费,列出每一笔经费预算开支,以便于提前准备。

(7) 活动安全。对于大型活动和户外活动,要成立安全小组,指定第一安全负责人,充分考虑安全隐患,把人身安全放在活动开展的首要位置。

(8) 策划单位及时间。在策划书的结尾,写明策划单位及时间。

【示例】

2015年"5·12护士节"

慰问敬老院献爱心活动策划书

一、活动背景

为了纪念"5·12国际护士节",弘扬南丁格尔不畏艰辛、甘于奉献、救死扶伤、勇于献身的精神,提高护士生的综合素质,展示××卫生学校全体师生的风貌,提升白衣天使的形象。

二、活动的背景、目的及意义

中国已步入老龄化社会,更多的老年人需要关心和关爱,敬老、爱老是中华民族的传统美德。通过此次活动对学生进行一次道德品质教育,让同学们深入了解社会现状,为孤寡老人送温暖。倡导关爱老人,就是关爱明天的我们,增强同学们参与社会实践的经验与社会服务意识,为将来融入和适应社会打下基础。通过此次活动,呼吁更多的人去关注老年人,关注社会上弱势群体。与此同时展现××卫生学校的风采,增强护士生的社会责任感。

三、活动时间、地点

2015年5月12日,××敬老院。

四、活动主题

白衣天使,情暖人间。

五、活动的形式与内容

1. 活动准备阶段

(1) 团委向敬老院有关负责人联系,与其洽谈具体的时间和相关事宜。

(2) 学生会、团委共同组织学生排练节目,为老人表演,文艺节目形式多样。具体安排健康知识讲座的内容并确定讲座人选。

(3) 学生科统计所有参加活动的人,并交代注意事项。

(4) 由实训中心教师检查并准备体检器械。

(5) 每个同学要了解老人的兴趣爱好,利用网络收集一些适合老年人的生活趣事。

(6) 团委、学生科密切配合,与媒体联系,加大宣传力度,在全社会营造关注关爱老年人的氛围。

2. 活动进行阶段

(1) 在老师的带领下,学生会组织学生乘车前往××敬老院。

(2) 全体人员向老人们问好,送上诚挚的祝福,献上慰问品。

(3) 帮助老人打扫居室卫生,晾晒被褥。与老人面对面交流、谈心,将搜集的生活趣闻、趣事讲给老人听。

(4) 分组对老人进行体检。将老人体检情况做详细记录,并给老人以健康指导。

(5) 进行生活保健与养生之道知识讲座,并教会老人一些简单易操作的保健按摩法。

(6) 与老人进行联欢,由学生表演文艺节目,鼓励老人一同参与表演活动。

(7) 活动结束后,与老人合影留念,告别老人,乘车原路返回学校,活动结束。

3. 活动后续阶段

活动结束后,全体同学要进行一次活动总结,谈谈参加此次活动的收获和感想。

六、活动经费

经费来源:团费和学生自筹(从零花钱中节省),预计500元。

七、活动安全

(1) 乘车按照小组顺序上车,出返程不得出现打闹现象,注意乘车安全。

(2) 学生会负责清点人数,保证参加活动人员如数返回。

校团委、学生科

2015 年 4 月 10 日

自测题

1. 我们为什么要学写策划书?策划书可以帮助我们做什么?

2. 请你以"世界水日"为背景,尝试写一份以"节水"为主题的学生活动策划书。

阅　读

调查报告的阅读

　　调查报告，又称调查研究报告，是调查者在对某一现象、某一事物或某一问题进行深入细致的调查研究之后，对所获得的结果进行分析研究，发现其本质特征和规律后所写的书面报告。调查报告是一种在新闻领域和机关应用文领域中都可采用的两栖文体。在报刊广播电视等媒体上发表的调查报告，必须有新闻性，也可以叫做"新闻调查"；在机关之间流通的调查报告，可以没有新闻性。调查报告能了解、剖析事物的本质，认清其发展趋向，对于解决问题、进行决策具有积极的作用。随着人们关注社会、注重实施的意识的增强，随着人们务实作风的深入，调查报告的使用范围将会更为广泛。

调查报告的特点

　　调查报告主要有反映社会情况的调查报告、介绍典型经验的调查报告、揭露问题的调查报告等几种形式，具有以下几个特点。

　　1. 针对性

　　调查报告往往是针对具有一定关注度的某一综合性或专题性问题而展开的。

　　2. 写实性

　　调查报告是在充分了解实情和全面掌握真实、可靠的素材的基础上写成的。

　　3. 规律性

　　调查报告的价值在于调查和研究，研究的结果就是要得出规律性的认识，用于指导今后的实践。

调查报告的阅读方法

　　1. 读前言，把握调查报告的主要对象、内容

　　要联系社会现实来理解文章，并主要对作者的观点进行辩证分析。调查报告的题材通常具有很强的针对性，与民生、社会情状息息相关。因此，调查报告会产生较大的社会价值和影响。

　　2. 读主体，了解主体部分在结构安排上的形式

　　整合调查者收集或总结的重要事实和数据，精读调查者发表议论的部分，深入研究调查报告的核心内容。调查报告在材料运用过程中，有的是先摆材料后提出观点，有的是先提出

观点再用材料加以说明。阅读时,还要仔细体会该文的思想情感、行文风格、语言特点、设问技巧等。

3. 读结尾,归纳作者的观点、建议、对策、号召等内容

阅读时要将视野放到当时社会的大背景中,联系当时社会的政治、经济、文化等进行对照,然后实事求是地作出评价。

阜阳夺命奶粉调查[①]

程义峰

汽车进入安徽西北部阜阳地界,空气里处处洋溢着泥土的气息,各种运送物资的农用车也渐渐多起来。紧邻河南省的阜阳市是安徽省最重要的农业大市,人口多达 900 多万,下属各县均为农业县,农民年人均收入不足千元。

继前不久的王怀忠腐败案后,阜阳再次引起全国公众关注,是因为流入该市的劣质奶粉致 100 多名农村婴儿营养不良,其中至少 13 例死亡,这些患病及死亡的婴儿都不满一岁,看上去"四肢短小、脑袋偏大"。从地区分布看,阜阳市八个县、区均有病例发生。其中阜南县、颍上县最多,占一半以上。发病婴儿的父母多为外出打工者,患儿则由家中老人抚养,因为没有母乳喂养,老人们就从附近商店购买廉价奶粉。

阜阳市人民医院小儿科医生赵永对记者说,人民医院收治的"大头娃娃"从去年以来特别多,有六七十例左右,今年春节后的 2~3 月,患者仍然不减。而进入 4 月后,由于政府进行紧急调查和处理,"大头娃娃"入院率已极少。这说明"如果政府重视,加大打击奸商的力度,事情原本是很好解决的"。

阜阳市人民医院小儿科主治医师张芳军对"大头娃娃"现象有诸多感慨,采访的始终,他一直用"痛惜"和"惋惜"两个词来形容自己的感受。"婴儿主要依赖的营养是奶粉中的蛋白质,而劣质奶粉只含 2 克以下的蛋白质,是国家要求的 1/10,这跟白开水没有什么区别。在这种情况下,入院治疗的很多婴儿因为严重营养匮乏,慢则几天,快则几小时就断了气,真的很悲惨。"

记者在采访中了解到,目前阜阳劣质奶粉案中的部分受害者正向政府有关部门投诉,并准备将相关生产者和经销商送上法庭,用法律武器维护自己的权益。阜南县某农家的两个小孩因服用不同品牌的劣质奶粉,同时变成"大头娃娃",其家人正在当地消费者协会的帮助下搜集起诉不法销售商的证据。

目前阜阳市政府已作出决定,对市内 1 岁以下的婴儿免费体检,对经过确诊仍在医院治疗的患儿免费医治,对因服食伪劣奶粉死亡的每位患儿的家庭救济 10 000 元。目前,由有关部门组成的调查组已查出 23 种劣质奶粉的上源,涉及河南郑州、浙江义乌、江苏徐州和安徽蚌埠、合肥、亳州等地。

至记者发稿时止,据一位知情人介绍,在调查组深入后,阜阳市内还在不断发现新的"大头娃娃"。"以前我们统计的都是县级以上医院,由于信息闭塞,不少乡村不知道政府查处劣质奶粉的事情。随着信息通达,越来越多的'大头娃娃'被列入统计范围。"他说,"更要命的是,阜阳的劣质奶粉案只是冰山一角。随着调查深入,几乎整个安徽省农村、我国的一些省份特别是中西部省区也开始陆续发现此类病例,北京、上海、广州和深圳等发达地区也未能幸免,劣质奶粉危害的广度和深度可见一斑。阜阳'大头娃娃'虽然受到全国性关注,但更具意

[①]该文选自《三联生活周刊》2004 年第 1819 期。

义的是,它揭开了一个盖子。"

奶粉如何成了"毒药"

据最先对"大头娃娃"悲剧作采访的新华社安徽分社记者周立民介绍,在调研中他发现,2003 年以来,一些营养成分严重不足的伪劣奶粉大量进入阜阳农村市场,导致众多婴儿受害甚至死亡。被封查的奶粉脂肪、蛋白质和碳水化合物等基本营养物质还不到国家标准的 1/3,目前这种"大头娃娃"在阜阳超过 100 人,已经确认死亡的 13 人。记者的一位阜阳朋友说:"由于在农村没有看病的传统,很多人也没钱看病,最终统计清楚的死亡人数将远大于 13 人。"

记者来到阜阳市人民医院,发现在小儿科看病的婴儿虽然多,但已经看不到一例"大头娃娃"。医院办公室的倪泽刚说,前两天医院收治的严重营养不良患儿还有两例,但现在都已经出院了。副院长谢志红记忆比较深刻的是一位叫王宝成的患儿,出生时体重 4 千克,3 个月大时却只剩下 3 千克,鼻子深深陷进发肿的脸里,而且发烧、呕吐、全身水肿。

主治医师张芳军说:"很多家长陪婴儿看病的时候,都哭得很伤心,苦苦哀求救救他们的孩子。看着这些营养不良、身体变形的婴儿,我感到好可惜,这些小生命完全可以像城里娃那样健康成长……"

一位采访此事的安徽记者提供了这样几个例子:韩奥强,太和县三堂镇人,因服用某劣质奶粉,高热不退,经常腹泻,肚子肿大,经医院抢救得以存活,但留下了肝肿大的后遗症;张文强,临泉县吕寨镇人,出生才七八天即服用某劣质奶粉,一个多月大时候,小文强头大身子小,医生诊断为"营养不良综合征",为此张家付出了一年的打工收入来抢救孩子;周棚镇王庄村女婴张荣,因服用某劣质奶粉,三个月大的时候因全身水肿被送往医院,医生在她身上找不到血管,头皮里全部充水,一个月后死亡……据记者掌握的资料,因服用劣质奶粉而死亡的婴儿最小的才出生 40 天,最大的也才 10 个月。

阜阳市人民医院小儿科郭玉淮大夫说,劣质奶粉蛋白质含量极低,而且还含有亚硝酸盐等杂质,长期食用导致婴儿营养不良甚至心脏、肝、肾等器官功能受损,很容易产生并发症、综合征,发现抢救不及时,就会因脏器功能损坏而死亡。

其实,早在去年,阜阳市产品质量监督所及阜阳市疾控中心就曾检测出一些劣质奶粉为不合格产品,但直到悲剧被曝光,卫生局和工商局才向全市发出对 33 个品牌劣质奶粉的消费警示公告。

记者在阜阳市人民医院采访时,曾问及为何医院对这么重大的疾病信息没有及时向市政府有关部门情况汇报,任其持续了一年多。倪泽刚说,医院是治病救人的地方,对"大头娃娃"现象医院没有引起重视也可以理解,因为这种现象归根到底应该由工商局、药监局等政府部门来管。不过他承认"医院确实在这方面没有做到位,反应也有些滞后"。而医院多位领导对记者的这一提问三缄其口。

据权威部门的提醒,婴儿出生后 18 个月内是儿童营养的关键时期,此时营养不良会导致传染病的易感、免疫力下降、身高体重受限,并增加成年后患各种慢性病的危险。考虑到那些服用了劣质奶粉而未到医院就诊的婴儿,郭玉淮说,劣质奶粉对阜阳农村婴儿的不良影响今后还将持续相当长一段时间。

阜阳农民的消费通道

在阜阳调查采访期间,记者了解到,由于阜阳以农村人口居多,购买力并不旺盛,但数百万农村人口也不是一个小数目,阜阳农村因此成了销售商们的"必争之地"。

在阜阳市青年路,绵延近千米的三里湾批发市场据称是市内最大的农贸市场,周边农村 80% 以上的日常消费品均由此市场供应。记者在入口处看到这样的广告牌:"三里湾市场,愿意当您的生活助手。"实际上,阜阳市广大农村出现的劣质奶粉主要来自这个批发市场。

三里湾市场的门面有好几百个,各种名目的招牌数不胜数。4月23日上午,记者在市场上走了一遍,看到的都是价钱极低的消费品,主要包括各种零食、玩具、烟酒、五金产品和日用品。冯六百货店的老板秦星红告诉记者,三里湾是乡下人的天地,城里人买东西都去大商场,很少到这儿,"因为价格低,东西也差不到哪儿去,农村人到这里赶集"。

记者发现斜对面几家店铺已经拉上了卷闸门,秦星红说,那家就是以前专门卖奶粉的,"劣质奶粉"风波后,省里、市里的联合调查组下来查了几次,现在三里湾市场上卖奶粉的商店几乎都关门整顿。"我也是看电视才知道'大头娃娃'的事,没想到卖假奶粉的人有那么多。农村人真可怜,正规奶粉跟劣质奶粉的包装、味道都差不多,他们根本不会分辨,再加上他们没钱,就图个便宜,很容易上当受骗。"

在三里湾堆积如山的众多商品上,并没有贴价格标签,都由货主说了算。记者看到,在商场里售4.5元的牙刷在这里只要8毛钱,12元的黄山烟在这里只要6块钱,店主表示,"如果要的多,还可以再便宜"。

据一位货主介绍,每天都有附近的很多农民来进货,赚取差价。"在这种情况下,假货很容易进入农村市场。"阜阳市工商局公平交易局副局长李铁说:"正规的奶粉每袋只赚一二元钱,劣质奶粉一袋就可以赚四五元,不法分子当然愿意选择后者。"

阜阳市亚洲出租汽车公司司机雷成一直关注劣质奶粉事件。他说他的儿子才5岁,在安徽省种子酒厂幼儿园上学。奶粉事件发生后,幼儿园展开彻底调查,以此为目的的家访也陡然增多。他说:"虽然城里孩子和农村孩子一样,喝不到奶粉就不停哭闹,但其实在城市里,在价格高的前提下,奶粉质量还是可以保证的。我每周给儿子买雀巢奶粉,57元一袋,每次购买前,都要特别仔细地看生产厂家、生产日期和标号、电话等,一点也不敢马虎。农村的孩子就没这么幸运了,因为家庭经济条件有限,家长文化水平不高,很少关注外部信息,有的甚至不认识字。"

周立民说,如今伪劣产品进入广大农村市场,几乎没有任何阻碍。阜阳农村跟全国其他地区的农村一样,种地根本赚不到什么钱,富余劳动力多达200万,绝大多数年轻人都到上海、浙江、江苏等富裕地区打工谋生。这样,家里小孩不得不由老人抚养。"他们的判别力比较低,由于货主误导,政府有关部门对非法行为打击不力,他们是很容易选择假冒伪劣产品的。"

失效的工商权力

为什么劣质奶粉能堂而皇之走上货架而不被查处呢?阜阳市工商局公平交易局副局长李铁说,工商部门不可能对市场上所有的商品进行检查,因为没有这个人力和财力,只能对消费者反映的热点问题、焦点问题、季节性问题和省里确定的重点商品进行抽检。这样,就给了不法分子可乘之机。

阜阳一位经销婴儿奶粉的商人对记者说,虽然有些国产名牌奶粉价格适中,但并未被农民选用,进入农村市场。他分析说,"经营中低档国产名牌奶粉的中间利润不高,从批发到零售,每箱最多能赚55元,所以很多农村的经销商不愿意出售这些'名气大但利润低'的奶粉。劣质奶粉由于生产成本低而使中间利润高,为经销商们所欢迎,说到底是一种唯利是图的心理作怪"。

记者了解到,"大头娃娃"悲剧广受关注后,目前阜阳所属各县市都已成立专项调查组,深入到广大乡镇及农村清查。堵漏关键在堵源头,抓住第一个供货商,但阜阳市工商部门表示,由于劣质奶粉大都来自全国各地区,路途遥远,地区限制使他们无法封堵源头。

李铁说,自 2003 年 12 月起,工商部门就对奶粉市场进行清查,重点放在全市农村市场上,经过处理,有 189 户销量较大的劣质奶粉经销商被查处,应该说劣质奶粉会就此消失。但有人反映在市场上还是能随意买到被查处品牌的奶粉,为什么劣质奶粉还是禁而不绝呢?"我们所做的工作也许很多,但收效甚微。因为工商是属地管理,对于超出范围的外地产品和经销商,我们无法一查到底,而且许多奶粉袋包装上标示的厂址或电话根本不存在。"

据了解,目前阜阳市工商部门正在将审查的关口前移,并将在全市范围内实行严格的奶粉产品市场准入制度,在进入销售前,经营者要主动提供独立的正规进货手续和质检报告,变"事后打击"为"事先预防"。

"很难说这种做法有什么效果,即使有,也可能只是短时间内的。"周立民说,"现在的经销商实在太狡猾了,一方面他们的人数多,活动范围不固定;另一方面农村市场很大,靠他们的销售网络和农村人图便宜的心理,他们很容易将产品倾销到农户家中。即使阜阳工商部门堵住了辖区内的农村市场,大量劣质奶粉也许会流入其他地区农村。还有一种情况也令人担忧——奶粉不好卖了,他们可能会去卖别的假冒伪劣产品。"

李铁认为,在产品进入市场前,技术监督部门对生产环节进行监管,进入市场后由工商监管,而且工商等部门实行属地管理原则,这对很多案件的打击和查处不力。应该建立一种跨地区、跨部门的信息资源共享平台和案件深挖机制,否则,地方质检部门监督作用形同虚设,如果管流通的工商与管生产的技监部门互通信息,建立一种合作机制,那打击假冒伪劣和不法商人的工作就更好开展。

维权之难与迟到的执法

记者在采访中了解到,由于农民的自我保护意识淡薄,身在偏远农村接受政府警示信息慢,很多时候即使吃了亏也不说出来。加上阜阳是全国较大民工输出地,青壮年走了,留下老人与小孩,现在的农村失去了主心骨,在维权中变得更加脆弱。陈玉峰说,阜阳市"12315"申诉举报中心主要是面向农村消费者的,但从工作情况看,阜阳市农民的维权意识极其淡薄——像"大头娃娃"虽然在阜阳多达上百人,但到工商部门投诉的只有 4 例,其中很少有人索要发票或收据,有的甚至害怕不法销售商的报复而不敢举报。"农民普遍没有维权意识,这可以说是劣质奶粉在农村得以大行其道的重要原因之一。"

"大头娃娃"悲剧爆出后,媒体和公众普遍认为有关部门对农村群众的健康和生命不够重视,在履行职责的时候太马虎,执行标准也不严格,主管部门的失职是导致悲剧的真正根源。"生产环节是技术监督部门管,检验环节是卫生部门管,市场环节由工商部门来管,这么多环节很容易有脱节的地方。"一位阜阳市工商局的干部对此评论说,"而且,目前各种伪劣产品在全国各地农村泛滥成灾,阜阳只是其中的一个点而已。如果不能全国一盘棋进行考虑和处理,阜阳的事情也不好解决,阜阳是全国市场整治不力的受害者。"

据介绍,阜阳市劣质奶粉案发后,温家宝总理作了批示,安徽省委省政府也很重视,省长王金山要求"工商、技监、卫生等部门研究组织打假,彻底消除隐患,严厉打击那些图财害命、丧尽天良的不法分子"。他还表示,安徽要彻查源头,赔偿受害者损失,严防百姓继续上当。

4 月 23 日,以国家食品药品监督管理局局长郑筱萸为负责人,由公安部、监察部、卫生部、商务部、质检总局和工商总局人员参加的国务院调查组抵达阜阳,分为劣质奶粉源头追踪组、受害婴儿情况调查组、案件查处组等 6 个小组展开调查。

记者在采访中了解到,受阜阳事件影响,安徽省会合肥的奶粉市场价格暴跌,甚至出现了滞销现象。虽然"打李鬼也打了李逵",但安徽省政府仍然要求各地有关部门对奶粉市场进行拉网式检查,重点检查不合格奶粉、冒牌奶粉、来路不明奶粉及"三无"奶粉。政府有关部门表示,他们将捉拿有关案犯,举行公开宣判大会,对支持、参与、庇护制售假劣奶粉的行政执法人员及渎职领导干部,也将进行严肃查处。

随着国家质监总局等有关部门的重视,目前全国各地同时开展了劣质奶粉的清查活动,收缴大批伪劣奶粉。以"关心下一代成长"为主旨的执法,但愿来得不会太迟。

小杨洋一家的期待

从阜阳市区往南,是一条刚修好的三级公路——南洋大道,经过大约两小时车程,记者来到杨洋家所在的阜南县地城镇,司机说,从这里只要再往西南走15分钟就到河南省了。杨家三代同堂,住的是一幢十多年前修建的旧瓦房,因年久失修,有几处墙角已经有了裂缝。记者注意到,除了一部电话机和旧彩电,杨家再难找到其他电器。

小杨洋是阜阳诸多"大头娃娃"中的一个,幸运的是,经过医院全力救治,他活了下来。但即使已经把孩子从医院接出来半个月了,杨洋一家目前仍是眉头紧锁。在阜阳治病时,有人跟他们说,喝过劣质奶粉的婴儿,长大后无论体质还是智力都不如同龄人,所以家里目前最发愁的是,劣质奶粉对孩子以后的生活和成长会有影响——那样就太对不起孩子了。

"杨洋现在已经4个月大了,但他能活到今天真不容易。"杨洋的母亲刘海英说向记者回忆说,"小时候,他胖嘟嘟的,家里人还挺高兴,孩子胖才显得可爱啊。但后来他胖得眼睛都睁不开了,而且吃东西总是吐,经常哭闹,我们才慌忙把他送到县人民医院。人家给他检查了一遍,说这种情况他们不太好治,建议送到医疗条件更好的市人民医院。"

杨洋的爷爷杨天清看起来老实巴交,沉默少言,他今年整好50岁,他说当时他正在阜阳市第二人民医院住院,"我患有肾病综合征和肝病,腹水经常撑得人生疼,发病时基本下不了床,医生说很严重。听说孙子生病,我也没心思给自己治病了,赶紧让儿媳妇抱他到第二医院找我,然后我打了个出租车带他们到阜阳人民医院,那是我们阜阳最大的医院"。

杨天清说:"当时,杨洋一直发烧,身上特别是脚上肿得厉害,给我印象最深的是,他的头看起来比一般婴儿大很多。最初我们都以为是感冒,后来才知道是严重营养不良造成的高度水肿,这么小的孩子能吃什么东西?我们马上想到了在镇上买的那些奶粉。"

当杨洋一家赶到阜阳人民医院小儿科就诊时,遇到了另一个症状相同的病例——他们是来自临泉县谢集乡的李看一家,李看生下来就没有吃过母奶,一直吃镇上一个小店的婴儿奶粉,入院时血清中总蛋白质只有正常人的一半。

"孩子在医院里还是发烧,不肯吃东西,没日没夜地哭,有好几次好像要背过气去了。另外,我们还听说很多'大头娃娃'治不好最后死掉的消息,心里特别害怕。"刘海英说,"这样过了4天,我和他爷爷都顶不住了,只好打电话给杨洋的爸爸。"

杨洋的爸爸在浙江义乌打工,听到消息急忙赶回来。杨父说:"住了半个月医院,我们再也住不起了,加上医院为我们开了小施儿康等药,杨洋就出院回家由我们自己照顾了。回家后每天都怕孩子感染,我们都恨死了那些卖假奶粉的人。"

据刘海英说,他们家的奶粉都是在地城镇一家铺子里买的,8块钱一包。"我清楚记得是从今年正月二十三开始买的,杨洋吃了不到一个月,就开始发胖,然后是发烧。"

孩子的这次遭遇给一家人的心理都蒙上了一层阴影。杨天清说着说着就老泪纵横:"因为生病,我已经前后住院5次,总共花了4万多元,都是找人借的钱。小孙子这次治病又花了4000多元,都是穷亲戚,根本帮不上什么忙。我心里堵得慌,快要愁坏了。"

杨洋家的邻居吴树英说,当初小杨洋出生的时候很可爱,她也跟着高兴,没想到才几个月就被劣质奶粉害成这模样。

杨洋一家阴云密布的天空这两天出现了一点亮光。刘海英虽然还没有从自责的情绪中解脱出来，但她几乎是带着一点欣喜告诉记者："虽然水肿消退得不明显，但现在杨洋已经能吃点东西了，这说明他的病将来会好起来的。"

采访结束离开阜阳市的时候，记者了解到，经阜南县有关部门调解，饱受无情打击的杨洋一家即将获得不法经销商近5000元的赔偿金，老实的杨洋家人说，他们已经相当满足了。他们唯一的期待是，希望小杨洋以后的人生路走得平安一些，不要再遭这种罪了。

自测题

1. 解释词语和句子

(1)蚌埠

(2)亳州

(3)三缄其口

(4)唯利是图

(5)老泪纵横

(6)陡然

(7)淡薄

(8)庇护

(9)渎职

(10)打李鬼也打了李逵

2. 阅读理解

(1)为何说，阜阳大头娃娃事件更具意义的是，它揭开了一个盖子？

(2)劣质奶粉是如何毒害婴儿的？

(3)为什么说劣质奶粉对阜阳农村婴儿的不良影响今后还将持续相当长一段时间？

3. 课文读后谈

(1)你是否也曾买到过假冒伪劣商品，你是怎样维权的？根据调查报告的分析内容，请总结出消费者维权的方式方法。

(2)除了劣质奶粉，婴幼儿商品还有哪些需要我们格外关注，请列举一两例。

4. 语言运用练习

(1)"农民普遍没有维权意识，这可以说是劣质奶粉在农村得以大行其道的重要原因之一。"请根据调查报告总结出其他原因。

(2)调查报告中最常见的材料就是数据。请去掉数据材料并总结下面调查报告的中心思想，比较一下前后两者的表达效果。

据最先对"大头娃娃"悲剧作采访的新华社安徽分社记者周立民介绍，在调研中他发现，2003年以来，一些营养成分严重不足的伪劣奶粉大量进入阜阳农村市场，导致众多婴儿受害甚至死亡。被封查的奶粉脂肪、蛋白质和碳水化合物等基本营养物质还不到国家标准的1/3，目前这种"大头娃娃"在阜阳超过200人，已经确认死亡的13人。记者的一位阜阳朋友说："由于在农村没有看病的传统，很多人也没钱看病，最终统计清楚的死亡人数将远大于13人。"

5. 标点符号练习

结合文字内容，说说下列语句中破折号的用法。

(1)阜阳市农民的维权意识极其淡薄——像"大头娃娃"虽然在阜阳多达上百人，但到工商部门投诉的只有4例。

(2)从阜阳市区往南，是一条刚修好的三级公路——南洋大道。

(3)劣质奶粉对孩子以后的生活和成长会有影响——那样就太对不起孩子了。

(4)当杨洋一家赶到阜阳人民医院小儿科就诊时，遇到了另一个症状相同的病例——他们是来自临泉县谢集乡的李看一家，李看生下来就没有吃过母奶，一直吃镇上一个小店的婴儿奶粉，入院时血清中总蛋白质只有正常人的一半。

(5)还有一种情况也令人担忧——奶粉不好卖了，他们可能会去卖别的假冒伪劣产品。

6. 请你说一说

(1)查找有关资料，谈谈你对婴幼儿奶粉的认知，以及挑选方法。

(2)劣质奶粉属于假冒伪劣商品，谈谈我们将如何避免购买假冒伪劣商品。

7. 座谈

(1)民以食为天，食以安为先，食品安全问题一直是公众最关心的话题之一。然而，近年来食品安全问题时有发生，三聚氰胺、苏丹红、地沟油等，每一起食品安全事件都牵动着广大群众的神经。为此，党中央、国务院通过一系列文件明确，重典治乱，建立最严格的食品安全监管制度，以法治方式维护食品安全。与此同时，国家立法部门也在充分调研论证的情况下,不断完善食品安全的法律法规体系。最新修订的《中华人民共和国食品安全法》已于 2015 年 10 月 1 日实施,那么,请你谈谈老百姓自我把关食品安全的措施。

(2)老百姓一说到食品添加剂就"谈虎色变",视之为毒药,查找有关资料,谈谈你对食品添加剂的看法。

8. 写作

调查本班同学的早餐情况,写一份调查报告,并在小组内汇报交流。

低年资护士书写危重抢救护理记录现状调查分析①

司维美　马立群　陈淑慧

〔摘要〕目的:探讨低年资护士书写危重、抢救护理记录中存在的问题,分析其影响因素并提出防范措施,提高低年资护士书写危重、抢救护理记录的质量,避免医疗纠纷。方法:随机抽取危重、抢救患者病历 100 份,对危重、抢救患者护理记录中出现的问题及记录的护士进行分析。结果:低年资护士书写危重、抢救患者护理记录出现的问题较高年级护士多,有显著差异($p<0.05$)。主要问题有:涂改及改错不规范、记录不规范、观察记录不完整、护理记录内容缺乏连续性、记录不及时、医护记录不一致、护理记录前后不一致、抢救记录内容不全面等。结论:只有提高低年资护士业务能力、健全护理记录质量控制体系、理顺抢救记录程序、加强护士的法制教育,才能保证低年资护士书写危重抢救护理记录的质量,确保护理记录在医疗纠纷中发挥有效的举证作用。

〔关键词〕低年资护士;危重抢救护理记录;分析

护理记录是病历中不可缺少的重要组成部分,而危重、抢救护理记录是危重患者治疗、抢救过程的原始记录,是患者可复印、具有法律效应的重要文件。危重、抢救患者护理记录内容书写是否准确、及时、连续、客观,直接影响到医师观察诊疗效果、调整抢救及治疗方案。同时也是衡量护理质量高低的标志。低年资护士(工龄<5 年),由于临床经验不够丰富,考虑问题欠全面,导致不能书写出高质量的危重、抢救患者护理记录。为使低年资护士规范书写危重、抢救护理记录,减少或避免医疗纠纷的发生,抽取 2008 年 10 月 ~2009 年 1 月 100 份危重、抢救护理记录,分析存在的问题,有针对性地采取措施,为进一步提高低年资护士书写危重、抢救护理记录提供依据。

1. 资料与方法

1.1　一般资料　抽取 2008 年 10 月 ~2009 年 1 月 100 份危重、抢救护理记录进行检查。其中,危重病例 63 份,抢救病例 25 份,死亡病例 12 份。

1.2　方法　由护理文书管理小组人员(主管护师以上),对抽查的病历进行质量检查。质量评价标准按照《山东省护理文书书写规范及管理规定》和据此规范结合我院。②
实际情况制定的《护理记录书写补充说明》为评价标准。每月在病案室对抽查的危重死亡病历护理记录进行全面检查,对其中的问题详细记录,发现一处问题记缺陷 1 次,统计出缺陷类别及发生次数,并做终末质量评价。

2. 结果

2.1　检查发现,存在的问题基本归纳为以下 9 类:①涂改及改错不规范,占 25.2%;②记录不规范,占 16.5%;③观察记录不规范,占 14.4%;④护理记录内容缺乏连续性,占 8.6%;⑤记录不及时,占 8.6%;⑥医护记录不一致,占 7.2%;⑦护理记录前后不一致,占 6.5%;⑧抢

---

①该文选自《国际护理学杂志》2010 年第 4 期。
②山东省淄博市第一医院。

救记录不全,占 4.3%;⑨其他,占 8.6%。在这些问题中,低年资护士出现问题的频率较高年资护士出现的频率高,有显著性差距($p<0.05$),见表 1。

表 1 高、低年资护士书写危重、抢救护理记录中存在问题比较($n=100$)

组别	份	涂改及改错不规范	记录不规范	观察记录不完整	护理记录内容缺乏连续性	记录不及时	医护记录不一致	护理记录前后不一致	抢救记录内容不全	其他
高年资护士	59	12	4	4	2	3	2	2	1	3
低年资护士	41	23	19	16	10	9	8	7	5	9
x^2		4.70	10.53	8.47	6.91	4.47	5.09	4.16	3.90	4.47
p		<0.05	<0.01	<0.01	<0.05	<0.05	<0.05	<0.05	<0.05	<0.05

2.2 原因分析

2.2.1 缺乏连续性、完整性 ①病情描述不确切,缺乏连贯性。护理记录应着重于危重患者的病情观察、执行治疗、实施具体措施及治疗护理的效果评价等;②有的病历只记录患者的病情变化、处理措施,对体现治疗、护理后效果评价记录欠缺,使记录缺乏完整性,失掉了护理记录的意义。如果前一班护理记录中患者胸闷、气短,给予持续性低流量吸氧,而在下一班记录中并未记录患者的胸闷、气短是否改善,未能动态地反映患者的病情变化及治疗、护理效果,易引起医疗纠纷。

2.2.2 对护理文书书写规范及书写标准掌握不牢固 ①书写中漏项、涂改、字迹无法辨认,写自创的简化字,词语使用不规范、未正确运用医学术语的现象较为常见。②低年资护士医学基础理论和临床工作经验不足,观察病情的能力欠佳,未能熟练掌握各类疾病的专科护理要点及基础护理要求,对护理文书书写不当引发纠纷的地方,缺乏预见性。

2.2.3 检查中医护记录、护理记录前后不符 ①病情变化的时间、抢救、死亡、记录内容、手术名称及开医嘱时间与执行时间不一致。例如,一危重患者 12 月 3 日 17 时医嘱下病危通知,而危重记录单从 12 月 4 日 8 时开始记录;一意识障碍患者,医生记录浅昏迷、护士记录深昏迷等。②护理记录前后不一致,同一时间写的记录,前面写呕吐咖啡色液体,后面又写无呕血及黑便。护理记录有临时用药的记录,但查不到医嘱,如复方氨林巴比妥注射液 2ml 肌肉注射,地塞米松 10mg 静脉注射等,此种情况多发生在夜间或医生在手术,为及时开医嘱,护士无奈或随意执行口头医嘱,次日医生未及时补开,这些均存在医疗护理安全隐患。

2.2.4 护理记录不及时、不准确、缺乏客观性 ①有的记录没有具体的数据,如患者"心悸、气短",没有显示每分钟的呼吸、心率次数。②对特殊用药及处理无记录。患者在夜间曾出现病情变化,医嘱也有处理,但护士却未写护理记录或事后再进行回忆性记录,从而导致记录与实际情况不相符。对护理及抢救的实际过程不能动态、连续地进行记录。③危重患者采用特殊仪器时记录不全面,家属拒绝治疗或护士未签字。④同时存在重抄护理记录现象,大大降低了护理记录的可信度。

3. 讨论

3.1 目前临床上低年资护士多,危重、疑难病例多,低年资护士遇到紧急情况,常常反应不够灵敏、操作程序混乱、处理问题能力下降,从而导致一系列护患纠纷的发生或增加护患纠纷解决的难度。为保障护理安全,提高低年资护士书写危重、抢救护理记录质量,应进行应急能力、观察、分析病情的能力、抢救流程及技术水平、护理文书书写质量及法律、法规方面的知识培训。

3.2 加强低年资护士的专科理论知识学习,提高其病情观察能力 疾病的外在观察是依据每个护士的专业知识与临床经验为基础的。护士要具备敏锐的观察病情变化的能力,就必须有扎实的理论知识。①加强急救知识、急救技能的培训,学习护理安全管理、应急预案和急救流程,实施流程管理,提高低年资护士的应对能力;②科室应制定和完善危急症的判断、抢救流程、关键环节、观察操作流程及各专科交接班重点内容及流程等;③组织开展自学,请医师及高年资护士进行讲座;④对危重及死亡病历进行讨论,分析护理过程中病情观察、抢救、护理措施、护理记录是否准确、及时。通过讨论分析,总结经验、认识不足,减少护士病情观察过程中的偏差与遗漏,不断提高低年资护士的观察、应变及书写护理记录的能力。

3.3 充分发挥科室质控小组的作用,对低年资护士书写的危重、抢救记录进行及时检查、反馈 ①护士长对危重病历及死亡病历必须逐份质控,并建立护理记录缺陷登记本,及时将发现的问8题反馈给护士,整改后签名,并将存在的共性问题在晨会上通报,每月有分析、总结和评议;②强调病情变化、异常检查结果必须及时向医生报告并做好记录;③针对护理记录存在的问题进行专题讲座,加强护理人员的法制教育,使低年资护士充分认识到护理记录的重要性,提高其书写危重护理记录的质量,确保护理安全。

自测题

1. 解释词语和句子
(1)低年资护士
(2)危重抢救护理
(3)质量控制
(4)举证
(5)质量检查
(6)心悸
(7)衡量
(8)质控
(9)反馈
(10)终末质量评价

2. 阅读理解
(1)根据原文提供的数据,低年资护士书写危重患者的护理记录时,易出现哪些问题?
(2)低年资护士书写危重患者的护理记录,存在缺乏连续性、完整性等问题的具体表现是什么?
(3)哪些现象体现了低年资护士对护理文书书写规范及书写标准掌握不牢固?
(4)根据课文内容,举例说明医护记录、护理记录前后不符的情况。

3. 课文读后谈
(1)如何提高低年资护士书写危重、抢救护理记录的质量?

(2)医院对低年资护士在病情分析能力、应急能力、抢救流程及技术、护理文书书写质量等方面进行培训时应有怎样的具体措施?

4. 语言运用练习
(1)阅读下面这段文字,用一句话概括下段文意。

病情变化的时间、抢救、死亡、记录内容、手术名称及开医嘱时间与执行时间不一致。例如,一危重患者 12 月 3 日 17 时医嘱下病危通知,而危重记录单从 12 月 4 日 8 时开始记录;一意识障碍患者,医生记录浅昏迷、护士记录深昏迷等。护理记录前后不一致,同一时间写的记录,前面写呕吐咖啡色液体,后面又写无呕血及黑便。护理记录有临时用药的记录,但查不到医嘱,如复方氨林巴妥注射液 2ml 肌肉注射、地塞米松 10mg 静脉注射等,此种情况多发生在夜间或医生在手术,为及时开医嘱,护士无奈或随意执行口头医嘱,次日医未及时补开,这些均存在医疗护理安全隐患。

(2)调查报告中最常见的材料就是数据,如果去掉下面这段文字的有关数据,两者在表达效果上会有什么不同?

护理记录有临时用药的记录,但查不到医嘱,如复方氨林巴妥注射液 2ml 肌肉注射,地塞米松 10mg 静脉注射等。

5. 标点符号练习

仔细阅读下列两句,说说冒号与分号的用法。

(1)检查发现,存在的问题基本归纳为以下 9 类:①涂改及改错不规范,占 25.2%;②记录不规范,占 16.5%;③观察记录不规范,占 14.4%;④护理记录内容缺乏连续性,占 8.6%;⑤记录不及时,占 8.6%;⑥医护记录不一致,占 7.2%;⑦护理记录前后不一致,占 6.5%;⑧抢救记录不全,占 4.3%;⑨其他,占 8.6%。

(2)医护记录、护理记录前后不符。例如,医师记录患者发热,而护理记录体温正常;有的患者心率较低,而护士记录心率正常;一意识障碍患者,医生记录浅昏迷,而护士记录深昏迷;肝硬化腹水患者需要测量腹围,前一个护士交班腹围是 108 厘米,而第 2 天在没有用利尿药的情况下,护士交班腹围是 98 厘米;前面交班患者压疮面积为 3 厘米×4 厘米,而下面交班患者压疮面积却为 2 厘米×4 厘米。

6. 请你说一说

(1)查找有关资料,谈谈护理记录的规范书写格式和程序。

(2)如何在书写护理记录的工作中体现职业能力和职业责任感?

7. 座谈

(1)就自身而言,低年资护士如何提升护理记录书写质量?

(2)对于低年资护士,医院和护士长应采取怎样的措施,才能使护士高质量完成护理记录?

8. 写作

对实习护士生的一周生活进行调查,以"实习护士生一周生活实录"为题写一篇调查报告,并对护士生的生活方式进行评价。要求做到全面、细致,内容前后有相关性。

针梗脱离针栓致入胸腔一例报告①

陈云萍

针梗脱离针栓致入胸腔十分罕见,我院曾遇到一例,现报告如下。

患者男,37 岁,因咳嗽、气促 10 多天,于 1988 年 7 月 9 日住我院内科。体检:气管稍右移,左胸壁饱满,呼吸运动减弱,叩诊过清音,听诊左肺呼吸音减弱,腹部 X 线检查提示:左侧气胸,肺压缩约 90%,膈肌下降于 11 肋间,心脏轻度右移。诊断:左侧气胸。

病员入院后,即刻在局麻下于左锁骨中线第二肋间行胸腔抽气,抽出气体 1500 毫升,气促略改善。次日上午用 16 号针头接橡胶管做胸腔闭式引流,外用纱布和胶布固定。11 日晨查房见左侧胸壁明显肿胀,可触及皮肤捻发音,上达颈部,下至腰部。查引流针头发现针梗与针栓衔接处脱离、移位,针梗进入胸壁,无法夹取。即在局麻下行左胸壁针眼处切开探查,未见针梗。胸透发现左第七后肋下侧胸壁有一根金属异物。经外科在气管插管静脉复合麻醉下,取左 5~6 肋间、肋软骨至左腋中线为切口,切开胸壁逐层进胸,在左肺下叶后侧取出 1 支 16 号的完整针梗,安置胸腔闭式引流管。经抗痨、抗感染和引流,一星期后拔管,伤口Ⅰ期愈合,于 8 月 10 日痊愈出院。

讨论:①器械性致胸腔异物十分罕见,本例发生纯属针头质量低劣,针梗和针栓衔接不牢造成的。事后检查发现向该厂购买的 16 号针头 1000 支,其中有 30 多支衔接不牢,松动,稍拔即可脱出。回顾近 1~2 年来不断发现有不合格的医器械冒充合格产品而出售使用,应引起采购员与医护人员的重视;②护士在清洗针头时,除要注意检查针尖是否有钩、有弯曲、锈迹和有阻塞否,还得注意衔接处是否牢固,如本例就因衔接不牢所致;③用针头做胸腔闭式引流时,固定要稳妥可靠,皮肤外须留有部分针梗,并用血管钳夹紧固定,以防针梗移动或脱落掉入胸腔,本例只用纱布和胶布固定显然不够妥当;

---

①该文选自《中国实用护理杂志》1989 年 6 月。

④要经常巡视观察引流瓶水柱波动情况,发现水柱停止波动要及时查找原因;⑤要严密观察病情变化,发现皮下气肿要及时查原因。该患者皮下气肿,可能是针梗致入胸壁后,胸腔空气从针孔进入皮下而引起的。

自 测 题

1. 这篇文章主要的调查内容是(　　)
   A. 针梗脱离针栓致入胸腔整体调查报告
   B. 针梗脱离针栓致入胸腔原因调查
   C. 针梗脱离针栓致入胸腔案例追踪
   D. 针梗脱离针栓致入胸腔一例报告

2. 本文器械性致胸腔异物的原因是(　　)
   A. 使用前没有检验针头质量
   B. 针头质量低劣,针梗和针栓衔接不牢
   C. 观察不够仔细
   D. 针头固定不当

3. 本文针梗脱落入胸通过(　　)查找。
   A. 外科手段
   B. X 光检查
   C. 听诊
   D. 触摸

4. 本文针梗脱落致入胸壁后患者有(　　)症状。
   A. 左侧胸壁明显肿胀
   B. 可触及皮肤捻发音
   C. 捻发音上达颈部下至腰部
   D. 气管稍右移,左胸壁饱满,呼吸运动减弱

5. 本文针梗致入胸腔后通过以下(　　)步骤取出。
   A. 局麻
   B. 左胸壁针眼处切开探查
   C. 气管插管静脉复合麻醉下
   D. 左第 5~6 后肋下侧胸壁有一根金属异物

6. 以下(　　)做法可以防止针梗脱落。
   A. 检查同厂家同批次 16 号针头
   B. 质检部门排查针头衔接情况
   C. 医护人员使用前进行预检

   D. 医护人员使用中加强固定并注意巡查

7. 固定针头的正确方法是(　　)
   A. 使用纱布
   B. 使用胶带
   C. 皮肤外须留部分针梗,并使用血管钳
   D. 使用纱布加胶带

8. 为避免针梗脱落致入胸壁等类似事件发生,医护人员该做(　　)
   A. 护士在清洗针头时,除要注意检查针尖是否有钩、有弯曲、有锈迹和有阻塞否,还得注意衔接处是否牢固
   B. 用针头做胸腔闭式引流时,固定要稳妥可靠,皮肤外须留有部分针梗,并用血管钳夹紧固定,以防针梗移动或脱落掉入胸腔
   C. 要经常巡视观察引流瓶水柱波动情况,发现水柱停止波动要及时查找原因
   D. 要严密观察病情变化,发现皮下气肿要及时查原因

9. 采购和使用针头需要注意(　　)
   A. 严防不合格的医疗器械冒充合格产品而出售使用
   B. 加强采购员的培训
   C. 加强医护人员的甄别技能
   D. 还得注意衔接处(针梗与针栓)是否牢固

10. (　　)可避免使用劣质器材导致的医疗事故。
    A. 器材生产企业从源头上严把质量关
    B. 卫生器材监督部门对器材质量要加强管理
    C. 采购人员应注意厂家的资质
    D. 医护人员严格按规定程序规范操作

口语交际

口 头 汇 报

　　口头汇报是通过语言表述向上级领导或有关部门及特定听众汇报工作、反映情况、提出意见或建议的信息沟通手段。口头汇报对报告事实、寻求理解、明确形势、制定决策等意义重大。在实际工作中,

由于口头汇报形式灵活、内容多变、时限不定而常常被忽视,因此汇报中往往出现事理不清、混乱啰唆的现象。"台上十分钟,台下十年功",口头汇报也是如此。不管是在正式的会议上还是在平常的工作中,要想把口头汇报做好,需要掌握以下要点。

分步准备,按序进行

口头汇报分三步骤进行。第一步,分析听众和场合。弄清听汇报的是领导,还是特定听众;是面向一个人或几个人,还是众多人汇报。第二步,编写汇报提纲。要弄清汇报的主题是什么,围绕汇报主题搜集相关材料,按照汇报内容的逻辑顺序列出汇报提纲。第三步,汇报发言,汇报发言的总体要求是简明扼要、客观准确、语言流畅。

思路清晰,主次分明

口头汇报时间一般不会长,汇报时要注意时间的分配,先将重点、难点问题进行汇报,要有具体的事例,有清晰的脉络、层次,不能胡子眉毛一把抓。开头部分,可以先提示一下汇报内容的总体组成,也可以在结尾做一下总结归纳。汇报时总结归纳运用较多,它可以使汇报分散的内容得以集中。中间部分,可以列条列项。可按时空顺序或逻辑顺序,有的先主后次,有的先因后果,或先概括后具体,也可以几种顺序结合使用。汇报时注意过渡语的提示,保证说深、说透。

注重礼节,实事求是

在口头汇报时,语态要自然大方,谦虚谨慎,不卑不亢;语调要亲切、诚恳、平和;用词要简洁、精炼、准确。不要腼腆木讷,语无伦次。向群众汇报时不要趾高气扬、目中无人,要与听众有眼神的交流,关注听众听的情况,要尊重群众。下级向上级汇报应遵循归口管理的原则,直接找分管负责人,不能擅自越级或多头汇报。所言不实是汇报的大忌,也会带来严重的后果。汇报时,要本着实事求是的原则,不能弄虚作假。所述数据、材料必须核查确认,不夸大成绩和弱化缺点,要对不能确定的内容作必要的说明。

✚ 自 测 题

1. 以调查小组为单位,在学校范围内对本校学生进行一次"未来职业理想"的调查,请按照调查的前期准备、经过、结果等逻辑顺序编写一份口头汇报提纲。

2. 将你组织的一次青年志愿者活动向班级同学做一次口头汇报。

3. 以"在××医院临床护理实践的学习汇报"为题向班级同学做一次口头汇报。

书面表达

总　　结

总结是国家机关、社会团体、企事业单位、个人等对过去某个时期、某个阶段、某个方面的实践活动进行回顾和评价,通过分析、研究,从中找出经验教训,引出规律性的认识,以明确今后工作方向的一种实用性文书。

工作总结的格式和内容

总结一般由标题、正文、落款三部分组成。

(一) 标题

总结的标题大体上有两种形式:一种是公文式标题;另一种是非公文式标题。公文式标题由单位名称、时间、事由、文种组成,如《××医院 2015 年度工作总结》《××医院 2015 年普法工作总结》,有的只写

《××工作总结》等。非公文式标题则比较灵活,有的为双行标题,如《增强体质,全面贯彻执行教育方针——开展多种形式的体育活动》;有的为单行标题,如《推动人才交流,培植人才资源》等。

(二) 正文

正文是总结的主要构成部分,一般可分为四个部分:基本情况、成绩和做法、经验和教训、今后的打算。

1. 基本情况

总结必须有基本情况的概述和叙述,有的比较简单,有的比较详细,这部分内容主要是对工作的主观条件、客观条件、有利条件和不利条件及工作的环境和基础等进行分析。

2. 成绩和做法

工作取得了哪些成绩,采取了哪些方法、措施,收到了什么效果等。这些都是工作的主要内容,需要较多的事实和数据。

3. 经验和教训

对实践过程进行认真的分析,总结经验,吸取教训,发现规律性的内容,使感性认识上升到理性认识。

4. 今后的打算

根据今后的工作任务和要求,吸取前一时期工作的经验和教训,明确努力方向,提出改进措施等。

总结的正文结构常见的有贯通式、小标题式、序数式三种形式。

贯通式适用于篇幅较短、内容单一的总结。它像一篇短文,全文之中不用外部标志来显示层次。

小标题式将主体部分分为若干层次,每层次加一个概括核心内容的小标题,重心突出,条理清楚。

序数式也将主体部分分为若干层次,各层用"一、二、三……"的序号排列,层次一目了然。

(三) 落款

落款包括署名和时间两项内容。如果标题中已有署名,这里可不再写。

工作总结的注意事项

(1) 工作总结前要充分占有材料。

(2) 工作总结要实事求是。对于工作成绩不夸大,缺点不缩小,更不能弄虚作假。

(3) 条理要清楚。总结是写给别人看的,条理不清,人们就看不下去,即使看了也不知其所以然,这样就达不到总结的目的。

(4) 剪裁要得体,详略适宜。材料有本质的,有现象的;有重要的,有次要的。我们对工作进行回顾分析时要去粗取精,抓住主要矛盾;对问题进行归纳总结时要有主有次,详略得当。

【示例1】

××保卫处××××年工作总结[①]

一年来,在学院党委和行政主管的领导下,在上级公安、综治等业务职能部门的具体指导下,我处紧紧围绕学校中心工作,全体同志齐心协力,团结协作,努力工作,在校园管理、安全防范、群防群治、安全教育、校园维稳和周边整治等方面做出了大量工作,确保了学院的政治

---

①范文选自百度文库,有改动。

稳定和良好的校园治安秩序,保证了学院正常的教学、科研、工作生活秩序和人员、财产的安全。现将主要工作总结如下。

一、领导重视,组织落实

今年,学院各级领导非常重视安全保卫工作,认真吸取去年发生的两起投毒案件的教训,在学院经费较紧张的情况下,下决心投入 60 多万元安装了能覆盖全校 80% 的闭路电视监控系统,对全校的重点要害部位进行全天候 24 小时监控录像,投入 20 多万元的二期工程正在进入施工阶段。为了完善各栋大楼的防盗报警设施,今年又投入 1 万多元在各栋教学大楼的值班室安装了防盗报警总台,实行了专门布控。分管保卫的学院领导,每个星期都过问学院的安全保卫工作,听取保卫处的工作汇报,并经常深入第一线,提出建议和要求。保卫处领导坚持每星期组织党员、干部参加政治学习和业务学习,讨论、总结和预防了犯罪,确保了学院治安的稳定和消防安全,如期解除了区综合治安委去年对我院的黄牌警告。

二、校园整治,确保到位

一年来,为了确保校园治安稳定,各项工作走上规范化管理轨道,我处加强了校园及其周边的治安整治力度。

(一) 加强校园内部治安管理工作

(1) 狠抓内部治安管理。

(2) 加强校园的交通管理,确保校园的交通安全。

(3) 加强外来人员的登记管理,确保校园的治安秩序。

(4) 加强安全文明小区的管理,积极创建安全文明校园活动,减少失盗案件的发生。

(5) 加强对全院消防设施的检查,消除安全隐患,完善各项消防设施。

(6) 加快硬件建设,设施科技确保安全。

(二) 加强校园及其周边的治安综合治理(略)

(三) 做好办公室的各项工作(略)

(四) 广泛开展安全防范教育和宣传活动(略)

(五) 抓好新生军训工作,成效显著(略)

(六) 服务师生,多做好人好事(略)

(七) 存在的问题及努力方向

一年来,保卫处在学院领导下,取得显著的成绩,但还存在着师生自行车、电动车和摩托车失盗,保卫处工作人员安保意识和责任意识不强,技防设施尚不完善等问题。今后,保卫处要不断加强学院保卫人员的事业心和责任感,提高保卫人员的思想水平和业务水平,为创建平安校园、和谐校园而努力奋斗。

【示例2】

护理工作总结[①]

过去的一年里,在院领导、科主任、护士长的正确领导下,本人认真贯彻科学发展观和"三严三实"等重要思想,坚持"以患者为中心"的临床服务理念,发扬救死扶伤的人道主义精神,立足本职岗位,踏踏实实做好医疗护理工作。现就一年工作总结如下。

一、加强学习,努力提高思想业务水平

认真学习党的路线方针政策,学习各项规章制度。通过学习,提高了自己的政治理论水平,进一步端正了服务态度,增强了做好本职工作、维护医院良好形象的自觉性和主动性。

---

① 范文选自学优网,有改动。

认真学习专业知识，不断提高专业水平。坚持自学和集中学习相结合，利用业余时间学习了护理新知，了解最前沿的护理理念。积极参加本院组织的各项学习活动和技能培训，做到勤学苦练。通过学习熟练地掌握了专业知识和各项护理操作技能，提高了专业修养和业务能力，不断提高自我适应医疗发展需要的能力。

二、认真做好护理工作，提高服务质量

工作中做到听从护士长指挥，正确执行医嘱以及各项护理技术操作规程，严格执行无菌操作和"三查七对"制度。认真做好基础护理，写好护理记录。

工作中着装整洁大方，用语文明规范，态度和蔼，礼貌待患，动作轻柔。耐心回答患者及其家属关于病情的咨询，以及家庭治疗、保健方面的注意事项等。努力端正服务态度，提高服务效率和服务质量，为患者提供最温馨的人性化护理。

三、今后努力方向

首先，认真学习《护理文件书写规范》，严格按照《护理文件书写规范》书写一般护理记录、危重护理记录及抢救记录。严格遵守操作的规章制度，牢记"三基"（基础理论、基本知识和基本技能）与"三严"（严肃的态度、严格的要求、严密的方法）。

其次，操作上，要进一步提高操作技能、提高服务水平，最大程度减轻患者痛苦；思想上，主动关心危重患者，特别是做好临终关怀工作；态度上，能亲近患者，拉近与患者的距离；语言上，提高沟通技巧和沟通能力。

最后，决心与科室同事一道创造和谐、融洽的工作氛围，分享护理经验和心得，为打造团结、向上、有为的护理团队做出积极的努力。

自测题

1. 阅读下面的句子，提取句子主干

（1）波澜壮阔的改革开放和现代化建设为全国各族青年施展才华，实现志向，提供了广大的舞台。

（2）他这些独到的见解一针见血地道出了古代东方学术精神和希腊科学精神的深刻差别。

（3）父亲那种勤劳俭朴的习惯、母亲那种宽厚仁慈的态度，至今还在我心中留有深刻的印象。

2. 概括下面语段的中心意思

在注射室的工作过程中，我能做到不迟到、不早退，能正确执行医嘱及各项护理技术操作规程，做好基础护理，严格执行无菌操作和三查七对制度。同时我也深深感到自身的不足，一是对于斑秃、局部注射以及激光操作的知识了解很少，二是遇到挫折时不能冷静处理，三是在主动性方面还有待于进一步提高。

3. 根据下面两种情景，以"服务质量"为中心，分别写出一段话，每段不少于30个字

情景1：社区卫生服务站，婴幼儿计划免疫。

情景2：呼吸科重症监护室，老年患者护理。

16

第十六单元

阅 读

医护论文的阅读

医学论文是医学工作者通过对科学实践所获得的科研成果进行总结归纳后,按论点和论据所写成的论证性文章。一篇优秀的论文既要求内容丰富、新颖、科学性强,又要富有理论性和实践性,并且文字通顺、层次清楚、逻辑性强。

科研论文的结构一般包括三部分:前置部分,包括题目、作者、摘要、关键词;主体部分,包括引言、正文(材料、方法、结果和讨论)、致谢、参考文献;附录部分,包括附图、附表、照片、文后附录的资料等。

1. 题目

题目是文章最重要和最醒目的部分,应尽量做到简洁明了,并紧扣文章的主题,要突出论文中特别有独创性、有特色的内容,以起到画龙点睛、启迪读者兴趣的作用。字数不应太多,一般不宜超过 20 个字。

2. 作者

署名是论文的必要组成部分。作者应是论文的撰写者,是直接参与全部或部分主要工作,对该项研究作出实质性贡献,并能对论文的内容和学术问题负责的人。

3. 摘要

摘要是科研论文主要内容的简短、扼要而连贯的重述,必须将论文本身新的、最具特色的内容表达出来(重点是结果和结论)。

具体写法有"结构式摘要"和"非结构式摘要"两种,前者一般分成目的、方法、结果和结论四个栏目,规定 250 字左右;后者不分栏目,规定不超过 150 个字,目前国内大多数的医学、药学期刊都采用"结构式摘要"。

4. 关键词

关键词也叫索引词,主要为了图书情报工作者编写索引,也为了读者通过关键词查阅需要的论文。

关键词是从论文中选出来用以表示全文主题内容的单词或术语,要求尽量使用《医学主题词表》中所列的规范性词(称叙词或主题词)。

关键词一般选取 3~8 个词,并标注与中文一一相对应的英文关键词。每个词之间应留有空格以区别。关键词通常位于摘要之后,引言之前。

5. 引言

引言(导言、序言)作为论文的开端,起纲领的作用,主要回答"为什么研究"这个课题。引言的内容主要介绍论文的研究背景、目的、范围,简要说明研究课题的意义及前人的主张和学术观点,已经取得的成果,以及作者的意图与分析依据,包括论文拟解决的问题、研究范围和技术方案等。

引言应言简意赅,不要等同于文摘或成为文摘的注释。如果在正文中采用比较专业化的术语或缩写词时,最好先在引言中定义说明。字数一般在 300 字以内。

6. 正文

正文是科研论文的主体,包括材料、方法、结果、讨论四部分内容,其中某些部分(特别是方法和结果)还需列出小标题,以使层次更加清晰。

(1)材料。材料如果属于动物实验研究,需说明实验动物的名称、种类、品系、分级、数量、性别、年(月)龄、体重、健康状态、分组方法、每组的例数等;如果属于用药的临床观察,应说明观察对象的例数、性别、年龄、职业、病例种类、症状体征、诊断标准、分组方法、治疗措施、临床观察指标及疗效判定标准(如痊愈、显效、好转、无效的标准)等。

材料需说明受试药的来源、批号、配制方法等,中药应注明学名、来源,粗提物应标明有效部位或成分的含量和初步的质量标准,若是作者实验室自行提取的应简述提取过程。

材料还需标明主要仪器设备的生产单位、名称、型号、主要参数与精密度等;标明主要药品、试剂的名称(尽量用国际通用的化学名,不用商品名)、成分、批号、纯度、用量、生产单位、出厂日期及配制方法等。

(2)方法。方法中如采用的是已有的报道方法,只需注明文献的出处即可,不必详述其过程;若为有创意的方法,要详细介绍创新之处,便于读者依此重复验证;若是对常规方法作出改进的,应具体描述改进部分及改进的理由,同时也要注明原法的文献出处。

对于实验条件可变因素的控制方法(如放射免疫法的质量控制)要加以详细说明,以显示文章结果的可靠性和准确性。

(3)结果。试验结果是论文的核心部分,这一部分要求将研究中所得到的各种数据进行分析、归纳,并将经统计学处理后的结果用文字或图表的形式予以表达。①表格设计要清晰、简练、规范。每个表格除有栏头、表身外,还要有表序(如表 1、表 2、表 3……)和表题,表题与表序居中写,中间空一格将两者分开。在正文中要明确提及见表×。表随文放,一般应列在"见表×"文字的自然段落的下面。表格一般采用三线表。②插图包括示意图、曲线图、照片图等。图要求大小比例适中,粗细均匀,数字清晰,照片黑白对比分明。与表一样,图也要随文字放,先见文字,后见图。每幅图都要有图序和图题,图序和图题通常写在图的下方。

所以,结果处理时要尊重事实,要求结果中的数据精确完整、可靠无误,同时要注意不应忽视偶然发生的现象和数据。药物的临床疗效研究结果,要注意交代与药物有关的全部信息,如疗效、毒副作用及注意事项等。

(4)讨论。讨论是结果的逻辑延伸,是全文的综合、判断、推理,从感性提升到理性认识的过程,也是作者充分运用自己对该领域所掌握的知识,联系本课题的实践,提出新见解、阐明新观点之处。

讨论应从结果出发,紧扣题目,不宜离题发挥。具体地说应对本实验所观察到的结果,分析其理论和实践意义,能否证实有关假说的正确性,找出结果中的内在规律,与自己过去的或其他作者的结果及其理论解释进行比较,分析异同及其可能原因,根据自己的或参考别人的材料提出新见解。

7. 致谢

凡不具备前述作者资格,但对研究作过指导、帮助的人或机构,均应加以感谢,但必须得到被致谢人的同意后才能署其姓名。致谢一般单独成段,放在正文的后面。

8. 参考文献

参考文献要求引用作者亲自阅读过的最主要的文献,包括公开发表的出版物、专利及其他有关档案资料,内部讲义及未发表的著作不宜作为参考文献著录。论文所列参考文献一般不超过 10 条,综述不超过 30 条。

电脑会不会影响一代人的体质①

龚 怡

近年来,国内业已形成中小学生上网热。去年北京市 150 余位政协委员进行的一项"关于为未成年人营造健康成长的社会文化环境的调查报告"显示:北京市中小学生上网比例高达 81.3%,比成年人高出 22 个百分点;天津市一项统计调查显示,全市中小学生中已有 64% 上网。互联网对一代人体质的影响问题已经日益凸显。

在公共汽车上,经常听见身边的小学生这样"互致问候":"今天你上网了吗?","昨晚我玩游戏又攒了 300 分"。

路边小店里五颜六色的游戏点数卡、上网卡也吸引着大批中小学生的目光,他们在此流连驻足。这些游戏情节设计大多环环相扣,让人欲罢不能。网吧早已瞄准了这一市场,顺势推出了"送餐服务",可是看看他们为上网的中小学生提供的都是些什么食物? 无非是方便面之类的快餐食品,既无从谈营养,又无卫生保障可言。而沉迷其中的孩子们却顾不上这许多,他们甚至连眼睛都舍不得从闪烁的荧光屏上移开。

青少年沉迷网络最严重的事件发生在 2002 年,一名 17 岁的中学生在一家网吧长时间玩网络游戏后因兴奋过度而死亡。

有研究显示,长时间上网会使大脑中的一种叫多巴胺的化学物质水平升高,这种类似于肾上腺素的物质短时间内会令人高度兴奋,但其后则令人更加颓废、消沉。一旦离开网络,便会产生精神阻碍和异常等心理问题的疾病。表现在日常生活和学习中,就是举止失常、神情恍惚、胡言乱语、性格怪异。

怀着忧心与疑虑,我们采访了卫生统计信息中心,却被告知尚未就电脑对青少年体质的影响进行过专门的立项跟踪调查,没有相关数据。卫生部、中华预防医学会、疾病预防控制中心等相关部门对此也没有明确答复。中华医学会办公室的一名工作人员在我们与之详细解释了半小时后甚至对我们关注这一问题感到费解。而各种媒体就网络对青少年影响这一问题的报道也多集中在心理和道德方面。是因为电脑对于青少年体质尚未造成大规模影响吗?

事实不然。2000 年,教育部、国家体育总局、卫生部、国家民族事务委员会、科技部五部委(局)共同组织了每五年一次的全国学生体质与健康调研。结果表明,我国青少年学生体质方面存在不少问题,特别是学生体能素质这些年呈现持续下降的趋势。

据负责《2000 年中国学生体质与健康调研结果及对策研究报告》的学生体质与健康研究组分析,导致这一结果的主要原因是学生体育锻炼不足,包括时间和强度均有欠缺。孩子们放学回家后,除了做功课,大部分时间是在读课外书籍、看电视、玩电脑等,室内活动居多,室外运动明显减少。其中较为突出的一项——学生近视眼患病率居高不下,主要原因是学生近距离用眼时间过长,而近些年随着电子游戏机盛行、计算机普及、网络信息的发展,中小学生长时间玩游戏机、上网、看电视等正是导致近视发生的重要原因。

国家教育部《学生体质健康标准》专家组成员、北京市国民体质监测中心副主任、北京市

①该文选自《人发文摘》2003 年第 5 期。

体育科学研究所研究员周琴璐对此也深有体会,她的孩子和侄儿外甥们分别在欧美、北京、上海、广州等处念研究生或准备考大学,和计算机在一起的时间每周至少6天,每天平均都在8小时以上,已经出现许多疾病的症状。

周琴璐说,计算机给我们带来现代文明的同时也给我们带来了现代文明病,我们的许多健康问题与计算机使用频率高度相关!有些专家提出"电脑综合征"的提法,她个人较为赞成用"电脑过度使用综合征"的提法。

周琴璐在体质监测中发现这类人群尽管年轻,学校里运动有一定基础,大部分总体是合格甚至优秀,但单项指标如心功能指数、柔韧性却不合格,并有超重肥胖的趋势。大部分人的主诉症状是睡眠质量差、早上起床后仍感觉疲劳;头痛、头晕、恶心、耳鸣、眼花、经常流泪;颈部酸痛、肌肉紧绷、头颈部皮肤或手指麻、颈部转动时头晕;手指或手腕部疼痛;消化不良、食欲差、腹泻便秘交替;月经不调、梦遗增多;心慌、气短、无力等;个别人情绪不稳定、焦虑,甚至失去对生活的信心;他们绝大部分人都没有到医院就诊,去就诊的部分人多被诊断为颈椎病或神经衰弱、植物性神经紊乱等。而这些疾病和症状是不应该出现在青少年这个年龄段的。

据周琴璐分析,导致这些症状大致有如下主要原因。

(1)长时间强迫性体位:弯腰坐立、颈部肌肉僵硬(颈椎过度后伸和过度前曲)、频繁移动鼠标(优势手侧肌肉和韧带的损伤),学生本来念书写字的体位就容易使脊柱变形,再加上长时间上网只有加重脊柱变形。

(2)眼部肌肉、视神经的极度疲劳。这是眼睛长时间注视屏幕的必然结果。

(3)操作空间的污染:密闭房间的缺氧、装饰材料的污染、计算机两侧的辐射、屏幕的静电、打印机墨盒、机器的声音、抽烟等。

(4)缺乏运动:大肌肉群活动少,能量消耗低。

(5)缺乏营养知识:能量过剩(蛋白质和脂肪过多),而维生素、矿物质缺乏。

电脑对一代人的体质已经产生影响,这是不争的事实。而且随着的信息化的发展,这个问题会越来越严重。有关人士指出,应该及早关注这一问题,在对全国中小学生展开广泛调查的基础上,应拟订出具有普遍指导意义的、操作性强的规范来,在中小学开设的有关电脑教育课程中,必须加入电脑使用卫生规范的内容。有关方面应尽早采取行动,不要等到损害已经形成再来亡羊补牢。

自测题

1. 阅读理解

(1)电脑会不会影响一代人的体质?有国家相关部门的调查论证结果吗?电脑对体质的影响从哪些方面证实的?

(2)概述一下导致学生群体身体出现睡眠质量差、颈部酸痛、消化不良等症状的原因是什么?

2. 课文读后谈

(1)"我们采访了卫生统计信息中心,却被告知尚未就电脑对青少年体质的影响进行过专门的立项跟踪调查,没有相关数据。卫生部、中华预防医学会、疾病预防控制中心等相关部门对此也没有明确答复。中华医学会办公室的一名工作人员在我们与之详细解释了半小时后甚至对我们关注这一问题感到费解。"这句话反映了什么问题?

(2)现代社会是信息社会,人们已经离不开互联网,使用电脑的人越来越多,那么,怎样做才能最大限度地减少电脑对人体的伤害。上网查查,然后说说,给大家提个醒儿,不要等到损害已经形成再来亡羊补牢。

3. 语言运用练习

(1)"电脑综合征"和"电脑过度使用综合征"的提法区别在哪?

(2)根据课文填空。

①有研究显示,长时间上网会使大脑中的一种叫多巴胺的化学物质水平升高,这种类似于肾上腺素的物质短时间内会令人高度( ),但其后

则令人更加(　　)、(　　)。一旦离开网络,便会产生精神阻碍和(　　)等心理问题的疾病。表现在日常生活和学习中,就是举止(　　)、神情(　　)、胡言乱语、性格(　　)。

②路边小店里五颜六色的游戏点数卡、上网卡也吸引着大批中小学生的目光,他们在此(　　)。这些游戏情节设计大多(　　),让人(　　)。

4. 标点符号

周琴璐在体质监测中发现这类人群尽管年轻,学校里运动有一定基础,大部分总体是合格甚至优秀。但单项指标如心功能指数、柔韧性却不合格,并有超重肥胖的趋势。大部分人的主诉症状是睡眠质量差,早上起床后仍感觉疲劳;头痛、头晕、恶心、耳鸣、眼花、经常流泪;颈部酸痛、肌肉发紧、头颈部皮肤或手指麻、颈部转动时头晕;手指或手腕部疼痛,消化不良、食欲差、腹泻便秘交替;月经不调、梦遗增多;心慌、气短、无力等;个别人情绪不稳定,焦虑,甚至失去对生活的信心;他们绝大部分人都没有到医院就诊,去就诊的部分人多被诊断为颈椎病或神经衰弱,植物性神经紊乱等。而这些疾病和症状是不应该出现在青少年这个年龄段的。

修改上段文字中逗号、顿号使用错误的地方,并说一说理由。

5. 请你说一说

(1)请你说一说你对电脑的使用持什么样的态度?

(2)假如你去求职应聘,主考官让你做一下自我评价,你该怎样说呢?

6. 座谈

(1)有人说"电脑是把双刃剑",你们是怎样看的,组织几个同学坐下来谈一谈。

(2)现任总理李克强在首届世界互联网大会上提出,"互联网是大众创业、万众创新的新工具。"同学们你们上网查查,然后小组同学座谈,什么是"互联网+"?通过座谈你们一定对互联网催生的经济社会新形态有一个更多的了解,以便适应未来的发展需求。

7. 写作

请为自己设计一份求职应聘的简历。

干细胞移植患者的护理

马建英　高春早　王晶晶　杨　冉　王　俊

患者男性,32 岁,于 2007 年 9 月无明显诱因出现左颈部包块,活检后确诊急性 T 淋巴细胞白血病,行 VDLCP 和 MAE 化疗方案后完全缓解,此后又给予 6 个疗程的强化、巩固治疗。2008 年 10 月下旬出现双下肢麻木、肌力减退,不能站立和行走。10 月 29 日腰穿检查脑脊液发现白血病细胞,脊柱和头颅磁共振检查提示白血病多发椎体浸润,11 月 11 日最后一次化疗后出现双下肢无力再次加重,不能站立和行走,胸 8 水平以下运动障碍。化疗后随即出现口腔溃疡,甲沟炎、腹泻、尿潴留等并发症。移植前曾发生过肺部真菌感染、带状疱疹、小肠出血等,进行过肺叶切除术、剖腹探查术等。为行全相合同胞供者异基因造血干细胞移植于 12 月 1 日入院。移植预处理方案为 BCNU+标准计量的 Cy/TBI。预防排异药物为环孢素及甲氨蝶呤。12 月 23 日输入同胞供者异基因造血干细胞 126ml,12 月 24 日输入同胞供者异基因造血干细胞 86ml。2 次所输干细胞计数为 $4.2 \times 10^6/kg$。15 天后同胞供者外周造血干细胞在其体内植活。21 天后患者出仓转入普通血液科病房。

讨论:急性淋巴细胞性白血病是骨髓中异常的原始淋巴细胞大量增殖并浸润各组织、器官,使正常的造血功能受到抑制。造血干细胞移植是目前唯一获得长期生存的方法。白血病晚期一旦发生中枢神经、脊髓浸润,少数患者可造成截瘫。本例患者在以往的化疗中曾出现过多种并发症如败血症,肺部真菌感染、带状疱疹、小肠出血,下肢瘫痪,加之预处理期大剂量的化疗药物及全身放疗的副作用,给造血干细胞移植的成活增加了极大的难度。因此,造血干细胞移植前,要对患者的整体状况进行全面的评价,确保移植预处理期患者身体处于良好状态。针对患者的病情特殊性,护理上除遵从一般异基因外周造血干细胞移植的护理常规外,更应强调全程全环境保护、加强生活护理和心理护理。经过我们的精心护理后,此例未发生压疮、尿潴留及泌尿系统感染,未发生外源性感染,造血干细胞成功成活。我们体会到,保持无菌洁净环境,实施全程全环境保护,做好生活护理和心理护理,加强各种并发症的防范,是保证造血干细胞移植成功的关键。现将此例患者的护理介绍如下。

1. 患者入仓前的准备工作

患者入仓前1周护理人员同患者沟通交谈,讲解移植过程,介绍造血干细胞移植的治疗效果,消除心理上的不安与恐惧。在患者入仓前2天护士长组织全科护理人员行造血干细胞移植前治疗护理讨论,熟知患者病情,移植方案,护理特点、难点,讨论可能存在的护理问题,根据我科现在的护理工作能力、工作制度、工作方法,针对此患者找问题,找不足,制订个性化的护理方案。由于是截瘫患者,对于如何全身药浴、放疗的体位及体位的保持等问题,大家反复在模拟人身上练习。截瘫患者基础护理工作量大,改变了仓内的布局,将移植舱内靠墙的床改为放在中间,床挡处于备用状态,将呼叫器从墙上拿下,固定于床档上。为患者准备了无菌床单、尿布、接尿器、翻身用垫子、大枕头。

2. 全程全环境保护

①无菌环境的保持:每天用75%乙醇擦拭房间床头柜、血压计、小饭桌。0.5%有效氯擦拭地面。周二、周五关闭风机用0.8%过氧乙酸气溶胶喷雾房间,30分钟后开机。患者所有的物品、药品、食品均经过消毒或灭菌处理。医生、护士进仓均需穿隔离衣戴无菌口罩、帽子、手套,遵守入室流程。②进仓护理工作流程:输液后更换置管处敷料,完成各种治疗性操作,点眼、滴鼻、口腔护理,更换无菌手套后膀胱冲洗,会阴冲洗,肛周护理,为患者行下肢功能锻炼。保持功能位。翻身后,整理床单位。③尿管、肛周、会阴的护理:每天用温度适宜的呋喃西林溶液冲洗膀胱2次。冲洗前放尽尿液,冲入的呋喃西林溶液完全放出,观察冲出液有无混浊、絮状物,有无血性液体。冲洗后用碘伏涂抹肛周,强生婴儿护臀霜涂臀部皮肤并按摩。无菌纱布在熬制的花椒水中充分浸泡后湿敷肛周15分钟。

3. 心理护理

患者在患病后先后发生过多处多种菌的感染、出血、心理压力很大。患者在普通病房治疗时,瘫痪所带来的不便完全有家属亲人照顾,患者进入移植病房后与外界隔绝,居住于密闭的狭小的空间,治疗护理完全由护士完成。易出现紧张、恐惧、孤独、无助、失望等心理反应。因此,心理护理和预防感染尤其重要。每一班在交接班时主动问候患者,选用新闻、轻松的话题与患者交流,分散患者的紧张无助感。对于患者的病情好转及时祝贺,表扬患者的默契配合。每天下午协助患者用患者的对讲电话相互交流、沟通。每天14:30~16:30患者家属探视。探视结束后与患者家属沟通,了解患者不便于讲给护士的心理问题,做到及时的解决。

4. 注重基础护理、皮肤护理及饮食护理

保持床单位的清洁、整齐,协助患者进餐前用消毒液洗手,大便后清洗肛周,建立翻身卡,每2小时评估皮肤、翻身1次,对对评估结果记录,记录翻身后的体位。每班交接时护士长必须在场。家属根据患者的要求做饭,指导家属选购新鲜、营养、软、无刺的食物,避免选择鱼类、香菇等增加免疫力的食物。不食用罐头食品、咸菜及含有防腐剂的食物,以免增加肝脏负担。微波炉消毒食物。同时注意加强瘫痪肢体功能锻炼。

5. 并发症的观察与护理

严密观察患者出入量情况,观察患者腹围的消长、巩膜皮肤有无黄染,皮肤有无出血点、淤斑,口腔有无溃疡,观察患者的生命体征,有异常及时报告。为了预防坠积性肺炎,鼓励患者深呼吸,做扩胸运动,鼓励咳嗽。

自测题

1. 了解相关医学术语知识

(1)急性淋巴细胞性白血病；

(2)造血干细胞移植；

(3)异基因外周造血干细胞移植；

(4)坠积性肺炎。

2. 阅读理解

(1)造血干细胞移植前，为什么要进行心理护理？

(2)保证造血干细胞移植成功的关键是什么？

3. 课文读后谈

(1)课文从几方面来谈干细胞移植患者的护理？最后的结论是什么？请你也结合临床实习，谈谈你在实践中的护理措施或其他临床实习的感受。

(2)科学、正确的护理措施对于患者治疗和康复如此重要，请你谈谈怎样加强学习专业基础知识和技能，成为一名合格的医护工作者。

4. 语言运用练习

(1)根据文义准确填写词语。

2008年10月下旬出现双下肢麻木、肌力减退，不能站立和行走。10月29日腰穿检查脑脊液（　　）白血病细胞，脊柱和头颅磁共振检查（　　）白血病多发椎体浸润，11月11日最后一次化疗后出现双下肢无力（　　）加重，不能站立和行走，胸以下运动障碍。化疗后（　　）出现口腔溃疡，甲沟炎、腹泻、尿潴留等并发症。

(2)提炼出本文的关键词。

5. 标点符号练习

下面两个段话中逗号和顿号使用有不正确的地方，请你把它找出，并说说原因。

(1)本例患者在以往的化疗中曾出现过多种并发症如败血症，肺部真菌感染、带状疱疹、小肠出血，下肢瘫痪，加之预处理期大剂量的化疗药物及全身放疗的副作用，给造血干细胞移植的成活增加了极大的难度。

(2)严密观察患者出入量情况，观察患者腹围的消长、巩膜皮肤有无黄染，皮肤有无出血点、淤斑，口腔有无溃疡，观察患者的生命体征，有异常及时报告。

6. 请你说一说

(1)你能完整地叙述一下本文引用的病例中该患者的病史吗？

(2)本文的本例患者做造血干细胞移植术存在着哪些难度？请举例说说。

7. 座谈

(1)以"我怎样制订截瘫患者的个性化护理方案"为话题进行座谈。

(2)以"如何指导术后患者饮食"为话题进行座谈。

8. 写作

根据医学论文阅读知识，为本文写出摘要。

压疮治疗及护理的研究进展

张　薇　王志红

压疮是临床常见的并发症之一，一直是医疗和护理领域的难题，具有发病率高、病程发展快、难以治愈和治愈后易复发四大特点。虽然近年来医疗服务水平有了很大提高，但从全球范围来看，其发病率并没有下降的趋势。2000~2004年美国住院患者中压疮的发病率为7%~9%，2007年欧洲医疗机构中压疮的平均患病率为18.1%。我国上海约80%的截瘫患者发生过压疮，期中病程10年以上者达20%，大大增加了患者的痛苦和医疗费用。据估计，每年全球用于防治压疮的费用高达数十亿美元，仅次于癌症和心血管疾病的消耗。因此，选择科学有效的治疗方法变得尤为重要。先将该领域的最新研究成果综述如下。

一、治疗理念的转变

长期以来各国学者从多个方面致力于压疮的研究，随着对压疮发生机制及影响因素的加深，其治疗理念也发生了很大的转变。

1. 愈合理论

人们既往认为创面清洁干燥有利于伤口愈合,直至 20 世纪 60 年代初 Winter 首先提出了湿润环境更有利于创面愈合的观点。经过 40 余年的研究发现在湿润环境下上皮细胞才能快速增长,促进肉芽组织生长和伤口愈合,并在此基础上发展了湿性愈合理论。实践证明湿润疗法大大缩短了伤口愈合时间,降低了潜在并发症发生的危险,显著提高了临床经济效益。但过湿的环境会浸渍创面周围皮肤,抑制成纤维细胞增殖,产生破坏细胞外基质和生长因子的蛋白酶,同样不利于伤口愈合。

2. 愈合环境

以往普遍认为封闭的环境会加快细菌增长繁殖,导致伤口感染。20 世纪 80 年代 Knighton 和 Lawrence 发现上皮毛细血管的增生随创面含氧量的降低而增加,之后的研究也相继表明缺氧的环境有利于肉芽组织和上皮的再生,由此形成了闭合环境愈合理论。在临床运用中发现闭合疗法可以保持伤口远离外界感染,从而降低了压疮的感染率。

3. 创面处理

对压疮创面是否使用药物一直存在不同观点。一般认为消毒剂和抗生素的使用能迅速、有效地控制疮面感染,有利于伤口愈合,即使无感染也可常规应用以到达预防目的。但现在护理工作中仍沿用的消毒剂如游离碘溶液、酒精、过氧化氢等可破坏创面新生肉芽组织,不利于伤口愈合。此外,过氧化氢和皮维碘对成纤维细胞还具有毒性作用。因此美国压疮护理提出应避免使用消毒剂处理创面。而由于翻译上有误,有些作者认为美国避免局部使用抗生素,这种观点是无依据的。

二、治疗方法的进展

1. 治疗措施

目前临床上有关压疮的处理有多种手段和方法,在实际应用中使用单一的方法一般不能奏效,多采取局部治疗为主,全身治疗为辅的综合护理措施。①清洁创面:坏死组织和碎片的存在可以影响压疮的愈合,清理创面是治疗时必不可少的一步。目前临床报道使用的清创方法有:机械清创、蛋白酶清创、自溶清创、手术清创等。每种清创方法均有其优缺点,应结合患者实际状况单独或结合使用。一般来说,当创面存在非黏着性异物或坏死组织碎片时,使用常规生理盐水冲洗是最经济无害的方法。冲洗时力度应适当。研究表明,当局部压力超过 105kPa 时即可对新生组织造成损伤。目前国外已研制出相关器械可以将冲洗压力控制在适当范围内;国内王翠凤等则用注射器以 2ml/s 的速度涡流式冲洗效果良好。当局部有广泛黏着的坏死组织时,首选手术清创,即我们通常所说的清创术。但应注意缺血性组织清创后可造成创面干燥,导致伤口的进一步恶化。对于不能耐受手术者,可选择蛋白酶清创和自溶性清创。②局部用药:从压疮的治疗史上来看,人们尝试了多种药物和制剂,但至今尚未发现特效药物。据经验报道,使用中药如甲黄液、复方猪胆汁、葛根、双黄连粉、艾条(熏灸)、湿润烧伤膏等获得较好的疗效;西药如磺胺嘧啶银、复方氨基酸、前列腺素 E1、胰岛素等疗效均得到肯定,但它们本身不能抗菌且有些是很好的细菌培养基,故多同时局部使用抗生素如福利平、甲哨唑、氯霉素等。其他如蜂蜜、芦荟、糖、锌、镁、金和酵母提取物等也已用于临床,虽然有文献报道具有一定疗效,但缺乏明确的理论依据。③敷料的使用:使用敷料是处理压疮的一个重要手段,有自制敷料和商业敷料两大类。据国外分析,虽然后者价格较为昂贵,但由于无须频繁更换,感染率较低,愈合率高,从长期效益来看更为经济有效。敷料的选择取决于伤口的性质(大小、部位、渗出液的多少、有无坏死组织等),还要综合考虑费用、操作等。当伤口有大量渗出液时宜选择泡沫敷料和藻酸钙敷料;有中等或少量渗出液时选用水状胶体敷料即可;无渗出时可选用水凝胶敷料或用纱布自制的简单敷料。需要注意的是,没有任何一种敷料具备所有理想特点和适用于伤口创面的各个阶段,所以在压疮的不同阶段应选择与之适应的敷料。④全身辅助治疗:压疮受到系统多种因素的影响,因此在注重局部护理的同时不可忽视全身辅助治疗的重要性,如积极治疗原发疾病、改善患者的营养状况、加强疼痛护理和心理护理等。笔者通过查阅文献,发现国内缺乏关于疼痛和心理护理用药方面的介绍,而国外护理对此研究比较透彻。美国学者指出,按时服止痛药比按需服止痛药效果好,对于需要大量服用止痛药的患者来说,每天规律服药2~3次,在剧烈疼痛时或者换药前可增加服药次数,使用时注意防止便秘的发生;在心理护理方面指出必要时可使用抗抑郁药物以增加患者食欲,改善其精神情况。5-羟色胺回收抑制剂是老年患者的一线药物,在国外该类似药物的新制剂已应用于临床,降低了副作用。

2. 辅助器具

随着压疮防治用具的不断推陈出新,传统使用的气圈、羊皮垫和橡胶垫因可增加压疮发生的危险,已经不主张使用。目前临床上国外多用明胶床垫、交替压力床垫和低气损床垫等;国内大多以经济价廉的海绵垫、糜子垫、水垫、脉冲式气床垫为主。也有人自制减压工具,如李凤琼等设计的负压排尿式防褥气垫、姚述兰和秦德芳利用三升袋制作的棉垫等均取得了较好效果。虽然在减压器具方面有了很大进步,注意变换体位也是必不可少的。国外研制的自动翻身床和程控按摩床因费用问题限制了其推广使用,而国内陶新学等自制翻身带经使用取得了满意的效果。

3. 并发感染的处理

由于患者多免疫力低下,感染后可能不出现疼痛、发红、肿胀等典型症状,在护理过程中应留心观察,一旦发现以下现象,要高度警惕感染的发生:浆液性渗出液,愈合延缓,肉芽组织变色,肉芽组织脆弱易碎,创面基底部呈袋状,恶臭,伤口破裂。研究证明局部使用抗生素如庆大霉素可降低伤口细菌含量,促进愈合,但使用一般不应超过2周,以免产生耐药菌。此外,值得引起我们注意的是国外有局部应用1%新霉素溶液引起永久性耳聋、局部应用杆菌肽引发急性过敏反应的案例报道,在使用含这些成分的药物时应慎重。当局部用药不能控制感染,出现进行性蜂窝织炎、发热、寒战等系统症状时,应考虑联合系统用药。

三、研究前沿

很少有疾病能像压疮一样有这么多尝试性的治疗方法,然而其治疗方面的理论支持还是相当薄弱,许多措施在没有充足的临床证据支持的情况下被广泛应用;再加上目前缺乏十分有效的治疗和护理方法,因此,相关领域仍在多方面进行积极探索。

1. 生长因子及相关疗法

1993年,Gonul等报道表皮生长因子(EGF)可通过提高血液中前列腺素E_2和锌的水平促进压疮伤口愈合。随后相关研究发现血小板源性生长因子(PDGF-BB)能促进皮肤成纤维细胞增生和细胞外基质沉积,据此美国OMJ制药公司生产了Becaplermin(PDGF制品)用于糖尿病患者下肢溃疡的治疗。近期研究发现碱性成纤维细胞生长因子(bFGF)也可有效促进伤口愈合。在此基础上,研究者指出生长因子相关疗法在压疮的治疗方面有较大的发展空间。

2. 物理辅助疗法

临床尝试使用的物理治疗方法有局部吹氧疗法、照射疗法(包括红外线照射、小剂量紫外线照射、电磁波照射)、高压氧疗法、电刺激疗法、超声治疗等,并有相关报道提示这些方法疗效较好,但对有些疗法如负压创伤疗法是否存在负效应尚有争议。

3. 其他

Goksel等使用wistar白鼠压疮模型得出局部或全身应用β-葡聚糖可以促进压疮愈合。陈耀秀和廖建鄂报道3例巨大压疮患者经自体外周血干细胞治疗后创面愈合好,无排异及其他不良反应,指出干细胞治疗可为巨大压疮提供一条经济有效的治疗方法。此外,研究发现,超氧化物歧化酶可以提高移植皮瓣的成活率;多酚类物质如儿茶素和黑儿茶可以抵消氧自由基的作用;传统的维生素E也被发现可以促进伤口和溃疡的愈合,为压疮的治疗提供了新的发展空间。

四、对护理人员的启示和要求

目前我国护士普遍缺乏压疮的防治知识,对压疮的研究进展了解不够。根据谢小燕和刘雪琴的调查,69.4%的护士仍按照所学《基础护理学》中的知识进行压疮护理,由于教材知识更新不及时,相当一部分护士未意识到某些方法现在已不推荐使用。在实践过程中对压疮的处理方法还停留在个人经验上,忽视了将新理念和新的研究成果应用于临床实践。早在1990年美国护理学会就在研究的基础上对治疗模式进行了标准化,制定了皮肤创面的护理规程,并不断地定期更新,将每天处理压疮的成本从每个压疮5.34美元下降到3.74美元。而我国的压疮治疗既没有统一的标准,也没有全面评价其模式的方法,造成了不同医疗单位对压疮的处理有很大差异的现状。因此,我们应当尽快提高压疮相关知识水平,注意新的治疗理念尽快推广到临床护理,使研究新成果应用于实践,以选择最佳的、科学的护理方案。此外,有些措施由于花费较大,在投入使用前其费用-效益关系仍需大样本的随机双盲对比试验研究探讨。这就要求我们在临床护理的过程中一方面应注意探讨新的治疗方法所需要的护理技术以及新仪器的使用方法,进行个案报道,加强经验交流;另一方面还要积极发展随机对照实验,改善压疮治疗的效益/成本比。只有从"经验治疗"过渡到"科学治疗",才能以最少的资源发挥最佳效果,更好地为患者服务。

自测题

1. 本文的标题是( )
   A. 压疮治疗的研究进展
   B. 压疮治疗及护理的研究
   C. 压疮护理的研究进展
   D. 压疮治疗及护理的研究进展

2. 2000~2004年美国住院患者中压疮的发病率为( )
   A. 18.1%　　　　B. 7%~9%
   C. 20%　　　　 D. 80%

3. 我国上海约( )的截瘫患者发生过压疮,期中病程10年以上者达( )
   A. 18.1%　　　　B. 7%~9%
   C. 20%　　　　 D. 80%

4. 愈合理念转变始于( )
   A. 20世纪40年代
   B. 20世纪60年代
   C. 20世纪70年代
   D. 20世纪80年代

5. 清洁创面时,对不能耐受手术者可选择( )
   A. 机械清创　　 B. 蛋白酶清创
   C. 自溶清创　　 D. 手术清创

6. 以下说法不正确的是( )

A. 目前临床上有关压疮的处理有多种手段和方法,在实际应用中使用单一的方法一般不能奏效,多采取全身治疗的综合护理措施

B. 从压疮的治疗史上来看,人们尝试了多种药物和制剂,但至今尚未发现特效药物。

C. 使用敷料是处理压疮的一个重要手段,有自制敷料和商业敷料两大类。据国外分析,虽然后者价格较为昂贵,但由于无须频繁更换、感染率较低、愈合率高,从长期效益来看更为经济有效。

D. 压疮受到系统多种因素的影响,因此在注重局部护理的同时不可忽视全身辅助治疗的重要性,如积极治疗原发疾病、改善患者的营养状况、加强疼痛护理和心理护理等。

7. 以下说法正确的是( )

A. 压疮治疗方法很多,并有充足的临床证据支持下被广泛应用。

B. 有3例巨大压疮患者经自体外周血干细胞治疗后创面愈合好。

C. 临床尝试使用的物理治疗方法有局部吹痒法、照射治疗法(包括红外线照射、小剂量紫外线照射、电磁波照射)、高压痒疗法、电刺

激疗法、超声治疗等。

D. 近期研究发现碱性成纤维细胞生长因子（bFGF）也可有效促进伤口愈合，研究还发现，超氧化物歧化酶可以提高移植皮瓣的成活率，这些都是生长因子及相关疗法。

8. 本文主要介绍了压疮治疗及护理方法，首先介绍了治疗措施是（　）、（　）、（　）及全身辅助治疗等措施，接着介绍了（　）
   A. 压疮的辅助器具
   B. 局部用药
   C. 敷料使用

D. 清洁创面

9. 压疮的特点是（　）
   A. 发病率高　　　　B. 病程发展快
   C. 难以治愈　　　　D. 愈后易复发

10. 目前，我国护士对压疮治疗和防治普遍存在的问题是（　）
   A. 对压疮的防治知识和研究进展了解不够
   B.《基础护理学》教材知识更新不及时
   C. 对已不推荐使用的方法未意识到
   D. 对压疮的处理方法停留在个人经验上

 **口语交际**

求职与应聘

语言是一门艺术，语言表达必须讲究一定的策略和技巧，每个求职者走向职场都要经历应聘，所以习得语言表达的策略和技巧，是应聘成功不可或缺的一种能力。

求职与应聘的基市策略

求职者应聘前必须经过精心准备，打有准备之仗。首先要理清自己在应聘时说些什么，然后再理清说的顺序，写下并记住自己要说的重点，以便到时能用简练的语言，把自己的意图有条理地传达给对方。

（一）应聘时应准备说的内容

一般情况下，一要理一遍个人的情况，重点是个人的经历、专长、特点、优势；二要针对面试官可能提出的问题做如何回答；三要准备自己想要问的问题，例如，这样问能让面试官对自己有一个与众不同的印象；四要把要说的内容顺序理一遍，即先说什么，再说什么，最后说什么，说的过程要有逻辑性和层次。

（二）应聘时应注意的事项

（1）不要过分咨询工作时间的长短，或工资奖金的多少。

（2）不要诉苦。

（3）不要说诋毁的话，也不宜说与竞争对手不友好的话。

（4）不要提毫无意义的问题。

（5）不要提太有挑战性的问题。

（6）不要与面试官套近乎。

（7）不宜开玩笑。

所以，表达尽量质朴无华，给人以坦诚、朴实的印象。如果遇到不懂的问题，不要装懂，其实面试官问你的问题，关注的不一定是问题的准确程度，而是你回答问题的态度。

表达尽可能得体，该谦虚时应谦虚，该彰显个性时要善于表现，总之要把握好自己，掌握好分寸。

求职应聘语言技巧

1. 面试时,语言要美

一定要做到"知理、懂理、文雅、谦逊"。例如,面试时,无论面试官提出什么样的问题,自始至终都要十分有礼貌地回答,切不可认为面试官提问不当,"冒犯"了自己而大动肝火,随意发怒。也许这正是面试官在测试你是否是个有涵养的人。

2. 面试时,语言要精练

一定要做到语言贴切、词要达意。避免说话含糊其辞,啰唆重复,避免使用口头禅:常见的口头禅有"这个……这个""那个……那个""那么……那么""反正""恐怕""嗯""啊""对不对""是不是""我想""然后……然后"等。

3. 面试时常见问题的回答技巧

(1)请自我介绍一下。

回答提示:一般人回答这个问题过于平常,只说姓名、年龄、爱好、工作经验,这些在简历上都有。其实,用人单位最希望知道的是求职者能否胜任工作。包括最强的技能,还能承担哪些相关的技术工作,个性中最积极的部分,做过的最成功的事,主要的成就等。这些都可以和学习无关,也可以和学习有关,但要突出积极的个性和做事的能力,说得合情合理招聘者才会相信,任何用人单位都会很重视一个人的文明修养,求职者要尊重考官,在回答每一个问题之后都说一句"谢谢",这样介绍自己会给应聘成功增加筹码。

(2)你觉得你个性上最大的优点是什么?

回答提示:乐观、友爱、积极向上、乐于助人和关心他人、适应能力强。

(3)说说你最大的缺点是什么?

回答提示:这个问题在应聘中间的概率很大,通常不希望听到直接回答缺点是什么。如果求职者说自己小心眼,爱妒忌人,非常懒惰,脾气大,工作效率低等,用人单位肯定不会录用你,虽然看出你很坦诚,但对你的缺点,用人单位不能接受。但也不能回答"我最大的缺点是过于追求完美",有的人认为这样回答会显得自己比别人较出色,但事实上,他已经岌岌可危了。用人单位喜欢求职者从自己的优点说起,中间加一些缺点,最后再把问题转回到优点上,突出优点的部分,用人单位喜欢聪明的求职者。

(4)谈谈你对加班的看法?

回答提示:实际上好多用人单位问这个问题,并不一定要加班,只是想测试你是否愿意为供职的单位奉献。

回答样本:如果是工作需要我会义不容辞地加班,我现在单身,没有任何家庭负担,可以全身心地投入工作。但同时我也会提高工作效率,减少不必要的加班。

(5)你对薪资有什么要求?

回答提示:如果你对薪酬要求太低,那显得贬低自己的能力,如果你对薪酬的要求太高,那又会显得你分量过重,用人单位受用不起。一些用人单位通常都事先对待聘职位定下开支的预算,他们问你只不过想证实一下,这笔钱是否引起你对该工作的兴趣。

如果非要你说出一个具体数目,不要说得范围很宽,那样你将只能得到最低限度的数字,给一个具体数字要贴近实际,这样表明你已经对当今的人才市场做了调查,知道像自己这样经历的人有什么样的价值。

回答样本:我对工资没有硬性的要求,我相信贵单位在处理我的问题上会合理的,我注重的是找工作的机会,所以,只要条件公平,我则不会计较太多。

（6）在五年之内,你的职业规划是什么?

回答提示:这是每个应聘者都要被问及的问题,尽管今后五年是未来,只是一个规划,但求职者对未来的五年有一个合乎客观的规划,考官会认为你是一个做事有计划、有打算的人。如果说"不知道",或许你就会丧失一个好机会。最普通的回答应是"我准备在××领域有所作为"或"我希望能按照贵单位管理的思路发展"。

（7）说说你朋友对你的评价?

回答提示:此问的目的是想从侧面了解一下你的性格及与人相处的情况。

回答样本一:我的朋友都说我是一个可以信赖的人。因为我一旦答应别人的事情就一定能做到,如果我做不到我不会轻易许诺。

回答样本二:我觉得我是一个比较随和的人,与不同的人都能友好相处。在我与人相处时,我总是能站在别人的角度考虑问题。

（8）你有什么问题要问吗?

回答提示:用人单位问的这个问题看上去可有可无,其实很关键,用人单位不喜欢回答说"没有问题"的人,因为,其很注重所用人的个性和创新能力,如果你此时问及个人的福利方面的问题,那那就错了,应该问一问关于你专业技术培训方面的事情,或晋升的机制等有关能体现出你积极进取和关心供职单位发展的一些问题。

（9）说说你选择这份工作的动机。

回答提示:这个问题是想了解求职者对这份工作热忱及理解度,并识别面试者是否因一时兴趣而来的。假如你是无经验者,可以强调"就算职种不同,也希望贵单位赐给机会发挥以前的经验"。

（10）你最擅长的技术方向是什么?

回答提示:说和你要应聘的职位相关的课程,特别是你在实习期间或原来工作岗位上比较突出的技能。

（11）用三个词概括你自己。

回答提示:其实,概括自己的词不仅三个,但主考官问的目的是让你用最简洁的语言把你的长处和个性说出来,那就要"重中有重"。

回答样本一:适应能力强,有责任心和做事有始终。

回答样本二:有责任感、做事踏实、精益求精。

（12）你做过的哪些事最令自己感到骄傲?

回答提示:这是考官给你一次让你展示自己具有哪些能力的机会。你的前途取决于你所具有的综合职业能力,即专业能力、方法能力、社会能力等。当然,这些能力的获得是在平时学习实践中习得的,此时,你要从这几方面展示自己,才有可能被录用。

（13）你工作经验缺乏,如何能胜任这项工作?

回答提示:如果用人单位知道你是新毕业应聘者,提出这样的问题的目的不在于你是否有"经验",而在于你对这样问题回答时所表现出的态度,即在没有经验的情况下,你如何做。回答时要突出体现你虽然没有经验但很注重经验积累,而且是吃苦耐劳的,学习是有能力的(非指学习成绩)。

回答样本:在工作经验方面的确有所欠缺,因此,在读书期间我一直利用见习和实习的机会,进行技能操作训练,积累实战经验。并且我发现实际工作远比书本知识丰富得多、复杂得多,我用学校所学的知识和实习期间掌握的技能,再加上我的责任心和刻苦精神,一定能胜任这个工作。

（14）你认为你在学校是好学生吗?

回答提示:这一问题问的目的不仅仅是问及你的学习成绩,而是用人单位关注的是所用的人的综合能力,如果你回答说我的学习成绩全班第一,考官也不能给你满分,因为评价一个学生好与不好,不仅仅看学习成绩,你还应该从思想品德、团队精神、实践经验、沟通能力等多方面回答该问题。如果你学习成绩居中,你应该避重就轻,可以这样说,学习成绩最优秀,不等于走向工作岗位最优秀,那要看一个人的综合能力。

自 测 题

1. 班级组织一次模拟招聘会,分配角色,模拟招聘。

2. 从以下问题中,分析面试考官问的问题实质是什么?

(1)请谈谈你为什么选择我们单位。

(2)谈谈你对所应聘岗位的了解。

(3)这份工作要做好不容易,你有自信能做好吗?

(4)你能与人融洽相处吗?

(5)请谈谈你的业余兴趣和特殊爱好。

(6)你是不是还打算继续学习?

(7)你的长远目标是什么?

(8)你认为金钱、名誉和事业哪个更重要?

(9)你期望的工资是多少?

3. 请你判断一下下面求职应聘时的做法是否合适,如果不妥应如何避免?

(1)有一求职者,面对面试出现的冷场,决定要打破这种沉默,他主动说:"考官,我好像在哪儿见过您,噢,对了,您是不是在……"

(2)有一求职者在考官提问时,他打断了考官,主动向考官打听该职位的薪酬福利情况,问是否有机会参加培训等问题,当考官问他你有什么问题要提吗?他说没有了。

(3)当求职者被问及前供职单位时,他立马愤怒地抨击,把供职单位说得一无是处。

书面表达

文 摘

什么是文摘

文摘以提供文献内容梗概为目的,不加评论和补充解释,简明、确切地记述文献重要内容的短文。

文摘的对象可以是一份文献的整体,也可以是文献的一部分。它对原始文献的内容进行浓缩,是系统报道、积累、查阅文献资料的重要工具,是文献资料的精粹。

(1)报道性文摘:指明一次文献的主题范围及内容梗概的简明文摘,也称简介。

(2)报道/指示性文摘:以报道性文摘的形式表述一次文献中信息价值较高的部分,而以指示性文摘的形式表述其余部分的文摘。

(3)作者文摘:由一次文献的作者自己撰写的文摘。

(4)文摘员文摘:由一次文献作者以外的人员编写的文摘。

文摘的详简度

文摘的详简需根据一次文献的内容、类型、学科领域、信息量、篇幅、语种、获得的难易程度和实际需要确定,其中文献内容是决定性因素。

报道性文摘和报道/指示性文摘一般以 400 字左右为宜;指示性文摘一般以 200 字左右为宜。

文　摘　著　录

一次文献上的文摘,凡登载于题名与正文之间的,不加著录事项;凡刊登在文摘页上的,必须逐条带有主要的著录事项。

检索工具上的文摘,必须逐条带有完整的著录事项。

必须统一遵照《检索期刊条目著录规则(GB/T 3793-83)》进行著录。

文摘的要素

简洁、具体的文摘要反映文献的实质性内容,展示文献内容足够的信息,体现文献的创新性,展现文献的重要梗概。文摘一般由具体研究的目的、方法、结果、结论四要素组成。

目的:明确指出研究工作的前提、目的和任务,研究的范围。

方法:简要说明研究课题的工作流程,研究内容、材料和方法,具体包括研究对象、原理、条件、材料、程序、手段等。

结果:陈述研究之后的主要成果,包括通过调研、实验和观察所取得的数据和结果,并说明其价值和局限性。

结论:通过对这个课题的研究所得出的重要结论,包括正确的观点、实际运用的意义、实用价值、前景预测等。

文摘卡的写法

(一) 文摘卡的内容

文摘内容通常由题录、文摘正文(内容摘要和摘录文字)、补充项目和关键词组成。

题录包括题名、著者、期刊名称、出版年、卷、期、页码、语种。

正文:从文摘的四要素出发,通读全文,仔细将文中的重要内容一一列出,特别是每段的主题句和结尾的归纳总结,保留梗概与精华部分,提取文献的关键信息。

补充项目包括:文摘人姓名、摘录日期等。

关键词:是为了文献标引工作,从文中选出用以表示全文主题内容信息目的的单词术语。每个文摘选取 3~8 个词作为关键词,以显著的字符另起一行,排在摘要的左下方。

(二) 文摘卡的编排

(1) 类别法:文摘卡按类别各就其位。个人的专业部分应尽量细分。

(2) 标题法:摘抄者自拟标题,按标题的某种顺序编排。如标题—著者—年代。

(3) 著者法:是将著者、译者的姓名作为标志。一般是对有名望或研究成果值得本人注意的著、译者设置成项。

文摘卡的形式多样,好词好句随手摘抄,对名句的积累有着一定的好处,要养成做摘抄的习惯。

(三) 文摘卡的摘录方法

(1) 为编排和检索,每张卡片只抄一篇资料。

(2) 资料较长,需抄在若干张上,应当在适当位置标明序号,并写明"接下页""接上页"。

(3) 外文资料一般原文摘抄,用时再翻译。或者摘抄原文后,在后面附上翻译,方便他用。

(4) 摘抄完毕,一定要与原文核对,防止出错。

(5) 文摘卡著录,即写明著(译)者(及其国家等信息)、题目、来源(出自何书或哪本刊物)。

（6）文摘卡摘录后，应当及时归类，方便以后用的时候，查询。

【示例】

<table>
<tr><td colspan="4" style="text-align:center">文 摘 卡　　　　　　　　　（No：025）</td></tr>
<tr><td>文献名称:中风后抑郁的原因及对策</td><td colspan="2">作者:谷　敏</td><td>译者:</td></tr>
<tr><td>出版日期:</td><td>××××</td><td colspan="2">出版社:××××</td></tr>
<tr><td>期刊名称:</td><td>××××</td><td colspan="2">××××年　第×××期　第××页</td></tr>
</table>

内容摘要:(目的)了解影响中风后发生抑郁的因素,尽可能及早消除可干预因素。(方法)评定中风后抑郁,并观察其发生与年龄、性别、病因、病情、病前性格、文化程度、心理社会因素的关系。(结果)147 例中风患者中 83 例有抑郁状态,发生率为 56.4%,其发生与年龄、病程、病情、性格、文化程度、心理社会因素有关。(结论)年龄大、病情重、病程长、性格内向、文化水平低、经济条件差、与家人不和的中风患者,抑郁发生率高。尽早有效治疗,减轻病情,动员社会及家人关心中风患者可减少抑郁的发生率。

关键词:中风后抑郁　原因　对策

摘录文字:(略)＿＿＿＿＿＿＿＿＿＿＿＿＿＿＿＿＿＿＿＿＿＿＿＿＿＿＿

＿＿＿＿＿＿＿＿＿＿＿＿＿＿＿＿＿＿＿＿＿＿＿＿＿＿＿＿＿＿＿＿＿＿＿＿＿

＿＿＿＿＿＿＿＿＿＿＿＿＿＿＿＿＿＿＿＿＿＿＿＿＿＿＿＿＿＿＿＿＿＿＿＿＿

摘录人:×××	摘录日期:2016.1.20

【示例】

读书文摘卡

类别:外国文学	书名:《堂吉诃德》	作者:塞万提斯	译者:董燕生

内容摘要:

作品主人公堂吉诃德是一个不朽的典型人物。

书中写道,这个瘦削的、面带愁容的小贵族,由于爱读骑士文学,入了迷,竟然骑上一匹瘦弱的老马洛稷南提,找到了一柄生了锈的长矛,戴着破了洞的头盔,要去游侠,锄强扶弱,为人民打抱不平。他雇用了附近的农民桑丘·潘沙做侍从,骑着驴儿跟在后面。堂吉诃德又把邻村的一个挤奶姑娘想象为他的女恩主,给她取了名字叫杜尔西内亚。于是他以一个未受正式封号的骑士身份出去找寻冒险事业,他完全失掉对现实的感觉而沉入了漫无边际的幻想中,唯心地对待一切,处理一切,因此一路闯了许多祸,吃了许多亏,闹了许多笑话,然而一直执迷不悟。

他把乡村客店当做城堡,把老板当做寨主,硬要老板封他为骑士。店老板乐得捉弄他一番,拿记马料账的本子当《圣经》,用堂吉诃德的刀背在他肩膀上着实打了两下,然后叫一个补鞋匠的女儿替他挂刀。受了封的骑士堂·吉诃德走出客店把旋转的风车当做巨人,冲上去和它大战一场,弄得遍体鳞伤。他把羊群当做军队,冲上去厮杀,被牧童用石子打肿了脸面,打落了牙齿。桑丘·潘沙一再纠正他,他总不信。他又把一个理发匠当做武士,给予迎头痛击,把胜利取得的铜盆当做有名的曼布里诺头盔。他把一群罪犯当做受迫害的绅士,杀散了押役救了他们,要他们到村子里找女恩主去道谢,结果反被他们打成重伤。他的朋友想了许多办法才把他弄回家去。

在第二卷中,他继续去冒险,又吃了许多苦头,弄得一身病。他的一位朋友参孙·卡拉斯科假装成武士把他打翻了,罚他停止游侠一年。堂吉诃德到死前才悔悟。

摘录句子:

（1）美德的道路窄而险,罪恶的道路宽而平,可是两条路止境不同:走后一条路是送死,走前一条路是得生,而且得到的是永生。人生的舞台也是如此。

（2）有人做皇帝,有人做教皇;反正戏里的角色样样都有。他们活了一辈子,演完这出戏,死神剥掉各种角色的戏装,大家在坟墓里也都是一样的了。

（3）鲁莽和怯懦都是过失,勇敢的美德是这两个极端的折中。不过宁可勇敢过头而鲁莽,不要勇敢不足而怯懦。挥霍比吝啬更近于慷慨的美德,鲁莽也比怯懦更近于真正的勇敢。

摘录日期:2016.1.20

文摘的注意事项

（1）不得简单重复文献标题的内容。比如，一篇文章的题名是"大学生的就业的心理问题"，文摘的开头就不要再写"为了……对大学生就业心理问题进行了研究"。

（2）摘要不要出现过多的背景性论述。《大学生就业心理问题探究》的文摘要是这样写的"'大学生就业心理问题，已成为影响高校毕业生顺利就业的一个重要因素，因此，正确分析大学生所面临的就业心理问题并针对这些问题和大学生心理变化特点，采取积极有效措施，教育和引导他们走出困境，对提高学生心理素质，推动和促进毕业生成功就业具有重要意义。'本文对大学生就业心理问题及其成因进行了论述，并提出相应的对策，以期为大学生克服就业心理问题提供参考。具有较重要的理论价值和实际意义"。上述文字第一句话说的是大学生就业心理问题探究的背景信息，摘要不是摘背景信息，而是文中要点的摘录。

（3）摘要中不要出现评价性字眼。上述文字最后一句——"具有较重要的理论价值和实际意义"是评价性文字。

（4）要着重反映文献重点内容和作者特别强调的观点、体现文献的价值所在，该学科领域常识性的内容不用写在里面。

（5）切忌把引言中出现的内容写入摘要。

（6）结构要严谨、简明扼要、语义确切、表述清楚，杜绝文学性修辞与无用的叙述，要按逻辑顺序来写，摘要不分段落。

（7）用第三人称，应采用"对……进行了研究""报告了……现状""进行了……调查"等记述的方法，标明一次文献的性质和文献主题，不要使用"本文""作者"等作为主语。

（8）要使用规范的名词术语，不用非公知公用的符号和术语。不用特殊字符及有特殊字符组成的数学公式和化学结构式，不出现插图、表格。

⊕ 自 测 题

1. 上网或到图书馆查找一些科学文献，认真阅读后，练习文摘的摘录。

2. 到图书馆查阅一些医学杂志，如《中华护理研究杂志》《现代护理杂志》《中华临床护理杂志》等，或到"中华期刊网"上查阅一些医学论文，练习医学文摘的写法。

3. 阅读中外名著，按照读书文摘的方法，做一些文摘，并养成读书做文摘的好习惯。

参 考 文 献

雷春燕,曹美娥,李懿.影响护理文书质量相关因素的分析及对策[J].当代护士,2008,4:23-25.

李瑞山.2006.语文素养高级读本.北京:高等教育出版社.

刘光钰.低年资护士应急、应变能力的培养[J].家庭护士,2008,4:66.

莫提默·J.艾德勒,查尔斯范多伦著.郝明义,朱衣译.2014.如何阅读一本书.北京:商务印书馆.

孙琳,李秋菊.2013.语文应用基础.北京:人民卫生出版社.

孙琳,吴慧荣.2011.职业汉语基础教程.北京:人民卫生出版社.

谭丽萍,蒋银芬.低年资护士病情观察过程中存在的问题与对策[J].中国实用护理杂志,2008,24(4):9-10.

谭丽萍,蒋银芬.低年资护士应急能力的评估及提高途径[J].护士进修杂志,2008,23(17):1561-1562.

吴为章,田小琳.2000.汉语句群.北京:商务印书馆.

中华人民共和国劳动和社会保障部,北京华美杰尔教育研究所.2004.国家职业汉语测试大纲.北京:法律出版社.

附　录

附录一　现代汉语常用字表[①]

常用字(2500字)

笔画顺序表

一画

一 乙

二画

二 十 丁 厂 七 卜 人 入 八 九 几 儿 了 力 乃 刀 又

三画

三 于 干 亏 士 工 土 才 寸 下 大 丈 与 万 上 小 口 巾 山 千 乞 川 亿 个 勺 久 凡 及 夕 丸 么 广 亡 门 义 之 尸 弓 己 已 子 卫 也 女 飞 刃 习 叉 马 乡

四画

丰 王 井 开 夫 天 无 元 专 云 扎 艺 木 五 支 厅 不 太 犬 区 历 尤 友 匹 车 巨 牙 屯 比 互 切 瓦 止 少 日 中 冈 贝 内 水 见 午 牛 手 毛 气 升 长 仁 什 片 仆 化 仇 币 仍 仅 斤 爪 反 介 父 从 今 凶 分 乏 公 仓 月 氏 勿 欠 风 丹 匀 乌 凤 勾 文 六 方 火 为 斗 忆 订 计 户 认 心 尺 引 丑 巴 孔 队 办 以 允 予 劝 双 书 幻

五画

玉 刊 示 末 未 击 打 巧 正 扑 扒 功 扔 去 甘 世 古 节 本 术 可 丙 左 厉 右 石 布 龙 平 灭 轧 东 卡 北 占 业 旧 帅 归 且 旦 目 叶 甲 申 叮 电 号 田 由 史 只 央 兄 叼 叫 另 叨 叹 四 生 失 禾 丘 付 仗 代 仙 们 仪 白 仔 他 斥 瓜 乎 丛 令 用 甩 印 乐 句 匆 册 犯 外 处 冬 鸟 务 包 饥 主 市 立 闪 兰 半 汁 汇 头 汉 宁 穴 它 讨 写 让 礼 训 必 议 讯 记 永 司 尼 民 出 辽 奶 奴 加 召 皮 边 发 孕 圣 对 台 矛 纠 母 幼 丝

六画

式 刑 动 扛 寺 吉 扣 考 托 老 执 巩 圾 扩 扫 地 扬 场 耳 共 芒 亚 芝 朽 朴 机 权 过 臣 再 协 西 压 厌 在 有 百 存 而 页 匠 夸 夺 灰 达 列 死 成 夹 轨 邪 划 迈 毕 至 此 贞 师 尘 尖 劣 光 当 早 吐 吓 虫 曲 团 同 吊 吃 因 吸 吗 屿 帆 岁 回 岂 刚 则 肉 网 年 朱 先 丢 舌 竹 迁 乔 伟 传 乒 乓 休 伍 伏 优 伐 延 件 任 伤 价 份 华 仰 仿 伙 伪 自 血 向 似 后 行 舟 全 会 杀 合 兆 企 众 爷 伞 创 肌 朵 杂 危 旬 旨 负 各 名 多 争 色 壮 冲 冰 庄 庆 亦 刘 齐 交 次 衣 产 决 充 妄 闭 问 闯 羊 并 关 米 灯 州 汗 污 江 池 汤 忙 兴 宇 守 宅 字 安 讲 军 许 论 农 讽 设 访 寻 那 迅 尽 导 异 孙 阵 阳 收 阶 阴 防 奸 如 妇 好 她 妈 戏 羽 观 欢 买 红 纤 级 约 纪 驰 巡

七画

寿 弄 麦 形 进 戒 吞 远 违 运 扶 抚 坛 技 坏 扰 拒 找 批 扯 址 走 抄 坝 贡 攻 赤 折 抓 扮 抢 孝 均 抛 投 坟 抗 坑 坊 抖 护 壳 志 扭 块 声 把 报 却 劫 芽 花 芹 芬 苍 芳 严 芦 劳 克 苏 杆 杠 杜 材 村 杏 极 李 杨 求 更 束 豆 两 丽 医 辰 励 否 还 歼 来 连 步 坚 旱 盯 呈 时 吴 助 县 里 呆 园 旷 围 呀 吨 足 邮 男 困 吵 串 员 听 吩 吹 呜 吧 吼 别 岗 帐 财 针 钉 告 我 乱 利 秃

①参考书目为《国家职业汉语能力测试大纲》(法律出版社)。

秀私每兵估体何但伸作伯伶佣低你住位伴身皂佛近彻役返余希坐谷妥含
邻岔肝肚肠龟免狂犹角删条卵岛迎饭饮系言冻状亩况床库疗应冷这序辛
弃冶忘闲间闷判灶灿弟汪沙汽沃泛沟没沈沉怀忧快完宋宏牢究穷灾良证
启评补初社识诉诊词译君灵即层尿尾迟局改张忌际陆阿陈阻附妙妖妨努
忍劲鸡驱纯纱纳纲驳纵纷纸纹纺驴纽

八画

奉玩环武青责现表规抹拢拔拣担坦押抽拐拖拍者顶拆拥抵拘势抱垃拉拦
拌幸招坡披拨择抬其取苦若茂苹苗英范直茄茎茅林枝杯柜析板松枪构杰
述枕丧或画卧事刺枣雨卖矿码厕奔奇奋态欧垄妻轰顷转斩轮软到非叔肯
齿些虎肤肾贤尚旺具果味昆国昌畅明易昂典固忠咐呼鸣咏呢岸岩帖罗帜
岭凯败贩购图钓制知垂牧物乖刮秆和季委佳侍供使例版侄侦侧凭侨佩货
依的迫质欣征往爬彼径所舍金命斧爸采受乳贪念贫肤肺肢肿胀朋股肥服
胁周昏鱼兔狐忽狗备饰饱饲变京享店夜庙府底剂郊废净盲放刻育闸闹郑
券卷单炒炊炕炎炉沫浅法泄河沾泪油泊沿泡注泻泳泥沸波泼泽治怖性怕
怜怪学宝宗定宜审宙官空帘实试郎诗肩房诚衬衫视话诞询该详建肃录隶
居届刷屈弦承孟孤陕降限妹姑姐姓始驾参艰线练组细驶织终驻驼绍经贯

九画

奏春帮珍玻毒型挂封持项垮挎城挠政赴赵挡挺括拴拾挑指垫挣挤拼挖按
挥挪某甚革荐巷带草茧茶荒茫荡荣故胡南药标枯柄栋相查柏柳柱柿栏树
要咸威歪研砖厘厚砌砍面耐耍牵残殃轻鸦皆背战点临览竖省削尝是盼眨
哄显哑冒映星昨畏趴胃贵界虹虾蚁思蚂虽品咽骂哗咱响哈咬咳哪炭峡罚
贱贴骨钞钟钢钥钩卸缸拜看矩怎牲选适秒香种秋科重复竿段便俩贷顺修
保促悔俭俗俘信皇泉鬼侵追俊盾待律很须叙剑逃食盆胆胜胞胖脉勉狭狮
独狡狱狠贸怨急饶蚀饺饼弯将奖哀亭亮度迹庭疮疯疫疤姿亲音帝施闻阀
阁差养美姜叛送类迷前首逆总炼炸炮烂剃洁洪洒浇浊洞测洗活派洽染济
洋洲浑浓津恒恢恰恼恨举觉宣室宫宪突穿窃客冠语扁袄祖神祝误诱说诵
垦退既屋昼费陡眉孩除险院娃姥姨姻娇怒架贺盈勇怠柔全绑绒结绕骄绘
给络骆绝绞统

十画

耕耗艳泰珠班素蚕顽盏匪捞栽捕振载赶起盐捎捏埋捉捆捐损都哲逝捡换
挽热恐壶挨耻耽恭莲莫荷获晋恶真框桂档桐株桥桃格校核样根索哥速逗
栗配翅辱唇夏础破原套逐烈殊顾轿较顿毙致柴桌虑监紧党晒眠晓鸭晃唢
晕蚊哨哭恩唤啊唉罢峰圆贼贿钱钳钻铁铃铅缺氧特牺造乘敌秤租积秧秩
称秘透笔笑笋债借值倚倾倒倘俱倡候俯倍倦健臭射躬息徒徐舰舱般航途
拿爹爱颂翁脆脂胸胳脏胶脑狸狼逢留皱饿恋桨浆衰高席准座脊症病疾疼
疲效离唐资凉站剖竞部旁旅畜阅羞瓶拳粉料益兼烤烘烦烧烛烟递涛浙涝
酒涉消浩海涂浴浮流润浪浸涨烫涌悟悄悔悦害宽家宵宴宾窄容宰案请朗
诸读扇袜袖袍被祥课谁调冤谅谈谊剥恳展剧屑弱陵陶陷陪娱娘通能难预
桑绢绣验继

十一画

球理捧堵描域掩捷排掉堆推掀授教掏掠培接控探据掘职基著勒黄萌萝菌
菜萄菊萍菠营械梦梢梅检梳梯桶救副票戚爽聋袭盛雪辅辆虚雀堂常匙晨

睁 眯 眼 悬 野 啦 晚 啄 距 跃 略 蛇 累 唱 患 唯 崖 崭 崇 圈 铜 铲 银 甜 梨 犁 移 笨 笼 笛 符
第 敏 做 袋 悠 偿 偶 偷 您 售 停 偏 假 得 衔 盘 船 斜 盒 鸽 悉 欲 彩 领 脚 脖 脸 脱 象 够 猜
猪 猎 猫 猛 馅 馆 凑 减 毫 麻 痒 痕 廊 康 庸 鹿 盗 章 竞 商 族 旋 望 率 着 盖 粘 粗 粒 断 剪
兽 清 添 淋 淹 渠 渐 混 渔 淘 液 淡 深 婆 梁 渗 情 惜 惭 悼 惧 惕 惊 惨 惯 寇 寄 宿 窑 密 谋
谎 祸 谜 逮 敢 屠 弹 随 蛋 隆 隐 婚 婶 颈 绩 绪 续 骑 绳 维 绵 绸 绿

十二画

琴 斑 替 款 堪 搭 塔 越 趁 趋 超 提 堤 博 揭 喜 插 揪 搜 煮 援 裁 搁 搂 搅 握 揉 斯 期 欺 联
散 惹 葬 葛 董 葡 敬 葱 落 朝 辜 葵 棒 棋 植 森 椅 椒 棵 棍 棉 棚 棕 惠 惑 逼 厨 厦 硬 确 雁
殖 裂 雄 暂 雅 辈 悲 紫 辉 敞 赏 掌 晴 暑 最 量 喷 晶 喇 遇 喊 景 践 跌 跑 遗 蛙 蛛 蜓 喝 喂
喘 喉 幅 帽 赌 赔 黑 铸 铺 链 销 锁 锄 锅 锈 锋 锐 短 智 毯 鹅 剩 稍 程 稀 税 筐 等 筑 策 筛
筒 答 筋 筝 傲 傅 牌 堡 集 焦 傍 储 奥 街 惩 御 循 艇 舒 番 释 禽 腊 脾 腔 鲁 猾 猴 然 馋 装
蛮 就 痛 童 阔 善 羡 普 粪 尊 道 曾 焰 港 湖 渣 湿 温 渴 滑 湾 渡 游 滋 溉 愤 慌 惰 愧 愉 慨
割 寒 富 窜 窝 窗 遍 裕 裤 裙 谢 谣 谦 属 屡 强 粥 疏 隔 隙 絮 嫂 登 缎 缓 编 骗 缘

十三画

瑞 魂 肆 摄 摸 填 搏 塌 鼓 摆 携 搬 摇 搞 塘 摊 蒜 勤 鹊 蓝 墓 幕 蓬 蓄 蒙 蒸 献 禁 楚 想 槐
榆 楼 概 赖 酬 感 碍 碑 碎 碰 碗 碌 雷 零 雾 雹 输 督 龄 鉴 睛 睡 睬 鄙 愚 暖 盟 歇 暗 照 跨
跳 跪 路 跟 遣 蛾 蜂 嗓 置 罪 罩 错 锡 锣 锤 锦 键 锯 矮 辞 稠 愁 筹 签 简 毁 舅 鼠 催 傻 像
躲 微 愈 遥 腰 腥 腹 腾 腿 触 解 酱 痰 廉 新 韵 意 粮 数 煎 塑 慈 煤 煌 满 漠 源 滤 滥 滔 溪
溜 滚 滨 粱 滩 慎 誉 塞 谨 福 群 殿 辟 障 嫌 嫁 叠 缝 缠

十四画

静 碧 璃 墙 撇 嘉 摧 截 誓 境 摘 摔 聚 蔽 慕 暮 蔑 模 榴 榜 榨 歌 遭 酷 酿 酸 磁 愿 需 弊 裳
颗 嗽 蜻 蜡 蝇 蜘 赚 锹 锻 舞 稳 算 笋 管 僚 鼻 魄 貌 膜 膊 膀 鲜 疑 馒 裹 敲 豪 膏 遮 腐 瘦
辣 竭 端 旗 精 歉 熄 熔 漆 漂 漫 滴 演 漏 慢 寨 赛 察 蜜 谱 嫩 翠 熊 凳 骡 缩

十五画

慧 撕 撒 趣 趟 撑 播 撞 撤 增 聪 鞋 蕉 蔬 横 槽 樱 橡 飘 醋 醉 震 霉 瞒 题 暴 瞎 影 踢 踏 踩
踪 蝶 蝴 嘱 墨 镇 靠 稻 黎 稿 稼 箱 箭 篇 僵 躺 僻 德 艘 膝 膛 熟 摩 颜 毅 糊 遵 潜 潮 懂 额
慰 劈

十六画

操 燕 薯 薪 薄 颠 橘 整 融 醒 餐 嘴 蹄 器 赠 默 镜 赞 篮 邀 衡 膨 雕 磨 凝 辨 辩 糖 糕 燃 澡
激 懒 壁 避 缴

十七画

戴 擦 鞠 藏 霜 霞 瞧 蹈 螺 穗 繁 辫 赢 糟 糠 燥 臂 翼 骤

十八画

鞭 覆 蹦 镰 翻 鹰

十九画

警 攀 蹲 颤 瓣 爆 疆

二十画

壤 耀 躁 嚼 嚷 籍 魔 灌

二十一画

蠢 霸 露

二十二画

囊

二十三画

罐

次常用字(1000字)

笔画顺序表

二画

匕刁

四画

丐歹戈夭仑讥冗邓

五画

艾夯凸卢叭叽皿凹囚矢乍尔冯玄

六画

邦迂邢芋芍吏夷吁吕吆屹廷迄臼仲伦伊肋旭匈凫妆亥汛讳讶讹讼诀弛阱
驮驯纫

七画

玖玛韧抠扼汞扳抡坎坞抑拟抒芙芜苇芥芯芭杖杉巫权甫匣轩卤肖吱吠呕
呐吟呛吻吭邑囤吮岖牡佑佃伺囵肛肘甸狈鸠彤灸刨庇吝庐闰兑灼沐沛汰
沥沦汹沧沪忱诅诈罕屁坠妓姊妒纬

八画

玫卦坷坯拓坪坤拄拧拂拙拇拗茉昔苛苦苟苞苗苔枉枢枚枫杭郁矾奈奄殴
歧卓县哎咕呵咙呻咒咆咖帕账贬贮氛秉岳侠佬侣侈卑剑刹肴觅忿瓮肮肪
狞庞疟疙疚卒氓炬沽沮泣泞泌沼怔怯宠宛衩祈诡寻屈弧弥陋陌函姆虱叁
绅驹绊绎

九画

契贰玷玲珊拭拷拱挟垢垛拯荆茸茬荚茵茴荞荠荤荧荔栈柑栅柠枷勃柬砂
泵砚鸥轴韭虐昧旽咧昵昭蛊勋哆咪哟幽钙钝钠钦钧钮毡氢秕俏俄俐侯徊
衍胚胧胎狰饵峦奕咨飒闺闽籽娄烁炫洼柒涎洛恃恍恬恤宦诚诬祠海屏屎
逊陨姚娜蚤骇

十画

耘耙秦匿埂捂捍袁捌挫挚捣捅埃耿聂莘莽莱莉莹莺梆栖桦栓桅桩贾酌砸
砰砾殉逞哮唠哺剔蚌蚜畔蚣蚪蚓哩圃莺啃哼唆峭唧峻赂赃钾铆氨秣笆俺
赁倔殷耸舀豺豹颁胯胰脐脓逛卿鸵鸳馁凌凄衷郭斋疹紊瓷羔烙浦涡涣涤
涧涕涩悍悯窍诺诽袒谆崇恕娩骏

十一画

琐赘琉琅措捺捶赦埠捻掐掂掖掷掸掺勘聊娶菱菲萎菩萤乾萧萨菇彬梗梧
梭曹酝酗厢硅硕奢盔匾颅彪眶晤曼晦冕啡畦趾啃蛆蚯蛉蛀唬啰唾啤啥啸
崎逻崔崩婴赊铐铛铝铡铣铭矫秸秽笙笛偎傀躯兜蛐徘徙舶舷舵敛翎脯逸
凰猖祭烹庶庵痊阎阐眷焊焕鸿涯淑淌淮淆渊淫淳淤淀涮涵惦悴惋寂窒谍
谐褂袱祷谒谓谚尉堕隅婉颇绰绷综绽缀巢

十二画

琳琢琼揍堰揩揽揖彭揣搀搓壹搔葫募蒋蒂韩棱椰焚椎棺榔椭粟棘醋酥硝
硫颊雳翘凿棠晰鼎喳遏晾畴跋跛蛔蜒蛤鹃喻啼喧嵌赋赎赐铐锌甥掰氮氯

黍 筏 牍 粤 逾 腌 腋 腕 猩 猬 惫 敦 痘 痢 痪 竣 翔 奠 遂 焙 滞 湘 渤 渺 溃 溅 湃 愕 惶 寓 窖 窘 雇 谤 犀 隘 媒 媚 婿 缃 缆 缔 缕 骚

十三画

瑟 鹉 瑰 搪 聘 斟 靴 靶 莛 蒿 蒲 蓉 楔 椿 楷 榄 楞 楣 酪 碘 硼 碉 辐 辑 频 睹 睦 瞄 嗜 嗦 暇 畸 跷 跺 蜈 蜗 蜕 蛹 嗅 嗡 嗤 署 蜀 幌 锚 锥 锨 锭 锰 稚 颓 筷 魁 衔 腻 腮 腺 鹏 肄 猿 颖 煞 雏 馍 馏 禀 痹 廓 痴 靖 誉 漓 溢 溯 溶 滓 溺 寞 窥 窟 寝 裼 裸 谬 媳 嫉 缚 缤 剿

十四画

赘 熬 赫 蔫 摹 蔓 蔗 蔼 熙 蔚 兢 榛 榕 酵 碟 碴 碱 碳 辕 辖 雌 墅 喊 踊 蝉 嘀 幔 镀 舔 熏 箍 箕 箫 舆 僧 孵 瘩 瘟 彰 粹 漱 漩 漾 慷 寡 寥 谭 褐 褪 隧 嫡 缨

十五画

撵 撩 撮 撬 擒 墩 撰 鞍 蕊 蕴 樊 樟 橄 敷 豌 醇 磕 磅 碾 憋 嘶 嘲 嘹 蝠 蝎 蝌 蝗 蝙 嘿 幢 镊 镐 稽 篓 膘 鲤 卿 褒 瘪 瘤 瘫 凛 澎 潭 潦 澳 潘 澈 澜 澄 憔 懊 憎 翩 褥 谴 鹤 憨 履 嬉 豫 缭

十六画

撼 撬 擅 蕾 薛 薇 擎 翰 噩 橱 橙 瓢 螟 霍 雯 辙 冀 踱 蹂 螟 螃 螟 噪 鹦 黔 穆 篡 篷 篙 篱 儒 膳 鲸 瘾 瘸 糙 燎 濒 憾 懈 窿 缰

十七画

壕 貌 檬 檐 檩 檀 礁 磷 瞭 瞬 瞳 瞪 曙 蹋 蟋 蟀 嚎 赡 镣 魏 簇 儡 徽 爵 朦 臊 鳄 糜 癌 孺 豁 臀

十八画

藕 藤 瞻 嚣 鳍 癫 瀑 襟 璧 戳

十九画

攒 孽 蘑 藻 鳖 蹭 蹬 簸 簿 蟹 靡 癣 羹

二十画

鬓 攘 蠕 巍 鳞 糯 譬

二十一画

霹 蹿 髓

二十二画

蘸 镶 瓤

二十四画

矗

附录二 医学领域难字表

医学领域容易读错的字

（括号内的字音是正确的）

a

安瓿（ān bù）ān píng

胺（àn）ān

凹陷（āo xiàn）yáo xiàn

b

白痴（bái chī）bái zhī

半身不遂（bàn shēn bù suí）bàn shēn bù suì

贲门（bēn mén）pēn mén

鼻衄（bí nǜ）bí niù

便溺（biàn niào）biàn nì

濒死（bīn sǐ）pín sǐ

槟榔（bīng láng）bīn láng

屏气（bǐng qì）píng qì

哺乳（bǔ rǔ）pǔ rǔ

c

搐搦（chù nuò）chù ruò

创伤（chuāng shāng）chuàng shāng

粗糙（cū cāo）cū zào

皲裂（cūn liè）jùn liè

痤疮（cuó chuāng）zuò chuāng

d

大黄（dà huáng）dài huáng

代偿（dài cháng）dài shǎng

倒嚼（dǎo jiào）dào jiáo

癫痫（diān xián）diān jiān

酊剂（dīng jì）dǐng jì

酩酊（míng dǐng）mǐng dīng

胴体（dòng tǐ）tóng tǐ

毒蕈碱（dú xùn jiǎn）dú tán jiǎn

堕胎（duò tāi）zhùi tāi

e

阿胶（ē jiāo）ā jiāo

f

发绀（fā gàn）fā gān

发酵（fā jiào）fā xiào

房颤（fáng chàn）fáng zhàn

分娩（fēn miǎn）fēn wǎn

孵化（fū huà）fú huà

氟骨症（fú gǔ zhèng）fó gǔ zhèng

g

干酪物（gān lào wù）gān luò wù

胳臂（gē bei）gē bài

手臂（shǒu bì）shǒu bei

肱骨（gōng gǔ）hóng gǔ

佝偻（gōu lóu）gōu lǚ

伛偻（yǔ lǚ）yǔ lǒu

枸杞(gǒu qǐ)gǒu jǐ

骨骺(gǔ hóu)gǔ gòu

骨殖(gǔ shi)gǔ zhí

骨头(gǔ tou)gú tou

骨折(gǔ zhé)gǔ shé

骨髓(gǔ suǐ)gǔ suí

h

横死(hèng sǐ)héng sǐ

齁鼾声(hōu hān shēng)jù hān shēng

厚朴(hòu pò)hòu pǔ

琥珀酸(hǔ pò suān)hǔ bó suān

黄檗(huáng bò)huáng bì

溃脓(huìnóng)kuì nóng

溃疡(kuìyǎng)huìyǎng

和药(huò yào)hé yào

j

畸形(jī xíng)qí xíng

间脑(jiān nǎo)jiàn nǎo

跰子(jiǎn zǐ)kāi zǐ

间歇热(jiàn xiē rè)jiān xiē rè

结巴(jiē ba)jié ba

解剖(jiě pōu)jiě pāo

浸润(jìn rùn)qǐn rùn

痉挛(jìng luán)jīng luán

枸橼(jǔ yuán)gǒu chuán

龟裂(jūn liè)guī liè

菌子(jùn zi)jūn zǐ

k

咯血(kǎ xiě)ké xiě

看护(kān hù)kàn hù

髁(kē)guǒ

克汀病(kè tīng bìng)kè dīng bìng

空心吃药(kòng xīn chī yào)kōng xīn chī yào

l

拉开(lá kāi)lā kāi

肋骨(lèi gǔ)lè gǔ

淋巴结(lín bā jié)lìn bā jié

淋病(lìn bìng)lín bìng

氯霉素(lǜ méi sù)lù méi sù

m

麻痹(má bì)má pì

秘方(mì fāng)bì fāng

n

脑卒中（nǎo cù zhòng）nǎo zǔ zhōng

内眦（nèi zì）nèi cī

牛皮癣（niú pí xuǎn）niú pí xiǎn

p

蹒跚（pán shān）mán shān

膀肿（pāng zhǒng）pǎng zhǒng

膀胱（páng guāng）pǎng huáng

喷嚏（pēn tì）pèn tì

胼胝（pián zhī）bìng dǐ

屏障（píng zhàng）bǐng zhàng

q

憩室（qì shì）xī shì

髂骨（qià gǔ）kè gǔ

荨麻疹（xún má zhěn）qián má zhěn

嵌顿（qiàn dùn）kān dùn

雀盲眼（qiǎo máng yǎn）què máng yǎn

羟基（qiǎng jī）qīng jī

巯基（qiú jī）liú jī

祛痰（qū tán）qù tán

龋齿（qǔ chǐ）yǔ chǐ

颧骨（quán gǔ）guàn gǔ

r

桡骨（ráo gǔ）náo gǔ

妊娠（rèn shēn）rèn chén

s

散光（sǎn guāng）sàn guāng

散热（sàn rè）sǎn rè

栓塞（shuān sè）shuān sāi

吮吸（shǔn xī）yǔn xī

尿脬（suī pāo）niào fú

羧基（suō jī）jùn jī

t

炭疽（tàn jū）tàn zǔ

羰基（tāng jī）tàn jī

绦虫（tāo chóng）tiáo chóng

烃基（tīng jī）qíng jī

头孢噻肟（tóu bāo sài wò）tóu bāo sài kuī

吐根素（tǔ gēn sù）tù gēn sù

吐血（tù xiě）tǔ xiě

呕吐（ǒu tù）ǒu tǔ

臀部（tún bù）diàn bù

唾液(tuò yè)tù yè

胃襞(wèi bì)wèi pí

恶寒(wù hán)è hán

膝关节(xī guān jié)qī guān jié

细胞(xì bāo)xì pāo

细菌(xì jūn)xì jǔn

涎腺(xián xiàn)yán xiàn

霰粒肿(xiàn lì zhǒng)sàn lì zhǒng

纤维(xiān wéi)qiān wéi

鲜血(xiān xuè)xiān xiě

献血(xiàn xiě)xiàn xuè

心广体胖(xīn guǎng tǐ pán)xīn guǎng tǐ pàng

眩晕(xuàn yùn)xuàn yūn

血管(xuè guǎn)xuě guǎn

一服药(yì fù yào)yì fú yào

眼睑(yǎn jiǎn)yǎn lián

银屑病(yín xiè bìng)yín xiāo bìng

阴蒂(yīn dì)yīn tì

粘连(zhān lián)nián lián

砧骨(zhēn gǔ)zhàn gǔ

脂肪(zhī fáng)zhǐ fáng

跖骨(zhí gǔ)zhē gǔ

中毒(zhòng dú)zhōng dú

潴留(zhū liú)chǔ liú

贮藏(zhù cáng)chǔ cáng

足踝(zú huái)zú guǒ

医学领域容易写错的字

词组	错别字	词组	错别字
纳洛酮	络	暴发流行	爆
模糊	摸	残废	疲
颠茄	筛	皲裂	壁
浸润	侵	阑尾	兰
佝偻	拘	嵌顿	崁
膏肓	盲	膈肌	隔
囟门	囱	喉炎	候

词组	错别字	词组	错别字
针灸	炙	桡骨	挠
粟粒性	栗	膨胀	澎
糜烂	糜	紊乱	絮
囊肿	囊	茛菪	宕
睾丸	睪	瓣膜	辩
神经	精	衰竭	衷
脚趾	指	搏动	膊
骨折	拆	障碍	浔
筋膜	莇	致热原	源
电解质	介	髂骨	骼
延髓	廷	发绀	疳
疟疾	疾	辨证	症
海绵	棉	吞噬	食
辐射	幅	脊柱	眷
衍生物	洐	管型	营
解剖	鲜	白芍	苟
突触	轴	迁徙	徒
山栀	杷	萎靡	糜
纺锤体	棰	斑点	班
弧菌	孤	茯苓	岑
污垢	诟	黄芩	苓
槟榔	梹	黄芪	杞
烦躁	燥	棉签	竿
艾炷灸	柱	厚朴	扑
黏膜	粘	啰音	罗
综合征	症	辊轴刀	滚
纵隔	膈	腹泻	泄
咯血	咳	碱性	硷
瘢痕	疤	淤血	郁
龟板	版	胆汁反流	返
活血化瘀	淤	亚甲蓝	兰
副作用	付	坐标	座
骨骼	胳	黄疸	疸
麻痹	痹	磺胺	黄
呃逆	砨	结痂	茄
髋骨	髋	罹患	离
疝气	汕	胃脘	皖
惊厥	蕨	癫痫	瘨

附录三　姓氏异读表

二画

卜	Bǔ	姓
	bǔ	（占卜）
	bo	（萝卜）

三画

万俟	Mòqí	复姓（据《宋史》，宋代有万俟卨 xiè）
	wàn	（十万人次）
	sì	（俟机）
万	Wàn	姓

四画

不	fōu	（据《通志》，晋代有不准）
	bù	（不道德）
	fǒu	又读 fōu 同"否"
	pī	通"丕"
区	Ou	姓（据《广韵》，汉代有区景）
	qū	（区别）
屯	Zhūn	姓（据《通志》，汉代有屯莫）
	zhūn	（屯难——难难）
	tún	（屯粮）
车	Chē	姓
	jū	（将、士、相、车、马、炮）
中	Zhōng	姓（据《吕氏春秋》，战国时有中尚）
	zhōng	（中间）
	zhòng	（百发百中）
仇	Qiú	姓
	chóu	（敌忾同仇）
长孙	Zhǎngsūn	复姓（据《汉书》，汉代有长孙顺）
	zhǎn	（队长）
	cháng	（一技之长）
斗	Dòu	姓（据《正字通》，宋代斗盖）
	wéi	（事在人为）
	wèi	（为虎作伥）

五画

正	Zhèng	姓（据《左传》，春秋有正考父）
	zhèng	（正直）
	zhèng	（正月）
令狐	Lìnghú	复姓（据《旧唐书》唐代有令狐楚）
	ling	（脊令——鸟名）
	lǐng	（五令纸）

	ling	（命令）
	lián	（令居县）
句	Gōu	姓（据《史记》,春秋时有句井疆）
	gōu	（高句骊——古国名）
	jù	（句子）
乐	Yuè	姓
	Lè	姓
	yuè	（音乐）
	lè	（快乐）
	yào	（爱好）
	luò	（暴乐——稀疏的样子）
宁	Nìng	姓（据《中国丛书综录》,明代有宁一玉）
	níng	（安宁）
	nìng	（宁死不屈）
召	Shào	姓（据《论语》,春秋时有召忽）
	zhào	（召集）
台	Yí	姓（明代有台元）
	tāi	（台州——地名）
	tái	（戏台）

六画

朴	Piáo	姓（据《集韵》,魏有朴胡）
	pō	（朴刀）
	pò	（朴树）
	pǔ	（朴素）
过	Guō	姓
	guò	（过年）
	guo	（他来过了）
同	Tóng	姓（据《正字通》唐代有同谷）
	tong	（同甘共苦）
	tong	（胡同）
曲	Qū	姓（据《列女传》,战国时有曲沃负）
	qū	（变曲）
	qǔ	（曲艺）
任	Rén	姓
	rén	（任县）
	rén	（任务）
会	Kuài	姓（据《路史》,汉代有会栩）
	kuài	（会计）
	huì	（会议）
壮	Zhuāng	姓（据《续字汇补》,晋代有壮弛兹）
	zhuàng	（强壮）
纪	Jǐ	姓

	jì	（纪律）

七画

员	Yùn	姓（据《唐书》，唐代有员半千）
	yún	（伍员——人名）
	yuán	（通讯员）
应	Yīng	姓
	yīng	（应该）
	yìng	（应付）
沂	Yí	姓（据《万姓统谱》，元代有沂川）
	yí	（沂河）
	yín	河岸
阿	E	姓（据《后汉书》，春秋时有陆过）
	ē	（阿谀）
	ā	（阿哥）
陆	Lù	姓（据《高士传》，春秋时有陆过）
	lù	（陆地）
	liú	"六"的大写

八画

枞	Cōng	姓（据《汉书》，汉代有枞公）
	zōng	（枞阳县）
宓	Fú	今又读 Mì 姓（据《通志》，春秋时有宓不齐）
	mì	安静
单父	Shànfǔ	复姓（据《史记》，汉代有单父圣）
单	Shàn	姓
	dān	（单独）
知	Zhì	姓（据《左传》，春秋有知徐吾）
	zhī	（知道）
和	Hé	姓（据《北齐书》，北齐有和士开）
	hé	（和平）
	hè	（一唱百和）
	huó	（和面）
	huò	（和药）
服	Fú	姓（据《史记》，汉代有服生）
	fú	（服务）
	fù	（一服药）
	bì	（服臆：由于哀愤忧伤而气郁结）

九画

要	Yāo	姓（据《后汉书》，春秋时有要离）
	yāo	（要求）
	yào	（重要）
相里	Xiànglǐ	复姓（据《五代史》，东晋有相里金）
相	Xiāng	姓（据《明史》，明代有相世芳）

	xiāng	（相同）
	xiàng	（相机行事）
查	Zhā	姓
	chá	（调查）
种	Chóng	姓(东汉有种暠)
	zhǒng	（种类）
	zhòng	（种树）
哈	Hǎ	姓(据《清史稿》清代哈元生)
	hǎ	（哈达）
	hǎ	（哈腰）
	hà	（哈什蚂）
洼	Guī	姓(据《后汉书》,东汉洼丹)
	wā	（洼地）
冼(洗)	Xiǎn	姓(现代有冼星海)
	xǐ	（洗衣服）
浇	Aà	姓(据《万姓统谱》,明代有浇或)
	jiāo	（浇花）

十画

贾	Jiǎ	姓(据《左传》,春秋时有贾佗)
	gǔ	（商贾）
	jià	通"价"
都	Dū	姓(据《元祐党人传》,宋代有都贶)
	dū	（首都）
	dōu	（大家都来了）
莘	Shēn	姓(据《通志》,宋代有莘融)
	xīn	（莘庄——上海地名）
莞	Guān	姓(据《风俗通》,春秋时有莞苏)
	guǎn	（东莞县）
	wǎn	（莞尔—微笑的样子）
俱	Jū	姓(据《晋书》,晋代有俱石公)
	jù	（面面俱到）
称	Chēng	姓(汉代有称忠)
	chēng	（称号）
	chèn	（称心满意）
	chèng	同"秤"
乘	Chéng	姓(据《汉书》,汉代有乘弘)
	chéng	（加减乘除）
	shèng	古时候一车四马叫一乘
隽	Juàn	姓(据《汉书》,汉代有隽不疑)
	juàn	（隽永）
	jùn	（隽拔）
殷	Yīn	姓(据《明史》,明代有殷士望)

	yīn	（殷切）
	yān	（殷红）
	yǐn	震动,震动声
能	Nài	九(据《姓苑》,春秋时有能挚)
	néng	（才能）
	tái	能"台"
	tài	通"态"

十一画

奢	Shá	姓(据《山海经》,黄帝时有奢比)
	shē	（奢侈）
盛	Shèng	姓
	shèng	（盛情）
	chéng	（盛饭）
铫	Yáo	姓(据《后汉书》,东汉有铫统)
	diào	（铫子）
	tiáo	（古代的一种武器）
盖	Gě	姓(据《后汉书》,东汉有盖延)
	gě	古代地名
	gòi	（掩盖）
	hé	通"盍",何不,何通"阖",门扇。
淖	Zhuō	姓(据《史记》,战国时有淖齿)
	nàn	泥,泥沼
	chuò	（淖约——姿态柔美的样子,柔顺的样子）
尉迟	Yùchí	复姓(唐代有尉迟恭)
	wèi	（上尉）
睢	Suī	姓(据《汉书》,汉代有睢弘)
	guì	目光深注的样子

十二画

散	Sǎn	姓(据《孟子》,周代有散宜生)
	sǎn	（散文）
	sùn	（分散）
覃	Qín	又读 Tan 姓[据《尚友录》,梁有覃元先]
	tán	长、延长;延及;深入。
	yán	通"剡",锋利
葛	Gě	姓
	gé	（葛藤）
蒉	Kuài	姓(春秋时有蒉尚)
	kuì	盛土的草包
傍	Bàng	姓(唐代有傍企本)
	bàng	（依傍）
番	Pó	姓(据《后汉书》,东汉有番辰)
	fān	（三番五资助）

	pān	（番禺县）
祭	Zhài	姓(东汉有彤)
	jì	（祭祀）
曾	Zēng	姓
	Zēng	（曾祖父）
	Céng	（曾经）
絮	Nù	姓(汉代有絮舜)
	xù	（棉絮）

十三画

蒙	Méng	姓(据《通志》,秦代有蒙恬)
	méng	（承蒙招待）
	mēng	（被打蒙了——这儿前"蒙",繁体字写作"矇"）
	měng	（蒙古）
	máng	（骏蒙）
裨	Pí	姓(春秋有裨谌)
	pí	（裨将）
	bì	（无裨于是）
解	Xiè	姓(据《明史》,明代有解子元)
	xiè	（解虞——旧县名）
	jiè	（押解）
	jiě	（解放）
蜎	Yuān	姓(春秋时有渊)
	xuān	（蜎飞蠕动）

十四画

蔚	Yù	姓(《尚有录》,明代有蔚春)
	wèi	（蔚蓝）
翟	Zhái	姓(据《广韵》,汉代有翟方进)
	dí	（墨翟）
缪	Miào	姓(据《明史》,明代有缪大享)
	móu	（未雨绸缪）
	miù	（缪巧）
	mù	通"穆"
	liǎo	（缪绕）

十五画

稽	Jī	姓(据《汉书》,汉代有稽发)
	jī	（无稽之谈）
	qǐ	（稽首）
蕃	Pí	姓(据《后汉书》,东汉有蕃响)
	fān	（同"番"）
	fán	（蕃衍）
	bō	（吐蕃）

十六画

燕　Yān　　　姓(战国时有燕子哙)

　　yān　　　(燕山)

　　yàn　　　(燕子)

十七画

繁　Pó　　　姓(据《后汉书》,东汉有繁胜)

　　fán　　　(繁荣)

　　pán　　　(繁缨——古时天子诸侯辂马的带饰)

蹇　Jiǎn　　　姓(据《史记》,春秋时有蹇叔)

　　qiān　　　通"褰"

附录四　护理病历书写规范

第一章　总　　则

护理工作是医疗卫生工作的重要组成部分,护理质量的高低直接影响到医疗质量。护理文书不仅反映了医生对患者病情的观察记录过程,也体现了医疗机构的护理质量乃至管理水平。

为切实减轻临床护士书写护理文书的负担,使护士有更多时间和精力为患者提供直接护理服务,密切护患关系,提高护理质量,本规范根据《卫生部关于加强医院临床护理工作的通知》(卫医政发〔2010〕7号)、《卫生部关于印发〈病历书写基本规范〉的通知》(卫医政发〔2010〕11号)、《卫生部办公厅关于在医疗机构推行表格式护理文书的通知》(卫医政发〔2010〕125号)的要求制定。

一、护理文书的类别

护士需要填写、书写的护理文书包括:体温单、医嘱单、手术清点记录、护理记录等。护理文书均可以采用表格式进行书写。

二、护理文书书写的基本要求

1. 护理文书是护理人员在护理活动过程中形成的文字、符号、图表等资料的总称,是护理人员科学的思维方式和业务水平的具体体现,是病历的重要组成部分。

2. 护理文书的书写应当客观、真实、准确、及时、完整、规范。

3. 护理文书的书写应当使用蓝黑墨水、碳素墨水,需复写的护理文书可以使用蓝或黑色油水的圆珠笔。计算机打印的护理文书应当符合病历保存的要求。

4. 护理文书的书写应当使用中文,通用的外文缩写和无正式中文译名的症状、体征、疾病名称等可以使用外文。

5. 护理文书的书写应规范使用医学术语,文字工整,字迹清晰,表述准确,语句通顺,标点正确。

6. 护理文书书写过程中出现错字时,应当用双线划在错字上,保留原记录清楚、可辨,并注明修改时间,修改人签名。不得采用刮、粘、涂等方法掩盖或去除原来的字迹。上级护理人员有审查修改下级护理人员书写的护理文书的责任。

7. 护理文书应当按照规定的内容书写,并由相应护理人员签名。

实习护士、未注册护士书写的护理文书,应当经过本医疗机构注册的护士审阅、修改并签名。

进修护士由医疗机构根据其胜任本专业工作实际情况认定后书写护理文书。

8. 护理文书书写一律使用阿拉伯数字书写日期和时间,采用24小时制记录。

9. 护理文书纸张规格与医疗记录纸张规格相一致,页码用阿拉伯数字表示。

第二章　各种记录单书写要求
第一节　体　温　单

1. 体温单

体温单主要用于记录患者的生命体征及有关情况,内容包括患者姓名、年龄、性别、科别、床号、入院日期、住院病历号(或病案号)、日期、住院天数、手术后天数、脉搏、体温、呼吸、血压、出入量、大便次数、体重、页码等。

2. 体温单记录要求

(1)体温单项目:分为眉栏、一般项目栏、生命体征绘制栏、特殊项目栏。眉栏、一般项目栏、特殊项目栏均使用蓝黑色或黑色水笔书写;数字除特殊说明外,均使用阿拉伯数字表述,不书写计量单位。

(2)眉栏项目包括:姓名、科别、床号、入院日期、住院病历号。

(3)一般项目栏包括:日期、住院天数、手术后天数等。

(4)日期:住院日期首页第 1 日及跨年度第 1 日需填写年-月-日(如 2010-03-26)。每页体温单的第 1 日及跨月的第 1 日需填写月-日(如 03-26),其余只填写日期。

(5)住院天数:自入院当日开始计数,直至出院。

(6)手术后天数:自手术次日开始计数,连续书写 10 天,若在 10 天内进行第 2 次手术,则将第 1 次手术天数作为分母,第 2 次手术天数作为分子填写。若在第一次手术后 10 日后行第二次手术,则记作 1/2、2/2、3/2……依次类推。

(7)体温、脉搏、呼吸描记栏:包括体温、脉搏描记及呼吸记录区。

1)体温

(1)40~42℃的记录:应当用红色笔在 40~42℃纵向填写患者入院、转入、手术、分娩、出院、机械通气、死亡等。除手术、出院不写具体时间外,其余均按 24 小时制,精确到分钟。转入时间由转入科室填写,死亡时间应当以"死亡于 X 时 X 分"的方式表述。

(2)体温符号:口温以蓝"●"表示,腋温以蓝"×"表示,肛温以蓝"○"表示。

(3)每小格为 0.2℃,按实际测量度数,用蓝色笔绘制于体温单 35~42℃,相邻温度用蓝线相连。

(4)体温不升时,可将"不升"二字写在 35℃线以下。

(5)物理降温 30 分钟后测量的体温以红圈"○"表示,划在物理降温前温度的同一纵格内,以红虚线与降温前温度相连。

(6)体温测量频次:根据病人具体情况而定。一般病人每日测(记录)体温一次;新病人每日二次,连测(记录)2 天(精神病院由医院自行决定)。体温不在正常范围的病人,应增加测量(记录)次数,一般术后 3 日内的患者 3 次/日;37.5℃以上的患者 3 次/日;,38℃以上的患者 4 次/日;39℃以上的患者 6 次/日,体温正常后连续测(记录)2 天,每日 2 次。10 岁以下小儿每日测(记录)体温 2 次,38℃以上每日 6 次。

2)脉搏

(1)脉搏符号:以红点"●"表示,每小格为 4 次/分,相邻的脉搏以红直线相连。心率用红"○"表示,两次心率之间也用红直线相连。

(2)脉搏与体温重叠时,先画体温符号,再用红色笔在体温符号外画"○"。

(3)房颤病人画心率,用红圈表示,脉搏不画。

3)呼吸

(1)用阿拉伯数字表述每分钟呼吸次数。

（2）如每日记录呼吸 2 次以上，应当在相应的栏目内上下交错记录。

（五）特殊项目栏包括：血压、入量、出量、大便、体重等需观察和记录的内容。

4）血压

（1）记录频次：新入院患者当日应当测量并记录血压，根据患者病情及医嘱测量并记录，如为下肢血压应当标注。

（2）记录方式：收缩压/舒张压（130/80）。

（3）单位：毫米汞柱（mmHg）。

5）入量

（1）记录频次：根据医嘱记录入量。应当将前一日 24 小时总入量记录在相应日期栏内，每 24 小时填写 1 次。

（2）单位：毫升（ml）。

6）出量

（1）记录频次：根据医嘱记录出量。应当将前一日 24 小时总出量记录在相应日期栏内，每 24 小时填写 1 次。

（2）单位：毫升（ml）。

7）大便

（1）记录频次：应当将前 1 日 24 小时大便次数记录在相应日期栏内，每 24 小时填写 1 次。

（2）特殊情况：患者无大便，以"0"表示；灌肠后大便以"E"表示，分子记录大便次数，例：1/E 表示灌肠后大便 1 次；0/E 表示灌肠后无排便；1^1/E 表示自行排便 1 次灌肠后又排便 1 次；"※"表示大便失禁，"△"表示人工肛门。

（3）单位：次/日。

8）体重

（1）记录频次：新入院患者当日应当测量体重并记录，以后根据患者病情及医嘱测量并记录。

（2）特殊情况：如因病重或特殊原因不能测量者，在体重栏内可填上"卧床"。

（3）单位：公斤（kg）。

9）空格栏

可作为需要观察增加内容和项目，如记录管路情况等。使用 HIS 系统等医院，可在系统中建立可供选择项，在相应空格栏中予以体现。

3. 电子病历符号的应用

建议由各医院自行规定，在表格下方说明，医护统一认识即可。

第二节　长期医嘱单

长期医嘱单内容包括患者姓名、科别、床号、住院病历号（或病案号）、开始日期和时间、长期医嘱内容、停止日期和时间、医师签名、护士签名、页码。其中，由医师填写开始日期和时间、长期医嘱内容、停止日期和时间。长期医嘱单上的执行时间和护士签名，为首次接到该医嘱指令，着手处理该医嘱内容的开始时间和护士签名。护士每天执行长期医嘱的给药单、输液单、治疗单等，由执行护士签名并记录执行时间，不归入病历。保存时间由各医院根据实际情况自行决定。

第三节　临时医嘱单

临时医嘱单内容包括患者姓名、科别、床号、住院病历号（或病案号）、日期和时间、临时医嘱内容、医师签名、执行护士签名、执行时间、页码。其中，由医师填写医嘱时间、临时医嘱内容;由执行临时医嘱的护士填写执行时间并签名。

第四节　手术清点记录

手术清点记录内容包括患者科别、姓名、性别、年龄、住院病历号(或病案号)、手术日期、手术名称、输血情况、术中所用各种器械和辅料数量的清点核对、手术器械护士和巡回护士签名等。手术清点记录应当在手术结束后即时完成,由手术器械护士和巡回护士签名。

第五节　护理记录单

护理记录以护理记录单或表格的形式记录,内容包括患者科别、姓名、床号、住院病历号(或病案号)、诊断、记录日期和时间,根据专科特点需要观察、监测的项目及采取的治疗和护理措施、护士签名、页码等。护理记录应当根据相应专科的护理特点设计并书写,以简化、实用为原则,各级医院可根据本院的具体情况自行设计。记录时间应当具体到分钟,采用时点记录法,记录频次视病情需要而定。其他内容的护理文书(如入院护理评估等)各医院可根据实际情况自行决定。

一、适用范围

护理记录单适用于所有病重、病危患者,以及病情发生变化、需要监护的患者(包括特级/Ⅰ级护理患者、新入院患者、有病情变化的患者、有特殊治疗或处理的患者、出院患者等需要护理记录)。

二、楣栏部分

楣栏项目包括:科别、姓名、床号、住院病历号、诊断。

三、填写内容

(一)意识

根据患者实际意识状态选择填写:清醒、嗜睡、意识模糊、昏睡、浅昏迷、深昏迷、谵妄状态。

(二)体温

单位为℃,直接在"体温"栏内填入测得数值,不需要填写数据单位。

(三)脉搏

单位为次/分,直接在"脉搏"栏内填入测得数值,不需要填写数据单位。

(四)呼吸

单位为次/分,直接在"呼吸"栏内填入测得数值,不需要填写数据单位。

(五)血压

单位为毫米汞柱(mmHg),直接在"血压"栏内填入测得数值,不需要填写数据单位。

(六)出入量

1. 入量

单位为毫升(ml),入量项目包括:使用静脉输注的各种药物、口服的各种食物和饮料及经鼻胃管、肠管输注的营养液等。

2. 出量

单位为毫升(ml),出量项目包括:尿、便、呕吐物、引流物等,需要时,写明颜色、性状。

(七)病情观察及护理

简要记录护士观察患者病情的情况,以及根据医嘱或者患者病情变化采取的措施及效果评价。

第三章　规范护理文书管理

各级各类医院组织制定护理文书样式,稳步推进表格式护理文书的实施,切实减轻临床护士的书写负担,保证临床护理质量。附件中的表格式护理文书参考样式请各医院结合自己的实际情况和专科特点,在工作中参考使用。

各级各类医疗机构可以结合临床路径的开展和电子病历的推进,探索护理记录的路径化和电子化,不断提高工作效率,为患者提供全面、高效、优质的护理服务。

附录五　国家职业汉语能力测试说明

语言是思维的形式,是交际的工具。语言能力是一个人胜任职业工作的核心能力。语言能力是各行各业选人用人时重要的考虑因素之一。许多单位在选人用人时越来越看重人的语言交际能力,许多单位在招聘员工时希望选用一些"文字能力"强的人,于是就有了"职业汉语能力测试"。

"职业汉语能力测试"也叫"国家职业汉语能力测试",简称为ZHC。是由人力资源和社会保障部职业技能鉴定中心(OSTA)组织研制,是测查应试者在职业活动中的汉语实际应用能力的国家级测试。

一、为什么要参加ZHC

在知识经济时代的今天,具有良好的交流表达能力已经成为高素质人才的重要特征。

许多企事业单位在选人用人时,越来越看重人的语言交流表达能力,希望选用那些"文字能力"强的人,许多院校也认识到ZHC的作用与意义,从而自觉地将培养学生汉语实际应用能力作为自己的教育、办学理念之一,为提高学生就业竞争能力,还将获得ZHC高级证书作为"合格(优秀)毕业生"的条件之一。

人才流动日益加快,人们在职业生涯中已经习惯面对不同的从业选择。ZHC是教师、记者、编辑、律师、翻译、公务员、医生等许多行业的准入门槛性质的测试,获得ZHC高级证书,将极大地拓宽从业选择能力。

二、ZHC核心理念

(1) 合格劳动者,需要学好外语,更要学好母语。

(2) 语言能力就是工作效率,就是效益。

(3) 汉语既是交际的工具,更是传承民族文化的纽带。

三、ZHC的特点

(1) ZHC是我国目前唯一的、具有权威性的、能有效考查一个人在职业活动中实际应用汉语能力的国家级测试。

(2) ZHC主要考查作为职业核心能力的汉语应用能力,这种能力不同于行业通用技能、职业特定技能,具有普遍的适用性和广泛的迁移性。

(3) ZHC是一项能力测试,不同于一般的语文考试,主要考查应试者运用汉语进行交际的能力和逻辑思维能力,而不是语文知识和语法概念。

(4) ZHC考查的是稳定的语言能力而不是"死记硬背能力",ZHC没有指定用书,ZHC成绩不反映一个人对测试的准备程度,不受测前短期强化训练的影响,它反映的是应试者通过长期学习积累而形成的、稳定的、表现为"冰冻三尺非一日之寒"的语言能力。

(5) ZHC主要考查"文从字顺"而非"立意构思"。

(6) ZHC主要考查"语言"本身,而非"文学"和"人文"。

（7）ZHC 是综合使用客观题和主观题的语言测试，客观题保证了测试的信度，主观题保证了测试的效度，从而保证了 ZHC 的可靠性、有效性和可行性。

（8）ZHC 是标准化证书测试。ZHC 在预测、等值、题库建设、分数体系设计、主观评分误差控制等方面有一系列严格的技术要求，是科学、公正的测试。

四、ZHC 试卷构成及测试分数、等级证书

（1）ZHC 包含阅读理解和书面表达两部分，共有 102 道题，测试时间为 105 分钟。ZHC 目前采用纸笔测试。第 1~100 题为客观题，填写答题卡；第 101~102 题为主观题，第 101 题为作文，第 102 题为读后写，在答卷上笔答。ZHC 的试卷构成如附表 1 所示。

附表 1　ZHC 的试卷构成

测试内容		试题数量	答题参考时限
阅读理解	客观题	50	60 分钟
书面表达	客观题	50	40 分钟
	作文	2	50 分钟
总计		102	150 分钟

（2）ZHC 满分为 1000 分，按成绩从低到高分为初等、中等、高等三个等级。成绩合格者可以获得有劳动和社会保障部职业技能鉴定中心（OSTA）颁发的相应等级的《职业汉语水平等级证书》。ZHC 分数与等级对应表如附表 2 所示。

附表 2　ZHC 分数与等级对应表

ZHC 分数	ZHC 等级
399 分以下	／
400~599 分	初级
600~799 分	中级
800 分以上	高级

五、报考 ZHC 须知

（1）ZHC 是一项职业核心能力测试，凡接受过相当高中教育者，均可报名参加 ZHC。

（2）从 2007 年起，ZHC 每年定时举办六次测试，时间分别为 3 月 25 日、4 月 22 日、5 月 27 日、10 月 21 日、11 月 18 日、12 月 9 日。具体测试时间和各地 ZHC 考点联系，或登陆 ZHC 网站（www. ZHC. cn）查询。

（3）ZHC 常年接受测试报名。每季定时测试的报名截止日期是测试前一周。报名时，请携带身份证（军人携军官证）、一寸照片两张、测试费，学生另带学生证。

（4）ZHC 测试费为 280 元人民币。ZHC 目前对在校学生给予优惠，测试费为 180 元人

（5）测试当天，应试者需携带 2B 铅笔、橡皮、有效证件和准考证，准时到指定考点参加测试。

（6）测试结束一个月后，应试者持有效证件到报名地点领取成绩单和证书。

全国职业汉语等级证书考试题样卷

一、阅读理解(每题1分,共50分)每题选择一个符合题目要求的答案。

说明:1~20题。每道试题提供1段文字,并带有1个问题,请你阅读后根据提问,在4个备选项中选出最恰当的答案。答题参考时限为20分钟。

1. 科学家预测天气远比三国时的诸葛亮借东风要难。早期的大气科学家有一个形象的比喻:一只小小的蝴蝶在巴西上空扇动翅膀,可能引起一个月后美国得克萨斯州的一场风暴。对这段文字的正确理解是(　　　)
   A. 巴西与美国可能有着相似的气候特征
   B. 一些小生物对全球的气候可以产生很大的影响
   C. 整个地球越来越成为一个整体,此处的气候可以影响彼处的气候
   D. 改变全球气候的因素很复杂,一些看似微小的因素可能也会影响气候的变化

2. "3+X"的高考科目设置中,语文、数学、外语3门是必考的,没有什么可以商量的,关键是如何选择"X"。上面的句子想表达的是:在"3+X"的高考科目设置中(　　　)
   A. "X"是最关键的
   B. 语文、数学、外语是最重要的
   C. 语文、数学、外语不如"X"重要
   D. "X"和语文、数学、外语一样重要

3. 所谓太阳能发电卫星是指搭载太阳电池壁板的卫星。它在轨道上保持与地球同步时,所产生的电力变成微波束送回地面使用。日本科学家设想的太阳能发电卫星SPS2000大致由两个系统组成,一是在宇宙空间进行发电的卫星,二是在地面上接收从卫星发回电波的受电设备。根据上文,对"太阳能发电卫星"定义最为准确的一项是(　　　)
   A. 太阳能发电卫星是搭载太阳电池壁板在宇宙空间进行发电的卫星
   B. 太阳能发电卫星是与地球轨道保持同步并在宇宙空间进行发电的卫星
   C. 太阳能发电卫星是搭载太阳电池壁板并将电力变成微波束送回地面使用的卫星
   D. 太阳能发电卫星是由在宇宙空间进行发电的卫星与在地面上接收电波的受电设施组成

4. 说起来,忝列大学教授的我,研究的是自然科学专业,似乎与浪漫无缘;加上已过"知天命"之年,遐想多梦的年代也早已逝去。然而,毕竟是个性情中人吧,我对《读者》这本杂志却一直情有独钟。要说读后有净化心灵的裨益,恐怕不能算是溢美之词。这段文字意是在强调(　　　)
   A. 只要是性情中人,往往会对《读者》情有独钟
   B. 说《读者》可以净化心灵,不能算是夸大之词
   C. 研究自然科学的老年学者不容易对《读者》感兴趣
   D. 即使是研究自然科学的老年学者也会被《读者》吸引

5. 人生就是一张答卷。它上面有选择题、填空题、判断题和问答题,但它又不同于一般的答卷。一般的答卷用手来书写,人生的答卷却要用行动来书写。这段文字是想说明(　　　)
   A. 人生需要行动　B. 人生会面临选择　C. 人生是一场考试　D. 人生的丰富多彩

6. 自从新文学运动以来,散文一直是文坛的主力,虽然不如诗与小说那么勇于实验而变化多端,却也不像这两种文体那么历经欧美风雨而迷惑于各种主义,各种门派。这段文字的主要意思是(　　　)
   A. 散文的发展比较稳健,受外国影响较小
   B. 新文学运动以后,诗与小说受欧美影响很大

C. 诗与小说不断变化,而且勇于进行新的探索

D. 新文学运动以后,散文一直占据着文坛的主导地位

7. 幸福固然依赖于一定的物质条件,但更直接地依赖于我们感受幸福的心灵。如果我们的心灵麻木了,分不清什么善恶美丑,那么,纵有花不完的钱,也难享受真正的幸福。这段文字主要表达了这样一种观点(　　)

A. 我们需要感受幸福的心灵

B. 幸福依赖于一定的物质基础

C. 分不清善恶美丑就是心灵麻木

D. 没有感受幸福的心灵就不可能有幸福

8. 哦!我突然感觉到,我是看到了一个更是巴金的巴金:文静、温和、诚挚的外表里,又有一颗无比坚强的心。对文中两处"巴金"理解正确的一项是(　　)

A. 两者的意思有关联但没有区别

B. 两者的意思相同,这样重复是为了强调

C. 前者指巴金的风格和精神,后者则指巴金本人

D. 前者指巴金本人,后者则指代巴金的风格和精神

9. 广告所推销的不仅仅是种种商品,与之相伴随的还有商品所被赋予的某种身份、情感和品格,商品在这些符号所具有的象征意义下,成为"有意义的形象"。这个句子的意思是说(　　)

A. 广告和商品都无意义

B. 广告并不赋予商品以意义

C. 商品本身就具有物质和意义的双重性

D. 商品在广告的推销下,被赋予了某种象征意义

10. 英格兰有一童谣《起风了,小猫饿死了》:起风了,风把窗帘掀起来了。窗帘拍倒了花瓶,花瓶的水洒到了地板上了。地板湿了,老婆婆滑到了。她撞坏了椅子,木匠来修椅子了。木匠砍倒了一棵树,大树把面包师的房子砸坏了。面包师搬家了,老鼠没东西吃了。老鼠不来了——小猫饿死了。这首童谣意在(　　)

A. 揭示了万事万物之间的因果关系

B. 说明世界上万事万物都有直接的联系

C. 夸张地描述人类社会的"多米诺现象"

D. 提醒人们要注意身边的任何一件事物的变化

11. 任何组织所能得到的最大资源就是人的才智、经验和忠诚,但是没有别的东西比这些资源更被人低估。通过教育,通过争取企业工作人员积极参与企业的活动,可以有效地利用这些资源。在这方面的任何投资,都会比在场地、建筑、设备上积压资金能产生更大的效果。这段文字主要想告诉我们(　　)

A. 应该通过多种方式开发人力资源

B. 人力资源的开发是企业的核心问题

C. 人们没有充分重视人力资源的重要性

D. 目前对人力资源的投资没有收到更大的回报

12. 所以许多人都认为自己的日常生活是无可置疑的。只有那些时时刻刻有危机感、想改变世界和自己的人,才会不断地反省自己。这段文字中,"许多人都认为自己的日常生活是无可置疑的"的意思是(　　)

A. 许多人知道自己应该怎样去面对生活

B. 许多人觉得自己的生活不会遇到困难

C. 许多人缺少对于自己生活的客观认识

D. 许多人喜欢沉溺于日常的生活小事中

13. 阅读是使书写和书本身成为有意义事物的一道程序。如果书写或书没有人看,那么,我们基本可以认为,书的存在只是一个沉默的存在,这种沉默一直到有读者阅读它的时候才结束。这段文字的主旨是(　　)

A. 阅读比书写本身更有意义

B. 阅读是使书写和书有意义的一个条件

C. 只有阅读的需求存在,才会产生书和书写

D. 只要有人阅读,书写和书就会变得有意义

14. 只有实际的生活才是我们所需要的,尽管现实是"有缺陷的",但它能改变过去。因此,要提高勇气去面对现实,大胆地接受现实的挑战,而不是逃避现实。这段文字表达了这样一种观点(　　)

A. 现实生活能改变过去

B. 现实生活是"有缺陷的"

C. 面对现实并接受现实的挑战

D. 实际的生活对我们是很重要的

15. 成功者往往把注意力放在如何提高自己的水平上,而不是考虑如何击败对手。下列表述中,与原句意义相同的是(　　)

A. 成功者不把击败对手作为自己的目标

B. 成功者通常只关心自己,而不关心别人

C. 成功者注重不断地超越自己而不是超越他人

D. 把注意力完全放在自己身上的人往往可以取得成功

16. 由于我们过度迷信传统的思维方式,所以我们常常被吸引到逻辑和计算机等方面,但这些东西只能产生线性的数学过程,而不能进行创造性思维.尽管一些计算机迷可能要抗议,但计算机的确不能从事创造性活动,它们既不能改变旧观念,也不能产生新观念,在解决富有创造性的问题时显得软弱无力。这段文字的主要意思是说(　　)

A. 传统的思维是线性思

B. 计算机迷常常是非常盲目的

C. 计算机在从事创造性活动方面存在局限

D. 对传统思维的迷信造成了我们对计算机的依赖

17. 在我们这个时代里,物质的力量是巨大的,甚至物质本身就成了精神,至少,它的合法地位的日益加强,大大扩展了精神的边界——那种完全漠视物质存在的精神姿态不仅空洞而且脆弱。这段文字的意思是:在我们这个时代里(　　)

A. 精神的存在毫无意义

B. 物质的存在毫无意义

C. 精神的力量远远大于物质的力量

D. 物质的力量远远大于精神的力量

18. 成功与失败,只有一步之隔。我国著名的作家柳青曾说过:"人生道路,最关键是在于这一步。"许多人明明跑了99步,结果因为面临困难而却步。事后才发现,原来距离成功他只差一步。下列说法中,与这段文字文意相符的是(　　)

A. 99步比最后一步的作用小

B. 成功与否,是由那一步决定的

C. 在关键时候坚持,就有可能成功

D. 成功与失败之间,只有一步的距离

19. 一个人最应该了解的应该是自己,但一个人最不了解的也往往是自己。看到自己优点多的,常常自傲;看到自己弱点多的,常常自卑。自傲到了极点,就成了狂妄;自卑到了极点,又不免变成软弱。总之,缺少自知之明所诱发的不是喜剧就是悲剧,绝不会是正剧。这段文字的主旨是(　　)

A. 人应该正确地认识自己,应该有自知之明

B. 看到自己优点的人都是自傲甚至狂妄的人

C. 一个人了解自己是最重要的,不需要了解别人

D. 电视剧中的喜剧和悲剧都是缺少自知之明造成的

20. 从小学到中学、到大学,这是一条教学的长河;大学是下游,中小学是上游。上游能源源不断地供给丰富、清澈的河水,才能保证下游不但水质好,而且水流宽广。这段文字想要说明的观点是(　　)

A. 教学的各个环节必须紧密相关,不能中断

B. 大学成绩好的学生在中小学阶段成绩也好

C. 中小学的基础教育应优先于大学的专才教育

D. 必须注重基础教育,全面提高中小学的教学水平和质量

《语文》教学大纲

一、课程性质和任务

　　语文是最重要的交际工具,工具性与人文性的统一,是语文课程的基本特点。语文课是中等卫生职业教育的一门文化基础课程。语文课程应在初中语文教育的基础上进一步提高学生的语文素养,使学生具有能够初步适应未来职业岗位需求的语文应用能力,形成良好的思想道德素质,为适应职业岗位需求和终身发展奠定基础。

　　中等卫生职业教育的语文教育要适应卫生职业教育教学的发展趋势,体现"以就业为导向,以能力为本位,以发展技能为核心"的职业教育培养理念,理论知识强调"必须、够用",强化技能培养,突出实用性。

　　社会发展对职业教育提出了新的要求,适应时代的需要,调整课程的内容和目标,变革学习方式和评价方式,构建具有基础性、时代性和发展性的职业教育语文课程,是职业教育语文教学改革的一项重要任务。

二、课程教学目标

　　1. 知识教学目标

　　(1)掌握扩展语句的基本知识和方法。

　　(2)掌握话语衔接的基本方法。

　　(3)掌握围绕中心写段的方法。

　　(4)掌握听话、复述、介绍、解说、阐述、评述等口语交际的基本方法和技能。

　　(5)掌握标点符号的基本知识和文面知识。

　　2. 能力培养目标

　　(1)能用普通话朗读课文;掌握高效阅读的方法。

　　(2)掌握致辞、交谈、即席发言、求职与应聘口语交际的方法和技能。

　　(3)掌握计划、总结、简历、报告、文摘等常用应用文的写法,做到格式规范、文字简洁。

　　(4)掌握计划、总结、报告、医护论文的阅读方法。

　　(5)尊重和理解多元文化,关注当代文化生活,拓展语文学习的范围,通过广泛的实践,提高语文综合应用能力。

　　3. 思想教育目标

　　(1)充分发挥自身的优势,弘扬和培育民族精神,使学生受到优秀文化的熏陶,塑造热爱祖国和中华文明、献身人类进步事业的精神品格,形成健康美好的情感和奋发向上的人生态度。

　　(2)通过对语文知识、能力、学习方法和情感、态度、价值观等方面要素的融合,培养学生对母语的深厚感情,切实提高语文素养。

　　(3)引导学生积极参与实践活动,学习认识自然、认识社会、认识自我、规划人生,实现本课程在促进人的全面发展方面的价值追求。

三、教学内容和要求

（一）基础模块

1. 阅读理解

能用普通话朗读课文；掌握高效阅读的方法，掌握计时阅读、固定程序阅读、理解阅读等速读方法。能分析语段、筛选并整合文中的信息；掌握散文、新闻、小说、人物传记的阅读方法，体会其丰富内涵，加深和拓宽对自然、社会、人生等问题的思考和认识。

2. 书面表达

扩展语句、话语衔接、语段写作，能围绕中心，条理清楚，正确地遣词造句。

篇章写作，做到符合题意，中心明确，思想健康；选材得当，结构完整，语句通顺；书写规范，不写错别字，正确使用标点符号。掌握文面知识和文章修改知识，初步养成修改文章的习惯。

3. 口语交际

听话时做到耐心专注，能理解对方说话的主要内容、观点和意图；说话时有礼貌，表达清楚、连贯、得体。学会听话、复述、叙述、描述、介绍、解说、阐述、评述等口语交际的方法和技能。能够根据学习、生活和职业工作的目的和情景进行恰当的表达和交流。

（二）职业模块

1. 阅读理解

阅读与专业相关的文章，掌握计划、总结、报告、医护论文的阅读方法。能对文章中的重要信息进行筛选、整理，获得所需要的资料。能根据专业学习的需要选择读物。阅读中提高搜集相关职业信息的能力，从阅读中了解社会、了解职业，培养职业意识。

2. 书面表达

掌握计划、总结、简历、报告、文摘等常用应用文的写法，做到格式规范、文字简洁。能够根据学习、生活、职业工作的需要恰当运用。

3. 口语交际

掌握交谈、即席发言、求职与应聘口语交际的方法和技能，做到态度真诚，表达准确，语言文明，仪态大方，符合职业岗位的要求。

四、教 学 建 议

（一）适用对象

本课程适用于中等职业学校护理、助产、医学检验技术、药剂等医学相关专业的语文课程的教学。

（2）参考学时

本课程共 16 个单元，每单元 8 学时，总学时为 128 学时。

（二）教学建议

（1）突出职业教育特色，探索富有实效的教学模式，改进教学方式、方法和手段，加强教学内容与社会生活、职业生活以及专业课程的联系，创设与职业工作相近的情境，培养学生的职业汉语能力，提升学生的职业素养。

（2）坚持以学生发展为本，了解学生学习水平与心理特点，关注学生的学习困难，重视学生的学习需求，努力营造民主、和谐的学习氛围。激发学生参与教学活动的兴趣与热情。教学中要因材施教,实施分类指导和分层教学。

（3）教学评价应体现检查、诊断、反馈、激励、导向和发展的功能,尤其要注重发挥诊断、激励和发展的功能。在对学生的基础知识、基本技能、基本能力进行评价的同时,要注重对学生情感态度与价值观的发展进行评价。同时针对不同的教学内容和学生特点,采取不同的评价方法,逐步建立学生的发展性评价体系。建议单元形成性评价和期末终结性评价相结合,单项评价和综合评价相结合,笔答和口试相结合,定量和定性相结合,改变一张考卷定成绩的做法。

（4）重视语文课程的育人功能,促进学生整体素质的提高。充分发挥语文课程熏陶感染、潜移默化的功能。要尊重学生的感受与情感体验,同时要重视情感态度与价值观的正确引导。在阅读中,体味大自然和人生的多姿多彩,激发珍爱自然、热爱生活的感情;感受艺术和科学的美,提升审美境界。通过阅读和鉴赏,深化热爱祖国语文的感情,体会中华文化的博大精深、源远流长,陶冶性情,追求高尚情趣,提高道德修养。